edition suhrkamp 2798

W0174725

Die gigantischen Kräne der Werften in Gdynia und in Pula waren bis vor Kurzem der Stolz dieser Städte. In Polen entstanden 300 Meter lange Ozeanriesen, in Kroatien Schiffe, auf denen Tausende Schafe lebend aus Neuseeland nach Europa transportiert werden konnten – Meerwasserentsalzungsanlage inklusive. Doch all der Erfindungsreichtum und das im Sozialismus eingeübte Improvisationstalent halfen nichts: Bald nach dem EU-Beitritt gingen die Werften pleite, auch weil in Brüssel das Wettbewerbsrecht mehr zählt als eine global orientierte Industriepolitik gegenüber der übermächtigen Konkurrenz aus Ostasien.

Das interdisziplinäre Forscherteam um Ulf Brunnbauer und Philipp Ther verknüpft Unternehmens- und Arbeitsgeschichte auf originelle Weise und kommt zu einer neuen Interpretation der Transformation, vor allem mit Blick auf die Rolle des Staates und der EU. Die sechs Historiker, Soziologen und Sozialanthropologen tauchen tief ein in den Alltag der Werften an Ostsee und Adria und analysieren auch auf dieser Ebene die große Transformation, die Europa in den letzten fünfzig Jahren erschüttert hat.

Das internationale »Werftenkollektiv« besteht aus Ulf Brunnbauer (Regensburg), Piotr Filipkowski (Warschau), Andrew Hodges (Edinburgh), Stefano Petrungaro (Venedig), Philipp Ther (Wien) und Peter Wegenschimmel (Hannover). Sie haben die Geschichte der beiden Werften im Rahmen des Projekts »Transformations from Below« untersucht.

Ulf Brunnbauer/Piotr Filipkowski/
Andrew Hodges/Stefano Petrungaro/
Philipp Ther/Peter Wegenschimmel

In den Stürmen der Transformation

Zwei Werften zwischen
Sozialismus und EU

Suhrkamp

edition suhrkamp 2798
Originalausgabe
© Suhrkamp Verlag Berlin 2022
Alle Rechte vorbehalten,
insbesondere das der Übersetzung,
des öffentlichen Vortrags sowie der Übertragung
durch Rundfunk und Fernsehen, auch einzelner Teile.
Kein Teil des Werkes darf in irgendeiner Form
(durch Fotografie, Mikrofilm oder andere Verfahren)
ohne schriftliche Genehmigung des Verlages reproduziert
oder unter Verwendung elektronischer Systeme
verarbeitet, vervielfältigt oder verbreitet werden.
Satz: Greiner & Reichel, Köln
Druck: C.H.Beck, Nördlingen
Karten: Joachim Zwick, Gießen
Umschlag gestaltet nach einem Konzept
von Willy Fleckhaus: Rolf Staudt
Printed in Germany
ISBN 978-3-518-12798-8

Inhalt

1. Auf Grund gelaufen:
Die lange und große Transformation 7
Polanyi vs. Fukuyama 20 – Verlauf der Reformen und Paradoxien der Privatisierung 30 – Vergleichende und globale Unternehmensgeschichte 41 – Anmerkungen zur Labour History 50 – Methoden und Quellen 62

2. Stets nah am Kentern:
Eine Betriebsgeschichte zweier Werften 77
Globale Zyklen und die spätsozialistische Transformation 82 – Das Vorspiel: Die Entwicklung der beiden Werften bis zum Ölpreisschock 91 – Krise und gescheiterte Lösungsversuche in den Siebzigern 102 – Am finanziellen Abgrund 114 – Fortgesetztes Durchwursteln im Postsozialismus 122 – Auftritt der EU, Abtritt der Werften 136 – Nachleben 151

3. Ein sicherer Hafen?
Die Rolle des Staates in der Transformation 157
Die porösen Grenzen der Werften 161 – Mäandernder Leviathan 172 – Legitimierungsrhetoriken und soziale Schutzmechanismen 184 – Vom Schulden- zum Schuldmanagement 195

4. Zusammengeschweißt:
Gemeinschaftsbildung in der Werft 201
Die Subkultur von Uljanik und die Stocznia Gdynia als Lebensmittel- und Freizeitkooperative 208 – Die Multifunktionalität der Werft: Wohnungen, Sport und Wohlfahrt 217 – Den

Kollaps überwinden: Schiffbau, Hierarchien und die Sehnsucht nach Gemeinschaft 232 – Zerbrechende Gemeinschaften: Eine Annäherung in Metaphern 248

5. Wertschöpfungen:
Schiffe, Arbeit und die Produktion von Bedeutung 259
Der veränderte Wert der Industriearbeit: Vom Kommunismus zum Postsozialismus 264 – Arbeitsethos und Solidarität in der Vergangenheit 273 – Risse und Kompromisse: Neue soziale Werte und Wirtschaftspraktiken 287 – Neue Horizonte in den alten Industrielandschaften 295

6. Kiel oben?
Zur Zukunft des Schiffbaus in der EU 305
China und die Verortung der Transformation 308 – Die verborgene Lebbarkeit der Transformation 313 – Die Temporalität der Transformation 321 – Nach der Hegemonie des Neoliberalismus 331

Nachwort 337
Anmerkungen 341
Ausgewählte Literatur 386
Quellen 400
Bildnachweise 405
Dank 407
Register 411

1. Auf Grund gelaufen:
Die lange und große Transformation

Im polnischen Gdynia zeigt sich die Transformation von ihrer sonnigen Seite. Weiß und Blau sind die Farben dieser Stadt, der unzähligen Möwen, die am Himmel fliegen, der Segelschiffe, die zu Hunderten im Hafen liegen, der Segelschuhe ihrer sichtlich zufriedenen Besitzer. Sogar das Meerwasser ist nicht mehr trüb und muffelig wie zu Zeiten des Staatssozialismus, sondern blassblau und dank des Klimawandels spürbar wärmer als früher. Im alten Hafen von Gdynia wird kaum noch ent- und beladen, auch nicht produziert, sondern vor allem konsumiert. Die Angebotsökonomie der Ostseestadt hält für jeden Geldbeutel und Geschmack etwas bereit, von Fritten bis zur gehobenen mediterranen Küche, von kleinen Kappen für den Sonnenschutz bis zu weißen Leinenhosen, von billigen Privatzimmern im Hinterland bis zu einer Suite in einem der 38 Stockwerke des »Sea Tower«. Im Vergleich zu diesem 141 Meter hohen Wohnturm wirkt sogar das nahe Riesenrad winzig, das ebenfalls einen perfekten Blick über die Werftanlagen und den Hafen bietet, über den einst die illegalen Druck- und Kopiermaschinen geschmuggelt wurden, mit denen die Gewerkschaft Solidarność 1980/81 von der Ostseeküste aus Anhänger im ganzen Land mobilisierte.

Heute legen täglich noch zwei, drei größere Fährschiffe an, dementsprechend sind die Kräne des Hafens und der Werft in den Hintergrund gerückt. Komplette Frachter und Tanker werden in Gdynia nicht mehr gebaut. Seit der globalen Finanz- und Wirtschaftskrise von 2008/09 und der damit einhergehenden Pleite der großen Werft Stocznia Gdynia S. A. beschränkt sich der Schiffbau auf kleinere Firmen sowie auf Spezialaufträge, Reparaturen und die Herstellung einzelner Komponenten wie Schiffsbrücken. Das kann, wie im zweiten Kapitel dieses Buches gezeigt wird, profitabel sein. Doch diese Firmen sind aus der öffentlichen Wahrnehmung verschwunden, »Kohle und Stahl«, das Paradigma der *Trente Glorieuses* im westlichen Europa sowie des Staatssozialismus, prägen die lokale und regionale Ökonomie nicht mehr.[1]

Den Umstieg auf Tourismus und Dienstleistungen mag man als gelungenen Strukturwandel sehen; in der Tat steht Gdynia bei ökonomischen Indikatoren wie dem Bruttoinlandsprodukt pro Kopf, dem Wirtschaftswachstum oder der Arbeitslosigkeit besser da als beispielsweise Bremerhaven, Rostock und Teile des Ruhrgebiets.[2] Doch die fast dreihundert Meter langen und turmhohen Schiffe, mit denen die Werft gemäß den Auftragsbüchern zum sechstgrößten globalen Schiffsproduzenten aufstieg, fehlen auch in einem weiteren Sinne. Sie waren Symbole der industriellen Moderne und Gegenstand ihrer »Lebenszyklusrituale«: Kiellegung, Stapellauf, die Schiffstaufe und die Jungfernfahrt ordneten die Arbeit auf den Hellingen und waren große öffentliche Ereignisse, bei denen die Verbindung der Werft mit der sie umgebenden Gesellschaft, oft auch der Politik, höhere Weihen erhielt. All das gehörte in der Volksrepublik Polen, als die Werft nach der Pariser Kommune benannt war, und in der folgenden Dekade, als sich die Stadt Gdynia und das gesamte Land zu einer Marktwirtschaft transformierten, zum Alltag am Meer. Die Schiffe standen für die Integration in die moderne Welt – ganz praktisch, da ungefähr neunzig Prozent des globalen Handelsvolumens per Schiff transportiert werden, aber auch symbolisch.[3]

Die Schiffbauer in Gdynia waren nach dem Ende des Kommunismus stolz auf eine scheinbar erfolgreiche Transformation, die ihnen die Tür in die EU öffnete. Doch nach der Börsenkrise und den Terroranschlägen von 2001 ging die Nachfrage im globalen Schiffbau kurzzeitig zurück. Der Beitritt Polens zur EU 2004 war ebenfalls folgenreich für die Schiffbauer an der Ostsee, denn er führte schon vorab zu einer schrittweisen Aufwertung des polnischen Złoty, was die Schiffe für internationale Kunden teurer und die Gewinnspanne kleiner machte. Außerdem galt mit dem EU-Beitritt nun auch in Polen ein neues wirtschaftspolitisches und regulatorisches Regiment: Die Brüsseler Wettbewerbshüter schoben staatlichen Beihilfen für defizitäre Industriebetriebe einen Riegel vor. Die restriktive Beihilfepolitik sollte unfaire Konkurrenz auf dem europäischen Binnenmarkt unterbinden, blendete dabei aber den globalen Wettbewerb aus, in dem nicht für alle Player dieselben Bedingungen gelten. Dies und nicht so sehr die globale Finanz- und Wirtschaftskrise führte direkt in den Bankrott der Werft in Gdynia im Jahr 2009.

Die ökonomischen Transformationen, die Gdynia nach dem Ende der Planwirtschaft und dem Beitritt Polens zur EU erlebte, spiegeln sich deutlich im Straßenbild: Aus der 250 000 Einwohner zählenden Arbeiterstadt ist eine Touristenmetropole geworden. Man muss sehr weit in das Industriegebiet rund um das 1976 errichtete Trockendock fahren, um einen Arbeiter im Blaumann anzutreffen (in diesem Jahr wurde auch das Komitee zur Verteidigung der Arbeiter, Komitet Obrony Robotników, gegründet, eine Keimzelle der Gewerkschaftsbewegung Solidarność). Frauen sieht man dort so gut wie gar nicht mehr. Nach dem Wegfall der sozialistischen Arbeitsmarktpolitik waren Frauen in der Industrie nicht mehr gefragt. Umso mehr weibliche Beschäftigte sind in den vielen Dienstleistungsbetrieben anzutreffen, die in Gdynia nach 1989 wie die sprichwörtlichen Pilze aus dem Boden geschossen sind. Ist demnach der Umbruch von einer Industrie- zu einer Dienstleistungsgesellschaft in Polen und im postkommunistischen Europa nichts anderes als eine wie im Zeitraffer verlaufende nachholende Entwicklung, quasi ein verspäteter Strukturwandel, analog zu jenem in Westeuropa? Wir werden in diesem Buch argumentieren, dass die postsozialistische Transformation nicht nur spürbar schneller und chaotischer verlief als der von Lutz Raphael untersuchte Strukturwandel in Westeuropa, sondern aufgrund der Breite und Tiefe des Wandels auch seine eigene Qualität hatte.

Die speziellen Dynamiken und Ambivalenzen der postsozialistischen Transformation, ihre spezifischen Logiken sowie Folgen für die gesamte EU lassen sich besser verstehen, wenn man mehr als einen Standort und ein Land untersucht.

Auch im kroatischen Pula im Süden der Halbinsel Istrien, unserer zweiten Fallstudie, können Touristen stillstehende Kräne einer einst großen, stolzen Werft bestaunen. Sie hieß Uljanik und produzierte 163 Jahre lang Schiffe, bis sie 2018 pleiteging. Aufgrund der zentralen Lage der Kräne direkt vor der Altstadt entschied sich die Stadtverwaltung für eine ästhetische Aufwertung. Am Abend werden die Kräne bunt beleuchtet und bestimmen nun zusammen mit dem perfekt erhaltenen Augustus-Tempel und dem römischen Amphitheater die touristische Kulisse.

Es ist kein Zufall, dass der zeitliche Abstand der Insolvenzen der beiden Werften zum EU-Beitritt Polens und Kroatiens in den Jahren 2004 bzw. 2013 nahezu gleich ist. In beiden Fällen machten die geänderten Rahmenbedingungen, insbesondere die stringenten EU-Wettbewerbsregeln, das bisherige Geschäftsmodell obsolet, sich im Notfall oder auch über längere Strecken von der Staatskasse alimentieren zu lassen. Ging die schwerindustrielle sozialistische Moderne also erst mit der Mitgliedschaft zum europäischen Binnenmarkt zu Ende? Anhand der beiden Fallstudien, die sowohl eine konkrete Verortung des Transformationsprozesses als auch die Untersuchung sei-

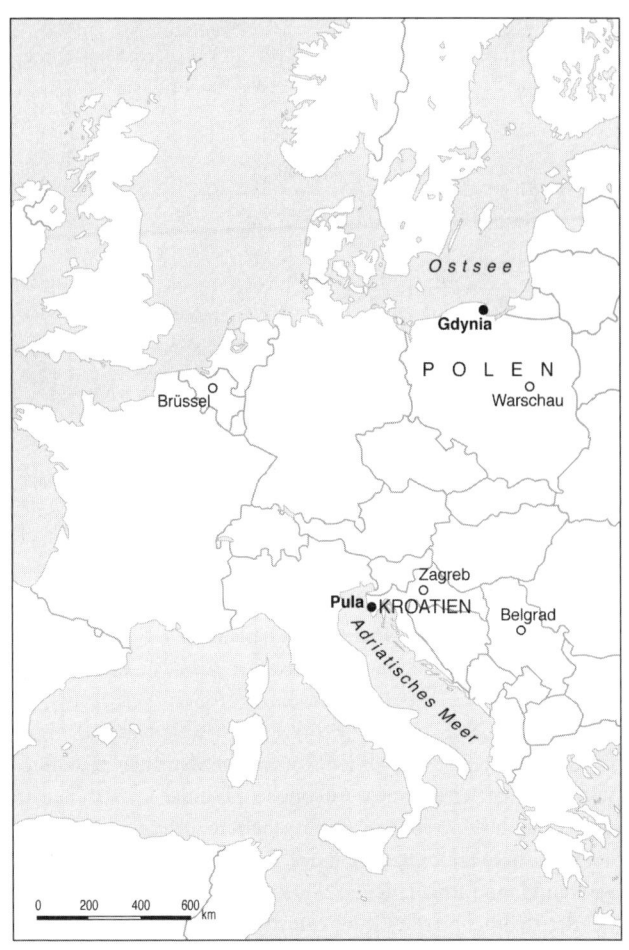

Karte 1: Lokalisierung der beiden Fallstudien.

Abb. 1: Die Werft Uljanik in der Bucht von Pula (1962).
Die Docks und Schweißhallen auf der namengebenden Oliveninsel
(vom italienischen *olivio*) bildeten das Herz der Werft.

ner globalen Verlinkungen erlauben, formulieren wir die These, dass der EU-Beitritt zwar nicht das »Ende der Geschichte«, aber das Ende des Postsozialismus einläutete.

Für Kroatien bedeutet die Pleite der Werft in Pula im Jahr 2018 (und parallel dazu einer zweiten großen Werft in Rijeka, die zum selben Konzern gehörte) einen weit härteren volkswirtschaftlichen Schlag als für Polen. Der Schiffbau machte zu seinen guten Zeiten einen erheblichen Teil der kroatischen Industrieproduktion aus und erwirtschaftete mehr als ein Zehntel der Exporteinnahmen des Landes, das unter einer notorisch negativen Handelsbilanz leidet. Verloren ist außerdem ein Großteil der staatlichen oder durch staatsnahe Institutionen vermittelten Kredite und Garantien für die Schiffbauindustrie, die sich allein bis zum Jahr 2010 auf etwa vier Prozent des kroatischen Bruttoinlandsprodukts (BIP) beliefen.[4] Die Verluste im Schiffbau haben damit ein Ausmaß, das sogar die Ausgaben anderer Länder für die »Rettung« ihrer Banken infolge der globalen Finanzkrise von 2008/09 überschreitet.

Im Alltag der 60 000-Einwohner-Stadt Pula ist vom Ende der 1856 im Kaiserreich Österreich gegründeten Werft jedoch weniger zu spüren, als zu befürchten war. Getreu dem einstigen Motto: »Wenn sich Uljanik erkältet, hustet die ganze Stadt«, hatten die Manager für den Fall einer Pleite eine soziale Katastrophe an die Wand gemalt. Dabei waren zum Schluss nicht einmal 2000 Arbeiterinnen und Arbeiter in der Werft beschäftigt, nach einem Höchststand von 8000 Betriebsangehörigen vor 1989. Doch die Zahl der von der Deindustrialisierung in die Armut beförderten Schiffbauer ist überschaubar. Viele Ingenieure und Facharbeiter haben anderswo, vor allem in italienischen und deutschen Werften sowie in anderen Industriebetrieben, einen Job gefunden. Außerdem hat der Tourismus noch stärker als in Gdynia den Schiffbau längst vom führenden Platz in der lokalen Wirtschaft verdrängt – im Falle Kroatiens auch gesamtstaatlich. Auf der Alltagsebene bedeutet dies, dass viele Eigentümerinnen und Eigentümer der einstigen Betriebswohnungen (oder von Häusern auf dem Land, die sie während des Sozialismus mit billigen Mitarbeiterdarlehen finanzierten) heute gutes Geld mit der Beherbergung von Touristen verdienen.

Das erklärt auch, warum die Mobilisierung der Beschäftigten Uljaniks gegen die sich abzeichnende Schließung des Betriebs nach einer kurzen Protestphase rasch wieder versandete. Als der kroatische Premierminister Andrej Plenković im September 2018 nach Pula kam, um über die Zukunft der Werft zu diskutieren, erschien nur eine Handvoll Mitglieder des Protestkomitees Stožer za obranu Uljanika, um ihrem Unmut Luft zu machen. Ein paar Schaulustige, unter ihnen unsere Projektmitarbeiter, gesellten sich im Freibereich eines auf dem Forum liegenden Cafés hinzu. Trotz der einmaligen Möglichkeit, die mediale Öffentlichkeit des Landes auf sich aufmerksam zu machen, folgte niemand dem Aufruf zu einer Massendemonstration – es blieb bei einem kurzen Gespräch des kroatischen Premiers mit den Aktivisten (siehe Abbildung 2).

Das Ausbleiben größerer Protestwellen anlässlich des Konkurses der beiden Werften in Polen und Kroatien verdeutlicht den fundamentalen Wandel, der mit dem EU-Beitritt einherging: Die Schließung eines bedeutenden Industriebetriebes wurde politisch durchsetzbar. Die Werften als einstige Insignien der industriellen Moderne und des Fortschritts verloren nach dem Ende des Staatssozialismus sukzessive ihre wirtschaftliche, aber vor allem auch ihre symbolische und damit politische Macht, somit auch ihre Fähigkeit, ihre Interessen als solche der gesamten Gesellschaft auszugeben. Damit sanken für die betroffenen Regierungen die politischen Kosten für den Fall der Verweigerung weiterer Staatshilfen, zumal sie den Schwarzen Peter der EU-Kommission in Brüssel zuschieben konnten. In Pula passierte dies 2019, in Gdynia war es zehn Jahre zuvor wenig anders gewesen, wenngleich die seit 2015 von der nationalkonservativen und populistischen Partei Recht und Gerechtigkeit (Prawo i Sprawiedliwość, PiS) geführte Regierung immer wieder versprach, eines Tages die nationale Werftindustrie auferstehen zu lassen und damit den Stolz der Schiffbaunation Polen wiederherzustellen.

Die erwähnten Jahreszahlen – 1976, 1981, 1989, 2001, 2004, 2009, 2013 (für Kroatien muss man 1974 für die jugoslawische Verfassungsreform, 1991 für den Zerfall Jugoslawiens und den anschließenden Krieg bis 1995 ergänzen) – deuten bereits an, dass die Transformationszeit verschiedene Einschnitte aufweist. Sie hat offensichtlich weit länger gedauert als der politische Regimewechsel im engeren Sinne. Das relativiert die Zäsur von 1989, welche die anschließend aufgekommene Transitions- und Transformationsforschung häufig als Stunde null betrachtet. Die Nachkriegszeit im östlichen Europa war kein langer ruhi-

Abb. 2: Besuch des kroatischen Premierministers Andrej Plenković
in Pula im September 2018.

ger Fluss, der im Zusammen- und Umbruch von 1989 endete
und sich dann in neue Kanäle ergoss.

Gegen eine solche Sicht sprechen nicht zuletzt die immer
breiteren Nischen für die Privatwirtschaft im Staatssozialismus,
die in den achtziger Jahren einen Kapitalismus »von unten« ermöglichten, ehe ihn die Reformpolitiker als Zukunftsverhei-
ßung verkündeten. Die steigende Bereitschaft zu radikalen
Reformen sowie die bereits in den Sechzigern beginnende Integration des östlichen Europa in die Weltwirtschaft legen eine
Chronologie der Transformation nahe, die deutlich vor dem
Machtverlust der Kommunisten beginnt. Die in Deutschland
besonders beliebte Reduktion des Umbruchs auf ein einziges
Jahr ist auch deshalb verkürzt, weil der politische Systemwandel erst im Zusammenbruch der Sowjetunion und dem Zerfall
Jugoslawiens 1991 kulminierte. Istrien und Pula waren von

den in diesem Jahr beginnenden Kampfhandlungen in Kroatien zwar nicht direkt betroffen, aber der Schiffbau und andere Branchen litten unter dem Krieg, unter anderem weil die Regierung in den folgenden Jahren andere Prioritäten setzte als die Restrukturierung der Wirtschaft und weil ein Land im Krieg die Risikobereitschaft ausländischer Investoren übersteigt.

Wann begann nun die Transformation? Zum einen ist klar, dass der fundamentale, über die Strukturen der staatssozialistischen Ordnung hinausreichende Wandel in diversen gesellschaftlichen Handlungsfeldern unterschiedlich datiert werden muss. Die Chronologie der Politik und der sozialen Proteste der unruhigen achtziger und neunziger Jahre fällt nicht notwendigerweise mit den Konjunkturwellen der Wirtschaft oder kulturellen Trends zusammen. Gleichzeitig existieren diese Zeitachsen nicht voneinander unabhängig, sondern sind verschränkt, so dass Dynamiken in einem Feld solche in einem anderen verstärken.[5] Die achtziger Jahre treten als eine solche Periode kondensierter Veränderungsprozesse hervor, als eine Art Sattelzeit, die im Westen den Übergang zu einem postindustriellen, zunehmend neoliberal geprägten Kapitalismus markierten, während sich in den sozialistischen Staaten die systemimmanenten Widersprüche immer weiter verdichteten. Die Krisensymptome des Realsozialismus traten nicht zuletzt auf betrieblicher Ebene derart deutlich hervor, dass sie selbst der kreativste Ideologe nicht mehr der westlichen Diversion in die Schuhe schieben konnte. Markierten die siebziger Jahre den »Beginn vom Ende«,[6] wie Marie-Janine Calic schreibt, so wurde dieses Ende in den achtziger Jahren immer unvermeidlicher – obwohl es für die Zeitgenossen ebenso wenig vorhersehbar war wie die anderen behaupteten »Enden der Geschichte« nach 1989.

Die hier behandelten Werften, so speziell diese Industrie erscheinen mag, bestätigen die Funktion der eineinhalb Jahrzehnte vor 1989 als eine Art Sattelzeit. Nach dem Erdölpreis-schock von 1973/74 amalgamierten sich industriespezifische Entwicklungen, auch auf globaler Ebene, mit politischen Wei-chenstellungen und neuen sozialen Spannungen, welche den Boden für einen rapiden Strukturwandel in der Zukunft be-reiteten. Letztlich fehlte es den sozialistischen Ökonomien an der notwendigen Flexibilität, angesichts eines sich verändern-den globalen Umfelds die Produktivität zu steigern und neue Geschäftsmodelle zu entwickeln. Die Werften illustrierten die Bedeutung des Schocks von 1973/74 besser als andere Indus-trien, da sie unmittelbar davon betroffen waren: Als Folge des vervielfachten Ölpreises und des damit verbundenen Einbruchs des Welthandels versank der internationale Markt für Schiffe in eine lang anhaltende, erst in den neunziger Jahren überwunde-ne Depression.[7]

Für die westlichen Ökonomien brachte diese Erfahrung einen starken Impuls zu einem sozioökonomischen Struktur-wandel Richtung Dienstleistungssektor und Informationstech-nologie.[8] Die sozialistischen Länder hingegen setzten nicht zu-letzt wegen der langen Planungszyklen ihre Investitionen in die Schwerindustrie fort, sie betrachteten das Kohle-und-Stahl-Pa-radigma als alternativlos. In Gdynia war die Inbetriebnahme des Trockendocks im Jahr 1976 ein zweiter Gründungsmoment nach der stalinistischen Industrialisierung. Diese milliarden-schwere Investition in die Produktionstechnik markiert zu-gleich den Höhepunkt der von westlichen Krediten gestützten Modernisierungsversuche der polnischen Staats- und Partei-führung.[9] Insofern steht die Pariser-Kommune-Werft pars pro toto für die Geschichte Polens und des östlichen Europa.[10]

Im Jahr des Ölpreisschocks beschloss das jugoslawische Par-lament wiederum eine neue Verfassung und kurz darauf das »Gesetz der Vereinten Arbeit«, das einen radikalen Umbau der Unternehmen in Richtung verstärkter Selbstverwaltung vorsah. Die Fragmentierung der Unternehmen in sogenannte »Basisorganisationen der vereinten Arbeit« brachte jedoch eine weitere Bürokratisierung mit sich und lähmte die Geschäftsführung.[11] Das verschärfte in den achtziger Jahren die Krise in Pula und generell im jugoslawischen Schiffbau sowie in anderen Branchen. Die Betriebe mussten Zeit für innere Aushandlungsprozesse aufwenden, die dann für die Entwicklung zukunftsorientierter Strategien fehlte; und das in einer Phase, in der sich die wirtschaftlichen Schwierigkeiten Jugoslawiens zu einer letztlich letalen Wirtschaftskrise auswuchsen, mit hoher Inflation, steigender Arbeitslosigkeit, untragbarer Verschuldung und Illiquidität.

Unterdessen zeichnete sich in Polen rasch ab, dass die mit Kapitalimporten gestützte staatssozialistische Modernisierung die ökonomischen Probleme der Volksrepublik ebenfalls vergrößerte, anstatt sie zu lösen. Schon 1976 kam es aufgrund angekündigter Preissteigerungen und allgemeiner Unzufriedenheit zu großen Streiks und der Gründung des erwähnten Komitees zur Verteidigung der Arbeiter. 1979 setzte eine schwere Rezession ein, die es in einer Planwirtschaft theoretisch gar nicht hätte geben dürfen; das Regime ließ als politisches Ventil 1980 die Solidarność zu. Im gleichen Jahr starb Josip Tito, der allseits akzeptierte Schiedsrichter bei politischen Disputen in Jugoslawien und die charismatische Führungsfigur der Bewegung der Blockfreien Staaten. Insofern handelt es sich bei diesem Jahr erneut um eine in beiden Vergleichsfällen wirksame Zäsur. Hinzu kam der erwähnte weltweite wirtschaftshistorische Einschnitt.

Die jugoslawischen Werften spürten den globalen Einbruch bei der Nachfrage nach Transportschiffen noch mehr als die polnischen, weil sie sich zu fast hundert Prozent auf Exporte und den Weltmarkt ausgerichtet hatten. Polen orientierte sich seit dem Exportplan von Parteisekretär Edward Gierek ab 1970 vermehrt von der Sowjetunion und dem Rat für Gegenseitige Wirtschaftshilfe (RGW) weg und hin zu Exporten in den Westen, um dringend benötigte Deviseneinnahmen zu erwirtschaften. Dies ist angesichts der Globalisierung des Schiffbaus nicht überraschend, aber die Orientierung auf den Weltmarkt bereits während des Staatssozialismus widerspricht der weitverbreiteten Ansicht, erst nach 1989 seien die wirtschaftlichen Uhren im postkommunistischen Europa komplett umgestellt worden. Für die staatssozialistischen Ökonomien sollte sich der mit großen Hoffnungen eingeschlagene Weg einer stärkeren Integration in den Weltmarkt als fatal erweisen, da die heimischen institutionellen Strukturen dessen Anforderungen nicht gewachsen waren. In einer längeren Perspektive lässt sich jedoch festhalten, dass damit unwissentlich der Pfad in Richtung einer intensiven Weltmarktintegration nach 1989 eingeschlagen wurde und diese damit kein Ergebnis des politischen Umbruchs war.

Auch was die Rolle des Staates im Wirtschaftsleben anbelangt, lässt sich eine den herkömmlichen Erwartungen entsprechende Vorher-nachher-Dichotomie nicht aufrechterhalten. Der Staat behielt in beiden Ländern lange Zeit seine tragende Rolle im Schiffbau, die Privatisierung der Werften begann relativ spät und war kein linearer Prozess. Die Privatisierung ist für unser Buch weder Endpunkt noch Einbahnstraße oder Idealzustand, wie es das nach 1989 verbreitete Narrativ der Transitologie »von der Planwirtschaft zur Marktwirtschaft« nahelegt. Zwischen »staatlich« und »privat« gibt es eine facettenreiche Zone der Überlappung, die wir als Signum der Transformation erachten. Wir argumentieren daher, dass Praktiken der politischen Ökonomie aus der staatssozialistischen Ära nicht einfach aufhörten, nur weil das politische Regime gewechselt hatte – hier war der Beitritt zur EU folgenreicher als der Abtritt der kommunistischen Regierungen.

Schließlich gibt es selbstverständlich lebensgeschichtliche

Kontinuitäten. Zwischen 1989 und 1991 gingen die beiden wichtigsten Varianten des real existierenden Sozialismus in Europa zu Ende, bald darauf beschleunigte sich im Westen der systemische Niedergang der sozialen Demokratie (und mit ihr der Sozialdemokratie), die man eines Tages vielleicht als die dritte, bürgerliche Variante des Sozialismus betrachten wird. Doch die individuellen und gruppenbezogenen Einstellungen und Handlungsweisen der Arbeiter und Arbeiterinnen, Angestellten und Führungskräfte der Werften veränderten sich selbstverständlich nicht innerhalb von zwei Umbruchsjahren, ebenso wenig wie im Westen im Rahmen des dortigen Strukturwandels nach der ersten Ölkrise. Das kann man im Management, aber auch im Arbeitsalltag nachweisen, also in der Unternehmensgeschichte und der Arbeitsgeschichte, die wir in unserem Forschungsprojekt betrieben haben. Wir gehen deshalb von einer langen Transformation aus, die von Mitte der Siebziger bis in die jüngste Zeit reicht. Außerdem beziehen wir dabei auch das westliche Europa sowie die globalen Konjunkturzyklen mit ein.

Polanyi vs. Fukuyama

Der Begriff der Transition, wie er seit den späten achtziger Jahren verwendet wird, hat zwei Probleme: zum einen seine zeitliche und regionale Beschränkung, zum anderen schleppt er implizit ein doppeltes Telos mit. Als die Diktaturen in Südeuropa und Lateinamerika unter Druck gerieten und schließlich durch Demokratien ersetzt wurden, verwandten Politologen dafür das ursprünglich aus dem Spanischen stammende Wort »transición«. Daraus entwickelten 1990 die Ökonomen Jeffrey Sachs und David Lipton, die in Polen als Berater der ersten postkommunistischen Regierung tätig waren, die Idee der »dual transition«, die neben dem politischen Systemwandel von Diktatur zu Demokratie den Umbau von der Plan- zur Marktwirtschaft einschloss.[12] Die Grundannahme war, ähnlich wie bei Francis Fukuyamas These vom »Ende der Geschichte«, dass die Etablierung einer liberalen Demokratie und einer unbeschränkten, freien Marktwirtschaft notwendigerweise miteinander verknüpft seien.

Der Begriff »Transition« geriet aufgrund seiner Teleologie sowie normativen Grundierung – und aufgrund der Tatsache, dass die realen Entwicklungen sich als deutlich mehrdeutiger erwiesen – bald in die Kritik. Um diese Widersprüchlichkeiten, Ambivalenzen und Unterschiede zwischen den Ländern sowie die weitergehenden gesellschaftlichen und politischen Dimensionen dieses Prozesses zu erfassen, brachten europäische Sozialwissenschaftler und Sozialwissenschaftlerinnen den Begriff der »Transformation« auf. Dieser war von der Intention her stärker prozessorientiert und nahm die Widersprüche, die unerwarteten Ergebnisse und Reibungsflächen gezielt auf. Die Konsolidierung der Demokratie sowie die universelle Durchsetzung des freien Markts (insbesondere die Privatisierung) bildeten jedoch weiterhin die Leitlinien beider Forschungsbegriffe. Denn auch die Vertreter des Transformationsparadigmas gingen davon aus, dass nach der sogenannten Wende etwas genuin Neues entstehen würde – sie bewerteten es nur nicht so eingeschränkt positiv wie die Transitologen. Vielmehr stellte die Kritik eines ungezügelten Kapitalismus und des Verlusts der wohlfahrtsstaatlichen Komponenten des Staatssozialismus insbesondere in der Sozialanthropologie eine wesentliche Tendenz der Transformationsforschung dar.[13]

Die zeitliche Abgrenzung zum Staatssozialismus und die Vorstellung einer fundamental anderen Welt, die auf seinen Ruinen entstanden ist, sind konstitutiv für beide Forschungsrichtungen. Anhand unserer Fallbeispiele lässt sich aber auch argumentieren, dass es starke Kontinuitäten gab, wie zum Beispiel das Vorhaben, mit westlichen Kapitalimporten – ab 1989 wurden sie dann als Auslandsdirektinvestitionen (Foreign Direct Investments, FDI) angepriesen – eine umfassende wirtschaftliche Modernisierung in Gang zu bringen. Auch die erwähnte (Re-)Integration in den Weltmarkt zeichnete sich im Schiffbau bereits vor dem politischen Systemwechsel klar ab. Hier hatten Jugoslawien und dann das unabhängige Kroatien zunächst einen Vorsprung, den Polen und seine Werften in den Neunzigern aber rasch aufholten.

Unser Buch lässt sich bei seinem Verständnis von Transformation daher von einem älteren Transformationsbegriff inspirieren: von Karl Polanyis *Great Transformation*, einem Werk, das seit der Jahrtausendwende aufgrund der sich häufenden Krisen des globalen Kapitalismus wieder mehr Aufmerksamkeit findet, insbesondere zur Interpretation des Wandels im östlichen Europa. Polanyi beschreibt in seinem Opus magnum überwiegend am Beispiel Englands den Übergang von der Agrar- zur Industriegesellschaft, den Aufstieg des globalen Freihandels und Laisser-faire-Kapitalismus sowie dessen soziale und politische Folgen vom späten 18. Jahrhundert bis in die Zwischenkriegszeit.[14] Wir wollen hier keine stringent polanyische Perspektive einnehmen, wie es diverse Publikationen im Forschungsgebiet »Varieties of capitalism« produktiv tun,[15] aber in zumindest drei Hinsichten ist sein Buch für uns eine Inspirationsquelle: Erstens steht es für eine längere zeitliche Dimension, die Transformation nicht an politischen Einschnitten festmacht, sondern an Verschiebungen in den Strukturen der politischen Ökonomie und den fundamentalen gesellschaftlichen Organisationsmustern. Man kann die nach 1989 geschaffene neoliberale Ordnung nicht mit dem Laisser-faire-Kapitalismus im Zeitalter des klassischen Liberalismus gleichsetzen, weil der moderne Staat ein Jahrhundert später viel stärker ausgebaut war, trotzdem gab es einige Parallelen in der Wirtschaftspolitik und ihren ideologischen Zielen.

Zweitens bietet Polanyi eine soziologisch-anthropologisch orientierte Perspektive und betont, dass die Veränderungen in den Sinnwelten sozialer Gruppen einen wesentlichen Aspekt der »großen Transformation« darstellen. So haben wir auch »Transformations from Below«, den Namen unseres internationalen Forschungsprojekts, verstanden, das wir von 2016 bis 2021 mit Unterstützung der Deutschen Forschungsgemeinschaft (DFG) und des Österreichischen Wissenschaftsfonds (FWF) durchgeführt haben und aus dem dieses Buch hervorgegangen ist. Eine Transformation kommt nicht über die Menschen, sondern wird von diesen gemacht. Das kann ein bewusster Prozess sein, etwa beim Management eines Unternehmens, aber auch ein unbewusster, wenn sich die Werktätigen an neue Vorgaben der Betriebsleitung anpassen müssen.

Drittens kann man von Polanyi die Einsicht ableiten, dass eine derart tief greifende sozioökonomische sowie lebensweltliche Transformation wie nach dem Zusammenbruch des Staatssozialismus einen politischen Preis hat. Die sozialen Verwerfungen im Rahmen der seit den achtziger Jahren entstandenen neoliberalen Ordnung und die Abkehr von einem »eingebetteten Kapitalismus« lösten ein »soziales Schutzbedürfnis« aus. Polanyi lässt in seinem Hauptwerk offen, in welche politische Richtung dieses Schutzbedürfnis ausschlägt. Vor allem in Polen entstand aus dem radikal antikommunistischen Flügel der Solidarność eine rechtspopulistische Gegenbewegung zur liberalen Demokratie.[16] Gemäß der Lesart jener Arbeiter und Arbeiterinnen, die der Regierungspartei PiS nahestehen, war die Schließung der Werften in Gdynia, Danzig und Stettin ein Komplott der EU im Tandem mit der Regierung Merkel, die mit dem Verbot staatlicher Beihilfen die polnische Konkurrenz für die deutschen und westeuropäischen Werften aus dem Weg räumen wollten. Diese Menschen träumen – ebenso wie die aktuelle polnische Regierung – von einer Reindustrialisierung des Landes und einer darauf beruhenden paternalistischen Wohlfahrt, deren Ideale auch einem überkommenen Bild von Geschlechterrollen geschuldet sind. Sie wollen, dass die Wirtschaft wieder in die Politik und damit die gesellschaftliche Steuerung eingebettet wird – wie es Polanyi gefordert hat.[17]

Abstrakt betrachtet, handelte es sich also um einen Konflikt zwischen verschiedenen staatlichen Ebenen mit ihrem je eigenen Verhältnis zur Wirtschaft und zu den Erwartungen der Gesellschaft. Auf der einen Seite stand die polnische Regierung, die zwischen 2004 und 2007 Beihilfen in Höhe von umgerechnet 1,43 Milliarden Euro in den Schiffbaukonzern in Gdynia pumpte.[18] Die kroatische Regierung agierte bis zum EU-Beitritt 2013 ähnlich, sie erließ den kroatischen Werften umgerechnet 1,3 Milliarden Euro Schulden und stellte eine weitere halbe Milliarde als Restrukturierungsmittel bereit – hohe Summen für ein Land, dessen gesamte jährliche Staatsausgaben in dieser Zeit gut 20 Milliarden Euro betrugen. Auf der anderen Seite stand die EU-Kommission, die sich als Wächterin des freien Wettbewerbs versteht, staatliche Beihilfen nur im Ausnahmefall zulässt und dabei strengen Regularien unterwirft. Im polnischen Fall verlangte sie die Rückzahlung der gewährten Staatsbeihilfen, was den sofortigen Konkurs der Werft auslöste; im kroatischen Fall genehmigte sie zunächst Staatsgarantien, um zuletzt doch eine staatlich subventionierte Restrukturierung abzuwürgen.

Das unterschiedliche Verständnis von Wirtschaft und der Rolle des Staates in ihr liegt auch an der unterschiedlichen politischen Verankerung der EU-Kommission und der nationalen Regierungen in den einzelnen Mitgliedsstaaten. Während eine nationalstaatliche Regierung direkt ihren Wählerinnen und Wählern verantwortlich ist und wiedergewählt werden will, amtiert die EU-Kommission ohne ein direktes demokratisches Mandat. Sie versteht sich nicht als Exekutorin des Volkswillens, sondern als Hüterin der Verträge. Diese Rückbindung der nationalen Politik an die Demokratie erklärt die Abweichung von neoliberalen Dogmata, die sich in Polen entgegen aller Rhetorik schon Anfang der Neunziger unter Wirtschaftsminister Leszek Balcerowicz nachweisen lässt.[19] Auch in Kroatien wurde ein radikales Marktverständnis nie mehrheitsfähig. Die sich seit 1991 in der Regierung abwechselnden Nationalkonservativen und Sozialdemokraten versprachen stets die Intervention des Staates zur Abmilderung der durch den Kapitalismus hervorgerufenen sozialen Kosten – und nichts anderes erwartet die Bevölkerung. Hier kann man in Abwandlung von Polanyi von einem politischen Schutzbedürfnis sprechen, das den Schiffbau in Polen und Kroatien tatsächlich lange Zeit vor tiefen Einschnitten und Betriebsschließungen bewahrt hat. Wie Quinn Slobodian gezeigt hat, war es nicht umsonst das Hauptbestreben der intellektuellen Vordenker des Neoliberalismus, den imaginierten freien Markt vor den Zumutungen einer demokratischen Willensbildung zu schützen.[20]

Ob die staatliche Protektion den Unternehmen langfristig nutzte, steht auf einem anderen Blatt und ist eine der großen Fragen dieses Buches. Bei einfachen Frachtern und Tankern konnten die Werften in Gdynia und Pula nicht mit den hoch subventionierten chinesischen Staatsbetrieben mithalten, bei technologisch avancierten Schiffen war die Konkurrenz aus Japan und Südkorea zu stark. Es wäre zu kurz gedacht, das als osteuropäisches Problem anzusehen. Im vergangenen halben Jahrhundert sank der Anteil Europas an der globalen Schiffsproduktion von über achtzig auf unter zehn Prozent.

Der von Polanyi eingeforderte soziale Schutz wurde entlassenen Schiffsarbeitern und -arbeiterinnen in Form diverser Sozialpläne durchaus gewährt. Doch offensichtlich war es weit schwieriger, den europäischen Schiffbau als solchen zu schützen, der in einem äußerst kompetitiven globalen Markt agierte, in dem nicht für alle Beteiligten dieselben Bedingungen herrschten. In Gdynia erhielten die entlassenen Werftarbeiter für polnische Verhältnisse sehr großzügige Abfindungen (Frauen schnitten dabei jedoch oft schlechter ab), von denen die Beschäftigten in anderen stark reduzierten Branchen wie der Textilindustrie nur träumen konnten. In Kroatien hielt der Staat Uljanik und andere verlustbringende Werften länger am Leben als etwa den benachbarten Textilproduzenten Trikotaža und andere Betriebe, die ebenfalls sehr vielen Menschen Arbeit gegeben hatten. Daran schließt sich eine andere wichtige Frage unseres Buches an: Warum konnte der Schiffbau so lange auf die helfende Hand des Staates vertrauen? Etwa, weil er ein attraktiveres Narrativ von seiner Bedeutung anbot, oder, weil männliche Facharbeiter mehr Verhandlungsmacht hatten als weibliche Arbeitskräfte, die in der untergegangenen Textilindustrie dominierten? Zweifelsohne spielten auch politische Verbindungen und Seilschaften eine wichtige Rolle, immerhin war Gdynia neben Danzig eine der Wiegen der Solidarność, die einen Gründungsmythos der Dritten Polnischen Republik darstellt.

Viele Akteure vor Ort interpretierten den Konkurs der beiden Werften als Beleg dafür, dass sich ihre Stadt und ihr Land in die falsche Richtung entwickelten, dass sie sich im Niedergang befinden und ihre wirtschaftliche Substanz verloren geht. In diesen Deutungen schimmern sozialistische Modernitätsvorstellungen durch, die inhärent mit der Schwerindustrie verbunden waren. Gleichzeitig drücken diese Sichtweisen die Erfahrung eines tiefen wirtschaftlichen Einbruchs aus, vor allem in den frühen neunziger Jahren. Auch die in vielerlei Hinsicht wegweisende sozialanthropologische Literatur zum Schicksal der Industriearbeiterinnen und -arbeiter nach dem Ende des

Sozialismus erweckt meist den Eindruck, als ob von der einstigen Industrielandschaft im östlichen Europa nichts übrig geblieben wäre.

Mit unserem Buch wollen wir hier eine Nuancierung vornehmen: Blickt man auf den Anteil der Industrie an Gesamtbeschäftigung und BIP, dann sind die meisten ehemals sozialistischen Länder heute noch stärker von der Industrie geprägt als die Ursprungsregionen der industriellen Revolution. In Polen trug die Industrie 2018 rund 17 Prozent zum BIP bei, im stärker deindustrialisierten Kroatien 13 Prozent. In den USA waren es gerade einmal 11 Prozent, in Frankreich und Großbritannien jeweils weniger als 10, in Deutschland hingegen 20. In Bezug auf den Anteil der Industrie an der Gesamtbeschäftigung lagen Polen und Kroatien mit 32 bzw. 28 Prozent im Jahr 2019 sogar vor Deutschland (27 Prozent) und weit vor den USA und Großbritannien, wo jeweils weniger als ein Fünftel aller Beschäftigten in der Industrie arbeiteten.[21] Unsere beiden Fallstudien ermöglichen es, die Dynamiken von Deindustrialisierung ebenso wie von Reindustrialisierung besser zu verstehen: Nicht alle Industriebetriebe verschwanden, sondern vor allem jene, deren Existenz sehr eng mit den Strukturen des sozialistischen Staates verwoben waren und die keine ausländischen Investoren für sich begeistern konnten – zwei Faktoren, die häufig gemeinsam auftraten.

Die Transformation produzierte viele Verliererinnen und Verlierer, vor allem in den turbulenten neunziger Jahren. Aber die Vorstellung eines allgemeinen sozialen Absturzes ist ebenso falsch wie jene der völligen Deindustrialisierung. In Polen etwa stieg der Wohlstand nach Überwindung des wirtschaftlichen Einbruches Anfang der neunziger Jahre rasch und kontinuierlich an, nicht einmal die weltweite Rezession 2008/09 stoppte das Wirtschaftswachstum. Gemessen am kaufkraftbereinigten Pro-Kopf-BIP, verbesserte sich die Position Polens in den letzten dreißig Jahren von etwa einem Drittel auf deutlich mehr als zwei Drittel des EU-Durchschnitts. In Kaufkraftäquivalenten genießen die Polen im Durchschnitt heute den gleichen Wohlstand wie die Bevölkerung Portugals, ein Land, das 1990 innerhalb der Europäischen Gemeinschaft zwar als arm galt, aber fast doppelt so wohlhabend war wie Polen. Gemäß den Daten von Angus Maddison gab es in der Wirtschaftsgeschichte der Welt selten derart zügige Aufholprozesse.[22] In Europa entwickelten sich zuletzt die Bundesrepublik und die anderen Gründungsmitglieder der Europäischen Gemeinschaft in den ersten drei Nachkriegsjahrzehnten so dynamisch, in Fernost Japan und Südkorea. Damals war das Wachstum jedoch durch die Reparatur der Kriegszerstörungen und die generell höhere Dynamik der Weltwirtschaft begünstigt.

Trotz dieser Konvergenz spricht in Polen niemand von einem »Wirtschaftswunder«. Viele Menschen fühlen sich sogar als Verlierer der Transformation und bilden die Basis der heute regierenden Rechtspopulisten. Das hängt mit dem Strukturwandel in der Industrie sowie der Genese einer Dienstleistungsgesellschaft zusammen, die offenbar weniger Sicherheiten und Zuversicht bietet als die Hochmoderne nach dem Zweiten Weltkrieg, zumindest für Männer, die im Zentrum der auf die Schwerindustrie orientierten Modernitätsvorstellungen standen. In Kroatien fallen die landläufigen Meinungen bezüglich der wirtschaftlichen Entwicklung noch negativer aus, selbst bei Anhängern der staatlichen Unabhängigkeit dominiert ein Narrativ des Niedergangs, wofür diese alte kommunistische Seilschaften verantwortlich machen.

In der Tat verlief die ökonomische Entwicklung Kroatiens weniger dynamisch als jene Polens und anderer ehemaliger Ostblockländer. Das lag vor allem am Krieg 1991-95, aber auch an einer größeren wirtschaftspolitischen Trägheit – wie die Probleme im Schiffbau verdeutlichen, der für Kroatien insgesamt wichtiger war als für Polen. Dennoch erlebte auch Kroatien einen Aufholprozess, was den Wohlstand des Landes anbelangt: Im Jahr des Kriegsendes lag das BIP pro Kopf (in Kaufkraftäquivalenten) bei 44 Prozent des EU-Durchschnitts (und bei 34 Prozent des deutschen BIP), 2018 immerhin schon bei 64 Prozent (und etwa halb so hoch wie in Deutschland).[23] Gerade entlang der Adriaküste, wo die Werften beheimatet waren, ist durch den Boom im Tourismus der Lebensstandard deutlich gestiegen; nicht zuletzt deswegen bieten sich viele, oftmals sogar besser bezahlte Alternativen zu einer industriellen Beschäftigung – die aber dennoch als Abstieg empfunden werden. Die Lektüre des unorthodoxen Linken Polanyi lässt indes besser verstehen, warum wachsender Wohlstand statt zu mehr Zufriedenheit zu einer Entfremdung von der eigenen Arbeit und dem politischen System führen kann, wenn das Bedürfnis nach Gemeinschaft und Sicherheit nicht befriedigt wird. Unser Nahblick in die Werften hinein wird helfen, diese vermeintliche kognitive Dissonanz aufzulösen.[24]

Der Bezug auf Polanyi heißt nicht, dass wir den Transformationsbegriff, so wie er nach 1989 verstanden und in der Forschung verwendet wurde, komplett über Bord werfen. Doch wir verstehen seine Ausrichtung auf Demokratisierung und Vermarktlichung als einen Horizont, der mittlerweile auch schon in die Geschichte eingegangen ist und entsprechend historisiert werden sollte. Bis zur globalen Finanzkrise von 2008/09 war die Transformation an viele andere Erwartungen geknüpft, an zunehmenden Wohlstand beispielsweise und an ein zusammenwachsendes Europa. Zu bestimmten, allerdings nur kurzen Zeiten gab es auch lebhafte Diskussionen über eine Demokratisierung der Unternehmen und der Wirtschaft im Allgemeinen. Der letztgenannte Punkt, der für die Gewerkschaftsbewegung Solidarność 1980/81 und die jugoslawische Linke ebenso zentral war wie für die tschechoslowakischen und ostdeutschen Revolutionäre der ersten Stunde, fiel jedoch im Frühjahr und Sommer 1990 lautlos weg, weil in ganz Ostmitteleuropa die Herausforderungen bei der Umstellung von der Plan- auf die Marktwirtschaft so groß und unbekannt waren und die akute Wirtschaftskrise alle Beteiligten derart absorbierte, dass keine Zeit und kein Spielraum blieben, um erneut Alternativen auszuprobieren. Der Beschluss des Arbeiterrates der Werft in Pula im Jahr 1991, sich aufzulösen und die Umwandlung des »gesellschaftlichen Eigentums« in eine Aktiengesellschaft zu beantragen, steht sinnbildlich für die Tatsache, dass die Demokratisierung des politischen Systems mit wesentlich weniger formaler oder informeller Mitbestimmung im Betrieb einherging. Auch das ist ein wichtiger Erfahrungshintergrund, der skeptische Einstellungen gegenüber den Ergebnissen der Transformation zu erklären hilft.

Verlauf der Reformen und Paradoxien der Privatisierung

Die Ausgangsbedingungen der radikalen Wirtschaftsreformen im Jahr 1989 waren in Polen und Jugoslawien denkbar ungünstig. Beide Länder waren stark verschuldet, konnten die Zinsen an ihre westlichen Kreditgeber nicht bedienen und standen vor der Zahlungsunfähigkeit; außerdem mutierte die hohe Inflation zu einer dreistelligen Hyperinflation. Zu dieser wirtschaftlichen Misere hatten die Werften nicht wenig beigetragen, wie in Kapitel 2 näher erläutert wird. In Polen war die Arbeitslosigkeit noch versteckt, in Jugoslawien stieg sie bereits massiv an. All das erhöhte Ende der achtziger Jahre die Bereitschaft zu radikalen Wirtschaftsreformen. Aufgrund des Scheiterns der Perestroika und ihrer polnischen Variante, der nach dem letzten kommunistischen Wirtschaftsminister benannten Wilczek-Reformen, sowie angesichts der existenziellen Krise Jugoslawiens und somit des wichtigsten Modells eines selbstverwalteten Sozialismus schien es für die ökonomischen Reformen nur noch ein Leitbild zu geben: den 1989 formulierten Washington Consensus, der neben einer makroökonomischen Stabilisierung – in der Regel bedeutete dies drastische staatliche Ausgabenkürzungen – eine Triade aus Liberalisierung, Deregulierung und Privatisierung vorsah. Diese sollten die betroffenen Länder für Auslandsinvestitionen attraktiv machen, wodurch das Wirtschaftswachstum von außen angestoßen und eine höhere Produktivität erreicht werden würde.

Polen hatte hierbei aufgrund seiner strategischen Position einen klaren Vorteil. Im zweitgrößten Land des Ostblocks, das so maßgeblich zum Niedergang des Kommunismus beigetragen hatte, durften die Reformen aus Sicht der USA und der westeuropäischen Nato-Staaten auf keinen Fall scheitern. Daher erließen oder stundeten die westlichen Kreditgeber etwa die Hälfte der polnischen Auslandsschulden. Diese Großzügigkeit war jedoch an ein Junktim gebunden: Polen musste neoliberale Wirtschaftsreformen verabschieden, die der erste postkommunistische Wirtschaftsminister, der Ökonom Balcerowicz, auch aus eigener Überzeugung vertrat. Er hatte Mitte der siebziger Jahre in den USA studiert – ein weiterer Hinweis auf die Bedeutung dieser Dekade als jene Sattelzeit, in der sich divergente Entwicklungen in Richtung einer Hinterfragung des Systems amalgamierten. Der Konsens für ein radikales Reformpaket umfasste 1989/90 in Polen fast alle politischen Lager und Strömungen, die Liberalen sowie antikommunistische und kirchennahe Konservative, aber auch linkskatholische Anhänger der christlichen Soziallehre, Teile des linken Flügels der Solidarność um Jacek Kuroń und nicht zuletzt die Reformkommunisten. Daher und aufgrund der inhaltlichen und formalen

Parallelen zum Washington Consensus kann man auch von einem »Warsaw Consensus« sprechen.[25]

Jugoslawien fehlte nach dem Tod Titos ein ähnlicher interner Konsens und internationaler Vertrauensvorschuss. Diese multiethnische Föderation büßte mit dem Ende des Kalten Krieges ihre strategische Sonderstellung zwischen Ost und West ein, was sich in der abnehmenden Bereitschaft westlicher Regierungen ausdrückte, dem stets klammen Land finanziell beizuspringen. Angesichts der Entspannungspolitik Gorbatschows hielt man im Westen die Gefahr einer sowjetischen Intervention in Jugoslawien für passé, außerdem wirkten die jugoslawischen Kommunisten im Vergleich zu den Reformern in Ungarn oder Polen nicht mehr wie eine reformistische Avantgarde im östlichen Europa.

Der jugoslawische Sozialismus, den keine Besatzungsmacht vorgegeben hatte, war durch die umfassende Selbstverwaltung von Betrieben und Administration in die Gesellschaft »eingebettet« – um hier erneut einen polanyischen Begriff aufzunehmen. Es gab 1989 keinen Konsens für einen radikalen wirtschaftspolitischen Bruch. Als Ante Marković, seit März 1989 Ministerpräsident Jugoslawiens, daranging, drastische Sparmaßnahmen und Reformen umzusetzen, bremsten ihn die Reformgegner um den serbischen Parteichef Slobodan Milošević aus. Der Zerfall des Staates war, ähnlich wie drei Jahre später in der Tschechoslowakei, auch ein Resultat der Konflikte um die Wirtschaftspolitik: Die relativ wohlhabenden nördlichen Republiken, vor allem Slowenien mit seiner konkurrenzfähigen Industrie, setzten auf Marktorientierung und eine enge Anbindung an die Europäische Gemeinschaft, während die ärmeren Republiken und auch Serbien zur Wiederbelebung ihrer strukturell unterfinanzierten Ökonomien weiterhin auf Transferleistungen angewiesen waren und am Schwerindustrieparadigma festhielten.[26] In Jugoslawien war der Widerstand gegen eine neoliberale Politik nicht zuletzt deshalb so stark, weil das Land seit 1981 harte Auflagen des Internationalen Währungsfonds (IWF) hatte umsetzen müssen. Die vom IWF vorgeschriebene Austeritätspolitik löste die Schuldenkrise nicht, sondern verschärfte die Rezession; die Bevölkerung litt bereits seit den frühen achtziger Jahren unter einem starken Rückgang der Reallöhne sowie steigender Arbeitslosigkeit.

Ex post wird der Aufstieg des zuvor im Vergleich zu Jugoslawien (und insbesondere Kroatien) viel ärmeren Polens vor allem der »Schocktherapie« zugeschrieben. Zuletzt wiederholten der Harvard-Ökonom Andrei Shleifer und der kalifornische Politologe Daniel Treisman diese These anlässlich des 25-jährigen Jubiläums von 1989 in der Zeitschrift *Foreign Affairs*.[27] Eine direkte Kausalbeziehung im Sinne von Ursache und Wirkung zwischen Schocktherapie und Wirtschaftswachstum sowie späterem Wohlstand ist jedoch nicht haltbar. Über den Verlauf der Reformen entschieden Faktoren mit, die sich der wirtschaftspolitischen Steuerung weitgehend entzogen, wie das globale Timing und die Geografie. Polen hatte den Vorteil, zu den Vorreitern der neoliberalen Reformen zu gehören, der Westen belohnte das mit den erwähnten Erleichterungen bei den Schulden, auch die Auslandsinvestitionen flossen früher und in größerem Umfang als bei den Nachzüglern, zu denen Kroatien aufgrund des Krieges gehörte. Für die Unterstützung Polens (und auch Ungarns) bei ihrer Restrukturierung der Wirtschaft legte die Europäische Gemeinschaft bereits 1989 das PHARE-Programm auf (»Poland and Hungary: Aid for Restructuring of the Economies«); Kroatien kam erst ein Jahrzehnt später in den Genuss dieses Programms, da es jahrelang die erforderlichen politischen Bedingungen nicht erfüllt hatte. Entscheidend für die wirtschaftliche Erholung Polens war außerdem – ähnlich wie für Slowenien, Ungarn und die Tschechische Republik – die Nähe zu westeuropäischen Exportmärkten, insbesondere zu Deutschland und Österreich. Die Kürze der Transportwege und das deutlich niedrigere Lohnniveau gaben einen starken Anreiz, die Produktion von Industriegütern in diese Länder zu verlagern, wobei in Polen überwiegend die westlichen Landesteile profitierten. Hinzu kam ein für ausländische Investoren attraktiver großer Binnenmarkt, immerhin hatte Polen etwa neunmal so viele Einwohner wie Kroatien.

Kroatien besaß zwar ebenfalls den Vorteil einer relativ günstigen geografischen Lage nahe an westlichen Absatzmärkten. Doch das Lohnniveau war Anfang der Neunziger deutlich höher als in Polen oder der Tschechoslowakei, außerdem war der jugoslawische Nachfolgekrieg ausgebrochen. Die furchtbaren Bilder aus Vukovar und der Krajina, die Bombardierung von Dubrovnik und der Beschuss von Zagreb schreckten ausländische Unternehmen ab. Außerdem glitt Italien, in Kroatien der größte Auslandsinvestor, Ende der Neunziger in eine bis heute andauernde Wirtschaftskrise ab. Ebenso folgenreich für die weitere ökonomische Entwicklung war die innenpolitische Wende in Kroatien. Bei den ersten freien Parlamentswahlen 1990 siegten die Nationalisten unter der Führung von Franjo Tuđman gegen die Reformkommunisten; das neue Parlament wählte Tuđman zum Präsidenten der Republik. Die Regierungspartei HDZ (Hrvatska demokratska zajednica, Kroatische Demokratische Gemeinschaft) war nicht grundsätzlich gegen Reformen eingestellt, doch sie lehnte eine Schocktherapie ab, weil sie eine Schwächung der kroatischen Wirtschaft befürchtete und während des Krieges keine Proteste aufgrund von Betriebsschließungen riskieren wollte. Stattdessen stützte die HDZ die kroatische Industrie, was sich an der Politik im Schiffbau ablesen lässt. Nach dem Ende des Krieges pumpte die Regierung umgerechnet etwa 300 Millionen Euro in die Werft in Pula.[28] Ziel der Wirtschaftspolitik Tuđmans war ein nationaler Kapitalismus mit kroatischen Eigentümern – Resultat dieser

Politik war eine halbgare und halbseidene Privatisierungspraxis, bei der Unternehmer zum Zug kamen, die dem Präsidenten und seiner Partei nahestanden. Dagegen waren die Hintergründe ihres Wohlstandes oder ihre Businesspläne von untergeordneter Bedeutung.[29] Eine Langzeitfolge dieses undurchsichtigen *crony capitalism* besteht darin, dass Investoren in Kroatien bis heute ein Grundmisstrauen entgegenschlägt.

Der Fokus auf die Schocktherapie und ihre vermeintlichen Erfolge blendet die Frage aus, inwieweit diese in Polen als damaligem »Pionier« der Reformen – oft glichen sich die kommunistische und die neoliberale Rhetorik – überhaupt zur Anwendung gekommen ist. Seit je liegt eine der Stärken des Neoliberalismus in seiner Anpassungsfähigkeit, und so gilt auch für Polen, dass keinesfalls alle ideologischen Vorgaben umgesetzt wurden.[30] Zumindest in der tatsächlichen Regierungspolitik handelte es sich um eine weiche Ideologie. Die Politologen Hilary Appel und Mitchell Orenstein haben die an das Ausland gerichtete Reformrhetorik als »competitive signalling« erkannt, als Sprechakt zum Anlocken westlicher Investoren.[31] Wir verstehen daher sowohl die Schocktherapie als auch die damit eng verbundene Privatisierung erst einmal nicht als Faktum, sondern als diskursive Ausgangsbasis für weitere Forschungsfragen.

Dabei gab es je nach Industriebranche und Region markante Unterschiede. Dem größten Schock sahen sich ab 1991 die kollektivierte polnische Landwirtschaft im Norden und Westen des Landes sowie die Lebensmittelindustrie ausgesetzt.[32] Die um Łódź angesiedelte polnische Textilindustrie ging in der zweiten Hälfte der Neunziger unter; in Kroatien konnte sich die Bekleidungsindustrie ebenfalls nicht halten, obwohl sie Zehntausende Menschen, vor allem Frauen, beschäftigte.[33] Dagegen blieben Bergbau, Stahlwerke, Maschinenbau und eben auch der Schiffbau – also ausgerechnet jene Industriezweige, welche die Kommunisten als Schlüsselbranchen aufgebaut hatten – von der Schocktherapie zunächst weitgehend verschont.[34]

Als die Werft in Gdynia 1991/92 für jeden Złoty Umsatz fast einen Złoty Verlust machte, unter anderem weil die zerfallende Sowjetunion die abgenommenen Schiffe nicht mehr bezahlen konnte und keine neuen bestellte, stundete die Regierung offene Steuern, Sozial- und Rentenbeiträge. 1993 kam es dann zu einem ähnlich umfassenden Schuldenerlass wie zwei Jahre zuvor für das gesamte Land. Die Regierung, die Banken, die teilweise noch staatlich kontrolliert waren, und 700 weitere Gläubiger erließen der Werft die Hälfte ihrer Schulden. Kroatien verhielt sich zwei Jahre später ganz ähnlich, um seinen Schiffbau vor dem Untergang zu retten. Allerdings gab es im Vergleich zum Staatssozialismus einen wesentlichen Unterschied: Der Staat deckte die Defizite nicht mehr einfach durch Zuschüsse ab wie in den achtziger Jahren. Stattdessen wandelte die Regierung einen Teil der Schulden in Anteilsscheine um. Diese Aktien gingen in beiden Ländern an Banken, Pensionsfonds und andere Unternehmen, die direkt oder indirekt unter staatlicher Kontrolle standen. Freiwillig hätten sie vermutlich nicht in die Werften investiert, denn im Gegensatz zu börsengehandelten Unternehmen waren keine Gewinne, sondern weitere Verluste zu erwarten. Doch ein Teil des Kapitalstocks der Werften, insbesondere ihre Liegenschaften, besaßen durchaus Wert, außerdem zog in dieser Zeit die globale Schiffskonjunktur wieder an.

Der polnischen Regierung gelang es durch die Umwandlung von Schulden in Aktienanteile, die Werft in Gdynia 1993 auf dem Papier zu vierzig Prozent zu privatisieren. 1997 verkaufte das Ministerium für Staatsvermögen weitere Aktienanteile im Umfang von zwölf Prozent und konnte das Unternehmen damit als erfolgreichen Privatisierungsfall ausgeben. Inwieweit man hier allerdings tatsächlich von Privatisierung sprechen kann, beantwortet das dritte Kapitel. Jedenfalls präsentierte die Geschäftsführung der Werft mit ihrem Vorstandsvorsitzenden Janusz Szlanta, der ursprünglich aus der Finanzbranche stammte, diese Zäsur im Sinne des »competitive signalling« als großen Erfolg.[35] Später sollte sich herausstellen, dass die Privatisierung nicht irreversibel war.

Als die weltweite Hochkonjunktur 2001 endete und die globale Nachfrage nach Transportschiffen erstmals seit 1990 zurückging, kamen die Eigentumsverhältnisse erneut in Bewegung. Die polnische Regierung half den strauchelnden Werften – Stettin war bei der produzierten Tonnage noch größer als Gdynia – mit Kapitalspritzen. Dies geschah gemäß der Logik des mittlerweile voll etablierten Börsenkapitalismus über den Rückkauf von Anteilen. Dadurch befand sich die Aktiengesellschaft Stocznia Gdynia ab 2003 wieder mehrheitlich in Staatsbesitz. Die 2001 erneut an die Regierung gelangten Postkommunisten vermieden es indes, von einer Verstaatlichung oder Renationalisierung zu sprechen. Das hätte für Polen in der internationalen Wirtschaftspresse und in den neoliberal ausgerichteten Informationsdiensten für Investoren allzu negative Schlagzeilen gebracht. Die faktische Rückverstaatlichung hatte Folgen an der Spitze des Unternehmens, Szlanta wurde 2003 als CEO abgelöst, sein Posten nun zum Spielball der wechselnden Regierungskräfte. Die Politisierung der Werft an ihrer Spitze, aber auch in der Belegschaft, wo die genannten Verschwörungstheorien kursierten, bedeutete einen Rückfall in die Zeit der Volksrepublik. Damals glaubten die einfachen Arbeiter und Gewerkschaftsfunktionäre auch, »die da oben« in Warschau und die von ihnen eingesetzten Betriebsleiter – das Fremdwort *manadžer* setzte sich in Polen erst Anfang der Neunziger durch – seien schuld an der Misere des Unternehmens.

In Kroatien verlief die Privatisierung wegen der unterschiedlichen Ausgangsbedingungen auf noch verschlungeneren Pfaden als in Polen. In Jugoslawien gehörten die selbstverwalteten Unternehmen formell ihren Mitarbeitern und Mitarbeiterinnen. Um sie an Investoren verkaufen zu können, mussten Großbetriebe wie Uljanik daher erst einmal nationalisiert werden, um sie dann in einem zweiten Schritt zu privatisieren. Dazu kam es wegen des Krieges zunächst nicht. Auch danach erwies es sich als fast unmöglich, für die schwerindustriellen Kolosse internationale Investoren zu finden.

Im neuen Jahrtausend schien Uljanik, nachdem der Staat das Unternehmen von einem Großteil seiner Schulden befreit hatte, als der aussichtsreichste Privatisierungskandidat unter den kroatischen Werften. Ab 2000 erwirtschaftete der Betrieb dank der globalen Hochkonjunktur im Schiffbau sogar wieder Gewinne. Doch die Gewerkschaften sträubten sich gegen die Übernahme durch einen privaten Investor, auch die lokale Politik war von der Idee nicht begeistert. Als dann 2009 die globale Finanz- und Wirtschaftskrise begann und den Schiffbau besonders hart traf, hatte Uljanik seine Chance verpasst, das Unternehmen war jetzt unverkäuflich.

Zugleich drängte die EU im Zuge der Beitrittsverhandlungen mit Kroatien auf eine Privatisierung, denn die EU-Kommission sah einen dringenden Restrukturierungsbedarf für den überdimensionierten Schiffbau in Kroatien, wo fünf mittelgroße Werften um Aufträge konkurrierten. Die Regierung gab mangels internationaler Investoren im Jahr 2012 rund 1,5 Millionen Anteilsscheine aus, die 7200 kroatische Kleinaktionäre erwarben. Die meisten davon waren Beschäftigte von Uljanik, zum Teil auch Rentner, die an die Zukunft der Werft glaubten und nun fast die Hälfte der Anteilsscheine besaßen. Ganz im Sinne Margaret Thatchers und mancher osteuropäischer Reformpolitiker wurde hier ein (kleines) Volk von Aktionären geschaffen. Bei näherer Betrachtung herrschten indes ähnliche Eigentumsverhältnisse wie im alten Jugoslawien – das Unternehmen gehörte wieder der Belegschaft, zumindest nominell, denn tonangebend blieben die erwähnten staatsnahen Fonds. Wie das zweite Kapitel zeigen wird, erwies sich diese Konstellation als äußerst ungünstig, denn die Eigentümer waren entweder nicht in der Lage oder nicht willens, Kapital zuzuschießen, und vernachlässigten ihre Aufsichtsfunktion. Ähnlich wie in Gdynia blieben die zu geringe Produktivität und zu hohe Produktionskosten, vor allem im Vergleich mit der asiatischen Konkurrenz, das Hauptproblem.

Wie die EU-Kommission 2008 in einem Gutachten zu Staatsbeihilfen im Schiffbau errechnete, brauchte die Werft in Gdynia fast doppelt so viele Arbeitsstunden für den Bau einer Bruttoregistertonne (eine in der Branche gängige Berechnungseinheit für die Größe eines Schiffs) wie die westeuropäische Konkurrenz. In Pula war dies ähnlich, wobei es dort nicht einmal ein Trockendock gab, so dass große Schiffsrümpfe aus zwei Teilen gefertigt und mühselig zusammengeschweißt werden mussten – was dann als lokale Innovation gefeiert wurde (siehe Abbildung 16). In beiden Kontexten hatte die hohe Subventionsbereitschaft der Regierung zur Folge, dass die Investitionen in Automatisierung oder den Sektionsbau verschlafen wurden. In den neunziger Jahren konnten die Werften ihren technologischen Rückstand durch ihre im Vergleich zu Westeuropa und Japan deutlich niedrigeren Lohnkosten teilweise ausgleichen. Dieser Kostenvorteil ging durch die Aufwertung des Złoty im Vorfeld des EU-Beitritts sowie die enge Bindung der kroatischen Kuna an die Deutsche Mark und dann den Euro verloren, außerdem passten sich in Polen wie in Kroatien die Löhne langsam an das westeuropäische Niveau an. Für die Beschäftigten war das selbstverständlich positiv, die Konvergenz mit den alten EU-Staaten, ein zentrales Ziel der Transformation, stand nicht nur auf dem Papier. Aus Sicht der Werften stellte es jedoch ihr postsozialistisches Geschäftsmodell infrage und verschärfte ihr Problem bei den Produktionskosten.

Das lag auch daran, dass in den neunziger Jahren mit der Volksrepublik China ein neuer Akteur den Weltmarkt für Schiffe machtvoll betrat (und zuvor schon mit Südkorea ein neuer Player rasch aufgestiegen war). Zu chinesischen Löhnen konnte und wollte in Polen und Kroatien niemand arbeiten. Außerdem sind die meisten großen Werften in China nach wie vor Staatsbetriebe, deren Existenz auf einem anderen Verhältnis des Staates zur Wirtschaft beruht. Wenn es in China ein Problem mit der Konjunktur oder der globalen Nachfrage gibt, dann wirkt nicht die viel zitierte »unsichtbare Hand« des Marktes, sondern wie früher im Ostblock die »helfende Hand« des Staates. Der Konflikt zwischen diesen Wirtschaftsmodellen spiegelte sich in der erweiterten EU: auf der einen Seite die Nationalstaaten, die sich im Notfall noch gern verhalten hätten wie vor 1989, denen jedoch die tiefen Taschen Chinas fehlten, auf der anderen Seite die EU, die sich als Wächterin des freien Wettbewerbs verstand. Den kann sie innerhalb der Union durchsetzen, aber nicht auf globaler Ebene. In diesem globalen Kontext steht unser Buch wiederum pars pro toto, es thematisiert die heute wieder aktuelle Spannung zwischen Wettbewerbs- und Industriepolitik. In letzter Zeit scheint sich infolge der Covid-19-Pandemie in der EU die Richtung wieder zugunsten Letzterer zu drehen (siehe Kapitel 6 und das Nachwort). Für die von uns untersuchten Werften kommt das zu spät, doch immerhin kündigt sich hier eine polanyische Pendelbewegung an.

Vergleichende und globale Unternehmensgeschichte

Die beiden Werften in Gdynia und Pula erlebten lange, gelegentlich atemberaubende Achterbahnfahrten. Das liegt an den Spezifika der Branche. Schiffe werden stark nachgefragt, wenn die globale Konjunktur und der Welthandel boomen, noch heftiger sind jedoch bei Wirtschaftskrisen die Ausschläge nach unten. Das zeigen die Phasen nach der ersten und der zweiten Ölkrise sowie nach der globalen Finanz- und Wirtschaftskrise 2008/09, als die Nachfrage plötzlich und drastisch einbrach, Bestellungen ausblieben oder storniert wurden sowie Kunden pleitegingen, die ihre bestellten Schiffe nicht abholten.[36] Die Werft in Pula gründete in den achtziger Jahren deshalb sogar eine Reederei als eigenes Subunternehmen für nicht abgenommene Schiffe. Dieses Konstrukt erinnert ein wenig an die Bad Banks, an die sich die Welt nach 2009 gewöhnen musste. Der Verweis auf die Finanzwelt ist hier von grundsätzlicher Relevanz, denn Schiffe werden stets über Kredit vorfinanziert – und je nach Marktlage tragen die Kunden oder die Werft einen größeren Teil des Risikos.[37] Die Finanzialisierung des Schiffbaus, vor der auch die Werften im Sozialismus nicht gefeit waren, erhöhte dessen Volatilität. Das lag nach der zweiten Ölkrise einerseits an der geringeren Nachfrage insbesondere nach Tankern, andererseits an der Hochzinspolitik der USA, die Kredite überall auf der Welt enorm verteuerte.

In der allgemeinen Wirtschaftsgeschichte ist die These verbreitet, der Ostblock habe die Ökonomien seiner Mitgliedsstaaten vor der Absatzkrise gut geschützt, dann aber in den achtziger Jahren nicht zuletzt wegen dieser Schutzmechanismen den Sprung in die Computertechnologie verpasst und sei dadurch wieder zurückgefallen.[38] Auf den Schiffbau trifft dies nicht zu, weil in dieser Branche entgegen aller *conventional wisdom* der Ostblock nicht vom Weltmarkt abgeschirmt war, das blockfreie Jugoslawien erst recht nicht. Die kroatischen Werften produzierten in den siebziger Jahren nahezu 90 Prozent ihrer Frachter, Tanker, Fähren und sonstigen Aufträge für den Weltmarkt; die Abnehmer saßen in Ost und West, Süd und Nord, mit teils kreativen Konstruktionen über die sogenannten *flags of convenience* (wie Liberia und Panama), in die sich Exporte als Hilfe für die damals sogenannte Dritte Welt vermarkten und vom Staat belohnen ließen.

Die Abhängigkeit von globalen Konjunkturzyklen rächte sich jedoch in beiden Ölkrisen, als Uljanik wegen mehrerer bestellter, dann jedoch nicht abgenommener Schiffe einige Monate lang insolvent war; 1986/87 wiederholte sich dieses Szenario. Auch die kurzzeitige Insolvenz der Werft in Gdynia im Jahr 1984/85 hing mit einem westlichen Großauftrag zusammen. Beide Werften litten zudem an dem Protektionismus westlicher Schiffbaunationen, denen sie wegen der ausufernden Subventionen Marktverzerrung vorwarfen. Das Subventionsrennen westeuropäischer Staaten dauerte bis in die achtziger Jahre, als es gelang, die staatlichen Interventionen im Rahmen der Europäischen Wirtschaftsgemeinschaft zu regulieren.[39]

Die Entwicklung in dieser formativen Dekade zeigt außerdem, dass die Krisen im Schiffbau weit länger dauerten als die globalen Rezessionen. Während sich die Weltwirtschaft ab 1984 zügig von der zweiten Ölkrise erholte, erreichte die Nachfrage nach Schiffen erst 1988 den Tiefpunkt. Ähnlich war es nach 2009, als die Bestellungen im Schiffbau (gemessen an der Tonnage) bis 2016 um über 70 Prozent einbrachen. An den Krediten bzw. der globalen Finanzpolitik lag es dieses Mal nicht; trotz der niedrigen Zinsen fiel die Nachfrage nach Schiffen auf das geringe Niveau der frühen achtziger Jahre zurück. Vor diesen Ausschlägen, die direkt auf die Bestellbücher in Gdynia und Pula durchschlugen, konnte die Werften niemand schützen.

Zum Teil waren die wirtschaftlichen Probleme der beiden Werften jedoch hausgemacht. Die Werft in Pula verließ sich Ende der Siebziger zu sehr auf Geschäfte mit Ländern aus der Dritten Welt, die dann die bestellten Schiffe nicht bezahlen konnten oder ihre Außenstände in Naturalien (zum Beispiel mit Bananen oder Baumwolle) begleichen wollten. Mit der Sowjetunion wurde zwar ein alternativer Abnehmer gefunden, aber auch dieser zahlte nicht in konvertibler Währung, sondern mit Transferrubel oder Rohstoffen wie Stahl. Die sowjetischen Bestellungen lasteten die Kapazitäten der Werften aus, aber Gewinne konnten mit den gelieferten Schiffen weder die kroatischen noch die polnischen Schiffbauer erzielen.

Die Werft in Gdynia produzierte Mitte der achtziger Jahre auch deshalb horrende Verluste, weil sie bei einem Großauftrag der schwedischen Reederei Stena versagte. Das Unternehmen aus Göteborg hatte in Gdynia vier große Fährschiffe bestellt; für die Werft bedeutete der Auftrag zunächst einen riesigen Prestigegewinn. Damit stand in Aussicht, dass sie ausreichend Devisen erwirtschaften würde, um die Investition in das Trockendock zu amortisieren und einen Teil der Auslandskredite aus den siebziger Jahren abzubezahlen. Doch wegen Produktionsproblemen und unzuverlässigen Zulieferern konnte die Werft nur eines der georderten vier Schiffe fertigstellen.[40] Die Folge waren hohe Konventionalstrafen, die 1985 mit siebzehn Millionen US-Dollar den Wert der gesamten Ausfuhren in den Westen übertrafen, sowie ein verdorbener internationaler Ruf.[41] Eine westeuropäische Werft wäre angesichts eines derartigen Desasters wohl pleitegegangen, in Polen half wieder einmal der Staat bzw. das Ministerium mit Zuständigkeit für den Schiffbau (das in Kapitel 3 eine große Rolle spielen wird). Das wirtschaftliche Scheitern des sozialistischen Jugoslawiens und der Volksrepublik Polen lag also auch an ihren Werften und zeichnete sich dort besonders deutlich ab.

Aus rein betriebswirtschaftlicher Sicht hätte man die Werft Gdynia 1989 schließen müssen, doch wie der Streit um die benachbarte Danziger Lenin-Werft verdeutlicht, ging das aus politischen Gründen nicht. Als der letzte kommunistische Premierminister Mieczysław Rakowski dort ein Jahr zuvor die Produktion einstellen wollte, brach ein Sturm der Entrüstung los – zu hoch war ihre symbolische Bedeutung. Die Schließung der schwer defizitären Lenin-Werft, die im Gegensatz zu Gdynia über kein Trockendock verfügte, wurde wenig später am Runden Tisch abgeblasen. Auch in den neunziger Jahren traute sich keine Regierung an die Geburtsstätten der Gewerkschaftsbewegung Solidarność heran. Ob dieser politische Schutzschirm den Werften in Danzig und später in Stettin und Gdynia geholfen hat, ist eine andere Frage. Eine vergleichende Analyse der drei großen Schiffbaubetriebe kam 2003 zu dem Schluss, dass die politisch am meisten protegierte Danziger Werft mit Abstand am schlechtesten gewirtschaftet hatte. Wegen der kontinuierlichen Verluste und mangelnder Perspektiven wurde sie schließlich von der Konkurrentin im benachbarten Gdynia übernommen.[42] Das war ein weiterer Sargnagel für die von ehemaligen Gewerkschaftern geführte Regierungspartei AWS (Akcja Wyborcza Solidarność, Wahlaktion Solidarność), die 1997 mehr als ein Drittel der Stimmen erreicht hatte, bei den Parlamentswahlen von 2001 jedoch aus dem Parlament flog.

In Kroatien konnte es sich die Regierung während des Krieges von 1991 bis 1995 ebenfalls nicht leisten, auch nur eine der fünf großen Werften zu schließen, denn Arbeitskämpfe an der Heimatfront waren höchst unerwünscht. Als die Arbeiter von Uljanik im Herbst 1992 wegen eines zweimonatigen Lohnrückstands erstmals zum Streik aufriefen, zahlte das Unternehmen rasch die ausstehenden Löhne. Durch die Hyperinflation sanken diese bis 1994 auf umgerechnet 1,25 US-Dollar in der Stunde. Als die Arbeiter erneut streikten, versprach die Unternehmensleitung nach zwei Tagen eine Erhöhung um 200 Prozent. Wie schlecht es damals um das Unternehmen stand, belegt eine andere Begebenheit: Zeitweilig konnte Uljanik seine Stromrechnungen nicht bezahlen, so dass der Strom abgeschaltet wurde.[43] Nach dem Ende des Krieges verhinderte die kroatische Regierung mit einer großzügigen Finanzspritze den Zusammenbruch der Werften. Polen war 1993 ähnlich verfahren, dadurch wurde an allen größeren Standorten ein Neustart möglich.

In beiden Fällen zeigt sich, dass die politischen Akteure den Werften weiterhin eine überragende Bedeutung zuschrieben und daher vor radikalen und schmerzhaften Maßnahmen zurückschreckten. Sie vermieden die betriebswirtschaftlich naheliegende Abwicklung und sozialisierten lieber die Verluste, denn letztlich mussten die polnischen und kroatischen Steuerzahlerinnen und Steuerzahler für diese Vorzugsbehandlung des Schiffbaus aufkommen. Die Werften vertrauten dabei lange Zeit auf ihre überhöhte politische und symbolische Bedeutung und setzten diese massiv ein. Die Geburtsstätte der Solidarność – und das war Gdynia eher noch mehr als Danzig, wenn man an die Arbeiterunruhen von 1970 und die Selbstorganisation der Arbeiter ab 1976 denkt – konnte man doch nicht bankrottgehen lassen! In Pula war das Verhältnis zu Kroatien und seiner Zeitgeschichte ambivalenter, Istrien hielt stets Distanz zum radikalen kroatischen Nationalismus und dem Regime von Franjo Tuđman – was umgekehrt die Regierung in Zagreb dazu veranlasste, den istrischen Regionalismus nicht weiter durch harte Reformen anzufachen.

In unseren beiden Kapiteln über die Werften als Ort der Gemeinschaftsbildung und Produktion von Sinn interessiert uns vor allem, warum sie ab den neunziger Jahren sukzessive an Bedeutung verloren, für die Politik, aber auch die Belegschaft. Das hatte, wie erwähnt, mit ökonomischen Veränderungen zu tun: Die Werften mussten ähnlich wie zwei Jahrzehnte zuvor in Westeuropa massiv Personal abbauen. Doch sie verloren vor allem an Symbolkraft, galten nach der Jahrtausendwende immer mehr als ein Relikt vergangener Zeiten, nicht mehr als Symbol einer lichten, modernen Zukunft. Die Musealisierung war eine logische Konsequenz. 2014 eröffnete in Danzig das Europäische Zentrum der Solidarität (Europejski Centrum Solidarności), wodurch der politische Mythos der Gewerkschaftsbewegung jedoch zu Unrecht ganz auf diese eine Stadt fokussiert bleibt.

Innerhalb der Werktore und in ihrem Umfeld hatten die Werften selbstverständlich nochmal eine andere Bedeutung. Sie bestimmten als Sinnwelten das Einkommen, große Teile des Alltags und den Lebenshorizont ihrer Beschäftigten und deren Familien. Große Betriebe waren im Staatssozialismus weit mehr als nur Produktionsstätten, sie boten essenzielle Wohlfahrtsleistungen an. Wegen der Mangelwirtschaft war außerdem ihr Beitrag zur Versorgung sehr wichtig, insbesondere nach der Ausrufung des Kriegsrechts in Polen, als fast alle Lebensmittel nur noch auf Karte erhältlich waren. Die Werft lieferte säckeweise Kartoffeln und Zwiebeln, manchmal auch Fleisch und Süßigkeiten. Das machte die Werftarbeiterfamilien zu einer privilegierten Gemeinschaft, die in gemeinsamen Ferien und im Arbeitsalltag weiter zusammengeschweißt wurde. Die holistische Produktion – die Werften produzierten von Schrauben bis zu den Schiffsmotoren fast alles selbst – spiegelte sich in einer holistischen Gesellschaftsorganisation wider, die sich um den Betrieb drehte, aber über ihn hinausreichte. Die Auflösung dieses Holismus gehört zu den zentralen Ergebnissen der Transformation. All das behandeln wir in Kapitel 4, wo unser Interesse sich ebenso auf die zunehmende Differenzierung der Belegschaft nach Position, Funktion, Geschlecht und Generation richtet.

Die im Reformprogramm von Balcerowicz vorgesehene

Konzentration von Unternehmen auf ihr jeweiliges »Kerngeschäft« verlief bei den Werften zwar zögerlich, ging an ihnen aber nicht vorbei. Sie stießen Ferienheime und vor allem die begehrten Wohnungen nach und nach ab, wobei es der Betriebsleitung bei diesen Verkäufen weniger um die Erfüllung neoliberaler Reformpläne ging als um Cash für den Abbau von Schulden und für neue Investitionen. Beiden Werften kam im Laufe der neunziger Jahre angesichts einer global wieder anziehenden Konjunktur zugute, dass die Zahl der Bestellungen von neuen Schiffen weltweit wieder zunahm. So konnten sie prestigeträchtige Aufträge von großen westlichen Fähr- und Kreuzfahrtgesellschaften, für Fischereischiffe und Spezialaufträge wie Lebendviehfrachter an Land ziehen. Die betriebswirtschaftliche Achterbahnfahrt ging in Gdynia und Pula kurzzeitig wieder nach oben. Beide Unternehmen verzeichneten Gewinne, Gdynia ab 1997, Pula ab 2000. Die Stocznia Gdynia S.A. rückte in diesen Jahren unter die zehn größten Hersteller der Welt auf und überlegte sogar, zwei Schiffbaubetriebe in Finnland zu übernehmen. Beide Werften setzten auf einen Spezialisierungskurs, da sie erkannt hatten, dass sie etwa beim Bau von Tankschiffen niemals mit der asiatischen Konkurrenz würden mithalten können. Außerdem stieg die Produktivität, einerseits durch technologische Innovationen, andererseits durch massiven Personalabbau. Auf dessen Folgen für die Beschäftigten kommen wir im Laufe des Buches noch ausführlich zurück.

Für kurze Zeit schien es jedenfalls, als ob die beiden Werften und die Schiffbauindustrie in Polen und Kroatien wieder zur alten selbstzugeschriebenen Glorie zurückfänden. Janusz Szlanta wurde 2000 zum polnischen »Manager des Jahres« gewählt.[44] Er hatte das scheinbar Unmögliche geschafft und einen hoch defizitären Staatsbetrieb in ein profitables Privatunternehmen verwandelt. Szlanta, der als erster Betriebsdirektor kein Ingenieur im Maschinen- oder Schiffbau war, zelebrierte diesen Turnaround auf den jährlichen Bilanzpressekonferenzen und in Medieninterviews. Allerdings hielten sich die Gewinne in Grenzen, denn der steigende Kurs des Złoty und die zunehmenden Lohnkosten machten dem Unternehmen immer mehr zu schaffen. Die Anteilseigner erwarteten indes keinen *shareholder value*, sondern nicht viel mehr als eine schwarze Null. 2003 wurde der CEO aufgrund steigender Verluste und interner Konflikte abgelöst, dennoch gilt seine Ära in Gdynia heute als zweite Blütezeit der Werft nach den siebziger Jahren; er war der letzte anerkannte Patriarch des Unternehmens.

Der Ingenieur Karlo Radolović füllte in Pula eine ähnliche Rolle aus, er amtierte von 1980 bis 2006 als Direktor von Uljanik, wo er seit 1966 beschäftigt war. Die Unternehmensleitung war damit von deutlich mehr Kontinuität geprägt als in Gdynia. Er genoss nicht nur die Loyalität der Beschäftigten, sondern wusste auch das politische Feld zu bespielen.[45] Wie Kapitel 2 erläutern wird, täuschte die gute Auftragslage allerdings über wachsende Probleme hinweg: Ein volles Auftragsbuch bedeutete nicht, dass man mit den Schiffen auch Gewinne produzierte. Die Spezialaufträge beruhten oft auf dem Bau von Prototypen, mit denen es schwer war, die hohen Entwicklungskosten wieder einzuspielen. Ähnlich wie Gdynia rutschte die Werft in Pula nach einigen Jahren mit Gewinnen Anfang des zweiten Jahrzehnts des 21. Jahrhunderts bald wieder in die Verlustzone.

Doch endete die Achterbahnfahrt mit den Insolvenzen 2009 bzw. 2019 wirklich auf dem sprichwörtlichen Grund des jeweiligen Hafenbeckens? In Pula zeichnet sich tatsächlich ein Ende des Schiffbaus und damit einer der letzten Hochburgen der verarbeitenden Industrie in Istrien ab, denn der einzige ernsthafte Interessent an den Anlagen von Uljanik ist derzeit ein internationales Touristikunternehmen, das dort eine riesige Hotelanlage mit Marina für Luxusyachten errichten möchte. Letztlich ist das eine wegweisende Entscheidung zwischen Tourismus und Industrie. Die Zeichen an der malerischen Küste sprechen ganz für einen ultimativen Triumph des Fremdenverkehrs. Oft wird das in der Literatur als Deindustrialisierung verhandelt, die in Pula ein lokales Schiffbaubiotop auszutrocknen droht. Dort unterhielt die Werft eine Vielzahl von Bildungseinrichtungen, darunter eine einschlägige Fachschule, die wiederum enge Verbindungen mit der Fakultät für Schiffbau in Zagreb aufweist. All diesen Institutionen sind der Boden und das Ziel entzogen, insofern lässt sich diese brachiale Transformation mit dem Stichwort Strukturwandel nur ungenügend erfassen.

Außerdem bedeutet das Ende des Schiffbaus für Kroatien, dass das Land innerhalb der EU noch weiter an die ökonomische Peripherie rückt, strukturell Griechenland oder Portugal ähnlicher wird als dem benachbarten Slowenien mit seiner starken industriellen Basis. Das ist eine riskante Entwicklung und macht die Errungenschaften der Nachkriegszeit zunichte, als sich Kroatien von der Peripherie in Richtung ökonomisches Zentrum bewegte. Es stellt vor allem der EU kein gutes Zeugnis aus, wenn ihr Südosten abdriftet und nach dem Beitritt kaum an nachhaltigem Wohlstand gewinnt.

In Gdynia hingegen stand am Ende der großen Werft ein neuer Anfang, der wiederum auf das Ende des Staatssozialismus zurückgeht. 1990 gründeten zwei Ingenieure das private Schiffbauunternehmen Crist. Lange dümpelte die Firma vor sich hin und lebte primär von Aufträgen des vielfach größeren Staatsunternehmens. Im Jahr 2009 kam die nicht nur formell, sondern tatsächlich private Schiffbaufirma in einem schumpeterschen Szenario der »schöpferischen Zerstörung« plötzlich zum Zug (mehr dazu in Kapitel 2). Crist übernahm einen Großteil der Produktionsanlagen aus der Konkursmasse der Stocznia Gdynia, darunter das Trockendock. Das Kapital dafür hatte die Firma durch Reparaturen, den Bau von Komponenten wie Schiffsbrücken, Spezialaufträge wie Installationen auf dem

Meeresboden und die Umwandlung in eine Aktiengesellschaft erwirtschaftet. Selbstverständlich beruht der Aufstieg von Crist, das sich bewusst nicht als Nachfolgeunternehmen der Stocznia Gdynia versteht,[46] neben den Produktionsanlagen auf den personellen Ressourcen aus der Zeit des Staatssozialismus und auf der Existenz eines lokalen Schiffbaumilieus. Die Ingenieure und Facharbeiter, die Crist brauchte, gab es aufgrund des sukzessiven Personalabbaus und dann des Konkurses des großen Nachbarn in großer Zahl. Nur würde vermutlich niemand diese Fachkräfte samt ihrer hohen Qualifikation als Hinterlassenschaft des Staatssozialismus bezeichnen, wie dies für die Anlagen des großen Schiffbaukombinats getan wird.

Anmerkungen zur Labour History

Die großen staatssozialistischen Unternehmen waren in allen Branchen weit mehr als dingliche Produktionsstätten; die konkrete Arbeit im Betrieb war mit der Produktion von Sinn und Gemeinschaft verbunden und damit immer auch gesellschaftliche Arbeit, wie wir in Kapitel 4 erörtern werden. Auch die beiden Werften bildeten für ihre Beschäftigten den Lebensmittelpunkt, oft über mehrere Generationen hinweg. In unseren lebensbiografischen Studien und Interviews begegneten wir vielen Arbeiterinnen und Arbeitern, die in die Fußstapfen ihrer Eltern und Großeltern getreten waren. Diese familiären Kontinuitäten und Traditionen sollten jedoch nicht die Unterschiede zwischen den Generationen verdecken, die sich schon in der Ära des Staatssozialismus abzeichneten. Für die erste Generation, die während der stalinistischen und nationalkommunistischen Industrialisierung ihre Tätigkeit aufnahm – zwischen Polen und Jugoslawien gab es hierbei mehr Gemeinsamkeiten, als der politische Bruch zwischen Tito und der Sowjetunion und damit dem Ostblock im Jahr 1948 nahelegt –, brachte der Schiffbau einen sozialen Aufstieg. Diese wirtschaftliche und gesellschaftliche Aufbauzeit dauerte ähnlich wie im westlichen Europa bis in die siebziger Jahre, als die sozialistischen Regime dann auf eine kreditfinanzierte Modernisierung und den Massenkonsum setzten, in Jugoslawien aufgrund der ökonomischen Öffnung zum Westen und der Rücküberweisungen der Gastarbeiter noch stärker als in Polen.

Viele Arbeiter und Arbeiterinnen der ersten Generation nach dem Zweiten Weltkrieg stammten aus dem Hinterland von Pula und Gdynia, dem ländlichen Istrien und der Kaschubei. Sie entflohen mit der Arbeitsmigration der Not, die auf dem Land bis zum Zweiten Weltkrieg aufgrund hoher Geburtenraten, kleiner Ackerflächen und der Weltwirtschaftskrise geherrscht hatte. Die Werften versprachen einen im Vergleich zu anderen Branchen guten Lohn, nach etwas Wartezeit eine Wohnung, bezahlten Urlaub und einen freien Sonntag, den es in der kleinbäuerlichen Landwirtschaft bekanntlich so nicht gibt. Für die Arbeiterinnen brachten die Werften häufig die erste bezahlte Tätigkeit in ihrem Leben.

Die Kinder dieser Arbeiterinnen und Arbeiter, die unter unseren Interviewpartnern[47] zu den Senioren gehörten, traten meistens völlig selbstverständlich in die Betriebe ein, in denen ihre Eltern tätig waren. Für sie bedeutete das jedoch keinen sozialen Aufstieg mehr, und es fällt auf, dass viele von ihnen die harte körperliche Arbeit gegen den weißen Hemdkragen der Angestellten, *blue collar* gegen *white collar*, tauschen wollten. Zu diesem Zweck gab es eigene technische Fach- und Hochschulen, die den Sprösslingen der Arbeiterfamilien den Aufstieg in der betrieblichen Karriereleiter ermöglichten. Die Stellen bei Uljanik und der Pariser-Kommune-Werft blieben also gefragt, nicht zuletzt, weil die Betriebe sich zu Vollversorgern entwickelt hatten. Wenngleich das im Westen weitgehend aus dem öffentlichen Bewusstsein entschwunden ist, erfüllten Großbetriebe wie Thyssen, Siemens oder Volkswagen in den ersten Nachkriegsjahrzehnten ähnlich umfassende Funktionen. In Pula mehrten sich aber schon in den achtziger Jahren die Stimmen, dass es immer schwieriger werde, Jugendliche für die Schiffbaufachschule und dann einen manuellen Job bei Uljanik zu begeistern. Auch daran zeigt sich, dass die Transformation – im Sinne der Auflösung proletarischer Milieus und familiärer Karriereerwartungen – schon vor dem Ende des Kommunismus eingesetzt hat.

Uns interessierte in diesem Zusammenhang vor allem die Entwicklung ab den achtziger Jahren, als die dritte Generation in die Betriebe eintrat – oder eben nicht mehr. Die Werft in Gdynia baute von ihrem Höchststand im Jahr 1977 mit 12 700 Beschäftigten bis zum Ende der achtziger Jahre rund 5000 Arbeitsplätze ab. In Uljanik sank die Zahl der Beschäftigten dagegen bis 1989 nicht, möglicherweise weil die jugoslawische Selbstverwaltung die Verhandlungsmacht der Arbeiter stärkte. In den Neunzigern stieg die Arbeitslosigkeit in Polen und Kroatien rapide, somit gab es ein zusätzliches Motiv, im Schiffbau zu bleiben oder sich dort um eine Stelle zu bewerben. Das strahlte auf das Prestige der Werften aus, die nun zwar keine sozialistischen Vorzeigebetriebe mehr waren, aber vor Ort die bei Weitem größten Arbeitgeber blieben.

Spätestens nach der Erweiterung der EU und aufgrund der zunehmenden Unsicherheit der Zukunft der Werften orientierte sich die dritte und vierte Nachkriegsgeneration um. Die Arbeiterdynastien starben aus, was mit Veränderungen im weiteren Kontext wie der stark zurückgehenden Geburtenrate, der Expansion im Bildungswesen und der Freizügigkeit innerhalb der EU sowie der immer weiter aufgehenden Kluft zwischen den Löhnen von Arbeitern und Angestellten zusammenhängt.

Wir wollten in unserem Projekt jedoch genauer wissen, warum und wie sich die verschiedenen Generationen von Arbeiterinnen und Arbeitern identifiziert und (um)orientiert haben. Wie das vierte und das fünfte Kapitel erläutern, sind dabei wesentliche Unterschiede zwischen den Geschlechtern zu beobachten. Als die Unternehmen Personal abbauten und Betriebsteile mit Zuständigkeiten für die soziale Versorgung abstießen, um sich von Kombinaten in Unternehmen nach westlichem Vorbild zu transformieren, waren Arbeiterinnen weit häufiger von Personalabbau betroffen als ihre männlichen Kollegen.

Durch die geringere Beschäftigung verloren die Werften ihre frühere Bedeutung auf dem lokalen und regionalen Arbeitsmarkt und vor allem als Symbolträger. Uljanik und die Stocznia Gdynia hatten für die moderne Industriegesellschaft und das Fortschrittsversprechen des Staatssozialismus gestanden, das die »Transformationsstaaten« auf andere Weise fortsetzten. Der Fortschritt war für die meisten Mitarbeiter der Werften kein abstrakter Begriff gewesen, sondern eine Lebenserfahrung. Rund um die Jahrtausendwende, als die beiden Unternehmen florierten und es schien, als sei die Transformation zur Marktwirtschaft gelungen, gab es nicht nur auf materieller Ebene Fortschritte, sondern die Betriebe boten wieder viel Raum, sich mit der Arbeit zu identifizieren. Die Reallöhne stiegen, der Konsum und die Kaufkraft ebenso, nicht zuletzt deshalb, weil die Arbeiterfamilien weiterhin günstig in den mittlerweile privatisierten Betriebswohnungen lebten.

Machte der wachsende Wohlstand die Menschen zufriedener und führte er zu einer Annäherung an demokratische Werte und das marktliberale System? Über diese Fragen gibt es in Polen seit dem politischen Umschwung zur rechtspopulistischen und nationalistischen PiS im Jahr 2015 eine lebhafte Debatte.[48] Die politisch forcierte Abrechnung mit dem Runden Tisch und der früheren Reformpolitik erschwert es, die damaligen individuellen und möglicherweise kollektiven Erfahrungen in Interviews abzufragen, denn häufig sind die Antworten durch die von der PiS betriebene politische Polarisierung vorgeprägt (siehe zu diesen und anderen methodischen und theoretischen Problemen das folgende Unterkapitel).

Ein Memoirenwettbewerb unter Jugendlichen, den das Dokumentationszentrum Karta im Jahr 2009 aus Anlass des 20-jährigen Jubiläums von 1989 ausrichtete, ergab ein gespaltenes Verhältnis zur Transformation, obwohl zu jener Zeit die neoliberale Reformpolitik in Polen weithin als Erfolgsmodell anerkannt war. Die Jugendlichen notierten für die neunziger Jahre und das erste Jahrzehnt des 21. Jahrhunderts materielle Fortschritte, etwa durch neue Haushaltsgeräte und Autos. Sie berichteten jedoch auch über die massive Verunsicherung ihrer Eltern und Familien durch Betriebsschließungen, Rationalisierung, Arbeitslosigkeit, Arbeitsmigration und die daraus resultierenden sozialen Probleme.[49]

Gdynia war ähnlich wie Pula von den Schattenseiten der Transformation relativ wenig betroffen, jedenfalls im Vergleich zu den östlichen und südlichen Landesteilen Polens und Kroatiens. Doch die Ausrichtung der Produktion veränderte sich, wie die Arbeiterinnen und Arbeiter, Spezialistinnen und Spezialisten sowie Ingenieure anmerkten, die Stefan Petrungaro, Andrew Hodges und Piotr Filipkowski interviewt haben. Sie klagten zum Beispiel darüber, dass sie nur noch Schiffsteile projektierten und bauten, aber nicht mehr das gesamte Produkt. Dies weist erneut darauf hin, dass der Bau von Schiffen in der europäischen Hochmoderne keine rein ökonomische Bedeutung hatte, ging es hier doch zugleich um eine Produktion von Sinn und Bedeutung. Die holistische Produktionsorganisation des Sozialismus schlug sich in der ganzheitlichen Identifikation der Belegschaft mit »ihrem« Betrieb nieder, wie wir in unseren Interviews und Gesprächen bei der Feldforschung feststellen konnten. Wie Peter Alheit und Bettina Dausien vor fast vierzig Jahren in ihrer Interpretation von Arbeiterbiografien betonten, ist Arbeit aus der Sicht der Werktätigen selten nur »Lohnarbeit«, sie bestimmt die Biografie und das Alltagsleben. Arbeit gestaltet, so Alheit, den gesellschaftlichen Erfahrungsraum in den biografischen Erzählungen, sie »ist ein unverwechselbarer Aspekt der Subjektivität«.[50]

Unsere Erkenntnis zur Produktion von Sinn und Identifikation betonen wir auch deshalb, weil sie für alle Regionen Europas, auch des einstigen Westens, relevant ist, die von einem starken Strukturwandel erfasst worden sind. Nostalgische Erinnerungen von Arbeiterinnen und Arbeitern an die Zeit des Staatssozialismus haben daher nicht nur mit einem wahrgenommenen oder tatsächlichen sozialen Abstieg zu tun, sondern auch mit dem Verlust der Identifikation mit dem gesamten Betrieb und seinem Produkt: hier dem Schiff – immerhin der größte von Menschenhand hergestellte mobile Gegenstand. In unseren Fragen nach den Erfahrungen ab Mitte der Neunziger äußerten unsere Interviewpartnerinnen und -partner oftmals ein Gefühl der Entfremdung, plötzlich habe sich das Leben im Betrieb anders angefühlt, die Kollegen hätten anschließend einen anderen, weniger solidarischen Umgang miteinander gepflegt, die ganzheitliche Lebenswelt des Betriebs habe sich aufgelöst, man fühlte Autonomie- und damit auch Sinnverlust. »Privatisierung« bedeutet in diesen Diskursen einen Prozess der Auflösung, nicht den Wechsel in den Eigentumsverhältnissen.

Aber auch dieser Prozess ist sehr facettenreich. Der Begriff der Labour History implizierte ursprünglich wie jener der Arbeitergeschichte eine gewisse Homogenität der Arbeiterklasse. Diese mag es in der Nachkriegszeit und früheren Epochen tatsächlich gegeben haben, außerdem waren die Kommunisten aus politischen Gründen daran interessiert, eine entsprechende Hausmacht aufzubauen und das Bild einer einheitlichen Ar-

Abb. 3: Werftarbeiter in Gdynia begehen 1989 den Jahrestag
des »Schwarzen Donnerstag«.

beiterklasse zu entwerfen, in deren Namen sie regierten. Wie
das in Polen endete, ist bekannt: Die Proteste, Streiks und Auf-
stände von 1956, 1970, 1976, 1980/81 wurden vor allem von
Arbeitern und auch Arbeiterinnen getragen. Gdynia ist in der
Geschichte Volkspolens bis heute ein zentraler Erinnerungsort (siehe Abbildung 3), dort schoss die Armee 1970 bei einem
Streik in die Menge, tötete 18 Menschen und verletzte mehr als
1000 (weitere 45 Opfer gab es in Stettin, Danzig und Elbląg).

Das Massaker und die Prügelorgien der Sicherheitskräfte
verstärkten die in Polen sprichwörtliche Trennung in »wir«
und »sie« (*my i oni*) und intensivierten somit ungewollt das
Gemeinschaftsgefühl, das wir in Kapitel 4 behandeln werden.
Mit »oni« waren die Vertreter des Regimes gemeint, wobei in
dieser politischen Abgrenzung zugleich eine Unterscheidung
zwischen oben und unten mitschwang. Gemäß den schriftlichen Quellen im Unternehmensarchiv ist dies nicht so klar

belegbar, denn es gab unter den einfachen Arbeitern Parteimitglieder und unter Direktoren Anhänger der Solidarność. Doch das Gemeinschaftsgefühl der Industriearbeiter verstärkte sich 1980/81 auf Basis der Erfahrung einer gemeinsamen Mobilisierung nochmals und war auch nach 1989 eine sinnstiftende Ressource. Ein Ausdruck dessen war die offensiv vertretene Identifikation als Arbeiter (*robotnicy*), egal ob es sich um Facharbeiter, Ingenieure oder Angestellte handelte. (Arbeiterinnen bzw. *robotnice* spielten dagegen in öffentlichen Diskursen des Spät- und Postsozialismus kaum eine Rolle – ein sprachlicher Beleg für die Maskulinisierung der Industriearbeit, die für eine gendersensible Sichtweise ebenso wichtig ist wie die Benachteiligung von Frauen bei der Transformation der Betriebe nach 1989.)

In Jugoslawien hingegen bettete das Prinzip der Selbstverwaltung den Sozialismus stärker in die Gesellschaft ein. Dort waren lange Zeit diese (konstruierten) Gegensätze zwischen oben und unten, Parteigängern und Oppositionellen schwächer ausgeprägt als in Polen. In Bezug auf die Selbstidentifikation der Arbeiterinnen und Arbeiter hatte der Selbstverwaltungssozialismus allerdings widersprüchliche Folgen, da er eine Art lokalen Eigensinn beförderte: Die Arbeiterräte brachten zwar keine echte industrielle Demokratie, machten die Beschäftigten aber tatsächlich zu Stakeholdern, die ein Eigeninteresse am Wohlergehen des Betriebes hatten; damit boten sie eine Basis für lokale Allianzen zwischen Managern und Arbeitern sowie Arbeiterinnen.[51] Diese Koalition war also eher eine Form des Korporatismus denn der Wirtschaftsdemokratie. Entscheidungen waren stärker lokalisiert als etwa in Polen, ebenso auch die Proteste: In Jugoslawien gab es im Lauf der Zeit Tausende Streiks – 1967 auch bei Uljanik.[52] Das Regime ging gegen diese nicht so vor wie in Polen, in der Regel konnten die Konflikte durch lokale, betriebsbasierte Konzessionen schnell beigelegt werden. Wie auch unsere Interviews und Feldforschung in Pula zeigten, besaßen die Arbeiter und Arbeiterinnen (*radnici*) ein ausgeprägtes Selbstbewusstsein, nicht zuletzt aufgrund ihrer Idealisierung durch die Parteipropaganda. Nur fehlte es an einer überlokalen Mobilisierungskraft wie in Polen; so erlebte das am wenigsten repressive sozialistische Regime keine der Solidarność vergleichbare Arbeitermobilisierung, mit Ausnahme der letzten Jahre des Landes, als es zu Allianzen zwischen unzufriedenen Arbeitern und den vom serbischen Parteichef Milošević angespornten sogenannten antibürokratischen Kräften in einigen Teilrepubliken kam.[53]

Das soziale Prestige der Arbeiterschaft und ihre in der Öffentlichkeit omnipräsente Ikonisierung, die ausgesprochen maskulin war, schwanden nach 1989 rasch. Die Beschäftigten in postsozialistischen Großbetrieben galten nicht mehr als oppositionelle Freiheitskämpfer, sondern zunehmend als Relikt der Vergangenheit und Kostgänger des Staates, die sich gegen notwendige Reformen sperrten – eine von neoliberalen Reformpolitikern teils bewusst betriebene Stigmatisierung, um öffentliche Zustimmung für radikale Restrukturierungspläne und Arbeitsplatzabbau zu generieren. Vor Ort blieben trotzdem viele Institutionen und Praktiken erhalten, welche die Identität der Arbeiter und Arbeiterinnen, ihren Habitus und ihre Vergemeinschaftung prägten, bis hin zur räumlichen Konzentration in Straßenzügen mit vielen (ehemaligen) Betriebswohnungen sowie dem Treffen auf ein Bier in allgegenwärtigen, unscheinbaren Cafés (eine Angewohnheit, die in Pula stärker und dort vor allem unter Männern verbreitet war). Die Industriearbeit verlor ihren hohen symbolischen Status, aber die Gemeinschaft derer, die sie verrichteten, blieb bestehen. Den daraus resultierenden Folgen für die Einstellungen und das zunehmend ins Private verdrängte Gemeinschaftsgefühl der Arbeiter und Arbeiterinnen geht das fünfte Kapitel nach.

Im Hinblick auf die lange Transformation interessierte uns vor allem die Differenzierung – man könnte auch sagen Fragmentierung – der Arbeiterschaft und wie sich diese in Verbindung mit dem »großen« Wandel in Politik und Wirtschaft abgespielt hat. Binnendifferenzen ergaben sich etwa durch unterschiedliche Qualifikationen, die das individuelle Schicksal in Phasen des Stellenabbaus mitbestimmten, zumal es im Schiffbau eine starke Tradition handwerklicher Identitäten gab, so dass ein Schweißer sich nicht unbedingt mit einem Lackierer als Teil einer »Klasse« verstand. Ab Mitte der Neunziger drückte sich die Position in der Firma immer stärker in Einkommensunterschieden aus. Äußerlich war das nur bedingt sichtbar, weil die Arbeiterfamilien, auch die besser bezahlten Ingenieure, meist weiter in ihrer früheren Umgebung bzw. den Betriebswohnungen lebten. Doch man konnte die Höhe der Einkünfte außerhalb der Werktore an der Ausstattung mit Konsumgütern ablesen, vor allem an der Marke und Größe des privaten Pkw, der in Polen und Kroatien vielleicht ein noch wichtigeres Statussymbol darstellt als im Autoland Deutschland.[54]

Doch Konsum schafft keine soziale Sicherheit, jedenfalls nicht im polanyischen Sinn. Die Verunsicherung durch den ökonomischen Abstieg der Werften, der in Polen ab 2003 und in Kroatien ab 2009 immer deutlicher sichtbar wurde, hatte in der jüngsten Generation eine noch weiter gehende soziale und kulturelle Differenzierung zur Folge. Die Kinder der Werftarbeiterfamilien schlugen immer öfter andere Wege ein. Anstatt sich im Betrieb zu qualifizieren, schlossen sie sich dem Bildungstrend an und gingen an eine Universität, wie mittlerweile fast die Hälfte aller jungen Polinnen und Polen. Viele zogen außerdem in die weite Welt, in andere Großstädte oder ins Ausland, gründeten eigene Unternehmen, suchten sich eine Tätigkeit im Tourismus oder im Dienstleistungssektor oder landeten im ungünstigen Fall im Prekariat. Die Lebensentwürfe und die Lebensläufe vervielfältigten sich in Pula und Gdynia auch deshalb, weil die Werften schon vor ihrem ökonomischen Konkurs den Horizont der Menschen immer weniger dominierten und sich hinter und außerhalb der Werktore als bestimmende Sinnwelten auflösten.

Einst boten die Werften nicht nur eine passable Beschäftigungsmöglichkeit, sondern eben auch Plätze im Urlaubsheim, billige Wohnbaudarlehen oder eigene Wohnungen, die Möglichkeit, diverse Sportarten zu betreiben oder der Betriebsmannschaft die Daumen zu drücken. Wer wollte, konnte sich in vom Betrieb getragenen Kultureinrichtungen selbst verwirklichen und in Pula sogar im werkeigenen Rockklub die Nächte durchtanzen. Nach der Transformation der Betriebe im Lauf der Neunziger blieb zuerst nur mehr der Job, dann nicht einmal mehr der. Entsprechend veränderte sich der Platz des Schiffbaus und der Arbeit in der Werft im emotionalen Haushalt der Menschen sowie in der lokalen symbolischen Geografie der Arbeit. Die enge Verknüpfung der industriellen Arbeit mit der familiären Entwicklung und persönlichen Selbstentfaltung, die bei Alheit und Dausien noch konstitutiv war für die Industriegesellschaft,[55] löste sich auf. Mit unserer Kombination aus sozialwissenschaftlichen und historischen Zugangsweisen konnten wir diese Transformationen nicht nur auf verschiedenen Zeitschienen analysieren, sondern auch historisieren und auf Kontinuitäten sowie Pfadabhängigkeiten befragen.

Die Konkursmasse der ehemaligen Schiffbaubetriebe bleibt für Pula und Gdynia eine wichtige Ressource, ökonomisch wie kulturell. Sie bestimmt das Bild der Städte, ihre kollektive Erinnerung und bildet zumindest in Gdynia das Rückgrat für die Crist AG. Insofern ist die Geschichte des Schiffbaus in Gdynia 2009 nicht zu Ende gegangen. Im Gegenteil, es gibt sogar Hoffnungsträger wie eine 2017 vorgestellte erste vollelektronische Fähre.[56] Ob der Schiffbau in Pula eine Zukunft hat, muss sich erst erweisen. Dort sind die Voraussetzungen schlechter, weil ein industrielles Umfeld fehlt, das in Gdynia aufgrund der Nähe zu Danzig sowie der vielfältigen Verbindungen mit Deutschland vorhanden ist.

Momentan ist das wahrscheinlichste Szenario in Pula eine touristische Nachnutzung des Werftgeländes – auch wenn dies im Fall der Fälle viele Jahre dauern dürfte, da zuerst einmal komplizierte Eigentumsfragen zu klären sind; zudem weiß niemand, was sich alles im und unter dem Boden eines Areals finden wird, das eineinhalb Jahrhunderte von einem Industriebetrieb und vom Militär genutzt wurde. Jedenfalls deutet viel darauf hin, dass Pula den Weg vieler mediterraner Orte geht, nämlich den einer touristischen »Monostadt«. Die Tourismusindustrie beruht aber entgegen dieser etwas irreführenden Bezeichnung primär auf Dienstleistungen, ist saisonal begrenzt und hängt von der Kaufkraft anderswo, in den ökonomischen Zentren Europas ab, auf die Kroatien keinerlei Einfluss hat. Die Erfahrungen mit der Covid-19-Pandemie haben nach unserem Untersuchungszeitraum gezeigt, wie verwundbar der Fremdenverkehr ist.

Kann man von diesen Erfahrungen im Schiffbau auf die Zukunft Europas als Industriestandort insgesamt sowie die weitere wirtschaftliche Entwicklung der postsozialistischen Länder schließen? Der pessimistischen Auslegung zufolge rückt Europa insgesamt an die Peripherie der Weltwirtschaft, jedenfalls im Schiffbau. Auch das ist ein Resultat der langen und großen Transformation. Optimistischer nimmt sich hingegen die Beschreibung als abgepufferter Strukturwandel mit Anteilen einer »schöpferischen« Zerstörung aus. Im Schlusskapitel werden wir einen Ausblick wagen und anhand unserer Fallstudien die naheliegende Frage aufwerfen, was der Aufstieg Chinas für die europäische Industrie bedeutet.

Methoden und Quellen

Kann man aus zwei notwendigerweise speziellen Fallstudien derart allgemeine Schlussfolgerungen ziehen? Das Problem der Generalisierung und der Validität hat unser Projekt von Anfang an beschäftigt; es wird auch seit der Etablierung der Oral History kontrovers diskutiert. Wir gehen, wie erwähnt, davon aus, dass die großen Kombinate und speziell der Schiffbau als Symbole der Moderne pars pro toto für den Staats-, aber auch den Postsozialismus stehen. Dabei kamen wir dank unseres Methodenmixes zu durchaus überraschenden Ergebnissen, etwa hinsichtlich der Doppeldeutigkeit des Schlagworts Privatisierung, die von Regierungen aller Couleur rhetorisch hochgehalten wurde, während wir gleichzeitig einen Wandel vom Staatssozialismus zu einer Art Staatskapitalismus feststellen konnten (mehr dazu in Kapitel 3). Man kann die Entwicklung der Werften also nicht im Wortsinn generalisieren, aber sie sind eine exzellente Sonde für die wichtigsten tektonischen Verschiebungen in der Zeit nach 1989 bzw. 1991, sowohl auf der Ebene der nationalen Wirtschaftspolitik als auch im lokalen sozialen Gefüge sowie der betrieblichen Arbeitsbeziehungen.

Außerdem verdeutlichen sie die Folgen des EU-Beitritts und globaler Konjunkturzyklen für die ökonomische Transformation – anhand der Werften können wir zeigen, dass diese Ereignisse fundamentalere Folgen hatte, als in der zeithistorischen Literatur zu diesen Ländern erkannt wird. Die Werften bestätigten unsere Überzeugung, dass übergeordnete Prozesse – wie eben EU-Beitritt oder Globalisierung – eigentlich nur existieren, wenn sie in konkreten Räumen Wirkung zeigen; und sie werden von diesen lokalen Dynamiken mitgeformt. Das Schlagwort der »Glokalisierung« bedeutet ja nicht nur, nach dem Lokalen im Globalen, sondern auch dem Globalen im Lokalen zu suchen. Es gilt, diese beiden Ebenen als wechselseitig konstitutiv zu betrachten – mit allem, was sich dazwischen abspielt, wie die nationale Politik, die etwa zwischen Brüssel und Gdynia bzw. Pula verhandelt. Nur empirische Tiefenbohrungen können die reale Verschränkung dieser unterschiedlichen Handlungsebenen aufzeigen und analysieren, wie sich lokale Gemeinschaften in den Zeitläuften der Geschichte positionieren. Wie Rory Archer und Goran Musić in einem Überblicksartikel über die Jugoslawien-bezogene Geschichte der Arbeit betont haben, erlaubt der Fokus auf einen Betrieb eine »größere Einsicht in die heterogenen Muster der Erfahrung von Makroprozessen und in Ereignisse auf der Mikroebene«.[57]

Wir haben uns immer wieder gefragt, ob man aus gut fünfzig Experten- und biografischen Interviews sowie aus ethnografischen Beobachtungen Rückschlüsse auf die jeweiligen Firmen und die Arbeitsbeziehungen ziehen kann. Wir versuchten dieser methodischen und theoretischen Herausforderung zu begegnen, indem wir uns Interviewpartner vom *shop floor* bzw. der Werkbank bis zu ehemaligen Managern und wichtigen staatlichen Akteuren suchten und in Bezug auf die Generation, das Geschlecht sowie die berufliche und soziale Position eine möglichst breite Mischung anstrebten. Selbstverständlich waren die Eindrücke, Gefühle und Erfahrungen, die unsere Interviewpartner äußerten, individuell. Doch in ihrer Summe ergab sich durch Wiederholungen oder auch Widersprüche und Auslassungen ein kollektives Narrativ, das dem Anspruch genügt, die »Transformation von unten«, also mit einer biografischen Perspektive zu schreiben.

Von der Zahl der Befragten her konnten wir ähnlich viele Menschen interviewen wie Oral-History-Studien, die inzwischen als klassisch gelten.[58] Den gelegentlich an die Oral History oder die qualitative Soziologie gerichteten Vorwurf, biografische Interviews seien zu subjektiv, können wir vorsorglich zurückweisen. In unsere Darstellung flossen mehr Stimmen und Informationen ein als in scheinbar objektive Unternehmensdaten, die wir selbstverständlich ebenfalls berücksichtigen. Zudem ging es uns gerade um die Herausarbeitung unterschiedlicher Subjektentwürfe, da wir Gruppenkategorien, wie »die Arbeiter« nuancieren wollten.[59]

Was wir mit dieser Herangehensweise gewonnen haben, ist ein Blick auf die »Agency« der Arbeiter und Arbeiterinnen, also ihr Handeln und die damit verbundenen Ziele. Das ist wichtig, denn ein Unternehmen lässt sich nicht auf die Leitungsebene und die ökonomischen Kennzahlen reduzieren. Die Werften waren wie alle Unternehmen zugleich stets ein Betrieb, den seine Beschäftigten mitgestalteten. Die Geschichte(n), die uns einfache Arbeiterinnen und Arbeiter, Facharbeiter (ab dieser Ebene waren Frauen seltener vertreten), Ingenieure, Direktoren erzählten, gaben vielschichtige Erwartungen, Pläne und Aktionen wieder, die im Kontrast zu einer vereinfachten Interpretation des Unternehmens als einer hierarchisch geordneten Struktur mit einer ebensolchen Entscheidungsvertikale stehen.

Ein weiteres theoretisches Problem ist der zeitliche Abstand zu den historischen Prozessen, die wir als gemischt soziologisch-sozialanthropologisch-historisches Forscherteam bearbeitet haben.[60] Bis in die achtziger Jahre gingen Vertreter der Oral History davon aus, dass man mit den Interviews authentische Erfahrungen erschließen und eine genuine Geschichte »von unten« schreiben könne.[61] Doch mit dem Linguistic Turn wuchs das Bewusstsein dafür, wie problematisch die Annahme ist, auf der Basis von Interviews historische »Realitäten« zu rekonstruieren.[62] Letztlich hat man es mit Narrativen zu tun, die durch den politischen, gesellschaftlichen und kulturellen Kontext zum Zeitpunkt der Befragung, durch die Sozialisierung der Befragten und durch die Fragestellungen der Interviewer geprägt sind. Man erfährt also möglicherweise mehr über die

Sicht auf die jeweilige Vergangenheit und die eigene Rolle darin als über die Ereignisse selbst.

Aber gerade die Tatsache, dass die Interviews die vielfältigen Erfahrungen, die Menschen in Polen bzw. Kroatien in den letzten Jahren gemacht haben, ihre Sicht der Dinge sowie ihre unterschiedlichen aktuellen Lebensumstände widerspiegeln, macht sie als Quelle für ein Projekt wie unseres so wertvoll: Die *große* Transformation bedingt vielfältige *kleine* Transformationen – und umgekehrt. Sie stellt nicht nur einen makrosoziologischen Prozess dar, sondern auch einen Wandel der Sinnwelten, sie ist ein Erfahrungsraum, den auszuleuchten nur möglich ist, wenn man die Perspektiven von Individuen rekonstruiert. Darüber hinaus konnten wir die Erfahrung bestätigen, dass Interviews trotz der narrativen Ausrichtung auf Lebensgeschichten auch auf vergangene Ereignisse verweisen und dabei helfen, manche Lücke zu füllen, die sich in der dokumentarischen Überlieferung nicht schließen ließe.

Ebenso wichtig für unsere Forschung war der unternehmenshistorische Vergleich, die Frage der Steuerung von oben sowie ob und wie der Staat als Unternehmer agierte, denn immerhin war er ja lange Zeit Eigentümer der Werften. Damit wollen wir ausdrücklich der homogenisierenden und überwiegend skeptischen Sicht auf den Staat begegnen, die sich seit den achtziger Jahren im Rahmen der globalen Hegemonie des Neoliberalismus immer mehr durchgesetzt hat. Milton Friedman und die osteuropäischen Adepten des Washington Consensus forderten, »der Staat« möge sich aus der Wirtschaft zurückziehen und sich auf seine eng gefassten sogenannten Kernaufgaben beschränken (ähnlich wie Unternehmen aufgefordert wurden, sich auf ihr *core business* zu konzentrieren). Wir betrachten »den Staat« aber nicht als abstrakte Einheit oder singulären Akteur, sondern unterscheiden verschiedene Ebenen und Träger von Staatlichkeit. Auf dieser Basis zeichnet sich vor allem in Kapitel 3 die Silhouette der »sichtbaren Hand« des Staates deutlich ab, wobei die neoliberalen Reformen grundsätzlich ebenfalls auf staatlicher Lenkung und Intervention beruhten. Angesichts der Globalisierung wurde die Steuerungsfähigkeit des Staates mitunter in Zweifel gezogen, dennoch blieb auf der nationalstaatlichen Ebene eine starke Handlungsmacht erhalten – zumal die Gesellschaften Erwartungen an ihren Staat formulierten. Außerdem bringen wir eine Ebene von Staatlichkeit ein, die bei vergleichbaren Arbeiten kaum eine Rolle spielt, die aber zentral für den fundamentalen Wandel ist, den Europa in Ost und West seit Jahrzehnten erlebt: die Europäische Union.[63]

Wir versuchten diesen empirischen und theoretischen Herausforderungen durch eine Mischung von Quellen sowie historischer und sozialwissenschaftlicher Forschungsmethoden Herr zu werden. Wir folgen mithin einem von der historischen Anthropologie sowie historischen Soziologie inspirierten Paradigma, das versucht, sowohl die gesellschaftlichen Strukturen und ihre Infrastruktur zu analysieren, in denen Menschen agieren, als auch die Sinnwelten, Handlungsweisen und Erwartungshorizonte der Menschen zu verstehen, denn diese verändern – willentlich und wohl noch häufiger unbewusst – die Strukturen. Anthony Giddens' Theorie der *structuration* sowie Pierre Bourdieus Konzept der Praxeologie beschreiben unseren Zugang gut: Strukturen können nicht ohne Praktiken existieren und umgekehrt; die Menschen finden Umstände nicht nur vor, sondern machen diese, und zwar auf allen Handlungsebenen.[64] Mit dieser »Dualität der Struktur« im Gepäck rüsteten wir uns für ein Unterfangen, das ein klares analytisches Ziel verfolgte, dessen Ergebnisse wir aber nicht präjudizieren wollten; vielmehr ging es uns erst einmal darum zu verstehen, was denn in den letzten vierzig Jahren in und rund um die Werften in Pula und Gdynia alles so geschah. Wir folgten daher einer empirisch orientierten Agenda, bei der Methoden ein Mittel zum Zweck waren und nicht umgekehrt. Uns ging es ähnlich wie Peter Alheit und Hanna Haack in ihrer Untersuchung des Wandels der Arbeitermilieus der ehemaligen Neptunwerft in Rostock, die über ihren mikrohistorischen Zugang bescheiden schrieben: »Dass dabei u. U. ganz erstaunliche Entdeckungen gemacht werden können, scheint eher ein Ergebnis der methodischen Zurückhaltung zu sein als das Produkt prognostischer Ambitionen.«[65]

Als Historiker bzw. historisch orientierte Sozialwissenschaftler ist Prognose ohnehin nicht unser Metier. Und wir wollten die Geschichte keinesfalls von ihrem Ende her, als Teleologie erzählen, denn der vermeintliche Vorteil der Geschichtswissenschaft – zu wissen, wie es ausgegangen ist – kann zu einer hermeneutischen Falle werden. Außerdem ging es uns darum, die (ältere) sozialwissenschaftliche Transformationsforschung, die dem doppelten Telos von freiem Markt und liberaler Demokratie allzu bereitwillig gefolgt ist, zu überwinden. Schon allein die Veränderungen in der jeweiligen Gegenwart, die während der Arbeit an diesem Buch eingetreten sind (beispielhaft illustriert an dem kurzen Weg von Uljanik vom vermeintlichen Erfolgs- zum Pleitefall), waren uns Warnung genug, um nicht eine Geschichte zwangsläufiger Entwicklungen zu erzählen. Umso mehr wollten wir herausfinden, was die Protagonisten unserer Vergleichsfälle zum Zeitpunkt ihres Handelns wussten, welche Interessen und Pläne sie verfolgten, welche Ergebnisse ihres Handelns sie erwarteten. Gerade für das Ausleuchten der Wahrnehmungen und Handlungslogiken im jeweiligen historischen Moment war uns die Breite und Vielfalt unserer Quellen eine große Stütze.

Um ein Gespür für den historischen Augenblick zu erhalten und die »Dualität der Struktur« zu eruieren, nutzten wir neben Protokollen von staatlichen Gremien und den Archivalia der Unternehmen diverse mediale Quellen, Zeitungsinterviews mit deren Führungspersonal sowie mit staatlichen Akteuren, Branchenpublikationen, Expertenberichte und die ebenso informativen wie extensiven Betriebszeitungen von Uljanik und der Werft in Gdynia (siehe als Beispiel Abbildung 4). Die Inhalte der Letzteren waren zwar einerseits stärker kontrolliert, andererseits detaillierter und näher an den Erfahrungen und Einstellungen der Belegschaften sowie ihrem Alltag als die Berichte der Tageszeitungen, die sich meist auf Tief- oder Höhepunkte der Firmengeschichte, Bilanzpressekonferenzen und Schiffstaufen konzentrierten (aber auch eine wertvolle Quelle darstellen). Das Zahlenwerk der Bilanzen interessierte uns selbstverständlich aus unternehmenshistorischer Sicht, aber wir setzten nicht voraus, dass es sich bei der Gewinn-und-Verlust-Rechnung um objektive Daten handelt, zumal die sozialistische Buchhaltung nach ihren eigenen Gesetzen funktionierte und auch in der Ära des Kapitalismus Bilanzen erkennbar frisiert wurden. Interessant war für uns in diesem Zusammenhang insbesondere, ab wann die Profitabilität zu einem beherrschenden Thema wurde und andere Interessen und Erfolgsindikatoren in den Hintergrund drängte. Selbstverständlich braucht man zur Interpretation medialer Quellen einen Schuss Medientheorie und muss den Kontext kennen, um zu verstehen, warum, wann und zu welchem Zweck bestimmte Nachrichten lanciert oder zurückgehalten werden.[66] Im Bereich der »freien« Medien war 1989/90 tatsächlich eine tiefe Zäsur, bei den Betriebszeitungen vor allem insofern, als sie, da nicht dem Kerngeschäft zugerechnet, nicht lange überlebten.

Unser Projekt profitierte in der Archivforschung von der Kultur der Offenheit, die aufgrund des Umbruchs von 1989 in den neuen Mitgliedsstaaten der EU entstanden ist. In den polnischen und kroatischen Archiven bekamen wir Zugang zu Beständen, die in der Bundesrepublik und anderen westlichen Ländern sicherlich noch gesperrt gewesen wären, weil sich die

Abb. 4: Die Betriebszeitung *Uljanik* (1980-1990). Die hier gezeigte
Nummer 1 des Jahres 1986 feiert nicht nur das 130. Jubiläum der
Gründung der Werft, sondern spielt auch auf deren mangelnde
Liquidität sowie die Hoffnungen auf eine staatliche Finanzspritze
durch ein neues Devisengesetz an.

entsprechenden Akteure nicht auf die Finger schauen lassen wollen. In Kroatien etwa reichte eine Anfrage per E-Mail an die Nachfolgeeinrichtung der ehemaligen staatlichen Privatisierungsagentur, ob wir ihre Dokumente zu Uljanik einsehen könnten, um diese prompt auf DVD zugeschickt zu bekommen. In den staatlichen Archiven hatten wir Einsicht in Akten, in denen sich die Diskussion maßgeblicher Wirtschaftsreformen ebenso nachvollziehen lässt wie spezifische Beschlüsse zu den untersuchten Branchen und Firmen.

Allein die Menge an Archivdokumenten, die sich auf den Schiffbau im Allgemeinen und die beiden untersuchten Werften im Besonderen beziehen, kann als Indiz für die Bedeutung dieser Unternehmen, zumindest in der Wahrnehmung der staatlichen Institutionen angesehen werden. Außerdem verweist sie auf das Nahverhältnis der Werften zum Staat: Viele dieser Dokumente bilden die wiederkehrenden Bittgänge um Staatshilfe ab. Obendrein erhielten wir Zugang zu den Firmenarchiven. In Polen hing das mit der Insolvenz der Stocznia Gdynia zusammen, die anschließend einen Großteil des Firmenarchivs nicht schredderte, sondern an das regionale Staatsarchiv in Danzig (Filiale Gdynia) übergab. In Kroatien verhielt sich Uljanik ebenfalls sehr freizügig, obwohl die Firma zu dieser Zeit noch produzierte. Sie gewährte uns unkompliziert Zugang zu den seit den fünfziger Jahren gesammelten Beständen; das Archiv befindet sich im feuchten Keller des längst aufgegebenen Verwaltungstrakts, einem stolzen, nun dem Verfall preisgegebenen Gebäude aus der Zeit des Habsburgerreiches.

Angesichts der jüngsten Entwicklungen in den Untersuchungsländern müssen wir leider befürchten, dass diese Ära der Offenheit bald endet: In Polen regiert eine Partei, für die Informationsfreiheit Anathema ist und die alle möglichen Verschwörungstheorien verbreitet, auch über die Werften. In Pula droht die wertvolle Überlieferung der Werft, die außerdem unzählige Modelle und Pläne von Schiffen enthält, zum Opfer einer überhasteten Abwicklung zu werden; das zuständige Regionalarchiv hätte niemals die Kapazitäten, diese Sammlung zu erschließen und zu bewahren. Insofern wird unser gemeinsames Buch womöglich auch zu einem Zeitdokument, das nebenbei die mit der langen Transformation verbundenen Freiheiten und Möglichkeiten illustriert. Der Zugang zu sehr rezenten und manchmal zeitgenössischen Archivbeständen ermöglichte uns – gemeinsam mit unserem umfangreichen Archiv der medialen Berichterstattung – eine einmalige Kombination mit sozialwissenschaftlichen Interviews. Aufgrund dieser Triangulation von Informationen und Zugangsweisen konnten wir oftmals den gleichen Sachverhalt anhand verschiedener schriftlicher und mündlich überlieferter Quellen rekonstruieren. Dabei stellten wir einerseits fest, dass als subjektiv geltende Quellen historische Prozesse gelegentlich genauer erfassten als Schriftstücke vermeintlich objektiven Inhalts; und dass umgekehrt der Blick in die Dokumente uns dagegen wappnete, die verklärte Sicht mancher Interviewpartner auf das Leben im Sozialismus zu übernehmen.[67]

Eine weitere methodische Besonderheit unseres Projekts beruht auf den Forschungstraditionen der polnischen Soziologie. Piotr Filipkowski gelang es, Respondenten aus groß angelegten sozialwissenschaftlichen Befragungen zu ermitteln, die bis in die siebziger Jahre zurückreichen. Diese Befragungen wurden dann ab den Neunzigern und in der jüngeren Vergangenheit wieder aufgenommen. Man kann daher teilweise sogar rekonstruieren, wie sich die Einstellungen bestimmter Personen zum politischen und wirtschaftlichen System und individuelle Erfahrungen im Berufsleben und im Alltag im Lauf der Zeit änderten. Außerdem interviewte Peter Wegenschimmel, der Ausbildung nach ein Soziologe, ehemalige Betriebsleiter, Manager und Minister und bekam somit Einblick in die höchste Leitungsebene. Wir konnten auf dieser Basis Erinnerungen an den Staatssozialismus und den Umbruch von 1989 bzw. 1991 nicht nur mit Blick auf heute, sondern im Wandel der Zeit und damit in einem tieferen Sinne geschichtswissenschaftlich betrachten. Dass wir dies historischen Soziologen verdanken, spricht einmal mehr für die Fruchtbarkeit interdisziplinären Arbeitens. Ziel unseres Vorhabens war es ja, die Transformation zu historisieren, ohne ihre zutiefst soziologische Relevanz aus den Augen zu verlieren. In Pula führten die beiden Sozialhistoriker Stefano Petrungaro und Ulf Brunnbauer ebenfalls zahlreiche Interviews durch, die man aufgrund ihres teilweise zeitgenössischen Inhalts eher als sozialwissenschaftliche denn als (oral)historische betrachten kann. Außerdem kamen hier die Kompetenzen eines Kultur- und Sozialanthropologen, Andrew Hodges, hinzu, dessen Forschung zwischen Interviews und ethnografischer Beobachtung changierte, was uns klassische Sozialanthropologen hoffentlich anrechnen und nicht vorwerfen werden. Wir haben hier, inspiriert von dem in unseren beiden Untersuchungsstädten so spürbaren Wunsch nach Gemeinschaft, als Kollektiv von Autoren eine »monografische Multografie« verfasst, weil wir der Ansicht waren, dass wir damit mehr leisten können als ein einzelner Forscher und viel mehr als ein Sammelband.

Abschließend wollen wir uns noch zur Heuristik des Vergleichs äußern. Es handelt sich bei unserer Studie um einen binären und kontrastierenden Vergleich, der vor allem dazu dient, die Unterschiede zwischen den beiden verglichenen Objekten herauszuarbeiten.[68] Es ergaben sich jedoch auch zahlreiche Gemeinsamkeiten und Ähnlichkeiten, die einerseits durch den Kontext einer stark globalisierten Branche und ihre technologischen Voraussetzungen, andererseits durch die Entwicklung der beiden Unternehmen entstanden. Um der Gefahr eines statischen Vergleichs zu entgehen, haben wir versucht, die Unterschiede und Gemeinsamkeiten als Divergenzen und Konvergenzen und damit als Prozesse zu erfassen. Ganz allgemein konnten wir dabei eine zunehmende Konvergenz zwischen Uljanik und der Stocznia Gdynia feststellen. In der Zeit des Sozialismus waren die beiden Schiffbaubetriebe noch ganz anders organisiert und orientiert, auch die Beziehungen innerhalb der Belegschaft unterschieden sich deutlich; in beiden Fällen lagen die Gründe für diese Unterschiede einerseits in unternehmenshistorischen Pfadabhängigkeiten, andererseits – und insbesondere – in den divergenten Vorstellungen von Wirtschaftsorganisation, welche die polnischen und jugoslawischen Kommunisten hegten und als normativen Rahmen setzten. Uljanik und die gesamte Schiffbaubranche entlang der Adriaküste hatten bei der Integration in den Weltmarkt ursprünglich einen starken Vorsprung, den der Zerfall Jugoslawiens und der damit einhergehende Krieg, für das Unternehmen externe Faktoren, zunichtemachten.

Ab Mitte der Neunziger zeichneten sich Konvergenzen zwischen Uljanik und der Stocznia Gdynia ab, was einerseits mit dem Kontext des real existierenden Kapitalismus, andererseits mit dem der EU und ihren Regelwerken zusammenhing. Die zunehmenden Gemeinsamkeiten manifestierten sich nicht zuletzt in der zeitlich versetzten, aber in Hinblick auf den EU-Beitritt ihres Landes parallelen Insolvenz. Unterschiede in Vergleichsstudien schärfen den Blick für die jeweiligen Eigenheiten der Untersuchungsobjekte und ihrer Kontexte, die man sonst möglicherweise nicht erkannt hätte. Gemeinsamkeiten wiederum ermöglichen generalisierende Schlussfolgerungen, bei denen wir über die beiden Standorte und Länder hinausgehen.

Bei klassischen Vergleichsanordnungen mit voneinander isolierten Untersuchungseinheiten gibt es häufig das Problem, dass die Beziehungen zwischen ihnen ausgeblendet oder sogar als Störfaktor wahrgenommen werden. In Zeiten der Verflechtungsgeschichte und *histoire croisée* gilt es, sich auch der Verbindungen zwischen Gegenständen über Grenzen hinweg bewusst zu werden. Die Gewerkschafter der Solidarność betrachteten 1980/81 etwa den jugoslawischen Selbstverwaltungssozialismus als Vorbild, was nebenbei verdeutlicht, dass die beiden Werften miteinander auch in einer politischen Beziehung standen. Die kroatischen Schiffbauexperten wiederum verfolgten genau, wie die EU-Kommission ein Exempel gegen Subventionen an der Stocznia Gdynia statuierte. Wie erwähnt, war diese Beziehungshaftigkeit außerdem durch den Weltmarkt im stark globalisierten Schiffbau gegeben. Obwohl die beiden Werften und Schiffbaunationen in manchen Segmenten miteinander konkurrierten, nahmen sie sich kaum als Konkurrenten wahr, sondern versuchten, jeweils eigene Nischen im Markt zu erschließen. Aus einer globalen Perspektive betrachtet, saßen sie ohnehin im gleichen europäischen Tanker, der in den vergangenen knapp fünfzig Jahren von der ostasiatischen und vor allem der chinesischen Konkurrenz ausgebootet wurde.

Zu den noch übrig gebliebenen Nischen der europäischen Schiffbauer gehört der Bau von Kreuzfahrtschiffen, die man als Symbol der postindustriellen Dienstleistungsgesellschaft ansehen kann. Die Corona-Pandemie hat auch dieses Geschäftsmodell radikal infrage gestellt. Anhand der Schiffswerften lassen sich demnach auch in naher Zukunft die Verschiebungen der globalen industriellen Geografie und Europas geschwächte Position in ihr nachzeichnen. Diese Schwäche hängt, wenn man die EU als Ganzes betrachtet, mit einem intellektuellen und politischen Vakuum zusammen, der Unfähigkeit und Unwilligkeit, den Staat oder zumindest bestimmte staatliche Institutionen als unternehmerisches Subjekt zu begreifen. Die nationalstaatlichen Regierungen Polens und Kroatiens reichten zwar immer wieder ihre rettende Hand, doch ihnen fehlte die

Autorität und letztlich der Wille, die Unternehmen in Richtung Konkurrenzfähigkeit zu dirigieren.

Diese Probleme sind selbstverständlich nicht neu – im westlichen Europa befanden sich die staatlichen Industrien und Industrieholdings seit den siebziger Jahren in einer vergleichbaren Lage, ab den Achtzigern umfasste der Strukturwandel noch andere Branchen. Dieser Mangel an politischer Vorstellungskraft hatte für den Schiffbau in Europa zweierlei Folgen: zum einen mehr oder weniger erfolgreiche Privatisierungen, ganz im Sinne der in den achtziger und neunziger Jahren global maßgebenden ökonomischen Schulen in Chicago, London und Freiburg; zum anderen jedoch die Verlagerung des globalen Schiffbaus nach Ostasien. Dort reichte der Staat nicht nur seine Hand, sondern betrieb eine aktive Industrialisierungs- und Strukturpolitik, mit entsprechenden Folgen für die europäischen Produktionsstandorte, zunächst im Westen, dann auch im Osten.

Kann und soll sich die EU, die bekanntlich per se kein Staat ist, aber doch immer mehr staatliche Kompetenzen aufgebaut hat und oft als solcher wahrgenommen wird, auf die Rolle eines innereuropäischen Wettbewerbshüters beschränken? Diese Frage ist aufgrund der präzedenzlosen Rezession infolge der Covid-19-Pandemie und des geplanten Wiederaufbauprogramms der EU, aber auch mit Blick auf die Geschichte und Zukunft der Arbeit in Europa aktueller denn je.

2. Stets nah am Kentern:
Eine Betriebsgeschichte zweier Werften

Am 28. August 1978 besuchte der damalige Vorsitzende des Zentralkomitees der Kommunistischen Partei Chinas (KPCh), Hua Guofeng, gemeinsam mit einer Delegation die Werft Uljanik in Pula. Huas Visite und sein Treffen mit Tito dienten nicht nur der Festigung der jugoslawisch-chinesischen Freundschaft; es ging auch um handfestere Angelegenheiten: Die Volksrepublik bestellte in Pula zum ersten Mal fünf Schiffe und zwanzig Schiffsmotoren. Der Direktor von Uljanik, Karlo Bilić, war hochzufrieden und gab seiner Hoffnung Ausdruck, »dass die Zusammenarbeit mit der VR China im gemeinsamen Interesse weiter erfolgreich ausgebaut wird«. Der Gast aus China rühmte diplomatisch die 120-jährige Geschichte Uljaniks und die »hoch entwickelte Schiffbauindustrie« Jugoslawiens.[1] Die Lokalzeitung *Glas Istre* hob in ihrem Bericht hervor, mit den China-Geschäften Uljaniks könnten die Produktionskapazitäten bis Ende 1980 ausgelastet werden.[2] Der Besuch fand zu einem Zeitpunkt statt, als es in der Volksrepublik China nur eine rudimentäre Schiffbauindustrie gab.[3] Aber die chinesische Führung plante bereits ihren Aufbau, sah sie doch im Schiffbau einen jener Inkubatoren der Industrialisierung, die andere Branchen stimulieren und den Außenhandel befördern würden.

Etwas mehr als vierzig Jahre später, Anfang Mai 2019, reiste erneut eine chinesische Delegation nach Pula. Dieses Mal waren es nicht Vertreter der KPCh, sondern der größten chinesischen Reederei Cosco, die nicht als Kunden oder Lehrlinge kamen, sondern – so die Hoffnung bei Uljanik – als mögliche Retter. Zu diesem Zeitpunkt befand sich die Werft bereits eineinhalb Jahre in Agonie, die Produktion war wegen Geldmangels eingestellt, der Insolvenzantrag bereits eingereicht. Weder einheimische noch europäische Investoren wollten die defizitäre Werft übernehmen, Kunden hatten ihre Bestellungen gekündigt, die Arbeiter und Arbeiterinnen – sofern sie nicht schon anderswo einen neuen Job angenommen hatten – waren zum Nichtstun verdammt und erhielten aus einem Notfonds der Regierung den Mindestlohn ausgezahlt.

Warum traten auf einmal mögliche Investoren aus China auf den Plan? Einen Monat vorher, Anfang April, hatte in Dubrovnik ein 16+1-Gipfeltreffen stattgefunden, dessen Thema die Zusammenarbeit der Länder Ostmittel- und Südosteuropas mit China im Rahmen der »Belt and Road Initiative«, auch bekannt als »Neue Seidenstraße«, war. Am Rande des Treffens schilderte der kroatische Premierminister Andrej Plenković seinem chinesischen Amtskollegen Li Keqiang den traurigen Zustand der beiden größten Schiffswerten Kroatiens, Uljanik in Pula und 3. Mai in Rijeka (zu diesem Zeitpunkt ebenfalls im Eigentum von Uljanik). Plenković brachte einen Einstieg chinesischer Investoren aufs Tapet, der chinesische Premier zeigte ein offenes Ohr, und einige Wochen später trafen tatsächlich die erwähnten Firmenvertreter von Cosco in Pula ein. In der Presse waren wilde Spekulationen zu lesen, ob die Volksrepublik wie zuvor im griechischen Piräus auch gleich den Hafen von Rijeka übernehmen und bei der Gelegenheit in eine neue Bahnlinie nach Zagreb investieren würde.

Während sich die chinesischen Besucher 1978 beeindruckt vom Niveau des jugoslawischen Schiffbaus gezeigt hatten, kamen sie 2019 desillusioniert zurück; *Glas Istre* berichtete, die »Chinesen glaubten, durch ein Schiffbaumuseum zu spazieren«.[4] Sie hätten nie solche alten Kräne gesehen, denn ihre Werften und deren Maschinerie seien maximal zwanzig Jahre alt. Nach einigen Stunden freundlicher Gespräche stellte sich rasch heraus, dass die chinesische Seite keinerlei Interesse an einem Einstieg in Uljanik oder gar einem Kauf der beiden Werften hatte. Eine chinesische Rettung wäre auch die letzte ironische Wendung in der Geschichte Uljaniks gewesen, denn gerade der Aufstieg der chinesischen Werftindustrie gehört zu den Hauptfaktoren für den Niedergang des europäischen Schiffbaus. 1978, als »der Vorsitzende« Hua Guofeng Uljanik besuchte, lag der Anteil der Volksrepublik China am internationalen Markt für zivile Schiffe bei genau null Prozent, 2017 waren es 35 Prozent.[5] Angesichts ihrer riesigen Kapazitäten gab es für die chinesischen Firmenvertreter keinen guten Grund, in einen für ihre Standards viel zu kleinen und maroden kroatischen Schiffbauer zu investieren. Sosehr das heutige China Handelspolitik auch als Außenpolitik begreift, so wollen chinesische Firmen doch auch Geld verdienen mit ihrem Auslandsengagement. Nur einen Monat später eröffnete das Bezirksgericht in Pazin das Insolvenzverfahren über Uljanik.

Die kroatische Werft ist im östlichen Europa keineswegs ein Einzelfall, zehn Jahre zuvor musste die damals größte Werft in Polen, die Stocznia Gdynia, ihre Werktore schließen. Beide Betriebe hatten jahrelang damit gekämpft, sich an die Bedingungen einer kapitalistischen Marktwirtschaft anzupassen sowie gegen die ostasiatische Konkurrenz zu bestehen – letztlich erfolglos. Der Abstand von zehn Jahren überdeckt eine Gemeinsamkeit, die wir in der Einleitung bereits erwähnt haben: Beide Werften gingen jeweils rund ein halbes Jahrzehnt nach dem EU-Beitritt ihres jeweiligen Sitzlandes (Polen 2004, Kroatien 2013) pleite – dies war nicht nur eine zeitliche Koinzidenz, sondern hatte mit den Regeln der EU zu tun, wie wir hier zeigen werden. Wir richten daher in diesem Kapitel und dem gesamten Buch den Blick auf den Zusammenhang zwischen diesen beiden Ereignissen, EU-Beitritt und Werftenpleite. Er liegt in den Wettbewerbsregeln der Europäischen Union begründet, die den Regierungen der Mitgliedsländer enge Grenzen für Unternehmenshilfen setzen und damit auch die Möglichkeiten des Staates beschränken, heimische Betriebe vor globaler Konkurrenz zu schützen. Der Beitritt zur EU schlug für Polen und Kroatien auch für die Art und Weise, wie Geschäfte getätigt werden, eine neue Seite auf. Die lange Transformation, die in den frühen siebziger Jahren gestartet war, kam nun zu einem Ende; eine neue Ära begann, in der offensichtlich kein Platz mehr war für traditionelle Schiffswerften sowie ihre spezifischen Arbeitsweisen und sozialen Beziehungen.

In den Augen mancher Betrachter ist dabei gar nicht der Untergang der beiden Werften so erklärungsbedürftig, sondern ihr langes Überleben, denn sie machten seit den sechziger Jahren selten Gewinn und befanden sich wiederholt, um nicht zu sagen permanent in finanzieller Schieflage.[6] Die Lösung dieses Rätsels liegt in dem spezifischen Zweck, dem die beiden Werften dienten und der lange Zeit eben nicht auf der Prämisse beruhte, dass es Funktion eines Unternehmens sei, mit seiner Produktion Profite zu erwirtschaften. Vielmehr standen soziale, aber auch symbolische Ziele im Vordergrund dessen, was lokale Akteure, aber auch nationale Regierungen und Öffentlichkeiten implizit als den eigentlichen Mehrwert der Geschäftstätigkeit der Werften betrachteten (siehe die Kapitel 4 und 5).

Diese Funktionszuschreibung – so ein weiteres Argument dieses Kapitels – blieb bis weit in die Zeit des Postsozialismus hinein bestehen, letztlich wurde sie erst mit den EU-Wettbewerbsregeln obsolet, nicht ohne Widerstand vor Ort und seitens der Regierungen. Unsere beiden Fallbeispiele sind daher gut geeignet, die Bedeutung des Endes der kommunistischen Herrschaft für die Unternehmenspraktiken zu untersuchen und mögliche Kontinuitäten zu entdecken. In einer vergleichenden Analyse der unterschiedlichen Entwicklungspfade des

Schiffbaus in West- und Osteuropa stellten Jürgen Bitzer und Christian von Hirschhausen fest:

> Die Struktur der Werften und ihre Produktionsweisen spiegelten die Prinzipien der sozialistischen Produktion wider: Die Werften waren multifunktionale Einheiten, in denen die Produktion von Schiffen nur ein Ziel darstellte; andere Funktionen lagen in der Bereitstellung sozialer Dienstleistungen (im Wohnungswesen, Bildung, Kultur, Zugang zu Konsumgütern etc.) und in der Aufrechterhaltung von etwas politischer Aktivität sowie dem Ausüben von Kontrolle.[7]

Für Kenner der Prinzipien planwirtschaftlicher Ökonomien ist diese Bemerkung alles andere als eine Offenbarung; die Frage ist jedoch, wie es sein konnte, dass diese Funktionen des Betriebs – wenn auch eingeschränkt – so lange über den politischen Systemumbruch hinaus das Unternehmenshandeln steuerten. Haben wir es hier allein mit Beharrungskraft zu tun oder aber mit dem aktiven Versuch, unter den neuen Bedingungen einer kapitalistischen Marktwirtschaft soziale Ziele zu realisieren, die nicht im Profitstreben aufgingen, und gleichzeitig am Weltmarkt zu agieren? Das nächste Kapitel wird diese Frage von dem Beziehungsgeflecht zwischen Staat und Betrieb her adressieren und erstaunliche Kontinuitäten aufzeigen, die landläufige Vorstellungen von der raschen Hegemonie des Neoliberalismus nach 1989 infrage stellen. In diesem Kapitel zeichnen wir nach, wie sich das Geschäft der beiden Werften im Kontext der Entwicklung der globalen Nachfrage nach Schiffen und ihrer Einbettung in zwei unterschiedlich geartete sozialistische Ökonomien sowie in die Transformationskontexte in Polen und Kroatien entwickelt hat. Unser Fokus liegt hier also auf der Unternehmensgeschichte und ihren zentralen Akteuren.

Im Zentrum steht somit ein langer Prozess des Durchwurstelns – denn auch das meint Transformation: Wie in Kapitel 1 erläutert, war sie kein geradliniger, intentionaler Wandel vom Punkt A zum Punkt B, sondern geprägt durch permanente Aushandlungsprozesse, durch das Fahren auf Sicht, durch Entscheidungen (oder Nichtentscheidungen) in Situationen größter Unsicherheit, durch tastendes Ausprobieren oder den Rückzug auf Altbekanntes. Markiert wird diese Transformation von zwei Ereignissen, die als Scheitelpunkte gelten können, da sie jeweils zu einem echten Umbruch in den Strukturbedingungen geführt haben: die Schockwellen, welche die erste und die zweite Ölkrise durch die Weltwirtschaft sandten, sowie die Integration Ostmitteleuropas in die Europäische Union.[8] In beiden historischen Momenten waren sich viele Akteure des Umbruchcharakters dieser Ereignisse gar nicht klar bewusst, doch in der Rückschau tritt ihre Bedeutung als Zäsur ebenso deutlich zutage wie beim Umbruch von 1989. Diese Aussage gilt für den Schiffbau, aber auch – so unsere These – für das (post)sozialistische Europa überhaupt. Die Transformation begann also, lange bevor die kommunistischen Regime ihre Macht verloren, und dauerte viel länger, als die ersten Reformer glauben machen wollten.

Globale Zyklen und die spätsozialistische Transformation

In seinem wegweisenden Buch *Globalization Under and After Socialism* argumentiert Besnik Pula, dass bereits die siebziger Jahre »eine entscheidende Dekade der Transformation für die sozialistischen Ökonomien« gewesen seien.[9] Für die Schiffbauindustrie gilt das ganz besonders, denn zum einen hängt die

Plan der Werft Uljanik

Bucht von Pula

Oliveninsel

1. Direktion
2. Hauptverwaltung
3. Schiffbauwerkstätten
4. Schweißereihallen
5. Motorenproduktion
6. Elektroservice
7. Aluminiumschweißerei
8. Tischlerei
9. Rohrwerkstatt
10. Schlosserei/Spenglerei
11. Elektrovorinstallation
12. Elektromontage
13. Metallausstattung, Wälzlager
14. (Vor-)Montage
15. Kranwerkstatt
16. Verwaltung
17. Metallwerkstätten
18. Kantine
19. Ambulanz

0   200   400   600 m

Karte 2: Umrisskarte der Werft Uljanik (Stand 1990).

Plan der Werft Gdynia

Ostsee

① Rohrfertigung
② Teilfertigung Flachsektionen
③ Vorfertigung Rumpfbau
④ Kleines Trockendock
⑤ Großes Trockendock
⑥ Portalkran
⑦ Vorfertigung Schiffsausrüstung
⑧ Ausrüstungswerkstätten
⑨ Fertigteile-Magazin
⑩ Direktion
⑪ Verwaltung
⑫ Schulungszentrum

0   200   400   600 m

Karte 3: Umrisskarte der Werft Gdynia (Stand 1995).

Nachfrage nach Schiffen eng von der Entwicklung des Welthandels ab, zum anderen ist der Markt für Handelsschiffe stark globalisiert; die Produzenten in sozialistischen Ländern standen in Konkurrenz zu Schiffbauern auf der ganzen Welt. Uljanik und die Werft in Gdynia mussten exportieren, denn ihr Ausstoß ging deutlich über den Bedarf ihrer Heimatländer hinaus. Die hohe Exportrate war zudem einer der Faktoren, der den Werften besondere politische Aufmerksamkeit bescherte.

Das Ende des Bretton-Woods-Systems im Jahr 1971, die Ölpreisschocks von 1973/74 und 1979, die auf sie folgende Wirtschaftskrise und Inflation, die steigende Rolle der Finanzwirtschaft (unter anderem aufgrund der Petrodollarschwemme sowie der wachsenden fiskalpolitischen Bedeutung von Zentralbanken) stießen einen strukturellen Wandel der Weltwirtschaft an. Gegen diesen konnten sich die staatssozialistischen Länder – und Jugoslawien insbesondere – nicht abschotten, stand doch gerade die erste Hälfte der Siebziger für eine stärkere internationale wirtschaftliche Verflechtung der beiden Blöcke. In dieser Zeit nahmen Polen und Jugoslawien im Westen umfangreiche Kredite auf, um ihre marode Industrie zu modernisieren und zu mehr Exporten in den Westen zu befähigen, den Binnenkonsum zu subventionieren und den sozialistischen Wohlfahrtsstaat zu finanzieren.

Ein Großteil des frischen Geldes floss indes in die alten Kanäle, nämlich in die Kapitalgüter- und Schwerindustrie, die in den Augen der kommunistischen Wirtschaftsplaner stets Priorität genoss. Anstatt wie Westeuropa und die USA »Kohle und Stahl« als Wachstumsmotoren hinter sich zu lassen, verfolgten Polen und Jugoslawien weiterhin eine Entwicklungsstrategie, die stark auf die Schwerindustrie setzte.[10] Im Westen hingegen beschleunigte die makroökonomische Krise der siebziger Jahre den Übergang zu Produktionsprozessen, die auf der intensiven Nutzung von Informationstechnologie basierten und einen Effizienzsprung nach sich zogen. Während die Industriebetriebe im Westen in großem Umfang in Technologien investierten, die Arbeitskraft sparten und Produktionsabschnitte effizienter miteinander verlinkten, hielten die sozialistischen Länder das Bild einer Industrie aufrecht, deren Erfolg sich an der Zahl der Beschäftigten und der Schlote bemaß. In Maschinen zu investieren, die Arbeitskräfte er- und freisetzen würden, war für die kommunistischen Regime undenkbar.[11] Die Reformunwilligkeit und die Abhängigkeit von ausländischen Geldgebern führten in den achtziger Jahren sowohl Polen als auch Jugoslawien an den Rand der Zahlungsunfähigkeit – ein wesentlicher Faktor des Zusammenbruchs der kommunistischen Herrschaft.[12] Marie-Janine Calic datiert daher den Beginn des Auflösungsprozesses des jugoslawischen Systems in die siebziger Jahre – entgegen der verbreiteten Meinung, bei ihnen habe es sich um eine goldene Dekade gehandelt –, da die ökonomischen Spannungen und Widersprüche immer mehr zunahmen, sich das politische System jedoch als unfähig erwies, diese aufzulösen, ja auch nur konsequent anzugehen.[13] Diese Einschätzung trifft auf die Volksrepublik Polen ebenfalls zu.

Der Schiffbau zeigt diese Dynamik aus Folgen von makroökonomischen Entwicklungen und wirtschaftspolitischen Weichenstellungen wie in einem Brennglas, denn wie der Amsterdamer Sozialhistoriker Marcel van der Linden feststellt: »Der Seehandel ist das Rückgrat der Weltwirtschaft.«[14] Dies prägte auch unsere beiden Fallbeispiele, waren sie doch keineswegs vom Weltmarkt isoliert. Die internationale Wirtschaftskrise nach den beiden Ölpreisschocks beendete eine lange Expansionsphase des Schiffbaus, die mit dem rasch wachsenden Welthandel in den fünfziger Jahren begonnen hatte. Der Schiffbau war besonders akut betroffen, da sich der Bau von Tankern in den Jahren vor der Krise zum Hauptgeschäft vieler Werften entwickelt hatte: In den frühen siebziger Jahren machten

Tankschiffe rund 80 Prozent der weltweit in den Orderbüchern stehenden Bestellungen aus.[15] Nicht nur die Zahl der Schiffe, sondern auch ihre Größe hatte in den Jahren zuvor stark zugenommen.

1974 brach nun die Nachfrage nach neuen Schiffen dramatisch ein, jene nach Tankern ganz besonders. Im Jahr 1976 betrug der Umfang neuer Bestellungen weltweit nur 46 Prozent des Niveaus von 1974.[16] Die Preise sanken innerhalb eines Jahres um 40 Prozent.[17] Viele Kunden stornierten ihre Bestellungen, selbst wenn sie Pönalen zahlen mussten, oder handelten mit den Werften neue Vertragsbedingungen aus; manche weigerten sich einfach, fertiggestellte Schiffe anzunehmen und die letzte Rate zu bezahlen. Kaum waren die ersten Erholungszeichen zu erkennen, stürzte der zweite Ölpreisschock 1979 den Schiffbau erneut in die Krise. In den wichtigsten westeuropäischen Schiffbaunationen, die global gesehen am stärksten betroffen waren, fiel die Produktion von 1976 bis 1984 um im Durchschnitt 50 Prozent, in Großbritannien sogar um 70 Prozent (in Südkorea hingegen stieg sie um 200 Prozent – wir werden darauf zurückkommen).[18] Es sollte bis zur Jahrtausendwende dauern, bis das Produktionsniveau von 1974 – rund 36,4 Millionen Bruttoregistertonnen, gemessen an Auslieferungen – wieder erreicht wurde. Von 1978 bis 1991 lag der globale Ausstoß an neuen Schiffen bei weniger als der Hälfte des Volumens von 1974, erst 1990 begann er wieder kontinuierlich zu wachsen – eine Chance, auf die unsere beiden Werften dann schlecht vorbereitet waren.[19]

In der Krise der siebziger Jahre kamen Regierungen auf der ganzen Welt dem Schiffbau zu Hilfe – unter anderem mit Subventionen sowie mit Importrestriktionen. Die seinerzeitige Regierung der Sozialistischen Republik Kroatien errechnete in einem Memorandum, dass westeuropäische Regierungen am Ende des Jahrzehnts zwischen 20 und 30 Prozent des Preises eines Schiffes finanzierten, in Großbritannien sogar bis zu 50 Prozent. Damit ermöglichten sie es ihren Werften, Schiffe zu Dumpingpreisen auf dem Weltmarkt zu platzieren und so ihre Produktion aufrechtzuerhalten.[20] Viele westliche Produzenten profitierten entweder von direkten protektionistischen Maßnahmen oder von der staatlichen Unterstützung für heimische Reedereien und konnten somit ihre Schiffe an Kunden im eigenen Lande verkaufen.[21] Die bundesdeutsche Regierung etwa griff den Reedereien mit einem eigenen Hilfsprogramm (»Reederhilfe«) unter die Arme, das bereits 1962 lanciert worden war, nun aber besondere Bedeutung erhielt und erst 1987 auslief; 1978 erhielten deutsche Reedereien von der Bundesregierung Zuschüsse von mehr als 400 Millionen Mark als »Hilfe zum Neubau und zur Modernisierung von Handelsschiffen«.[22] In Schweden und Großbritannien gingen die Regierungen noch einen Schritt weiter und verstaatlichten Ende der siebziger Jahre die Werftenindustrie – was weder hier noch dort den fatalen Niedergang des Schiffbaus aufhalten konnte.

Staatliche Hilfen im Westen waren allerdings oftmals an Auflagen geknüpft. Die Werften mussten ihre Produktionskapazitäten und Belegschaften reduzieren sowie ihre Effizienz erhöhen. In einem eineinhalb Jahrzehnte langen Prozess verschwanden rund zwei Drittel aller Werften in Europa und mit ihnen 80 Prozent der Jobs in diesem Sektor.[23] In Großbritannien zum Beispiel fiel die Zahl der im Schiffbau Beschäftigten von rund 55 000 im Jahr 1975 auf weniger als 15 000 neun Jahre später.[24] In der westdeutschen Schiffbauindustrie betrug die Zahl der Beschäftigten 1990 nur mehr 32 Prozent des Niveaus von 1975.[25] Ein weiterer für die bundesdeutschen Werften charakteristischer Anpassungsprozess war der Umstieg auf die Herstellung von Kreuzfahrtschiffen, mit denen sich relativ hohe Preise erzielen ließen, zumal die asiatischen Produzenten in dieses Segment noch nicht vorgedrungen waren (zumindest bis zur Covid-19-Pandemie ging diese Rechnung angesichts des boomenden Kreuzfahrttourismus auf). Selbst die führende Schiffbaunation, Japan, die in den siebziger Jahren für fast die Hälfte des globalen Outputs zeichnete, reduzierte ihre Kapazitäten um ein Drittel und investierte stark in Effizienzsteigerung: Die Zahl der in Japan im Schiffbau Beschäftigten fiel von 256 000 im Jahr 1975 auf 89 000 eineinhalb Jahrzehnte später.[26] Gleichzeitig erlebte der Schiffbau in Südkorea einen kometenhaften Aufstieg, da hier nach dem ersten Ölschock noch mehr in diese vom Staat massiv geförderte Branche investiert wurde als zuvor.

Die Krise der Siebziger beschleunigte jedenfalls den Bedeutungsverlust des europäischen Schiffbaus gegenüber Asien. Während europäische Werften in den frühen fünfziger Jahren mehr als 80 Prozent der zivilen Seeschiffe weltweit gebaut hatten, fiel der Anteil bis 1990 auf weniger als 20 Prozent (und nach der Jahrtausendwende auf einstellige Ziffern).[27] Wohl kein Land veranschaulicht diese Entwicklung so deutlich wie Großbritannien, der einstige Weltmarktführer. Kam in den dreißiger Jahren noch die Hälfte der weltweit gebauten Tonnage aus britischen Werften, waren es 1980 drei und 1990 weniger als ein Prozent.[28]

Ein wesentlicher Faktor dieser Verschiebung war der Aufstieg Südkoreas, wo in den siebziger Jahren staatliche Beihilfen und gezielte Industriepolitik zur Entstehung riesiger Werften führten.[29] Hyundai, heute nach Umsatz die drittgrößte Werft der Welt, baute sein erstes großes Schiff, einen Tanker, im Jahr 1973, um dann binnen eines Jahrzehnts zum global größten Schiffbauer aufzusteigen.[30] Der Mischkonzern steht beispielhaft für den südkoreanischen Schiffbau insgesamt, der in der Krise der achtziger Jahre (hinter Japan) auf Platz 2 weltweit kletterte und somit die Krisenjahre zur raschen Ausdehnung seines Marktanteils nutzte: Im Jahr 1970 betrug der Anteil Südkoreas an der Weltproduktion null Prozent, 1980 waren es 4,3 Prozent, Anfang des 21. Jahrhunderts erklomm Südkorea die globale Spitzenposition.[31] Ein Jahrzehnt nach Südkorea startete wiederum die Volksrepublik China ihre rasante Aufholjagd. 1982 wurde die China State Shipbuilding Corporation (CSSC) vom Staat im Rahmen einer Verteidigungsreform gegründet und konzentrierte sich schon bald auf den Bau kommerzieller Schiffe (die beiden größten chinesischen Schiffbaukonzerne heute sind Sprösslinge dieser Gründung).[32]

Westeuropäischen Werften blieb angesichts der übermächtigen asiatischen Konkurrenz wenig anderes übrig, als in Spezialsegmente – wie eben Kreuzfahrtschiffe – auszuweichen oder das Handtuch zu werfen. Konventionelle Tanker und große Frachtschiffe wurden bereits in den Achtzigern zur Domäne der japanischen, koreanischen und chinesischen Produzenten.[33] Nur die europäischen sozialistischen Länder verweigerten sich (noch) diesem Branchentrend. Polen und das blockfreie Jugoslawien etwa investierten weiterhin gezielt in den Schiffbau und seine Expansion, weil sie auf die in dieser Branche erwirtschafteten Devisen angewiesen waren. In Pula erreichte die Werft Uljanik trotz der jahrelangen Stagnation der Nachfrage ihren Höchststand an Beschäftigten Ende der Achtziger, damals waren dort mehr als 8000 Arbeiterinnen und Arbeiter tätig – plus einige Tausend sogenannte *kooperanti*, also Subunternehmer. Zu dem Zeitpunkt mussten sich die Schiffbauer weder in Pula noch in Gdynia Gedanken über die zunehmend stringente Wettbewerbspolitik machen, die unter den Brüsseler EG-Bürokraten zum neuen wirtschaftspolitischen Paradigma wurde und Industriepolitik als Anachronismus stigmatisierte.

Das Vorspiel: Die Entwicklung der beiden Werften bis zum Ölpreisschock

Der dramatische Wandel der Märkte nach dem ersten Ölpreisschock von 1973/74 ging an den beiden Werften, deren Geschichte wir hier analysieren, nicht spurlos vorüber. Nur wie genau waren sie betroffen? Wie wirkten sich die Systemunterschiede zwischen Polen und Jugoslawien auf die beiden Werften und ihren Handlungsspielraum aus? Der Schiffbau, so unser Argument, liefert ein perfektes analytisches Scharnier zwischen Weltmarkt und nationaler sowie lokaler Entwicklung, er bringt diese unterschiedlichen Skalen zusammen, da die Handlungen der Akteure auf den verschiedenen Ebenen sich gegenseitig beeinflussen bzw. aufeinander Bezug nehmen. Um aber zu verstehen, in welche Richtung sich dieses Beziehungsgeflecht entwickelt hat, müssen wir zuerst rekonstruieren, in welcher konkreten Lage sich die Werften in Pula und Gdynia befanden, als der Blitz der globalen Krise einschlug.

Der globale Schock traf die beiden Werften zu einem Zeitpunkt, als sie massiv in die Erweiterung ihrer Kapazitäten investiert hatten, um an dem wachsenden Markt gerade auch für Tanker zu partizipieren. Die größten jemals in Polen in einem Fünfjahresplan für den Schiffbau vorgesehenen Investitionen fielen in das Planjahrfünft 1971-75, das Resultat war unter anderem das neue große Trockendock, das am 30. Oktober 1976 feierlich in Gdynia eröffnet wurde. Mit einer Länge von 380, einer Breite von 70 und einer Tiefe von 8 Metern erlaubte es die Herstellung großer Containerschiffe und Stückgutfrachter (siehe Abbildung 5). Das Timing erwies sich nun als unglücklich – aber wenigstens war Polen aufgrund seiner schwächeren Integration in westliche Märkte nicht so stark exponiert wie Jugoslawien und konkret die Werft Uljanik, die in viel höherem Ausmaß als jene in Gdynia für den Export und hier vor

Abb. 5: Das neue, große Trockendock in Gdynia.

allem in Länder außerhalb des Ostblocks produzierte. Die unterschiedlichen Außenhandelsstrategien der beiden Länder und die ebenfalls unterschiedlichen Spielräume der beiden Unternehmen bei der Wahl ihrer Kunden stellten sich nun als zentraler Faktor für den Grad der unmittelbaren Krisenbetroffenheit heraus. Die Grundlage für die geringere Anfälligkeit des polnischen Schiffbaus für Weltmarktschocks hatte die Integration Polens in den Rat für Gegenseitige Wirtschaftshilfe (RGW) gelegt, der 1949 auf sowjetische Initiative hin gegründet wurde. Im Rahmen der »sozialistischen Arbeitsteilung« des RGW für die Länder des sowjetischen Blocks fiel Polen eine herausgehobene Rolle im Schiffbau zu, die Regierung der Volksrepublik investierte dementsprechend stark in diese Branche, im Wissen sicherer Abnehmer in den RGW-Ländern mit Handelsflotte.[34]

In den fünfziger Jahren erlebten die drei großen Werften in Polen – Danzig, Gdynia und Stettin – eine rasche Expansion. Sie entwickelten sich zu Vorzeigebetrieben der Schwerindustrie und gleichzeitig zum Symbol der sozialistischen Industrialisierung der bis dato agrarisch geprägten polnischen Küstengebiete. Die neuen Namen der Werften in der Danziger Bucht drückten ihre ideologische Bedeutung aus: Jene in Danzig trug ab 1967 den Beinamen Lenin, die in Gdynia hieß seit 1951 Pariser Kommune, die Stettiner Werft wurde 1959 nach dem Arbeiterführer Adolf Warski benannt. Sie standen somit für die enge Anbindung an die Sowjetunion: politisch, ideologisch wie eben ökonomisch. Die Pariser Kommune in Gdynia hatte den spezifischen Auftrag, für die Sowjetunion Schiffe zu bauen. Zwischen 1952 und 1955 lieferte sie 33 Stückgutfrachter an die staatliche sowjetische Schiffsimportfirma Sudoimport. Diese Schiffe waren mit weniger als 1000 Bruttoregistertonnen relativ klein, aber es war ein Anfang. Außerdem kauften die Sowjets Fischkutter – ein weiteres Angebot im Produktionsportfolio. Koordiniert wurden diese Geschäfte von der staatlichen Zentrale für maritime Importe und -exporte (Centrala Morska Import-Exportowa) in Warschau, denn in der Volksrepublik Polen reklamierte der Staat das Außenhandelsmonopol für sich – wie wir sehen werden, ein gravierender Unterschied zu Jugoslawien.

Dank der massiven Investitionen in den ersten beiden Nachkriegsjahrzehnten entwickelte sich die Werft in Gdynia zur modernsten in Polen. Sie war die erste der Volksrepublik, die Schiffe mit großen Dieselmotoren baute, während die anderen Betriebe noch auf Dampfantrieb setzten. Im Jahr 1963 errichtete die Werft das erste Trockendock Polens mit einem Lastenkran, der bis zu 500 Tonnen tragen konnte. Damit war es möglich, deutlich größere Schiffe zu bauen als bislang. In den Sechzigern konnten sich die Produkte der Werft mit internationalen Vergleichsbeispielen messen lassen; die Schiffe wurden technologisch immer versierter und größer. 1956 lief der erste Öltanker vom Stapel, die 19000 DWT (*deadwight ton-*

nage, eine Maßeinheit für die Tragfähigkeit eines Handelsschiffes) schwere »Limbazhi«; in den sechziger Jahren kaufte die Sowjetunion sieben weitere Tanker dieses Typs.

Zu dieser Zeit waren die Sowjets der wichtigste, aber nicht der einzige ausländische Kunde. Von den in den sechziger Jahren von der Werft in Gdynia ausgelieferten 163 Schiffen gingen 44 an die Sowjetunion. Reedereien aus Indien, Indonesien, China, Frankreich, Norwegen, Großbritannien und eine aus Boston in den USA orderten ebenfalls. Fast die Hälfte aller Schiffe ging aber an heimische Kunden – im Gegensatz zu Uljanik, das zu der Zeit kaum noch Schiffe für jugoslawische Reedereien baute. Ein weiterer gravierender Unterschied lag in der Produktionspalette: Rund die Hälfte der in diesem Jahrzehnt in Gdynia produzierten Schiffe waren Fischereiboote, während Uljanik in diesem Segment gar nicht präsent war. Insgesamt zeichnete sich die Werft in Gdynia durch ihre breite Vielfalt an Schiffskategorien aus, was eine gewisse Flexibilität und Anpassungsfähigkeit mit sich brachte, dafür jedoch den Möglichkeiten der Spezialisierung und Rationalisierung Grenzen zog.

1970 machte die Werft in Gdynia einen weiteren großen Schritt in der Belieferung der sowjetischen sowie der heimischen Handelsflotte mit großen Frachtern, markiert durch die Fertigstellung der »Manifest lipcowy« – so genannt in Erinnerung an ein Ereignis zu Beginn der kommunistischen Herrschaft in Polen im Jahr 1944.[35] Mit 55 000 DWT und einer Länge von 218 Metern war dieser Frachter der Panamax-Klasse das bisher größte in Gdynia gebaute Schiff. Dieser Schiffstypus, entworfen von polnischen Ingenieuren, gebaut von polnischen Arbeitern, wurde zum Stolz der Werft. In den nächsten fünf Jahren sollten vierzehn Schiffe dieses Typus produziert werden, womit sich Gdynia am internationalen Markt für Stückgutfrachter einen Namen machte. Die nächste Innovation war eine Reihe von Frachtern mit einer Länge von 245 Metern und einem Verdrängungsgewicht von 110000 DWT. Sie waren durchweg nach Marschällen der Roten Armee benannt (das erste nach Marschall Budjonny), weshalb sie in der Werft auch als »marszały« bezeichnet wurden.

In Gdynia profitierte man dabei von Veränderungen in den institutionellen Strukturen des Schiffbaus in Polen Anfang der siebziger Jahre. Die Schiffbauvereinigung investierte zunehmend in Forschung und Entwicklung und etablierte ein eigenes Technikzentrum, das den gesamten Design- und Entwicklungsprozess abdeckte. Das von der Vereinigung betriebene Konstruktionsbüro Promor gründete 1971 sogar ein EDV-Department, dessen Aufgabe darin bestand, umfassende und integrierte IT-Systeme einzuführen.[36] Die Werft in Gdynia nutzte diese Initiativen, da diese neuen Einrichtungen sie in die Lage versetzten, auf dem internationalen Markt für Stückgutfrachter mitzuhalten.

Die Erfolge der Werft in Gdynia flossen in ein Narrativ der (sozialistischen) Modernisierung ein. Das Regime präsentierte die Werftarbeiter in den Siebzigern als Avantgarde des Proletariats, was mit Privilegien für die jeweils mehr als 10000 Beschäftigten an den drei großen Standorten einherging. Die Pariser Kommune stellte umfangreiche soziale Leistungen zur Verfügung – von Kindergärten und einem Gesundheitszentrum über eine Berufs- und Sekundarschule, Gemeinschaftsräume und Sportklubs, Kantinen sowie eigene Geschäfte bis hin zu Urlaubsheimen in attraktiven Gegenden und Wohnungsbaukooperativen. Gerade das Wohnungsangebot war ein besonderer Anreiz, einen Job in der Werft anzunehmen, denn aufgrund der Zerstörungen im Zweiten Weltkrieg und des Geburtenbooms gehörte Wohnraum in Polen zu den besonders knappen Gütern.[37] Die Werft baute somit nicht nur Schiffe, sondern gestaltete die Lebenswelten der Arbeiterfamilien (siehe Kapitel 4).

Allerdings gibt es in Polen das alte Sprichwort »Jede gute Tat wird angemessen bestraft«.

Die Werftarbeiter dankten dem Regime ihre Vorzugsbehandlung nicht, sondern übernahmen ab 1970 bei Protesten und Unruhen tatsächlich die Rolle einer Avantgarde des Proletariats. Die Unzufriedenheit beruhte auf der massiven Diskrepanz zwischen den Versprechungen des Regimes und den Lebensbedingungen im real existierenden Sozialismus. Als im Dezember 1970 die Belegschaft der Danziger Werft mit einem Streik auf die angekündigte Preissteigerung bei Fleisch und anderen Nahrungsmitteln reagierte, schlossen sich ihre Kollegen und Kolleginnen in Gdynia und Stettin sofort an. Die Staatsmacht reagierte mit brutaler Repression, rund vierzig Menschen wurden getötet und ungefähr tausend verletzt. Immerhin erreichten die Streikenden, dass die Regierung mehr in den Schiffbau als Vorzeigebranche investierte. Die weitere Entwicklung zeigt, dass sich zwischen den Beschäftigten und der Betriebsleitung eine informelle Allianz bildete, denn mit dem Drohpotenzial von Streiks und Unruhen ließen sich Konzessionen bei der Regierung erwirken. Von Dauer war dieser Kompromiss allerdings nicht, denn 1980/81 standen die Werftarbeiter erneut an vorderster Front der oppositionellen Proteste.

Eine ähnliche Allianz zwischen Beschäftigten und Direktoren war der Grund, weshalb es in Uljanik nur einmal zu einem kurzen Streik kam, als die Betriebsleitung 1967 die Löhne im Rahmen der landesweiten Wirtschaftsreformen kürzen wollte.[38] Bis auf dieses eine Mal, als die Arbeiter sogar einige Bereichsleiter ins Meer warfen, funktionierte das System der Arbeiterselbstverwaltung (siehe unten) zumindest so weit, als es Unzufriedenheit der Belegschaft kanalisierte und eine institutionelle Basis für eine Zusammenarbeit zwischen der Werftleitung und den Arbeitern und Arbeiterinnen bot.[39] Angesichts der Vielzahl von Streiks, die Jugoslawien in den siebziger und mehr noch in den achtziger Jahren erlebte, ist deren Ausbleiben in Uljanik ein Zeichen für eine recht große Loyalität der Beschäftigten.

Jugoslawien ist mit Polen durch die Tatsache verbunden, dass die mittleren siebziger Jahre nicht nur aufgrund der tektonischen Verschiebungen in der globalen Ökonomie eine Zäsur bedeuteten, sondern auch wegen innenpolitischer Weichenstellungen: Die neue Verfassung von 1974, mit der Tito auf die zunehmenden Spannungen zwischen und vor allem in den einzelnen Teilrepubliken reagierte, stellte das politische und wirtschaftliche Leben auf neue Füße.[40] Viele Beobachter sahen in der durch die Verfassung veranlassten Konföderalisierung eine Ursache für den Staatszerfall 1991; für unseren Kontext ist jedoch vor allem wichtig, dass die neue Verfassung eine Fragmentierung der jugoslawischen Unternehmen und eine weitreichende Dezentralisierung von Institutionen zur Folge hatte, die auch der Werft in Pula das Leben schwermachen sollten (siehe weiter unten und Kapitel 3).

Diese politische und betriebliche Umwälzung hätte zu keinem ungünstigeren Zeitpunkt kommen können. Uljanik und die jugoslawische Werftindustrie insgesamt waren aufgrund ihrer Abhängigkeit von Exporten massiv und viel unmittelbarer als etwa ihre Pendants im Ostblock vom globalen Nachfrageeinbruch nach neuen Schiffen betroffen. Chronische Liquiditätsprobleme waren die Folge. Uljanik war der staatlichen Aufforderung, möglichst für den Export zu produzieren, gefolgt wie kaum ein anderes Unternehmen im Land, musste nach 1974 jedoch feststellen, dass das sozialistische System enge Beschränkungen bezüglich der Anpassung an die globalen Konjunkturen auferlegte: Man konnte nicht einfach Personal abbauen oder andere Kosten einsparen, und selbst die Möglichkeiten der Rationalisierung waren aufgrund des eingeschränkten Technologieimports limitiert. Damit befand sich Uljanik in einer ungünstigeren Position als Konkurrenten im westlichen Ausland, die nicht nur in den Genuss umfangreicher Subventionen kamen, sondern viel mehr unternehmerische Freiheit genossen und keinen ideologischen Zielen gerecht werden mussten. Uljaniks akute Probleme, die angesichts der dem jugoslawischen Sozialismus inhärenten Widersprüche in den achtziger Jahren existenzbedrohend werden sollten, beruhten also auf vorhergehenden Weichenstellungen und Entscheidungen, die nicht so ohne Weiteres revidiert werden konnten.

Im Gegensatz zu anderen staatssozialistischen Ländern galt in Jugoslawien zu dieser Zeit schon lange kein staatliches Monopol auf den Außenhandel mehr. Dieses wurde 1952 im Zuge der neu eingeführten Selbstverwaltung aufgegeben, als sich das Land nach dem Bruch mit der Sowjetunion politisch und außenwirtschaftlich (1948) neu orientierte und dem Westen annäherte. Bereits ein Jahr später schloss die Werft in Pula ein Lizenzabkommen mit der dänischen Firma Burmeister & Wain, die auf die Produktion von Dieselmotoren spezialisiert war, und sicherte sich sogar das Recht, Lizenzprodukte für andere jugoslawische Werften und Kunden im osteuropäischen Ausland herzustellen (siehe Abbildung 6).[41] Mitte der Sechziger liberalisierte die Regierung im Rahmen ihrer marktorientierten Reformen den Außenhandel weiter und schuf die Devisenbewirtschaftung ab.[42] Belgrad förderte den Export mithilfe von Prämien, Krediten, Importerleichterungen und der Aussicht für Unternehmen, einen Teil der erwirtschafteten Devisen behalten zu dürfen.

Im Rahmen der Bewegung der Blockfreien Staaten baute Jugoslawien außerdem enge Kontakte mit der sogenannten Dritten Welt auf. Die Unternehmen, allen voran die Werften, sollten mit ihren Exporten die ambitionierte Außenpolitik Titos mit konkreten Geschäften untermauern.[43] Im Gegenzug fungierten der dauerreisende Staatschef und seine diplomatische

Abb. 6: Von Uljanik gefertigtes Dieselaggregat (fünfziger Jahre).

Entourage als Türöffner. Der erste ausländische Kunde von
Uljanik war das ebenfalls blockfreie Ägypten, das 1958 den
Frachter »Al Mokattam« orderte (siehe Abbildung 7).[44] In den
sechziger Jahren gewann Uljanik auf diese Weise dann weitere Kunden in blockfreien Ländern (nach Ägypten auch Sudan
und Indien), im Westen (Norwegen, Schweden) und in notorischen Ausflaggungsländern wie Liberia und Panama. Nach
der Normalisierung der Beziehungen mit der UdSSR wurden
Schiffe auch dorthin und in andere Ostblockländer geliefert.
Stolz betonte man in der Werft die eigene Bereitschaft, sich
dem internationalen Konkurrenzkampf zu stellen.[45] Uljanik
präsentierte sich als leuchtendes Symbol der Industrialisierung
einer Region, die bis Ende des Zweiten Weltkriegs zu Italien
gehört und unter der faschistischen Herrschaft schwer zu leiden gehabt hatte. Ähnlich wie in Polen flossen in den Repräsentationen der Schiffbauindustrie somit die Narrative der so-

Abb. 7: Die »Al Mokattam« kurz vor der Fertigstellung (1958).

zialistischen Moderne mit jenen der nationalen Inbesitznahme zusammen.

Zu den Exporterfolgen trug die staatliche Subventionierung wesentlich bei, die zwischen 20 und 33 Prozent des Preises betrug, je nachdem, ob die Schiffe in Länder der Hartwährungszone oder in die Dritte Welt geliefert wurden. 36 der insgesamt 50 in dieser Dekade ausgelieferten Schiffe gingen an ausländische Kunden,[46] in den siebziger Jahren produzierte Uljanik dann zu mehr als 90 Prozent für den Export. 1972 war Uljanik mit Erlösen von fast einer Milliarde Dinar landesweit das exportstärkste Industrieunternehmen.[47] Die Direktoren vergaßen nie, auf die hohe Exportquote zu verweisen, wenn sie bei der Regierung um Unterstützung vorstellig wurden. Keine andere

Abb. 8: Die »Berge Istra«, eines von vier »Berge«-Schiffen für die norwegische Reederei Bergesen (erbaut 1972, 314 Meter lang, 227 500 DWT).

Schiffbaunation der Welt hatte damals einen derart hohen Exportanteil.

Uljaniks Exponiertheit gegenüber den globalen Konjunkturen des Schiffbaus war auch deshalb so groß, weil die Werft in Pula – wie so viele andere – Ende der sechziger Jahre in den damals boomenden Markt für große Öltanker eingestiegen war. 1970 unterzeichnete die Werft eine Vereinbarung mit der großen norwegischen Reederei Bergesen (daher begannen die Schiffsnamen mit »Berge«) über die Lieferung von 330 Meter langen Tankstückgutfrachtern mit 265 000 DWT – die bei Weitem größten Schiffe, die Uljanik bis dahin gebaut hatte. Ihre symbolische Bedeutung als Höhepunkt des Schiffbaus in Pula, ja in ganz Jugoslawien verdeutlichen zwei Dokumentarfilme aus dem Jahr 1972, die ihre Fertigung zeigen: *Kolos s Jadrana* (Der Koloss aus der Adria) sowie *Berge Istra* (so der Name eines dieser Tanker, siehe Abbildung 8; er sollte 1975 sinken, wobei dreißig Menschen ums Leben kamen; das Schwesterschiff »Berge Vanga« erlitt 1979 dasselbe Schicksal).[48] Der Direktor bezeichnete die sogenannten »Mammute« als die Zukunft der Werft, mit denen sie sich selbst finanzieren werde.[49] Hier irrte Karlo Bilić, denn ab 1974 konnte die Werft die Tanker nicht mehr oder nur mit horrenden Verlusten absetzen.[50] Die massiven Investitionen in die Fertigung dieser riesigen Schiffe – die, da Uljanik kein so großes Trockendock wie Gdynia hatte, in zwei separaten und später zusammengeschweißten Hälften gebaut wurden (siehe Abbildung 16) – erwiesen sich als Schlag ins kalte Wasser.[51]

Krise und gescheiterte Lösungsversuche in den Siebzigern

Der Einbruch des internationalen Marktes Mitte der Siebziger hätte für beide Werften in keinem schlechteren Moment kommen können, denn die politischen Rahmenbedingungen waren denkbar ungünstig für eine Restrukturierung. In Polen war das kommunistische Regime nach den Arbeiterprotesten von 1970 darum bemüht, nicht auch noch die letzte Legitimität zu verlieren; in Jugoslawien wurde 1974 eine neue Verfassung erlassen. Diese war eine Reaktion auf die weitverbreitete Unzufriedenheit mit dem politischen Status quo, die in den Jahren zuvor im sogenannten Kroatischen Frühling, aber auch in Reformbestrebungen in anderen Teilrepubliken öffentlich manifest geworden war, auf die Tito zuerst mit Repression reagiert hatte. Beide Regierungen hatten daher wenig politisches Kapital für eventuell schmerzvolle Wirtschaftsreformen zu verausgaben, zumal sie nach wie vor auf die Loyalität der »Arbeiterklasse« angewiesen waren.

In Jugoslawien sollte sich in dieser Situation die neue und hoch komplexe Verfassung von 1974 als ungünstige Weichenstellung erweisen. Sie trieb insgesamt die Dezentralisierung des Landes voran; Jugoslawien nahm den Charakter einer Konföderation an, mit weitreichenden Blockademöglichkeiten für die einzelnen Teilrepubliken sowie die zwei Autonomen Provinzen (Kosovo und Vojvodina). Nach Titos Tod 1980 und damit dem Wegfall der charismatischen Herrschaftskomponente wurden die durch die Verfassung verursachten Koordinationsprobleme schnell offenkundig, da der für Entscheidungen notwendige Konsens in den Bundesorganen immer schwerer herzustellen war.

Ein Folgegesetz der neuen Verfassung war 1976 das »Gesetz über die Vereinte Arbeit«.[52] Dieses stellte den Höhepunkt der Selbstverwaltung dar und führte diese als Prinzip für alle Bereiche und Ebenen der Gesellschaft ein. Unternehmen wurden als rechtliche Einheiten (juristische Personen) aufgelöst – schon die Verfassung enthielt das Wort Unternehmen (*poduzeće/preduzeće*) nicht mehr. Produktion, Verwaltung, Dienstleistungen usw. sollten fortan von sogenannten »Basisorganisationen der Vereinten Arbeit« (*osnovna organizacija udruženog rada*, OOUR) organisiert werden, die Rechtskörperschaft aufwiesen und den Kern der Selbstverwaltung (jeweils mit ihrem eigenen Arbeiterrat) darstellten. 1980 gab es bereits mehr als 90 000 solcher Basisorganisationen. Untereinander traten sie in Form von »Selbstverwaltungsvereinbarungen« (*samoupravni sporazum*) in Geschäftsbeziehungen. Um den Wildwuchs etwas zu zähmen, konnten verschiedene Basisorganisationen (OOUR) eine »Arbeitsorganisation« (*radna organizacija*, RO) gründen und sich als Dach eine »Komplexe Organisation der Vereinigten Arbeit« (*složena organizacija udruženog rada*, SOUR) geben. Das Gesetz bestimmte jedenfalls, dass die wesentlichen Entscheidungen – zum Beispiel mit wem zu welchen Bedingungen Geschäfte getätigt oder wie die Einnahmen verteilt werden sollten – von den Arbeiterräten (*radnički savjet*) der Basisorganisation zu fällen waren.[53] Selbst Entscheidungen über Außenhandelsbeziehungen sollten das Prärogativ der Arbeitsorganisationen sein.[54] Das Untere war also oben.

Uljanik transformierte sich in fünf Arbeitsorganisationen (RO), die entlang der wesentlichen Produktionsbereiche organisiert waren. So gab es beispielsweise eine RO Schiffbau und eine RO Motorenbau und insgesamt elf (später zwölf) Basisorganisationen, alle mit ihrem eigenen Arbeiterrat, eigener Verwaltung und eigenen Direktoren. Als koordinierendes Organ etablierten die Basisorganisationen die »Komplexe Organisation der Vereinten Arbeit Uljanik«, die nach außen hin wie ein Unternehmen auftrat, formal aber keines mehr war.[55] Pflichtschuldig sprach Karlo Bilić, der Direktor dieser Organisation, von den großen Vorteilen, welche die »verfassungsgemäße Transformation [*transformacija*] des Kollektivs« biete.[56]

Die Belegschaft der Werft war sich der Defizite des neuen Systems sehr wohl bewusst: In einer Umfrage im Jahr 1982 bemängelte die Mehrheit der Arbeiter und Arbeiterinnen die »Atomisierung« des Betriebs. Sie fanden, dass »die sozioökonomischen Beziehungen zwischen den Basisorganisationen nicht gut bestimmt und koordiniert sind und zu wenig an den Zielen der Gesamtorganisation (dem gemeinsamen Produkt: das Schiff) ausgerichtet« seien.[57] Ein Organisationswissenschaftler hätte das Problem nicht klarer zusammenfassen können.

Was sich in der Werft im Kleinen beobachten ließ, traf auf die jugoslawische Wirtschaft insgesamt zu. In der Analyse von Carl-Ulrik Schierup bestärkten die neuen Organisationsprinzipien »bürokratische Auffassungen« von wirtschaftlicher Entwicklung. »Marktkriterien zur Beurteilung des Erfolgs von Fabriken und Unternehmen oder des Niveaus der Arbeiterlöhne

wurden zunehmend irrelevant.«[58] Uljanik und andere Groß-
unternehmen überlebten das nächste Jahrzehnt lediglich (und
auch das nur knapp), weil das jugoslawische Wirtschaftssystem
mit sogenannten »weichen Budgetbeschränkungen« (*soft budget constraints*) Abhilfe schaffte. Wie der ungarische Ökonom
János Kornai festhielt, agierte der Staat dabei »wie eine übergeordnete Versicherungsgesellschaft« und übernahm »alle subjektiven Risiken«.[59] Als Konsequenz, so Kornai, wandte sich »die
Aufmerksamkeit der Betriebsleitung vom Produktionsprozess
und dem Markt weg hin zu den Amtsstuben der Bürokratie,
wo sie im Fall finanzieller Schwierigkeiten um Hilfe ansuchen«
konnte.[60] Der Direktor von Uljanik umschrieb diese Logik fast
zur selben Zeit mit Blick auch auf sein eigenes Unternehmen:
»Im Sozialismus wissen wir nicht, wie man ein so großes System [wie eine Werft] abwickelt.«[61] Im nächsten Kapitel werden
wir dieses Beziehungsgeflecht systematisch analysieren.

Innerbetrieblich büßte das Management im Zuge der Reform Lenkungsfähigkeit ein. Kapazitätsreduktionen, die wie
oben gezeigt in den Werften der kapitalistischen Länder durchgeführt wurden, waren durch das Selbstverwaltungssystem nahezu unmöglich, obwohl dem Schiffbau Mitte der siebziger
Jahre »das Wasser bis zum Hals« stand und »Stillstand« droh-
te, wie die Lokalzeitung in Pula berichtete.[62] Doch Arbeiter
zu entlassen stand nicht zur Debatte, so der Leiter der jugoslawischen Schiffbauvereinigung Jadranbrod, Ivo Vrandečić,
in einer Diskussion mit Vertretern der Metallarbeitergewerkschaft 1976.[63] Es kam daher zu keiner Schrumpfung des angesichts eines schwierigen Marktumfeldes aufgeblähten Schiffbausektors. Uljanik vergrößerte sogar seine Belegschaft von
rund 6000 Personen Mitte der Siebziger auf 8124 im Jahr 1989.
In dieser Hinsicht war Gdynia anpassungsfähiger, dort betrug
die Zahl der Beschäftigten 1988 7636 und damit um 40 Prozent
weniger als zehn Jahre zuvor.[64]

In der zweiten Hälfte der siebziger Jahre wurden für beide Werften die Schwierigkeiten existenzbedrohend. Gdynia schrieb 1978 zum ersten Mal rote Zahlen; doch die Werft kam glimpflich davon, da der Verlust von einer halben Milliarde Złoty von der staatlichen Schiffbauvereinigung getragen wurde.[65] In den nächsten Jahren setzten sich die Verluste fort, nicht zuletzt, weil die Werft gezwungen war, ihre Schiffe unter den Entstehungskosten zu verkaufen.[66] Uljaniks finanzielle Lage war nicht besser: Nach einem Brand auf einem in Bau befindlichen Tanker, der für einen Kunden in Nigeria vorgesehen war, musste die Werft im Juli 1976 um einen Kredit der Regierung ansuchen, da sie sonst zahlungsunfähig geworden wäre.[67] 1980 wurden die Bankkonten Uljaniks für einige Monate eingefroren, weil die Verbindlichkeiten nicht mehr bedient werden konnten. Im nächsten Jahrzehnt sollte dies noch öfter vorkommen. Die Abwertung des Dollar nach dem Ende von Bretton Woods verschärfte die Probleme, denn während die meisten Zulieferprodukte aus europäischen Ländern in deren Währungen bezahlt wurden, wurden die Schiffe in Dollar bezahlt, der nun in der heimischen Währung weniger einbrachte. Jugoslawien ließ den Dinar gegenüber dem Dollar aufwerten, wodurch das Handelsdefizit anstieg und sich die Position der Exporteure verschlechterte.[68] Entscheidungen der US-amerikanischen Federal Reserve hatten also schon damals Auswirkungen auf das östliche Europa.

Angesichts der ökonomischen Bedeutung des Schiffbaus in den beiden Ländern schauten die Regierungen in Warschau und Belgrad nicht einfach zu, wie ihre großen Werften von Krise zu Krise schlitterten. Die Werften galten als »Finalisatoren« am Ende von Zulieferketten, die somit indirekt auch vorgelagerten Betrieben zum Export verhalfen. Außerdem verfügten sie über großes soziales und kulturelles Kapital: Die Werften standen für die erfolgreiche Industrialisierung einst »rückständiger« Regionen, sie galten als Inkubatoren des sozialistischen Arbeiters und repräsentierten die maritime Orientierung Polens und Jugoslawiens. Zudem fürchtete man in Warschau den Widerstandsgeist der Werftarbeiter.

Angesichts der anders gearteten institutionellen Voraussetzungen unterschieden sich jedoch die Unterstützungsmaßnahmen. Polen war noch ein Lehrbuchbeispiel für eine »zentral gelenkte« Planwirtschaft mit Staatseigentum, in der Branchenministerien direkte Kontrolle über die Unternehmen ausübten. Im selbstverwalteten Jugoslawien genossen die ökonomischen Einheiten (Firmen existierten formaliter ja nicht mehr) viel mehr Autonomie, Branchenministerien gab es schon lange nicht mehr, zudem waren politische Verantwortlichkeiten zwischen Organen auf Republik- und Bundesebene so diffundiert, dass sich oft letztlich niemand zuständig fühlte. Als die Werft in Gdynia 1979 ihre Planvorgaben nicht erfüllte, entschied Warschau, den Direktor auszutauschen – in Jugoslawien wäre das nicht so einfach möglich gewesen. Allerdings verfügte die polnische Regierung nicht über systematische Methoden, um einer durch einen externen Schock in die Krise geratenen Branche unter die Arme zu greifen. Außerdem schlug die Erdölkrise mittlerweile auf das Staatsbudget und die Wirtschaft durch, denn die Sowjetunion begann, höhere Preise für das Erdöl zu verlangen, das sie an ihre Verbündeten lieferte. Die polnische Regierung hatte ebenso wenig wie die anderen Ostblockstaaten konjunkturbezogene keynesianische Stabilisatoren in ihrem wirtschaftspolitischen Köcher.[69]

Das Regime der »weichen Budgetbeschränkungen« war eben etwas anderes als das branchen- oder betriebsspezifische Subventionsregime im Westen: Mit diesen wurde idealtypisch auf krisenhafte Entwicklungen und relativ zielgenau reagiert. Sie stellten keine Dauerausfallversicherung für verlustbringende Unternehmen dar. Der sozialistische Staat versprach seinen

Unternehmen hingegen einen umfassenden Schutz, ihm fehlte es aber an Präzision bei der Mittelverteilung, denn alle ökonomischen Subjekte hatten prinzipiell den gleichen Anspruch auf staatliche Wohltaten, was den Haushalt in einer globalen Krise schnell an seine Grenzen brachte.

Managementdefizite und Unzulänglichkeiten in der Produktionsorganisation waren somit in der Werft in Gdynia schon Ende der Siebziger evident – bevor die Streikwelle von 1980 und die Mobilisierung der Solidarność die Sorgenfalten der Betriebsleitung noch vertieften. In Gdynia begannen die Streiks am 15. August 1980, nur einen Tag nach der historischen Arbeitsniederlegung in der Danziger Werft, und verzögerten die Fertigstellung bereits bestellter Schiffe. Der Direktor der Pariser Kommune veranschlagte in einem Bericht von Ende September den Verlust an Arbeitszeit auf 1,5 Millionen Stunden.[70] Die Werft schloss das Jahr mit dem größten Defizit aller polnischen Schiffbaubetriebe gegenüber den Planvorgaben ab.[71] Nach zwei weiteren schlechten Geschäftsjahren verlor sie 1983 ihre Kreditwürdigkeit.[72]

Die polnische Regierung versuchte, die Krise des Schiffbaus durch eine Konsolidierung der Branche zu lindern. Sie schuf einen Verbund der sechs größten Werften und ihrer 21 wichtigsten Zulieferer und damit eine ähnliche bürokratische Superstruktur wie Jadranbrod in Jugoslawien. Die Branchenvereinigung (die in Kapitel 3 näher untersucht wird) beschäftigte sich im ersten Jahr ihrer Existenz vor allem mit der Erarbeitung eines Anti-Import-Programms, mit dem die Einfuhr von notwendigen Ausrüstungsgütern und Vorprodukten für den Neubau von Schiffen auf ein Minimum begrenzt werden sollte (wie wir sehen werden, wurde auch in Jugoslawien ein Importsubstituierungsprogramm zum Mantra der Werftrettung). Das war jedoch schwer möglich, da nur rund 30 Prozent der in einem Schiff verbauten Materialien von heimischen Zulieferern stammten.[73] Der Verbund schuf auch ein gemeinsames Devisenkonto für seine Mitgliedsbetriebe, so dass diese für den Ankauf notwendiger Vorprodukte aus dem Ausland auf einen Teil ihrer Exporterlöse zurückgreifen konnten.[74] Das war ein Schritt in Richtung Unternehmensautonomie, die aber nur bedingt im Interesse der einzelnen Betriebe lag, so lange sie Verluste erwirtschafteten. Im Gegensatz zum westlichen Europa, wo im Rahmen des Strukturwandels umfangreiche Gelder in kontrolliertes Downsizing und technologische Erneuerung flossen, blieb in Polen der Modernisierungs- und Entwicklungsplan für die Jahre 1983 bis 1990 im Auftragsstadium stecken.

In Jugoslawien hielten sich die Regierungen in Zagreb und Belgrad mit direkten Interventionen in das Tagesgeschäft der Werft zurück. Staatliches Mikromanagement widersprach den Grundideen der Selbstverwaltung, zumal sich die Politik dadurch direkt in die Schusslinie möglicher Kritik gebracht hätte. Zugleich aber konnten die Machthaber angesichts der tiefen Krise des Schiffbaus nicht untätig bleiben: Von 1973 bis 1978 sank der Output der jugoslawischen Werften von rekordwürdigen zwei Millionen DWT auf nur mehr 236 000 DWT. Für ein Land, das dringend auf Deviseneinnahmen angewiesen war und in dem der Schiffbau den höchsten Exportanteil aller Branchen aufwies, gab diese Entwicklung Anlass zu großen Sorgen. Die Regierung begann daher, eine Strategie zur Rettung des Schiffbaus unter Einbindung der wesentlichen Stakeholder zu entwickeln. Sie beruhte auf drei Säulen: neue Kunden finden, den Neubau von Schiffen finanzieren und die Schiffe fortan verstärkt am Binnenmarkt absetzen. Ein gewisser Erfolg ließ sich nur bei Ziel eins konstatieren, und selbst der war aus finanzieller Sicht zweifelhaft.[75]

Angesichts der Konzentration des Schiffbaus in Kroatien war es nahe liegend, dass sich die Regierung dieser Teilrepublik intensiv für die Lösung der Probleme einsetzte. Dieses Engagement begann mit einem detaillierten Bericht des zuständigen Ministeriums über die »Probleme des Schiffbaus und der Schifffahrt«, der bereits im Januar 1975 vorgelegt wurde.[76] Der Report begann mit der Feststellung, dass der Schiffbau in der Sozialistischen Republik Kroatien angesichts seiner 24 000 Beschäftigten und der über 20 000 Arbeitsplätze bei Subunternehmen besondere Aufmerksamkeit verdiene. Darüber hinaus sei der Schiffbau jene Industrie Jugoslawiens, die den »höchsten Währungseffekt« erziele.[77] Demgegenüber stellte der Bericht die Probleme in den Vordergrund: erhebliche Überkapazitäten auf dem Weltmarkt, die Konkurrenz durch japanische Werften, die Schiffe zu Dumpingpreisen anboten, sowie die steigenden Subventionen westlicher Regierungen, mit denen Jugoslawien nicht mithalten könne.[78] Infolgedessen gab es kaum noch neue Aufträge westlicher Kunden. Einziger Lichtblick war die Sowjetunion, der die globale Rezession der siebziger Jahre erspart blieb und die ihre Ölförderung ausbaute. Allerdings boten die Zahlungsmodalitäten der Sowjets, die nicht in harter Währung zahlten, nur einen beschränkten Anreiz (siehe unten).

Der Bericht hob außerdem die abnehmende Wettbewerbsfähigkeit der jugoslawischen Schiffbauer hervor, die unter veralteter Technologie und Kapitalmangel litten. Geringe Effizienz schlug sich in hohen Preisen nieder: Daten aus den späten Siebzigern zeigen, dass jugoslawische Schiffe im Durchschnitt zwischen 31 und 38 Prozent teurer waren als die Weltmarktpreise.[79] Die hohen Preise wurden unter anderem dadurch verursacht, dass Vorprodukte jugoslawischen Ursprungs 50 Prozent mehr kosteten als vergleichbare Materialien auf dem Weltmarkt.[80] Die Exporteure wurden jedoch politisch gezwungen oder zumindest unter Druck gesetzt, so viel wie möglich von einheimischen Zulieferern zu beziehen, unabhängig von jeder betriebswirtschaftlichen Logik. Die Regierung nahm die Exportsektoren in die Verantwortung, nichtwettbewerbsfähigen Industrien zu helfen, sich indirekt in den Weltmarkt zu integrieren. So waren die Werften etwa genötigt, Stahl aus einem Werk in Skopje einzusetzen, obwohl dieser von minderer Qualität war, oft mit Verspätung geliefert wurde und dazu mehr kostete als ausländischer Stahl.[81]

Die Politik war sich dieser Problematik bewusst und betonte, die Werften könnten »nur minimalen Einfluss auf den Preis ihres Produktes nehmen [...], weil in die Produktion Materialien eingehen, deren Preis hauptsächlich von staatlichen Organen bestimmt wird und die eine niedrige Produktivität, schwache Organisation und veraltete Technologie verkörpern, die dann in das Schiff eingebaut« würden.[82] So standen die Werften als »Finalisatoren« an der Spitze einer Kette der Ineffizienz. Ein Teilnehmer an einem der häufigen Treffen zu den Problemen kommentierte trocken, im Schiffbau würden »widersprüchliche Interessen vieler einheimischer Produzenten und einheimischer Kunden dieser Produkte aufeinanderprallen«.[83] Es ist nicht so, dass den jugoslawischen Wirtschaftsexperten das Verständnis für die Probleme gefehlt hätte, sondern vielmehr der politische Mut, sie zu lösen.

Aus der Bestandsaufnahme und den politischen Debatten auf unterschiedlichen Ebenen destillierte sich ein Hauptvorschlag zur Lösung der Probleme des jugoslawischen Schiffbaus heraus: Die Werften sollten künftig vermehrt für die heimischen Handelsschifffahrtslinien produzieren, die bislang ihre neuen Schiffe großteils aus dem Ausland bezogen, da diese im Schnitt 30 Prozent billiger waren als die heimischen Produkte. Im Juni 1976 unterzeichneten unter der Ägide der Regierung der Sozialistischen Republik Kroatien Vertreter der Werften und der Reedereien zusammen mit staatlichen Organen in der slowenischen Küstenstadt Piran ein sogenanntes Selbstverwaltungsabkommen für den »Bau von Schiffen für inländische Reedereien durch inländische Produzenten«.[84] Das »Piran-Abkommen« wurde zum Quell dauerhafter Frustration, denn an der Finanzierung der Mehrkosten für die Reedereien bzw. der Mindereinnahmen der Werften haperte es. Die Geschäftsbanken, die nicht Teil des Abkommens waren, aber zu seiner Finanzierung beitragen sollten, verweigerten sich, und die Bundesregierung in Belgrad sah den Schiffbau primär als ein kroatisches Problem.[85]

Bis Mitte 1978 wurden nur fünf der vereinbarten 48 Schiffe für den heimischen Markt geliefert. Uljanik baute weiterhin hauptsächlich für ausländische Käufer. Einige dieser Schiffe gelangten dann auf Umwegen in die nationale Handelsflotte, weil jugoslawische Reedereien sie von ihren Eigentümern in Ausflaggungsstaaten wie Panama und Liberia leasten, die sie wiederum wegen der Exportsubventionen weit günstiger erwerben konnten als inländische Kunden. Vor diesem Hintergrund verwundert es nicht, dass sich auch ein zweites, 1981 unterzeichnetes Selbstverwaltungsabkommen zur Förderung der Produktion für den heimischen Markt als wirkungslos erwies.[86] Von den 54 Schiffen, die Uljanik in den achtziger Jahren insgesamt auslieferte, gingen bloß acht an jugoslawische Kunden.

Ein spezielles Problem war die Bereitstellung von Krediten für die Finanzierung von Schiffsneubauten und Exportgarantien.[87] Es waren praktisch nur regionale Banken, die sich im Schiffbau engagierten; vor allem die Riječka banka und Istarska banka fungierten quasi als Zweigstellen der Werften, was ihre eigene Liquidität gefährdete.[88] Um Abhilfe zu schaffen, gründete der Staat 1978 per Bundesgesetz die Jugoslawische Bank für internationale wirtschaftliche Zusammenarbeit (Jugoslavenska banka za međunarodnu ekonomsku suradnju, kurz Jubmes). Die Finanzorganisation spezialisierte sich auf die Unterstützung der Auslandsgeschäfte jugoslawischer Unternehmen, wobei der Schiffbau einer der Hauptprofiteure war.[89] Jubmes refinanzierte Exportkredite von Geschäftsbanken, bis ihr in den späten achtziger Jahren dann trotz ihrer Sonderziehungsrechte bei der Nationalbank selbst das Geld ausging.[90]

Der vermeintliche Rettungsanker kam letztendlich nicht aus Jugoslawien, sondern aus der Sowjetunion – er sollte die Werft aber weiter herunterziehen. Von der weltweiten Rezession der Siebziger (noch) weitgehend unberührt, fuhren die Sowjets ihre Ölproduktion und ihren Außenhandel hoch, wofür sie neue Schiffe benötigten. Einige bestellten sie bei jugoslawischen Werften auf der Grundlage langfristiger bilateraler Wirtschaftsabkommen zwischen den beiden Staaten.[91] Uljanik produzierte in den Achtzigern zwölf Schiffe für die sowjetische Schiffsimportfirma Sudoimport – mehr als ein Fünftel der Gesamtproduktion in diesem Jahrzehnt.[92] Eines der Flaggschiffe dieses Programms war eine Eisenbahnfähre, die 108 Waggons transportieren konnte.[93] Es gab nur ein kleines Problem, wie sogar der Chef von Jadranbrod, Ivo Vrandečić, zugeben musste: Nicht einmal »ein Taschenspieler« könnte Geld mit Geschäften mit den Sowjets verdienen.[94] Diese zahlten nämlich in (nichtkonvertiblem) Rubel oder in Naturalien; und sie waren sich ihrer starken Verhandlungsposition in einem Umfeld schwacher Nachfrage nach Schiffen bewusst. So formulierten sie 1977 beispielsweise die Forderung, dass in Zukunft der volle Preis eines Schiffes erst bei der Auslieferung gezahlt werden solle, während zuvor die Hälfte des Preises während des Baus fällig war. So wurde die Finanzierung des Neubaues gänzlich auf die Werft abgewälzt.[95] Erschwerend kam hinzu, dass die Lieferungen an die UdSSR nicht mit Exportsubventionen unterstützt wurden. Uljanik-Direktor Bilić beklagte 1979 in einem Interview: »Nicht selten bauen wir Schiffe, die uns keinen Gewinn bringen«.[96] Die Kapazitätsauslastung hatte also einen hohen Preis.

Auch Gdynia produzierte trotz der erwähnten finanziellen Schieflage weiterhin Schiffe, obgleich in abnehmender Zahl:

Während die Pariser Kommune im Jahr 1976 noch sechzehn Schiffe ausgeliefert hatte – darunter Fischerboote –, konnte sie 1979, im Jahr des zweiten Ölpreisschocks, nur noch fünf fertigstellen. Dennoch war die Krise weniger existenziell als in Pula, da der Mechanismus der »weichen Budgetbeschränkungen« dafür sorgte, dass die Verluste der Werft quasi automatisch von der Schiffbauvereinigung gedeckt wurden. Außerdem war der Rückgang der Produktion, gemessen in gebauter Tonnage, weniger dramatisch, da Gdynia in dieser Zeit seine größten Schiffe baute – die oben erwähnten »Marschälle«. Am wichtigsten war letztlich, dass die sowjetische Nachfrage als Schutzschild gegen die weltweite Krise fungierte – ein verbindendes Element in der Unternehmensgeschichte der beiden Werften, mit allerdings jeweils unterschiedlichen finanziellen Implikationen. Die sehr starke Orientierung auf die westlichen Märkte im vorhergehenden Jahrzehnt wurde damit zurückgedreht.

Am finanziellen Abgrund

Die achtziger Jahre erwiesen sich für beide Werften als noch schwieriger als das Jahrzehnt der Ölkrisen. Die globale Rezession von 1981 und die Antiinflationspolitik der USA mit all ihren Folgen wie der starken Aufwertung des Dollar und der globalen Schuldenkrise trug dazu bei, dass die weltweite Nachfrage nach neuen Schiffen sehr niedrig und die Jahresproduktion der Werften in aller Welt unter dem Niveau von 1969 blieb.[97] Die westlichen Industriestaaten waren noch immer damit beschäftigt, die Überkapazitäten abzubauen, die vor 1974 geschaffen worden waren. Die einzige Ausnahme war Südkorea: Dieser neue Player erarbeitete sich in den folgenden Jahren eine immer mächtigere Position. Angesichts der unerwarteten Länge der Krise geriet in Polen und Jugoslawien der Staat mit seiner Hilfsbereitschaft gegenüber den angeschlagenen Schiffbauunternehmen (und anderen Industrien) immer mehr an seine finanzielle Grenze.

Beide Länder litten unter einer hohen Verschuldung bei westlichen Gläubigern: Im Jahr 1980 betrugen die Verbindlichkeiten Polens bei westlichen Banken rund 25,5 Milliarden US-Dollar. Zugleich rutschte das Land in eine tiefe, drei Jahre andauernde Rezession, allein 1981 ging das BIP um 10 Prozent zurück.[98] Um die Rückzahlung der Auslandskredite zu ermöglichen, wurde die Devisenbewirtschaftung verschärft und Firmenkonten eingefroren, so dass die Werft in Gdynia kaum noch westliche Komponenten einführen konnte. Nicht viel besser war die Situation in Jugoslawien: Die Auslandsschulden beliefen sich 1983 auf 23 Milliarden US-Dollar, fast ein Drittel des Bruttosozialprodukts und doppelt so viel wie die Exporteinnahmen in konvertierbaren Fremdwährungen.[99] Um die ausgetrockneten Devisenreserven wieder aufzufüllen, führte die Regierung Reformen ein, die es ihr erlaubten, die Auslandseinnahmen von Banken und Firmen anzuzapfen, was den Unternehmen, die für ihre Produktion auf Importe angewiesen waren, das Leben noch schwerer machte.[100] Auch in Jugoslawien war das Wirtschaftswachstum vorbei, 1983 verzeichnete das Land zum ersten Mal seit dem Krieg ein Minus. Außerdem sah sich Jugoslawien mit galoppierenden Inflationsraten konfrontiert, die 1987 fast 170 und ein Jahr später 240 Prozent erreichten.[101] Auch Polen verzeichnete während des gesamten Jahrzehnts zweistellige jährliche Inflationsraten.

Als die kommunistische Herrschaft endgültig kollabierte, war die Volksrepublik Polen gegenüber ihren ausländischen Kreditgebern beinahe zahlungsunfähig, und auch die Wirtschaft stand am Rande des Zusammenbruchs. Das schlug sich in Gdynia in den mittlerweile notorischen Verzögerungen in der Fertigung nieder; 1990 produzierte die Werft nur vier Schiffe, darunter zwei kleine Trawler, und war damit weit davon entfernt, ihre Kapazitäten auszulasten. Angesichts dieser Problemlage war offenkundig, dass die Politik der »weichen Budgetbeschränkungen« immer schwerer zu finanzieren war – zumal sie eine Ursache der allgemeinen Malaise darstellte. Die Regierung in Warschau trug wenig zur Überwindung der ökonomischen Herausforderungen bei. Dem Regime ging es nur mehr ums blanke Überleben, nachdem es die populäre Solidarność gewaltsam unterdrückt und im Dezember 1981 das Kriegsrecht ausgerufen hatte. Die von General Wojciech Jaruzelski geführte Regierung verfügte weder über das politische noch über das finanzielle Kapital, um die Wirtschaftslage zu verbessern; gleichzeitig wollte sie keine weitere Entfremdung der Industriearbeiter durch eine Strukturreform des Schiffbaus und anderer Schwerindustrien riskieren. Diese undankbare Aufgabe wurde der nichtkommunistischen Regierung überlassen, die 1989 an die Macht kam.

In Jugoslawien wiederum machte Titos Tod im Jahr 1980 die strukturellen Unzulänglichkeiten und inhärenten Blockaden des von ihm hinterlassenen dezentralisierten, aber autokratischen Systems mit kollektiver Führung auf Bundesebene immer deutlicher. Nach dem Wegfall des ultimativen Schiedsrichters im hyperkomplexen politischen System Jugoslawiens erwies sich eine konsistente Reformpolitik als nahezu unmöglich, doch eine solche wäre angesichts wachsender ökonomischer Probleme und sozialer Krisen angesagt gewesen. Orthodoxe und Reformer in der Partei neutralisierten sich gegenseitig, und die Divergenz der Interessenlagen der einzelnen Teile der Föderation ließ sich immer weniger überbrücken. Einem Bericht der CIA zufolge trugen auch die Firmen zur mangelnden Durchsetzung von politischen Entscheidungen bei. Sie hielten sich »kaum an die Auflagen […], ihre Devisen an die Zentralbank zu übergeben und [im Ausland erzielte] Einnahmen nach Jugoslawien zu repatriieren«.[102]

Wenngleich es den beiden Werften weiterhin gelang, Schiffe zu bauen, wurde die ökonomische Logik dahinter immer fragwürdiger. Gdynia sah sich mit einem starken Einbruch der Aufträge – vor allem aus dem Inland – konfrontiert und lieferte 1983 nur drei Schiffe aus, 1985 sogar nur zwei. Die Werft versuchte, durch den Einstieg in ein neues Marktsegment den Phantomschmerz zu lindern: den Bau von Passagierschiffen. Das erste solche Schiff, die »Stena Germanica«, die 1982 hätte ausgeliefert werden sollen, kam jedoch erst 1987 bei dem schwedischen Kunden an. Die Reederei Stena stornierte daraufhin kurzerhand den Auftrag für die restlichen drei Fähren.[103] Die Strafzahlung für die Lieferverzögerungen betrugen siebzehn Millionen US-Dollar und überstiegen damit laut einem Bericht des polnischen Generalauditors sogar den Gesamtwert der Exporte der Werft im Jahr 1985.[104] Der Rechnungshof hob hervor, dass »die erwirtschafteten Gewinne, trotz Steuererleichterungen und Privilegien, die Verbindlichkeiten der Werft« nicht deckten.[105] Die Schulden beliefen sich auf 31 Milliarden Złoty, die Werft musste täglich 3,9 Millionen Złoty Strafe an die Nationalbank zahlen, weil sie mit ihren Zinszahlungen im Verzug war.[106] Nur dank eines 1984 verabschiedeten staatlichen Unterstützungspakets konnte die Produktion in Gdynia aufrechterhalten werden.[107]

Die Schiffbauindustrie kann als Beispiel für die allgemeine Ambivalenz der Wirtschaftspolitik Polens in der zweiten Hälfte der achtziger Jahre dienen, als das Land auf einen Zahlungsausfall gegenüber seinen westlichen Gläubigern zusteuerte. Dem Staat fehlten zunehmend die Mittel, um die Verluste der Staatsunternehmen zu finanzieren, und er gestand ihnen daher gezwungenermaßen mehr wirtschaftliche Freiräume zu, wodurch aber auch ihre individuellen Probleme sichtbarer wurden. Zunächst versuchten die Schiffbauunternehmen tatsächlich, verstärkt auf eigenen Füßen zu stehen und sich in den Weltmarkt zu integrieren, kehrten aber nach den erwähnten Rückschlägen unter die Fittiche des Staates zurück.[108] Die Betriebe spürten somit die Schattenseiten der Begriffe »Autonomie« und »Selbstverantwortung«, die in den Folgejahren immer stärker die Form einer impliziten Drohung des Staates annahmen, dass er seinen Rettungsschirm auch einmal nicht aufspannen würde. Die Drohgebärde bekam konkrete Züge, als die Regierung 1988 die Schließung der berühmten Lenin-Werft in Danzig ankündigte, die zu der Zeit mehr Schiffe baute als die anderen polnischen Werften, und andeutete, dass als Nächstes die Pariser Kommune an der Reihe sei. Das Ende der stolzen Geschichte der polnischen Schiffbauindustrie schien zur Zeitenwende von 1989 unmittelbar bevorzustehen.

Ähnlich prekär stellte sich in den Achtzigern die Lage der Werft Uljanik dar. Sowohl 1980 als auch 1981 wurde das Bankkonto von Uljanik monatelang eingefroren, weil das Unternehmen seine Verbindlichkeiten nicht bedienen konnte, die sich auf zwei Milliarden Dinar sowie zwanzig Millionen US-Dollar beliefen und sogar die Solvenz seines Hauptkreditgebers, der Riječka banka, bedrohten.[109] Gleichzeitig stand der junge Direktor Karlo Radolović – laut dem Wirtschaftshistoriker Michael Palairet ein »harter und fähiger« Manager[110] – vor der Herausforderung, das atomisierte Unternehmen reformfähig zu machen. Dabei kam ihm seine langjährige Verankerung im Betrieb zugute. Radolovićs wichtigste Tat war die Straffung der Entscheidungsprozesse, indem er die Macht vertikal hin zur zentralen Koordinationsebene der Werft verschob und den Basisorganisationen der Vereinten Arbeit klarmachte, dass sie seine Entscheidungen zu akzeptieren hatten, wenngleich dies den Vorstellungen des »Gesetzes der Vereinigten Arbeit« widersprach. Er ersetzte die bestehenden fünf Beschaffungsabteilungen für jede Arbeitsorganisation wieder durch ein gemeinsames Beschaffungswesen.[111] Ein Referendum in den einzelnen OOURs erbrachte 1985 die Zustimmung zu einer stärker zentralisierten Struktur der Werft, die damit allmählich wieder einem Unternehmen ähnelte. Die vier Jahre später durch ein neues jugoslawisches Unternehmensgesetz eingeleitete Rezentralisierung von Betrieben wurde also vorab »von unten« angestoßen. Radolović schaffte es, die Zustimmung des Arbeiterrats zu Überstunden und der Streichung von Urlaub zu bekommen, um Schiffe pünktlich fertigzustellen und so Strafzahlungen zu vermeiden – eine angesichts der Selbstverwaltung beachtliche Leistung.[112]

Basierend auf den Empfehlungen einer dänischen Unternehmensberatung begann das Management mit Modernisierungsmaßnahmen, die darauf abzielten, sich auf die Produktion kleinerer, aber hoch spezialisierter Schiffe zu konzentrieren und damit eine Marktnische für sich zu erschließen.[113] Es wurden nicht nur neue Kräne und Maschinen angeschafft sowie Lizenzen mit westlichen Firmen (etwa für den Motorenbau) abgeschlossen, sondern vor allem IT-gestütztes Design und Fertigung eingeführt.[114] Uljanik hatte bereits Ende der siebziger Jahre IBM-Computer angeschafft und rüstete diese 1985 auf sechzehn Megabyte CPU auf, was den Anschluss von mehr als hundert Terminals ermöglichte. Diese Rechenleistung erlaubte die Nutzung von Computer Aided Design (CAD) und Computer Aided Manufacturing (CAM). Das Renommee der IT-Abteilung von Uljanik, die ihre eigene Schiffbau-Software programmiert hatte, zeigte sich an der Entscheidung der Organisatoren der Olympischen Spiele 1984 in Sarajevo, sie die IT für das Monitoring der Wettkämpfe installieren zu lassen. Diesmal trug das riskante Engagement auf dem Weltmarkt Früchte. Der von diesem ausgehende Erneuerungsdruck überstieg die Stimuli der heimischen sozialistischen Selbstverwaltung, so dass die Werft frühzeitig die »Ära der Computerisierung« einläutete.[115]

Die Werft erwarb sich einen guten Ruf vor allem für ihre komplexen Mehrzweckschiffe, die nach Aussage des Unternehmens »ein sichtbares Markenzeichen des kroatischen Schiffbaus und ein konkurrenzfähiger Exportartikel« waren.[116] Das Rückgrat der Produktion bildeten jedoch weiterhin Tanker – für Öl und Chemikalien –, hauptsächlich für die Sowjetunion. Uljanik-Direktor Radolović fand auch eine kreative Lösung für das Problem, dass Kunden bestellte Schiffe nicht abholten: 1986 gründete die Werft eine eigene Reederei, Uljanik plovidba.[117] Der Grundgedanke war ein doppelter: Erstens hoffte Uljanik, seine Verluste zu reduzieren, indem das Unternehmen die gebauten, aber nicht abgeholten Schiffe selbst einsetzte. Zweitens konnte die Werft die im eigenen Eigentum befindlichen Schiffe als Sicherheiten für Hypothekendarlehen verwenden, die sie für die Finanzierung der notwendigen Vorprodukte und Lieferungen für Neubauten benötigte.[118] Es fehlte also durchaus nicht an unternehmerischer Kreativität: Uljanik hatte sogar eine Abteilung für finanzielles *inženjering* gegründet. Im Jahr 1992 lobte Radolović diese Abteilung, die für die spät- und postsozialistische Finanzialisierung zuständig war, als »die Zukunft von Pula und Istrien«.[119]

Solche Maßnahmen führten zu einer vorübergehenden Belebung: Im November 1986 gab die Werft bekannt, dass sie in den kommenden fünf Jahren 1250 neue Arbeiter und Arbeiterinnen einstellen würde, da die Kapazität auf neun Schiffe pro Jahr erhöht werden solle.[120] Die Presse reagierte überschwänglich. Die überregionale Zeitung *Vjesnik* lobte in einem Artikel Uljaniks Exportfähigkeit und nannte den Betrieb gar »eine der wichtigsten Werften weltweit«.[121] *Glas Istre* sprach im Januar 1987 von den »Rolls-Royce des Schiffbaus«, welche in der Werft in Pula entstünden.[122] Deren Qualität genoss in der Tat internationales Ansehen, was sich aber in den Einkünften nur bedingt niederschlug. Gerade einmal zehn Monate nach diesen Erfolgsmeldungen wurden die Konten von Uljanik erneut eingefroren, diesmal für fast zwei Jahre.[123] Unmittelbarer Auslöser war das »Sudan-Programm«, das sich in ein »Sudan-Problem« verwandelt hatte, wie eine Tageszeitung mit Sinn für Ironie kommentierte.[124]

In den späten siebziger Jahren hatte der Sudan, ein blockfreier und daher mit Jugoslawien außenpolitisch befreundeter Kunde, drei Schiffe in Pula bestellt. Doch den Kaufpreis von über vierzehn Millionen US-Dollar blieb die sudanesische Reederei schuldig. Jahrelange Verhandlungen, Gespräche auf hoher diplomatischer Ebene und Interventionen durch die jugoslawische Bundesregierung führten zwar zu kreativen Vorschlägen der Sudanesen (die in Baumwolle statt in Geld bezahlen wollten), aber zu keiner Lösung. Wie der jugoslawische Schiffbauverband feststellte, brachte der Ausfall Uljanik »in eine Situation völliger Illiquidität, so dass die Werft keine Möglichkeit« habe, »ihre Arbeit fortzusetzen«.[125] Ohnehin hatte Uljanik bereits beträchtliche Verbindlichkeiten angehäuft: fast 20 Milliarden Dinar an unbezahlten Steuern und Abgaben und mehr als 130 Milliarden Dinar Schulden bei Banken; außerdem schuldete die Werft ihren ausländischen Gläubigern und Zulieferern mittlerweile 52 Millionen US-Dollar. Die Belgrader Tageszeitung *Večernje novosti* fragte gar: »Steht der Rekordhalter vor dem Bankrott?«[126] Dem übrigen jugoslawischen Schiffbau erging es nicht besser, obwohl das Land gemessen an der in den Auftragsbüchern stehenden Tonnage auf den dritten Platz weltweit geklettert war. Doch die Werften blieben große Verlustbringer. Uljanik hatte viel Arbeit, aber wenig Geld, wie der Finanzdirektor der Werft im Herbst 1989 beklagte.[127]

1988 war der Tiefpunkt der internationalen Depression der Nachfrage nach neuen Schiffen erreicht. Von nun an wuchs der Handel viel schneller als das globale BIP.[128] Und dies bedeutete nach Jahren der Agonie endlich wieder einen wachsenden Markt für die Schiffbauer. Im Jahr 2004 wurde der bisherige Höchststand der Produktion von 1975 mit 36 Millionen Bruttoregistertonnen (BRT) erneut erreicht; 2011 betrug die globale Gesamtproduktion sogar 103 Millionen BRT, ein Rekord in der Geschichte des Schiffbaus.[129] Der Aufschwung auf dem Weltmarkt kam für die beiden Werften unserer Geschichte genau zum richtigen Zeitpunkt, vor allem psychologisch. Die gestiegene Nachfrage gab ihnen wieder eine Perspektive, füllte die Auftragsbücher und half ihnen, ihre Kapazitäten mehr oder weniger auszulasten. Sie konnten zumindest den Eindruck erwecken, als ob ihnen eine glanzvolle Periode des Wachstums bevorstünde, was ihren fortgesetzten Forderungen nach Unterstützung seitens der Regierung Legitimität verschaffte.

Um für den Wandel gerüstet zu sein, gab in Pula die Werftleitung im Oktober 1990 eine Zukunftsstrategie bei Price Waterhouse in Auftrag – das Ende der kommunistischen Herrschaft machte ideologische Scheuklappen obsolet. Die internationale Consulting-Firma analysierte den Status quo schonungslos: »Bis vor Kurzem waren die Hauptziele Beschäftigung und soziale Sicherheit, während die Rentabilität zweitrangig war.«[130] Die Analyse der Stärken und Schwächen der Werft durch Price Waterhouse fand aber zumindest ein paar Stärken,[131] darunter die langjährige Erfahrung der Werft im Bau von Spezialschiffen, den guten Ruf für die Qualität ihrer Produkte, die günstige Lage (in Istrien konnte man auch im Winter gut arbeiten),

»starke informelle Beziehungen« sowie die »Bereitschaft der Regierung, den Schiffbau zu unterstützen«.

Aus der deutlich längeren Liste an Schwächen ergab sich jedoch das düstere Bild eines Unternehmens, dem es an Organisation und Zielsetzung fehlte, das Schiffe nie pünktlich auslieferte, das auf veraltete Technologie und antiquierte Maschinen setzte, kein nennenswertes Marketing besaß, eine schlechte Buchhaltung aufwies, unter geringer Arbeitsdisziplin und hohen Gemeinkosten litt, sich nicht um die Arbeitssicherheit kümmerte, wenig Geld hatte und hohe Verluste produzierte. Der teuer bezahlte Rat von Price Waterhouse war simpel: Die Werft solle sich in Zukunft darauf konzentrieren, Geld zu verdienen.

Das war keine schlechte Idee, aber leichter gesagt als getan, denn die Rahmenbedingungen verschlechterten sich von Tag zu Tag. Die Wirtschaft Kroatiens befand sich im freien Fall und schrumpfte von 1989 bis 1993 im Jahresdurchschnitt um 10,2 Prozent.[132] Obwohl während des Kroatienkrieges in Istrien keine Kämpfe stattfanden, wurde auch die Werft Uljanik in Mitleidenschaft gezogen: Ausländische Investoren mieden das zerfallende Jugoslawien und somit auch Kroatien, außerdem wurden einige männliche Beschäftigte in die kroatische Armee eingezogen.

Im Vergleich dazu verlief der politische Übergang in Polen reibungslos, seine ökonomischen Folgen waren jedoch ebenso verheerend. Das Bruttoinlandsprodukt ging 1990 und 1991 insgesamt um rund 18 Prozent zurück, die Zahl der Arbeitslosen stieg auf über 2,3 Millionen.[133] Die Schwerindustrie wurde aus politischen Gründen gestützt, musste aber massiv Stellen abbauen. In beiden Ländern erschwerte die hohe Inflation die Zukunftsplanung für die Betriebe enorm. Zu allem Überfluss verloren die polnischen Schiffbauer vorübergehend ihren treuesten ausländischen Kunden der letzten Jahre, die Sowjetunion, die 1991 zusammenbrach. Für Polen brachte Preston Keat die Situation auf den Punkt:

> Jede der drei Werften sah sich grundsätzlich mit ähnlichen Herausforderungen konfrontiert. Sie waren alle zu groß, es fehlte ihnen an Fokus, sie waren harte Budgetgrenzen nicht gewohnt und [...] sie hatten gerade ihren wichtigsten Kunden, die UdSSR, verloren. Zudem wiesen sie sehr breite Portfolios auf – sie produzierten zu viele unterschiedliche Dinge. Sie unterhielten überdies eine Reihe von Sozialeinrichtungen, darunter Krankenhäuser, Wohnungen und Erholungsheime.[134]

Fast das Gleiche hätte man über den kroatischen Schiffbau sagen können. Den Managern sowohl in Gdynia als auch in Pula war klar, dass ihre Werften nur überleben würden, wenn sie sich in Marktnischen behaupten und so ihr Liquiditätsproblem lösen könnten. Nur so wären sie in der Lage, eine Modernisierung der Anlagen und neue Schiffbauprojekte zu finanzieren. Da diese Restrukturierung in beiden Fällen schleppend verlief, erhielten die Werften – wie im nächsten Kapitel näher gezeigt wird – massive Hilfe von ihrer Regierung, um die notwendigen Veränderungen in die Wege zu leiten bzw. wenigstens die hohen Wellen der ersten Transformationsjahre zu durchtauchen. Die neuen Machthaber ließen sie also trotz ihres Bekenntnisses zum Kapitalismus nicht im Regen stehen – noch nicht. Der Schiffbau lag den Regierungen nicht nur aus sentimentalen Gründen am Herzen, sondern vor allem wegen seiner Rolle als wichtigster Arbeitgeber im verarbeitenden Gewerbe entlang der Küste – in Kroatien noch mehr als in Polen.

In den neunziger Jahren schien es zunächst, als sollten die Wege unserer beiden Fallstudienobjekte deutlich auseinanderdriften. Während es bei Uljanik fast das ganze Jahrzehnt hindurch ums pure Überleben ging, schien sich die Werft in Gdynia zum europäischen Beispiel für eine erfolgreiche Restrukturierung zu mausern. Hierbei war vor allem der Kontrast zur Werft in Danzig aufschlussreich. Wie Preston Keat argumentiert, setzte die ehemalige Lenin-Werft allzu sehr auf ihre Bedeutung als politische Ikone und Geburtsort der Solidarność. Dagegen entwickelte sich Gdynia (die Werft in Stettin ebenfalls) zu einem Vorzeigeobjekt der sich reformierenden Schwerindustrie.[135] Gdynia profitierte 1993 von einem erheblichen Schuldenerlass, als seine Gläubiger einen 50-prozentigen Schuldenschnitt von 240 Millionen US-Dollar akzeptierten. Ein Drittel des Erlasses wurde von den Banken geschultert, ein Drittel von der Regierung und der Rest von mehr als 700 Zulieferern. Die verbliebenen Schulden wurden in Aktien für die 280 größten Gläubiger umgewandelt. Die beträchtlichen Außenstände bei der staatlichen Sozialversicherungsanstalt (ZUS) wurden gestrichen, was in einem Artikel der Lokalpresse zu der ironischen Qualifizierung des Sozialversicherungsträgers als »Institution zu Ihren Diensten« führte.[136] Nach dem Schuldenerlass befand Gdynia sich nun zu 40 Prozent in privater Hand.[137]

Die Regierung, die immer noch Mehrheitseigentümerin war, setzte die Restrukturierung der Werft durch, trotz anfänglich starken Widerstands seitens der Arbeiter und Arbeiterinnen (die allerdings nach außen weit weniger sichtbar waren). Wie Keat beobachtete, gelang es der Gewerkschaftsführung im Betrieb nach und nach, »das Restrukturierungsprogramm unter den Arbeitern zu popularisieren«.[138] Die Reformen verhalfen der Werft zu einer Trendwende, so dass die Beschäftigungszahlen 1995 die von 1989 übertrafen und sich die Reallöhne mehr als verdoppelten. Auch die Produktivität stieg erheblich, ablesbar war das unter anderem an der Bauzeit eines mittelgroßen Containerschiffs, die sich von sechzehn Monaten im Jahr

1992 auf zwölf Monate im Jahr 1994 und fünf Monate im Jahr 1998 verringerte.[139] Die aus der sozialistischen Zeit geerbten Trockendocks, die Verschlankung des Produktportfolios und die Handwerks- und Ingenieurskunst der Beschäftigten führten – unterstützt von einem günstigen internationalen Marktumfeld – zu einem vorübergehenden Aufschwung. Im Jahr 1995 verzeichnete Gdynia wieder Gewinne – eine bemerkenswerte Trendumkehr, wenn man bedenkt, dass die Werft noch 1993 unter allen polnischen Unternehmen die dritthöchsten Verluste generiert hatte.[140]

Bald darauf begann ein Zwischenspiel als Privatunternehmen. Als 1998 der Staatsschatz weitere zwölf Prozent seiner Anteile an die Mitarbeiter übertrug, verlor er seine Position als größter Einzelaktionär. »Wir nehmen die Dinge in die eigene Hand«, quittierte der 1997 eingesetzte neue Direktor der Werft, Janusz Szlanta, diese Machtverschiebung.[141] Der ehemalige Finanzmanager ging sogar auf Expansionskurs und übernahm die 1998 in Konkurs gegangene Danziger Werft. Szlanta hatte dabei auch den riesigen Grundbesitz in Danzig im Blick, auf dem später ähnlich wie an westlichen Werftstandorten Bürokomplexe und Wohnanlagen entstanden.[142] Die Schmach, vom benachbarten Konkurrenten aufgekauft zu werden, widerfuhr später auch der Werft 3. Mai in Rijeka, wobei es sich dort ebenfalls um eine Notlösung handelte, nicht etwa um die Strategie, einen »nationalen Champion« aus der Taufe zu heben. Zu einer derartigen Industriepolitik fehlten den postsozialistischen Regierungen die entsprechenden Visionen und die nötige finanzielle Ausstattung.

1999 bekundete Szlanta sogar sein Interesse am Kauf zweier Werften in Finnland, Gdynia strahlte also vor Optimismus. Ein wichtiger Grund für die Verbesserung der Geschäftslage war die Entscheidung des Managements, die Produktpalette zu reduzieren. Während Gdynia in der Vergangenheit fast

Abb. 9: Die »Crystal Ray«, eines der letzten von Gdynia gebauten Mammutschiffe (2000).

alle Arten von Schiffen vom Fischerboot über größere Tanker und Frachter bis hin zu Forschungsschiffen gebaut hatte, konzentrierte man sich nun auf Containerschiffe, Ro-Ro-Fähren und Autotransporter. Im Jahr 2000 konnte die Werft fünfzehn Schiffe ausliefern: sechs Containerschiffe, sechs Massengutfrachter, zwei Flüssiggastanker und einen Autotransporter.[143] In den nächsten Jahren sollte sich die Produktion in Gdynia noch mehr auf den Bau von Autotransportern verlagern, wo die Werft eine wichtige Position auf dem Weltmarkt erlangen konnte – und direkt mit Uljanik konkurrierte.

Als ein wichtiger Faktor für den Erfolg von Gdynia galt Direktor Janusz Szlanta. Er genoss Ende der neunziger Jahre einen hohen Bekanntheitsgrad. Als die Werft 1994 das ISO-9001-Zertifikat für ihr Qualitätsmanagementsystem erhielt, bekam er sogar ein Glückwunschschreiben des Präsidenten der Republik, Aleksander Kwaśniewski. Dieser schrieb, die Zertifizierung der Werft demonstriere »das große Potenzial unserer Volkswirtschaft und die reibungslose Integration Polens in die im vereinten Europa geltenden Regeln«.[144] Szlanta wurde nicht nur für seine guten Beziehungen zur Regierung, sondern auch für die industrielle Wiederbelebung geachtet. In einem unserer Interviews erinnerte sich ein ehemaliger Ingenieur: »Natürlich hat er die Produktion angekurbelt, unglaublich. Wir schafften es sogar, bis zu achtzehn Schiffe pro Jahr zu bauen. Er blies die Werft regelrecht auf.« (E. P.) Die jährlich gebaute Tonnage stieg wieder auf über 300 000 BRT. Der Verband der polnischen Manager wählte Szlanta im Jahr 2000 zum Manager des Jahres.[145] Dieser erklärte bei der Preisverleihung:

> Diese Position ist unsere eigene Leistung. Wir haben sie uns nicht in der Hauptstadt erkämpft, wir haben nicht um Unterstützung von Politikern gebuhlt. Unsere Arena ist der internationale Wettbewerb. Ohne staatliche Unterstützung, und das in einer Branche, die ein Symbol für Trägheit und Perspektivlosigkeit ist, haben wir ein Unternehmen aufgebaut, das in Europa führend ist. Der polnische Schiffbau wird dort respektiert, und man hat sogar ein wenig Angst vor uns.[146]

Die Juroren nahmen keinen Anstoß daran, dass damals der Staatsschatz noch 22 Prozent der Anteile an der Werft hielt und dass das Unternehmen nur dank der großzügigen Umschuldung durch den Staat so erfolgreich werden konnte. Sie sahen vielmehr in seiner Expansion ein Paradebeispiel dafür, wie sich polnische Firmen zu respektablen Akteuren auf dem europäischen Markt entwickeln konnten. Dieses neue Selbstbewusstsein war die Grundlage für die Auszeichnung Szlantas. Volle Auftragsbücher trugen dazu bei, die Forderungen der Werft nach kontinuierlicher staatlicher Unterstützung trotz ihrer mehrheitlich privaten Anteilseigner zu rechtfertigen. Die Ironie lag ähnlich wie in Pula darin, dass der Erfolg nicht zu weniger Ansprüchen an den Staat führte, sondern dabei half, diese zu untermauern. Ausgelastete Trockendocks und der Bau von großen Containerschiffen mit einer Kapazität von 2700 Containern sowie Transporter für 6000 Autos schufen in Gdynia das Bild eines erfolgreichen Unternehmens.

Doch die volle Kapazitätsauslastung war nicht gleichbedeutend mit Rentabilität, das Produktivitätswachstum flachte ab, die Gewinne gingen von 114 Millionen Złoty im Jahr 1998 auf eine mühsam herbeibilanzierte schwarze Null mit vier Millionen Złoty Gewinn (damals entsprach das gut einer Million Euro) im Jahr 2001 zurück. Damit befand sich die Werft in guter Gesellschaft; im Jahr 2000 sollen die operativen Margen bei den europäischen Schiffbauern im Durchschnitt bei null Prozent gelegen haben.[147] Darüber hinaus blieb das Problem der hohen Kreditabhängigkeit der Finanzierung von Neubauten, welche die Werft stark von Banken abhängig machte.

Uljanik stand Anfang der Neunziger vor ganz ähnlichen Schwierigkeiten: Die Werft litt an einem nahezu permanenten Mangel an liquiden Mitteln – ein Schicksal, das sie mit den meisten Unternehmen Kroatiens (und auch den Bürgerinnen und Bürgern) teilte – und hatte enorme Schwierigkeiten, Zugang zu Krediten zu erhalten. Die damalige Regierung war sparsam und versuchte, den Staatshaushalt so ausgeglichen zu halten, wie es der Krieg zuließ.[148] Von 1990 bis 1992 konnte Uljanik keinen neuen Auftrag an Land ziehen, was zur Folge hatte, dass das Unternehmen keine Vorauszahlungen erhielt, um seinen Cashflow zu verbessern. Die Auftragsbücher aller fünf großen kroatischen Werften zusammengenommen waren von einem Höchststand von 60 Schiffen (2 Millionen DWT) im Jahr 1986 auf 17 Schiffe (0,7 Millionen DWT) im Jahr 1992 geschrumpft.[149] Von Ende 1989 bis Sommer 1992 kumulierten sich die Verluste von Uljanik auf 3,5 Milliarden kroatische Dinar (272 Millionen US-Dollar).[150] Als Uljanik in Vorbereitung auf die bevorstehende Teilprivatisierung eine erste Unternehmensbewertung vornahm, stellten sich seine Wohnungen als wertvollster Vermögenswert heraus: Uljanik besaß mehr als 2700 Wohnungen in der ganzen Stadt (siehe Karte 4). Uljanik Standard, die Sparte, welche die Wohnungen hielt, wurde im August 1991 auf einen Wert von 130 Millionen Deutsche Mark bewertet, die Schiffbauabteilung (Brodogradilište) war hingegen nur 68 Millionen Mark wert, 70 Prozent ihres Buchwertes.[151] Der Verkauf der Wohnungen an ihre Bewohner Mitte der neunziger Jahre war trotz der bescheidenen Verkaufspreise ein wichtiges Mittel, um kurzfristig an Liquidität zu kommen.

Eine spürbare Folge des Geldmangels waren Uljaniks wiederkehrende Probleme, die Gehälter pünktlich zu zahlen. Am 19. Oktober 1992 beschlossen die Gewerkschaften zum ersten Mal, einen Streik wegen Lohnrückständen auszurufen: Mehr als 5000 (von 6400) Beschäftigten legten für vier Stunden ihre Arbeit nieder.[152] Nachdem die Arbeiter und Arbeiterinnen mit einem erneuten Streik gedroht hatten, konnten dank Garantien der Regierung, einer lokalen Bank und der Handelskammer Istriens die ausstehenden Löhne drei Tage später ausbezahlt werden.[153] Auch in den Folgejahren kam es immer wieder zu entsprechenden Arbeitsniederlegungen.

Zusätzlich zu der Unzuverlässigkeit der Lohnzahlungen verschärfte die Inflation die soziale Lage der Beschäftigten. Die Löhne waren auf ein miserables Realniveau gefallen. Die jährliche Preissteigerung in Kroatien betrug 1992 mehr als 600 Prozent, 1993 sogar 1600 Prozent. Im April 1994 streikten etwa 450 Arbeiter aus Protest gegen die niedrigen Löhne (der Stundenlohn betrug umgerechnet etwa 1,25 US-Dollar, gegenüber einem westeuropäischen Durchschnitt im Schiffbau von 20 US-Dollar) – zwei Tage später wurde der Streik beendet, nachdem das Management eine Erhöhung um 200 Prozent versprochen hatte.[154] Nicht nur die Beschäftigten, auch Uljaniks Geschäftspartner litten unter der notorischen Geldklemme: Ein paar Mal stellten die Elektrizitätswerke die Versorgung mit Strom ein, weil die Werft ihre Rechnungen nicht bezahlt hatte. Es kam vor, dass Beschäftigte von Krankenhäusern abgewiesen wurden, weil Uljanik die fälligen Krankenversicherungsbeiträge nicht überwiesen hatte. Angesichts der zunehmend unattraktiven Arbeitsbedingungen hatte Uljanik auch Schwierigkeiten, qualifiziertes Personal zu finden. Auf dem lokalen Arbeitsmarkt mangelte es zum Beispiel an Schiffsschlossern, um neue Aufträge abzuarbeiten. Außerdem wollten immer weniger Jugendliche einen Beruf im Schiffbau erlernen, die Nachfrage nach entsprechenden Fachklassen ging zurück. Dieser Trend hatte schon im Sozialismus begonnen. Die Werft dominierte nicht mehr den Horizont der Lebenswelten (vgl. dazu auch Kapitel 4).[155]

Erst als der Krieg in Kroatien 1995 endete, begann sich die Lage zu bessern. Nun widmete die Regierung der Wirtschaftspolitik mehr Aufmerksamkeit, ließ dabei aber soziale Aspekte nicht außer Acht. Während des Krieges hatte die patriotische Mobilisierung die gesellschaftlichen Kosten der ökonomischen Transformation überdeckt, zumindest in der öffentlichen Debatte. Die Regierung hatte sich auf »palliative Maßnahmen« beschränkt, um die Werften trotz ihrer chronischen Cashflow-Probleme am Leben zu halten.[156] Jetzt, im August 1995, verabschiedete die Regierung endlich ein Gesetz, das die *sanacija* (Sanierung) großer staatlicher Unternehmen ermöglichte.[157]

Im Oktober folgte ein Programm für die fünf großen Werften des Landes. Basierend auf den Empfehlungen der deutschen Beratungsfirma Rödl & Partner war der zentrale Punkt, die Schuldenlast der Werften zu reduzieren und ihnen so zu helfen, ihre Liquidität wiederzuerlangen.[158] Die Schulden bei der

Riječka banka (der Hausbank der Werft), bei den staatlichen Renten- und Gesundheitsfonds, dem Stromversorger sowie dem Finanzministerium beliefen sich auf insgesamt 144 Millionen US-Dollar.[159] Die Regierung schrieb einen Großteil dieser Schulden ab und nötigte die inländischen Gläubiger, die sich allesamt in Staatsbesitz befanden, eine Umwandlung ihrer Forderungen in Firmenanteile zu akzeptieren. Durch die Einrichtung von Gläubigerräten übernahm die Regierung schließlich die direkte Kontrolle über die Werften – wie die in Rijeka erscheinende Zeitung *Novi list* treffend kommentierte, wurde der Staat »von einem formellen zu einem wirklichen Eigentümer«.[160]

Das änderte jedoch wenig an der desolaten Lage der kroatischen Werften. Seit den achtziger Jahren waren kaum noch Investitionen in die Anlagen geflossen, mit entsprechenden Folgen für das Produktivitätsniveau, das im internationalen Vergleich katastrophal ausfiel. Nach Angaben des stellvertretenden Wirtschaftsministers, der für das Sanierungsprogramm zuständig war, benötigten kroatische Schiffbauer zwischen 64 und 88 Arbeitsstunden für den Bau einer CGT (*compensated gross ton*, eine Maßzahl für den internationalen Vergleich der Schiffproduktion, die neben dem gebauten Volumen auch dessen Komplexität berücksichtigt), während in Deutschland 32 und in Japan gar 25 Stunden ausreichten. Zugleich lag die Zahl an effektiven Arbeitsstunden pro Jahr bei den kroatischen Schiffbauern bei nur 900 bis 1000 Stunden gegenüber dem EG-Schnitt von 1500-1700 und 2100 in Japan.[161] Ein zweites, damit zusammenhängendes Problem war der niedrige Auftragseingang. 1993 lag die Kapazitätsauslastung bei nur 65 Prozent, 1994 erhielten die kroatischen Werften insgesamt nur sechs neue Aufträge, während etwa die polnischen im selben Jahr 37 Neubauten vereinbaren konnten. Die Presse beklagte, dass die Schiffbaunation Kroatien innerhalb weniger Jahre vom

3. (nach Tonnage in den Auftragsbüchern) auf den 13. Platz abgerutscht war.[162]

Nach der erfolgten Entschuldung setzte sich daher Uljanik zusammen mit den Regierungsexperten ein ehrgeiziges Ziel: Bis zum Ende des Jahrtausends wollte sie den deutschen Produktivitätsstandard von 1995 erreichen, also etwa 32 Mannstunden für eine gebaute CGT und 1630 effektive Jahresarbeitsstunden.[163] Dies implizierte einen erheblichen Abbau der Belegschaft, die von rund 5000 Beschäftigten zu Beginn der *sanacija* Mitte 1995 auf etwa 3300 ein Jahr später sank. Der Personalabbau stellte vor allem für die Gewerkschaften ein heikles Thema dar, die aber schließlich dem Plan der Regierung zustimmten, wohl wissend, dass die Alternative die Schließung der Werft gewesen wäre. Den Beschäftigtenvertretern gelang es immerhin, einen Sozialplan auszuhandeln. Die meisten abgebauten Arbeiterinnen und Arbeiter wurden in den vorzeitigen Ruhestand oder die Invaliditätspension geschickt, ein Drittel wurde entlassen, erhielt jedoch pro Kopf eine einmalige Abfindung von 10000 Kuna (ca. 2700 damalige Deutsche Mark).[164]

Die soziale Abfederung des Stellenabbaus stellt eine Gemeinsamkeit zum Strukturwandel in Westeuropa in den achtziger Jahren dar. Aber man sollte auch die Unterschiede nicht übersehen. Die Abfindungen wurden nämlich nicht durch eine umfangreiche staatlich geförderte Modernisierung der Produktionsanlagen oder eine durch öffentliche Mittel finanzierte Umqualifizierung der Beschäftigten flankiert. Wer in Pula 1995 – oder ein paar Jahre zuvor in Gdynia – entlassen wurde, stand oft vor dem sprichwörtlichen Nichts. Das galt insbesondere für Arbeiterinnen, die überproportional betroffen waren, weil sie häufiger in »nichtproduktiven« Betriebsteilen wie Kantinen, Ferienheimen oder der Verwaltung tätig waren. Der Transformation in Polen und Kroatien fehlte somit auf lokaler und betrieblicher Ebene die zukunftsgewandte Komponente des westeuropäischen Strukturwandels, was erst einmal paradox erscheinen mag, weil die postkommunistischen Regierungen den Menschen eine bessere Zukunft in einer freien Marktwirtschaft versprachen. Aber eine aktive Politik der Regierung setzt gut gefüllte Taschen voraus, die Polen und Kroatien aufgrund der Hyperinflation, der hohen Auslandsschulden und der massiven Probleme der heimischen Großbetriebe nicht hatten.

Uljanik bekam von der Regierung zur Modernisierung seines Maschinenparks zumindest Subventionen in Höhe von fünfzehn Millionen US-Dollar bis 1999 in Aussicht gestellt. Die Werft nutzte diese Jahre unter dem faktischen Schutz der Regierung auch, um die Organisation ihrer Produktion zu verbessern. So gelang es ihr, als erstes großes kroatisches Industrieunternehmen das ISO-Zertifikat 9001 für Qualitätsmanagement zu erwerben (Gdynia folgte unter Szlanta).[165] Im Jahr 1999 erklärte die Geschäftsführung von Uljanik selbstbewusst, die Werft habe die Krise überwunden, und im Jahr 2000 verzeichnete sie seit Langem erstmals wieder einen Jahresgewinn.[166] Dass sich im April 2000 erstmals eine Privatbank (die Privredna banka) bereit erklärte, drei neue Projekte zu finanzieren, galt als Zeichen dafür, dass die schlimmsten Jahre endlich vorbei seien und die Werft die volle Kreditwürdigkeit zurückerlangt habe.[167] Im September 2000 wurde Uljanik offiziell aus dem staatlichen Sanierungsprogramm entlassen. Die Produktion konzentrierte sich auf Mehrzweckfrachter, Auto- und Lkw-Transporter sowie Ro-Ro-Schiffe. Ende 2001 hatte Uljanik vierzehn Schiffe in den Auftragsbüchern. Der Viehtransporter »Becrux«, der bald darauf an die italienische Reederei Grimaldi, ein regelmäßiger Kunde von Uljanik, ausgeliefert wurde, symbolisierte das wiedergefundene Vertrauen und die technischen Fähigkeiten. Es war eines der größten und modernsten Schiffe dieser Art weltweit, das auf neun Decks 14 000

Rinder oder 75 000 Schafe auf weiten Strecken wie von Australien oder Neuseeland in den Nahen Osten transportieren konnte. Der fast 180 Meter lange Viehfrachter verfügte unter anderem über eine eigene Entsalzungsanlage, die in der Lage war, 600 000 Liter Frischwasser pro Tag zu produzieren.

Plötzlich nahm Uljanik in Kroatien die Rolle eines Vorbilds ein, während zur gleichen Zeit Nachrichten von den anderen großen Werften die Öffentlichkeit und die Regierung verschreckten. Ihr kumulierter Jahresverlust betrug 1998 600 Millionen US-Dollar.[168] Die Sanierung war ihnen weniger gut bekommen, zur Jahrtausendwende benötigten sie erneut eine kräftige Finanzspritze. Der stellvertretende Wirtschaftsminister Milan Čuvalo, der das Sanierungsprogramm überwachte, warf den Werftleitungen und den Gewerkschaften sowie den Kommunen, in denen die Werften ansässig waren, vor, dass sie echte Restrukturierungsbemühungen blockiert und damit die Chance auf Reformen unter staatlichem Schutz verpasst hätten.[169] Die Direktoren hätten sich mit den Gewerkschaften verbündet, um die Beschäftigung hoch zu halten. Finanzminister Borislav Škegro verlangte, die Werften sollten ihre Direktoren feuern, da diese bei der Restrukturierung versagt hätten, und Manager einstellen, »die nicht ständig den Staat bedrängen, sondern Bereitschaft zur Restrukturierung zeigen«.[170] Gewerkschaften und Manager protestierten vehement gegen diese Vorwürfe aus Zagreb, und Uljanik-Direktor Karlo Radolović bekundete seine Solidarität, indem er in einem wütenden Brief an die Regierung die Experten im Ministerium für den traurigen Zustand des Schiffbaus verantwortlich machte und ihnen weltfremde Ideen vorwarf.[171] Am Ende vergab die Regierung neue Bürgschaften und schoss weiteres Geld nach, Uljanik erhielt hundert Millionen Deutsche Mark als nichtrückzahlbaren Zuschuss für die technologische Modernisierung.[172]

Mit dem Einbruch des Welthandels nach der großen Finanzkrise von 2008/09 ging, wiederum etwas zeitversetzt, auch der mehr als zwei Jahrzehnte andauernde globale Boom des Schiffbaus zu Ende. Von diesem hatten auch Uljanik und Gdynia kurzfristig profitiert – am meisten jedoch die asiatischen Konkurrenten. Während das Niveau der fertiggestellten Tonnage im Rest der Welt zwischen 1991 und 2012 ziemlich stabil blieb, stieg es in Südkorea um mehr als das Sechsfache, in Japan um das Dreifache, und die chinesische Produktion wuchs ohnehin exponentiell, von 0,5 Millionen BRT auf 35 Millionen im Jahr 2010.[173] Am Ende der Hochkonjunkturphase entfielen auf die drei Top-Produzenten in Ostasien mehr als 80 Prozent des Outputs an Handelsschiffen. Südkorea überholte dabei 2000 Japan als weltgrößten Hersteller von Handelsschiffen und China wiederum beide asiatischen Konkurrenten im Jahr 2010. Eine Besonderheit und zugleich ein Vorteil Chinas war dabei, dass inländische Kunden rund ein Drittel der gebauten Schiffe abnahmen – von einer derartigen Binnennachfrage konnten Jugoslawien und Polen nur träumen. Ein weiteres wichtiges Merkmal der chinesischen Schiffbauindustrie ist die Dominanz des Staatseigentums: Die beiden wichtigsten Firmen, CSSC und CSIC, die 70 Prozent der Produktion ausmachen, sind »Staatsbetriebe unter direkter Aufsicht des Staatsrats«.[174] Die staatliche Rückendeckung hilft ihnen, die Herausforderungen des Weltmarktes zu meistern – während die EU die Fahne des fairen Wettbewerbs emporhält.

Die Dominanz der drei asiatischen Nationen zeigt sich auch auf der Ebene der Unternehmen: Die fünfzehn größten Schiffbaukonzerne befinden sich alle in Asien: acht in Südkorea, sechs in der VR China und einer in Japan. Der größte europäische Hersteller, die deutsche Meyer-Werft mit Hauptsitz in

Papenburg, liegt auf Platz 38.[175] Die größten einzelnen Produzenten waren Anfang der letzten Dekade die koreanischen Firmen Daewoo und Hyundai, die im Jahr 2012 jeweils mehr als sechzig Schiffe fertigstellten, gefolgt von einem weiteren koreanischen Konzern, Samsung, der es auf fünfzig Schiffe brachte. Nur das Bauen von Kreuzfahrtschiffen blieb eine europäische Domäne.[176]

Uljanik produzierte zwar keine Kreuzfahrtschiffe, aber unmittelbar nach der Jahrtausendwende auch keine negativen Schlagzeilen mehr. Einige Jahre brachten sogar Gewinne, und wenn kleinere Verluste geschrieben wurden, streckte die Regierung ihre »helfende Hand« aus, zum Beispiel mit Kredit- bzw. Exportgarantien. Die Werft war mit dem Staat weiterhin durch eine Vielzahl öffentlicher Eigentümer verbunden, die nach der Umwandlung von Schulden in Aktien zu Anteilseignern geworden waren. Der größte unter ihnen war der Privatisierungsfonds der Republik, der 36 Prozent der Aktien hielt, der zweitgrößte die staatliche Agentur für Bankenrestrukturierung (27 Prozent), gefolgt vom staatlichen Rentenfonds (13,6 Prozent) und der staatlichen Krankenkasse (7,0 Prozent). Immer wieder kündigte die Regierung die Privatisierung an, ohne sie aber ernsthaft anzugehen (siehe nächstes Kapitel).[177]

Dass Zagreb keinen dringlichen Handlungsbedarf sah, hat auch damit zu tun, dass Uljanik unter den kroatischen Werften als Erfolgsgeschichte galt. Das Unternehmen beteiligte sich sogar an der Rettung der hoch verschuldeten Reparaturwerft Viktor Lenac in Rijeka. Das Erfolgsrezept von Uljanik im ersten Jahrzehnt des 21. Jahrhunderts war die Konzentration auf den Bau komplexer, auf Spezialanforderungen hin konzipierter Schiffe. So begann Uljanik für Kunden in Russland, Aserbaidschan und später auch Turkmenistan spezielle Auto- und Eisenbahntransportschiffe für das Kaspische Meer zu bauen. Die kroatische Außenpolitik fungierte hier als Türöffner, um

Aufträge an Land zu ziehen, wie uns eine ehemalige Beraterin des damaligen Außenministers in einem Gespräch erzählte. In dieser Marktnische erreichte Uljanik eine weltweit führende Position.[178] Kostensenkungen und die Verkürzung der Bauzeiten für Neubauten hatten das Unternehmen wieder wettbewerbsfähig gemacht.[179] Als Karlo Radolović im Januar 2006 von der Position des Direktors zurücktrat (er verblieb noch im Vorstand) und den Staffelstab an Anton Brajković übergab, schien es, als hätte Uljanik die postsozialistische Transformation erfolgreich überstanden. Im Jahr 2006 feierte die Werft ihr 150-jähriges Bestehen, unter anderem mit einem prächtigen Bildband, in dem sie 250 seit dem Zweiten Weltkrieg fertiggestellte Konstruktionen präsentierte. In ihren Auftragsbüchern standen 15 Schiffe mit einem Gesamtwert von fast einer Milliarde US-Dollar – es gab also Grund zum Optimismus.[180]

Zu dieser Zeit hatten sich die Wolken über der Stocznia Gdynia bereits wieder verdunkelt. Die Insolvenz der Werft in Stettin im Jahr 2002 veranlasste die Banken, auch von der Werft in Gdynia mehr Kreditsicherheiten zu verlangen. Die Aufwertung des Złoty, die mit der Beitrittsperspektive zur EU begann, und der Nachfragerückgang für Trockengutfrachter Anfang des Jahrzehnts machten es immer schwieriger, die Produktion zu finanzieren. Als Vorstandschef Szlanta, der noch wenige Jahre zuvor stolz das Schicksal in die eigene Hand nehmen wollte, 2002 den Staat um Hilfe bat, wurde das weithin als »das Ende der liberalen Politik in der maritimen Wirtschaft« interpretiert.[181] Nach Meinung von Kommentatoren zeigt der Fall Gdynia sogar, dass die »Volksrepublik Polen noch lebt«.[182] Szlantas Hilferuf bezog sich freilich hauptsächlich auf staatliche Garantien, um die Finanzierung der Verträge zu erleichtern, eine Rückgabe der Kontrolle an den Staat lag ihm fern.

Die damals amtierende sozialdemokratische Regierung verfolgte jedoch einen anderen Ansatz. Sie war erst zu Zugeständnissen bereit, als ein Vertreter des Staatsschatzes den Vorsitz des Aufsichtsrates erhielt und Szlanta aus dem Vorstand ausschied. Gleichzeitig wuchsen die Schulden weiter und erreichten eine Höhe, bei der klar war, dass die Werft ohne Hilfe aus Warschau nicht überleben würde. Im Jahr 2004 kam es zu der einst befürchteten, mittlerweile alternativlos gewordenen »Renationalisierung« (im nächsten Kapitel werden wir die mäandernde und durchlässige Grenze zwischen Staat und Privat näher analysieren).[183] Nach einer Kapitalerhöhung durch eine Finanzspritze der Regierung hielt der Staatsschatz nun 52 Prozent der Anteile. Der Staat konnte sich als Retter inszenieren, während Szlanta nun aufgrund der einst gefeierten Privatisierung von 1997 von der Justiz verfolgt wurde. Der Finanzminister und die staatliche Agentur für industrielle Entwicklung entwarfen einen Plan für eine große Schiffbau-Holding, die alle verlustbringenden Unternehmen der Branche zusammenführen sollte. Diese Idee gab es bereits zur Zeit der Volksrepublik Polen, PiS hatte sie aber schnell auf Eis gelegt, als sie nach den Parlamentswahlen von 2005 an die Regierung gelangte.

Der Bericht der Europäischen Kommission, der 2008 die Staatshilfe für die Werft in Gdynia als illegal bewertete, enthält eine schonungslose Analyse des Managementversagens dieser Jahre. In einem Umstrukturierungsplan aus dem Jahr 2004 habe die Firmenleitung der Werftgruppe mit Sitz in Gdynia ausschließlich externe Faktoren für ihre finanzielle Schieflage verantwortlich gemacht, »wie zum Beispiel die asiatische Konkurrenz, den Aufschwung des Złoty gegenüber dem Dollar, steigende Stahlpreise und Probleme beim Zugang zu Finanzmitteln«. Die EU-Wettbewerbshüter hielten dem entgegen, das Management sei untragbare »konstruktive, technologische, finanzielle und kommerzielle Risiken« eingegangen und habe es verabsäumt, sich gegen die Aufwertung des Złoty abzusichern.[184] Ihre finanziellen Schwierigkeiten »führten zu Zahlungsrückständen bei öffentlichen und geschäftlichen Schulden und Löhnen, Materialengpässen, Produktionsverlangsamungen, steigenden Kosten (Arbeitskosten, Pönalen) und erheblichen Verzögerungen bei der Erfüllung von Verträgen«. Die Kommission kritisierte die Strategie des Managements, die Auftragsbücher ohne Rücksicht auf Verluste zu füllen, die ähnlich wie bei Uljanik schon beim Vertragsabschluss absehbar waren. Kapazitätsauslastung dürfe kein Selbstzweck sein, jedenfalls nicht um den Preis tiefroter Zahlen.[185]

2004 war die Werft noch stolz darauf, dass sie gemessen am Auftragsbestand weltweit auf Platz 13 rangierte, aber als Maßstab für den Geschäftserfolg eignete sich dieser Wert nicht. Die Reduzierung der direkt im Schiffbau beschäftigten Belegschaft von 6249 Mitarbeitern Ende 2004 auf 4611 im Sommer 2007 reichte nicht aus, um die Produktivität auf das Niveau der Konkurrenz zu steigern. Selbst in einer Zeit, in der die globale Nachfrage nach neuen Schiffen boomte, scheiterten zwei Versuche der Regierung (2006 und 2007), einen Investor oder Käufer für die zu diesem Zeitpunkt größte Werft Europas zu finden.

In Gdynia – und seitdem Uljanik seine Produktion eingestellt hat, auch in Pula – ist oft die Meinung zu hören, die EU sei schuld am Niedergang der Werftindustrie. Wie viele Verschwörungstheorien enthält sie ein Körnchen Wahrheit.[186] Der Beitritt zur Europäischen Union bedeutete einen Umbruch für die neuen Mitgliedsländer im Allgemeinen und für den Schiffbau im Besonderen. Weder Stocznia Gdynia noch Uljanik überlebten lange, nachdem ihr jeweiliges Mutterland Mitglied der EU geworden war. Etwa ein halbes Jahrzehnt unter EU-Bedingungen reichten aus, um das lokale Schiffbauökosystem mit seiner engen Verflechtung von Staat und Betrieb unwiederbringlich zu zerrütten. Uljanik und Stocznia Gdynia waren nicht die ersten Werften, die diese Erfahrung machten: Die große

Neptun-Werft in Rostock stellte bereits 1991, ein Jahr nach der Wiedervereinigung und damit der ersten Osterweiterung der damaligen EG, den Bau neuer Schiffe ein und wurde Teil der Bremer Vulkan-Werft, die jedoch 1996 selbst in Konkurs ging.

Der EU-Beitritt bedeutete das endgültige Ende der Schutzschirme, die die polnische und kroatische Regierung so lange über ihren Werften gespannt hatten, um sie vor den Unbilden des Weltmarkts zu bewahren. Immerhin verfügte Kroatien 2013, als das Land der EU beitrat, noch immer – wie vierzig Jahre vorher – über fünf größere Werften, während zwei Drittel der europäischen Schiffbauunternehmen geschlossen worden waren.[187] Staatliche Subventionen für den Schiffbau waren in der EU seit den frühen siebziger Jahren umstritten, weil auf der Hand lag, dass die Mitgliedsstaaten hier in einen selbstzerfleischenden Wettbewerb eintraten. 1987 und 1990 hatte der Europäische Rat spezielle Richtlinien erlassen, die klare und restriktive Regeln für staatliche Beihilfen für die Schiffbauindustrie festlegten, um den Kapazitätsabbau zu beschleunigen.[188] Die EG sah den Schiffbau ähnlich wie die Textilindustrie nicht als zukunftsfähige Branche an – ganz im Gegensatz etwa zum Flugzeugbau, wo dank umfangreicher staatlicher Hilfen in Form von Airbus ein europäischer »Champion« herangezüchtet wurde.[189] Die Dominanz der Wettbewerbspolitik als einem Instrument neoliberaler Regulierung gegenüber einer aktiven Industriepolitik ist in unserem Buch ein wiederkehrendes Motiv – der Schiffbau verdeutlicht deren Grenzen idealtypisch.

Die EU versuchte, ihr Wettbewerbscredo nach außen zu tragen und andere Schiffbaunationen zum Abbau von Subventionen zu bewegen – insbesondere Südkorea, dem Selbstverständnis nach eine freie Marktwirtschaft, die aber ihre Schiffbauer massiv unterstützte. Als Korea keine Zugeständnisse machte, erlaubte der Europäische Rat 2002 die vorübergehende staatliche Förderung europäischer Werften, die unter »unlauterer koreanischer Konkurrenz« litten.[190] Subventionen von bis zu sechs Prozent des vereinbarten Preises für Containerschiffe, Chemikalien- und Flüssiggastanker erachtete der Rat als akzeptabel, falls koreanische Werften niedrigere Preise für die besagten Aufträge anboten. Der Rat machte aber deutlich, dass es sich um eine außerordentliche und vorübergehende Maßnahme handelte – die Verordnung trat im März 2005 wieder außer Kraft.

Die Europäische Union und ihre großen Schiffbaunationen fanden sich offenbar damit ab, dass sie es mit den drei marktdominierenden ostasiatischen Produzenten nicht aufnehmen konnten, vor allem in der Herstellung technisch weniger anspruchsvoller Schiffe. Europäische Reedereien importierten mehr Kähne, als in Europa gebaut wurden: Laut OECD-Daten stellten Werften in der EU zwischen 2007 und 2017 etwas mehr als 6 Prozent der weltweiten Produktion her, während europäische Firmen in 32 Prozent der Schiffsverkäufe als Käufer auftraten (fast 40 Prozent davon entfielen auf griechische Eigner).[191] Die Kommission versprach in einem Strategiepapier aus dem Jahr 2003 (»LeaderSHIP 2015 – Defining the Future of the European Shipbuilding and Repair Industry – Competitiveness through Excellence«[192]), in der OECD und WTO sowie in bilateralen Verhandlungen mit Südkorea nachhaltig gegen die Wettbewerbsverzerrungen vorzugehen. Allerdings hatte ein ähnliches Vorhaben schon in den Jahrzehnten zuvor mit Japan zu keinem Erfolg geführt.

Gleichzeitig empfahl die Kommission Maßnahmen zur Steigerung der Wettbewerbsfähigkeit; diese Strategie geht auf die Schlussfolgerungen des Europäischen Rates aus dem Jahr 2001 und die Lissabon-Agenda aus dem Jahr 2000 zurück, in der die EU eine neoliberale Reformagenda vertrat. Der Fokus auf die »Wettbewerbsfähigkeit« und das immer weiter verschärfte EU-Wettbewerbsrecht waren allerdings älteren Ursprungs.

Die EU-Kommission hatte bereits als Reaktion auf die Krise der frühen achtziger Jahre die Möglichkeiten von Regierungen zur Unterstützung einzelner Unternehmen stark eingeschränkt.[193] Diese Politik war gepaart mit dem Versuch, Anreize für Innovationen zu schaffen, die sich allerdings in der Logik des globalen Finanzkapitalismus immer mehr in Richtung Finanzialisierung verlagerten. Statt der Vergesellschaftung der Unternehmensverluste forderte das Strategiepapier »LeaderSHIP 2015« unter anderem dazu auf, innovative Finanzierungs- und Bürgschaftssysteme zu entwickeln. Die Europäische Investitionsbank sollte eine führende Rolle bei der Finanzierung von Schiffsneubauten vor und nach der Auslieferung übernehmen.[194]

Was die Nichteinhaltung der EU-Wettbewerbsregeln bedeutet, musste die Werft in Gdynia am eigenen Leibe erfahren. Die polnische Regierung war mit ihrer Unterstützung weit über die EU-Vorgaben hinausgegangen, nachdem die Werft aufgrund ihrer Verluste faktisch wieder verstaatlicht worden war. Innerhalb der EU konnte ein Staat nicht mehr souverän entscheiden, eine Politik der »weichen Budgetbeschränkungen« zu verfolgen. 2005 leitete die Europäische Kommission eine Untersuchung der Hilfen für Gdynia ein, weil sie Zweifel hatte, »dass alle Bedingungen für die Genehmigung von Umstrukturierungsbeihilfen erfüllt« waren.[195] Die Untersuchung brachte zutage, dass die polnische Regierung zwischen Mai 2004 und Juni 2007 fünf Bürgschaften für den Bau neuer Schiffe vergeben, viermal einen Schuldenerlass in Höhe von insgesamt mehr als 30 Millionen Złoty eingeräumt, frisches Kapital im Umfang von 40 Millionen Złoty zugeschossen und der Werft Kredite in Höhe von 65 Millionen Złoty gewährt hatte. Nach den Berechnungen der EU-Kommission summierten sich die Beihilfen bis zum September 2007 auf 5 Milliarden Złoty (damals ca. 1,434 Milliarden Euro).[196]

Nach Ansicht der Kommission verstießen diese Zahlungen gegen die europäischen Wettbewerbs- und Beihilferegeln, zumal die polnische Regierung keine stichhaltigen Argumente für den Zweck der Subventionen vorbringen konnte. Auch der vom strategischen Investor ISD Polska, dem neuen Eigentümer der Danziger Werft, vorgelegte Umstrukturierungsplan überzeugte Brüssel nicht, weil er weitere Subventionen voraussetzte. Die Kommission hielt dem trocken entgegen, das erklärte Ziel der Strategie, die Produktivität auf 37 Mannstunden/CGT im Jahr 2012 zu steigern, bleibe weit hinter dem zurück, was effiziente europäische Werften bereits erreicht hätten (20 Mannstunden/CGT).[197] Die vorgelegte Investitionsstrategie sei eher »eine Ansammlung von kleinen Modernisierungsprojekten ohne übergeordnete Vision, die notwendig erscheint, um Anlagen zu modernisieren, von denen viele aus den siebziger Jahren stammen«.[198]

Die Entscheidung der EU-Kommission, die staatliche Beihilfe müsse »zurückgefordert werden [...], um den Status ex ante wiederherzustellen«, bedeutete das Totenläuten für die Werft in Gdynia. Nur einen Monat später, am 5. Dezember 2008, verabschiedete die polnische Regierung ein Sondergesetz zur Liquidation der Werften in Gdynia und Stettin. Das einzige Trostpflaster für die Arbeiter und Arbeiterinnen war ein mit den Gewerkschaften ausgehandelter Sozialplan. Je nach Dienstjahren erhielten sie Abfindungen zwischen 20 000 und 49 000 Złoty (ca. 5300 bis 13 000 Euro).[199] In einer ironischen Wendung bestand ausgerechnet die Werft in Danzig – seit 2006 wieder von Gdynia getrennt – die Prüfung der EU-Kommission: Ihre subventionierte Privatisierung war mit den Leitlinien der EU für staatliche Beihilfen vereinbar. Die Kommission verlangte aber, dass die Danziger Werft ihre Kapazitäten reduzieren müsse – die Zahl der Beschäftigten ging auf ca. 2000 zurück, Teile des Werftgeländes wurden anderen Firmen überlassen (heute werden auf dem Territorium der Werft unter anderem Stahltürme für Windkraftwerke gefertigt).[200]

Kroatien lernte die Rigidität des EU-Beihilferechts und die wenig enthusiastische Haltung der Kommission gegenüber dem Schiffbau bereits während seiner Beitrittsverhandlungen kennen. Die massive staatliche Unterstützung wurde zu einer der größten Hürden, die Kroatien in den Beitrittsgesprächen zu überwinden hatte (neben dem Nachholbedarf bei der Rechtsstaatlichkeit und der Zusammenarbeit mit dem Internationalen Strafgerichtshof für das ehemalige Jugoslawien in Den Haag). Wie auch die OECD feststellte, erhielten die kroatischen Werften im Vergleich zu anderen EU-Ländern höhere Subventionen.[201] Schon mit der Unterzeichnung des Stabilisierungs- und Assoziierungsabkommens im Jahr 2001 hatte sich Kroatien verpflichtet, seine Werften innerhalb von vier Jahren nach Inkrafttreten des Abkommens umzustrukturieren. Außerdem formulierte die EU die Erwartung, die Privatisierung der Werften solle bis 2013 Fortschritte machen – andernfalls müssten sämtliche Beihilfen ab 2006 zurückgezahlt werden.[202]

Das Beitrittsverfahren rückte die Schwierigkeiten der kroatischen Schiffbauer wieder ins Scheinwerferlicht der Öffentlichkeit und provozierte neue Anläufe der Regierung, die Industrie zu reorganisieren. Nach wie vor sahen sowohl die Machthaber in Zagreb als auch der Großteil der öffentlichen Meinung Kroatiens den Schiffbau als eine strategische Industrie an: Die Werften beschäftigten 2007 mehr als 16 000 Personen und waren für zwölf Prozent der kroatischen Exporte verantwortlich (zeitweise die größte Warengruppe in der Exportstruktur des Landes).[203] Gleichzeitig trugen die Forderungen der EU dazu bei, dass die Haltung der Regierung und der Öffentlichkeit zum Schiffbau kippte, während die Zustimmung zum Ziel des EU-Beitritts hoch blieb. Die Zeiten, in denen diese Industrie auf die bedingungslose Unterstützung der öffentlichen Hand und die

Sympathie der Bevölkerung bauen konnte, waren passé. Vielmehr begann sich Widerstand gegen den scheinbar unersättlichen Appetit der Schiffbauunternehmen auf frisches staatliches Geld breitzumachen. 2007 etwa, einem Jahr des Booms in der globalen Nachfrage nach Schiffen, unterstützte der kroatische Steuerzahler den Schiffbau mit 430 Millionen Euro, davon 53 Millionen direkte Subventionen, während die großen Werften einen Verlust von 146 Millionen Euro verbuchten und ihre kumulierten Schulden mehr als drei Prozent der Wirtschaftsleistung Kroatiens ausmachten.[204] Außerdem litten die kroatischen Werften im Vergleich zu anderen europäischen Schiffbaunationen noch immer unter einer sehr geringen Produktivität: 2010 produzierten sie so viel Output wie die dänischen, bei einer mehr als viermal so großen Zahl an Beschäftigten.[205]

Vor dem EU-Beitritt öffnete die Regierung ein letztes Mal das Füllhorn, dieses Mal allerdings mit klaren Bedingungen für die Restrukturierung. Den Werften in Split, Rijeka, Trogir und Kraljevica wurden mehr als 1,8 Milliarden Euro (13,4 Milliarden Kuna) an Restrukturierungshilfe versprochen, davon 1,3 Milliarden durch die Übernahme von Schulden.[206] Dieses Mal meinte es Zagreb mit der Restrukturierung durch Privatisierung ernst – rund zwanzig Jahre, nachdem das Ziel der Privatisierung erstmals verkündet worden und zwischendurch immer wieder auf- und ebenso abgetaucht war. Die Gewerkschaften waren alles andere als begeistert; sie befürchteten, dass Werften geschlossen werden könnten, aber letztlich scheiterte ihr Widerstand.[207] Die Umstrukturierung führte, wie von der EU gefordert, zu einer erheblichen Reduzierung der Produktionskapazität, insgesamt um mehr als ein Fünftel, die Gesamtbelegschaft der fünf großen Werften ging um ein Viertel zurück.[208]

Uljanik fehlte auf der Liste der Restrukturierung, weil das Management die Regierung und die EU-Kommission erfolgreich davon überzeugt hatte, dass das Unternehmen gut genug aufgestellt sei, um die Probleme selbstständig in den Griff zu bekommen. Uljanik verzeichnete 2008 bis 2010 Gewinne zwischen 23 und 76 Millionen Kuna jährlich und glaubte daher, keine weitere Umstrukturierungshilfe zu benötigen und sich den damit verbundenen strengen Auflagen entziehen zu können.[209] Allerdings berücksichtigte das Management hierbei nicht die Folgen der globalen Finanz- und Wirtschaftskrise: vier der größten Schiffe, die 2008/09 ausgeliefert werden sollten, gingen an die hauseigene Reederei Uljanik Plovidba, die die Funktion einer Art Bad Bank für nicht abgenommene Schiffe erfüllte.[210]

An einer Privatisierung kam aber auch Uljanik nicht vorbei. Mangels interessierter Käufer und angesichts des Widerstandes der Gewerkschaften gegen ausländische Investoren erfolgte diese in einer ungewöhnlichen Art und Weise.[211] Mit Zustimmung der Regierung wurden im Juli 2012 mehr als 1,5 Millionen Aktien mit einem 20-prozentigen Abschlag an fast 7200 Einzelpersonen verkauft, die meisten von ihnen aktive oder auch ehemalige Mitarbeiterinnen und Mitarbeiter der Werft. Sie erwarben 46 Prozent des Aktienkapitals und wurden 20 Jahre nach dem Ende des »gesellschaftlichen Eigentums« und dem Zwischenschritt der Verstaatlichung unerwartet zum Hauptaktionär. Die größten anderen Anteilseigentümer waren nun der staatliche Rentenfonds, Geschäftsbanken und Versicherungsgesellschaften, durchweg Unternehmen mit engen Beziehungen zur Regierung. Zagreb erklärte trotzdem stolz: »Wir haben die Privatisierung der Uljanik-Werft erfolgreich abgeschlossen.«[212] Und die Europäische Kommission genehmigte sie.[213] 2013 erwarb Uljanik für den symbolischen Preis von einer kroatischen Kuna sogar seinen langjährigen Konkurrenten in Rijeka, die Werft 3. Mai, womit auch diese privatisiert und eine weitere Forderung der EU erfüllt wurde. Durch diesen Kauf erhielt Uljanik zudem Zugang zu der umfangreichen Umstrukturierungshilfe, die Zagreb der Werft in Rijeka gewährt hatte.

Alles schien in bester Ordnung zu sein. Die Auftragsbücher füllten sich wieder, da die internationale Krise im Schiffbau ab 2014 abflaute (der weltweite Ausstoß an neuen Schiffen war zwischenzeitlich von über 100 Millionen BRT 2011 auf knapp über 60 Millionen BRT eingebrochen). Der Nachfragerückgang nach Schiffen hatte erneut zu einem Kapazitätsabbau geführt. Nach 2009 hatte sich die weltweite Zahl der Werften, die große Schiffe bauten, von 372 auf rund die Hälfte reduziert (2021 sind es nur mehr rund 120),[214] wobei auch Konkurrenten von Uljanik (wie Gdynia) den Markt verließen. Die Entscheidung, sich auf für die Kundenbedürfnisse maßgeschneiderte Schiffe zu spezialisieren, erwies sich kurzfristig als richtig. 2013 verzeichnete die Uljanik-Gruppe einen Gewinn von 103 Millionen Kuna (etwa 15 Millionen Euro). Von 2013 bis 2017 lieferte man 19 Schiffe aus, hinzu kamen zahlreiche Plattformen für die Erdgasförderung und kleine Baggerschiffe.[215]

Außerdem wurden einige viel beachtete neue Projekte in Angriff genommen, etwa das weltweit erste Luxusschiff für Polarkreuzfahrten – das erste Kreuzfahrtschiff, an dem Uljanik je bauen sollte. Ein weiteres Vorzeigeprojekt war das leistungsstärkste Baggerschiff der Welt. An der Fertigstellung dieser Schiffe sollte Uljanik jedoch scheitern – das Kreuzfahrtschiff »Scenic Eclipse« für einen australischen Kunden wurde nach Uljaniks Pleite von der wieder ausgegliederten Werft in Rijeka komplettiert (heute kann man sündhaft teure Kreuzfahrten auf ihr buchen), das Saugbaggerschiff »Willem van Rubroeck« wird uns im Abschlusskapitel noch begegnen.[216] Uljanik fehlte es an Kapazitäten und finanziellen Mitteln, um diese anspruchsvollen Konstruktionen pünktlich zu fertigen, so dass die viel gepriesenen Aufträge aufgrund von Pönalen nur zusätzliche Probleme verursachten.

2016 verschlechterte sich die Marktlage wieder, als weltweit die Auftragseingänge massiv einbrachen und in den Folgejahren auf historisch niedrigem Niveau verblieben.[217] Der Schiffbau ist eben, wie die OECD festhielt, eine extrem zyklische Industrie mit oftmals starken Ausschlägen nach unten oder oben. Uljanik war es nicht gelungen, sich auf diese Berg-und-Tal-Fahrt einzustellen. Die Atempause von den Transformationsmühen erwies sich als kurzlebig: Ende 2017 zeigten sich die Aktionäre, die Regierung und die breite Öffentlichkeit überrascht, dass das Geschäftsjahr mit einem massiven Verlust von 1,8 Milliarden Kuna (fast 250 Millionen Euro) endete.[218] Die scheinbaren Erfolge der vorherigen Jahre beruhten auf einem wachsenden Schuldenberg, denn seit der Privatisierung waren die Kosten für die Finanzierung neuer Schiffbauten stark gestiegen, da die Kreditgeber nun andere Risikoaufschläge verlangten.[219] Das Management, das für jeden neuen Auftrag Prämien erhielt, schloss außerdem zu viele Verträge ab, welche die Werft oft nur mit Mühe und verspätet erfüllen konnte, so dass sie Pönalen bezahlen musste. Die Medien berichteten über fragwürdige Geschäfte des Vorstandes, angeführt vom ehemaligen Finanzdirektor Uljaniks und nun CEO Gianni Rossanda, überhöhte Boni und teure Beraterverträge – teils mit sich selbst.[220] Im Januar 2018 erhielten die Arbeiter ihren Monatslohn nicht rechtzeitig, und die Zulieferer warteten auf ihre Vergütung. Die Geschäftsführung erhielt eine staatliche Bürgschaft für ein Darlehen in Höhe von 96 Millionen Euro, das die laufenden Kosten decken sollte. Ein drohender Streik wurde knapp vermieden, als der Kredit von der EU-Kommission genehmigt wurde.[221]

Anfang 2018 kursierte die Zahl von mindestens 400 Millionen Euro, welche die Werft als Restrukturierungshilfe benötige. Doch im Gegensatz zu früher war die Regierung jetzt nicht mehr zur Zahlung bereit – und aufgrund von EU-Vorschriften dazu auch nicht berechtigt. Das Management versäumte es außerdem, einen plausiblen Restrukturierungsplan vorzulegen, der dem Staat die Gewährung einer Beihilfe ermöglicht hätte. Es begann vielmehr die verzweifelte Suche nach einem sogenannten »strategischen Investor« – eine regelrecht mythische Figur –, die aber im Sande verlief. Zuerst meldete sich nur ein als zwielichtig geltender kroatischer Geschäftsmann, mit dem der Vorstand bereits einen Übernahmevertrag abschloss, den dieser dann aber nicht einhielt. Dann betrat ein anderer kroatischer Unternehmer die Bühne, dem die privatisierte Werft in Split gehörte, der jedoch die für den Betrieb erforderlichen 300 Millionen Euro nicht aufbringen konnte oder wollte. Die vermeintlichen Investoren waren nicht bereit, eigenes Geld zu investieren, sondern setzten Subventionen voraus.

In diesem Erwartungshorizont unterschieden sie sich nur unwesentlich von den Arbeitern (hier tatsächlich fast nur Männer), die gegen die Zurückhaltung der Regierung protestierten. Sie veranstalteten Demonstrationen, legten die Arbeit nieder und konnten dabei auf die Unterstützung der Öffentlichkeit, aber auch der lokalen Behörden zählen. Im Sommer 2018 gingen die Überbrückungsgelder zur Neige, und wieder warteten die Arbeiter von Uljanik vergebens auf ihren Lohn. Dieses Mal kam es zu einem ausgewachsenen Streik, sowohl in Pula als auch auf der 3.-Mai-Werft in Rijeka. Die Arbeiter und Arbeiterinnen forderten den Rücktritt der Geschäftsführung und die Bereitstellung von Rettungsgeldern durch die Regierung, um das Überleben der beiden maroden Betriebe sicherzustellen. Im August 2018 organisierten die Uljanik-Arbeiter einen Protestmarsch im Zentrum von Zagreb. Zu dieser Zeit erhielten sie nur mehr den Mindestlohn, ausgezahlt aus einem Notfallfonds des Staates. Hunderte von ihnen hatten genug und kündigten – etwa um Arbeit in der unweit gelegenen Fincantieri-Werft im italienischen Monfalcone aufzunehmen oder gleich nach Deutschland zu ziehen, wie Zehntausende andere Arbeitsmigranten seit Kroatiens EU-Beitritt. Somit verpuffte die

Massenmobilisierung, und im März 2019 eröffnete das Amts-
gericht in der Stadt Pazin das Konkursverfahren (*stečaj*) über
Uljanik und setzte damit der 163-jährigen Schiffbautradition
in Pula ein vorläufiges Ende.

Nachleben

In seinem einflussreichen Buch *Kapitalismus, Sozialismus und
Demokratie* von 1942 prägte der in Österreich geborene Wirtschaftswissenschaftler Joseph Schumpeter das Konzept der
»schöpferischen Zerstörung«, die er als einen wesentlichen Be-
standteil der Dynamik des Kapitalismus ansah. Schumpeter
schreibt:

> Der Kapitalismus ist also von Natur aus eine Form oder Me-
> thode der ökonomischen Veränderung und nicht nur nie sta-
> tionär, sondern kann es auch nie sein. [...] Der fundamentale
> Antrieb, der die kapitalistische Maschine in Bewegung setzt
> und hält, kommt von den neuen Konsumgütern, den neuen
> Produktions- oder Transportmethoden, den neuen Märkten,
> den neuen Formen der industriellen Organisation, welche
> die kapitalistische Unternehmung schafft.

Die industrielle Mutation folge einer Dynamik, die »unaufhörlich die Wirtschaftsstruktur von innen heraus revolutio-
niert, unaufhörlich die alte Struktur zerstört und unaufhörlich
eine neue schafft«. Dieser Prozess der schöpferischen Zerstörung sei für den Kapitalismus konstitutiv, so Schumpeter.[222]
Die Einführung neuer Technologien und Organisationsprinzipien sowie der Eintritt neuer Unternehmer seien für die Aufrechterhaltung des Wachstums unerlässlich. Der Kapitalismus

schreite unaufhaltsam voran, solange ihm keine Riegel vorgeschoben würden und keine Monopole Innovationen verhinderten. In diesem Prozess werden nicht wettbewerbsfähige Firmen durch wettbewerbsfähigere ersetzt.

Nun könnte man argumentieren, dass die groß angelegte Zerstörung von Industriekapazitäten während der Abwicklung des Staatssozialismus in Osteuropa weniger kreativ als disruptiv war, da in vielen Fällen nichts Neues aus dem Zerstörten entstand. Doch hier kommt es auf den Zeitrahmen an – der kreative Aufbau von etwas Neuem auf den Ruinen alter Industrien kann mehr Zeit in Anspruch nehmen, als ursprünglich erwartet. Der wirtschaftliche Wiederaufschwung der ostmitteleuropäischen Länder ist dafür ein guter Beleg. Eben deshalb ist Historisierung notwendig. Das Erbe einer relativ guten Infrastruktur, einer gut (aus)gebildeten Bevölkerung mit vielen qualifizierten Arbeitskräften, einer industriellen Arbeitsmentalität und von Institutionen, welche die Industrie in die breitere Gesellschaft einbetteten, half einigen postsozialistischen Ländern, nach dem massiven Einbruch der frühen Neunziger eine Reindustrialisierung einzuleiten. Dabei war die Nähe zu den wohlhabenden westeuropäischen Märkten, insbesondere Deutschlands, der Zufluss von Auslandsinvestitionen und die Einbindung in internationale Lieferketten unerlässlich – aber ohne ein industrielles Erbe wären diese Faktoren nicht wirksam geworden.

Die Stocznia Gdynia schloss, wie erwähnt, 2009 ihre Pforten, nachdem die EU die polnische Regierung gezwungen hatte, ihre Subventionen zurückzufordern. Zu dieser Zeit weigerten sich viele Menschen in Gdynia, dies als Ende ihrer stolzen Schiffbautradition zu akzeptieren. Und in der Tat, bereits ein Jahr später wurde die Aktiengesellschaft Crist gegründet, die sich auf dem Gelände der ehemaligen Werft befindet und sich stolz wie folgt präsentiert (übrigens nur auf Englisch, nicht auf Polnisch):

Wir entwickeln uns ständig weiter und passen unser Angebot an sich verändernde Marktbedürfnisse an. [...] Crist gehört zu jenen Unternehmen, die sich durch Innovationsgeist, Nischenprodukte und die Organisation der Fertigungskette auszeichnen. Die Firma kooperiert mit Kunden in Polen, Deutschland, Norwegen, Dänemark, Finnland, Island, Frankreich, Belgien, den Niederlanden und Schottland.[223]

Was 1993 mit der bescheidenen Lieferung von vier Fischerbooten und als kleines Unternehmen begonnen hatte, entwickelte sich tatsächlich zu einer Erfolgsgeschichte – vorerst jedenfalls. Im Jahr 2017 lieferte Crist für die finnische Reederei FinFerries die batteriebetriebene Hybridfähre »Elektra« aus, die zwei internationale Preise gewann.[224] Das Unternehmen baut auch Rümpfe und andere Elemente für Kreuzfahrtschiffe. Mit rund 1500 Beschäftigten ist Crist viel kleiner als die ehemalige ganzheitliche Werft, aber das Unternehmen bietet vielen Ingenieuren und Facharbeitern der ehemaligen Stocznia Gdynia eine Beschäftigungsmöglichkeit. In unseren Schussfolgerungen werden wir die Voraussetzungen für solche Erfolgsgeschichten erörtern.

Crist ist nicht das einzige Beispiel für ein Leben nach dem Tod in der (post)sozialistischen Schiffbauindustrie: Die nach einer verpfuschten Privatisierung scheinbar untergegangene Neptun-Werft in Rostock wurde 1997 vom Kreuzfahrtschiffhersteller Meyer-Werft übernommen, der 2001 die Produktion an einem nahe gelegenen neuen Standort wieder anlaufen ließ.[225] Die neue Neptun-Werft baut vor allem Module für Flusskreuzfahrtschiffe, ein weiteres boomendes Segment.[226]

Was diese Teilerneuerungen gemeinsam haben, ist der Erhalt eines schiffbaulichen Ökosystems mit spezialisierten Ingenieuren, Facharbeitern, Infrastrukturen, Lieferketten, Ausbildungsinstitutionen und Regierungen, die für makroökonomische

Stabilität sorgen, sowie solvente Banken, die Geld für die Produktion verleihen können. Ausschlaggebend war in diesen beiden Fällen, Gdynia und Rostock, möglicherweise auch, dass es keinen großen Wettbewerb mit Tourismusinvestoren darum gab, wie in Pula ein schönes Stück Küste optimal zu verwerten. Im Gegensatz zur blauen und klaren istrianischen Adria werden die Mündung der Warnow in Rostock und der Weichsel bei Danzig wohl nie zu den attraktivsten Zielen für meeres- und sonnenhungrige Touristen gehören.

In Istrien kursiert seit Jahren das Gerücht, mächtige lokale Wirtschaftsinteressen hätten Uljanik damals bewusst zerstören oder zumindest verlagern wollen, um die malerische Bucht von Pula einer profitableren touristischen Nutzung zuzuführen. Solche Vermutungen wurden bereits im August 2007 vom damaligen Vorsitzenden der Gewerkschaft für Istrien und Kvarner, Rajko Kutlača, artikuliert. Dieser warf seinerzeit dem Bürgermeister von Pula Heuchelei vor und behauptete, der Vertreter der in Istrien tonangebenden Regionalpartei IDS (Istrianische Demokratische Partei) wolle Uljanik aus der Bucht weghaben. Der letztlich gescheiterte Einstieg des (mutmaßlichen) Investors Danko Končar im Jahr 2018 lieferte solchen Spekulationen zusätzliche Nahrung, denn dieser hatte schon vor Jahren die Konzession für die touristische Erschließung der Nordseite der Bucht erworben; dort sollen eine Marina für Yachten sowie ein Hotel entstehen (bislang ist eine kleine Brücke zu einer Insel errichtet worden). Ein möglicher Phönix, der aus den industriellen Ruinen von Uljanik aufsteigen würde, hätte also mit heftiger Konkurrenz um den attraktiven Küstenabschnitt zu rechnen.

Da es Kroatien an wesentlichen Ingredienzien für eine auch nur bescheidene industrielle Wiederauferstehung mangelt – etwa an investitionsbereiten Banken und größeren Zulieferbetrieben – und das Land ganz auf den Fremdenverkehr setzt, erscheint eine ähnliche Entwicklung wie in Gdynia oder Rostock heute unwahrscheinlich. Allerdings fehlt es derzeit auch an finanzkräftigen Investoren, um das mehr als 160 Jahre lang für militärische und industrielle Zwecke genutzte Betriebsgelände in ein touristisches Areal umzuwandeln. Daher hat in der postindustriellen Brache bereits ein langsamer Prozess des Verfalls begonnen. Die großen Kräne (*dizelice*) von Uljanik bewegen zwar nichts mehr, aber zumindest leuchten sie nachts bunt.

3. Ein sicherer Hafen?
Die Rolle des Staates in der Transformation

»Familienfotos und halbleere Teetassen« – diesen Anblick schilderte eine von uns interviewte Schiffbauingenieurin, die im Jahr 2010 die Insolvenzverwalterin auf ihrem Gang durch die Anlagen der Werft Gdynia begleiten durfte. »Die Leute hatten ihren Arbeitsplatz in der Überzeugung verlassen, sie würden wiederkommen, dass sie ein oder zwei Monate freihaben und zurückkehren.« Diese Erwartung war nicht unbegründet. Schließlich hatte sich der letzte kommunistische Premierminister Mieczysław Rakowski, bis heute ein Feindbild der polnischen Werftarbeiter, 1988 an der Abwicklung einer der Wiegen der Solidarność – der benachbarten Danziger Werft – die Zähne ausgebissen. Seither waren die meisten Arbeiter überzeugt, der Schiffbau an der Ostseeküste wäre unantastbar. Auch zwanzig Jahre später wähnten sich die Beschäftigten in den Hallen des verstaatlichten Unternehmens in einem sicheren Hafen und schenkten den Lippenbekenntnissen der Politik Glauben, dachten sie doch immer noch, man säße im selben Boot. Und die Regierung war auch 2009 durchaus geneigt, sich schützend vor die Branche zu stellen; allein, ihr waren die Hände gebunden. Es blieb den Beteiligten nichts anderes als die Hoffnung, früher oder später würde die Europäische Kommission weich werden oder die Sache ganz vergessen. Ein Irrtum, wie wir in Kapitel 2 gesehen haben.

»Was würde Ihr Vater tun, wenn Sie plötzlich ohne Geld zum Leben dastünden und ihn um Hilfe bäten?«, fragte ein Pulaner Frisör einen der Autoren bei einem Besuch im Jahr 2019. Diese rhetorische Frage kam unerwartet. Die Unterhaltung

hatte sich eigentlich um die kürzlich pleitegegangene Werft Uljanik gedreht. Mario, der Frisör, bemühte sich erst gar nicht,
sein Unverständnis über die kroatische Regierung zu verbergen, die sich diesmal nicht zu einer Rettung durchringen konnte. Seine Erwartungshaltung ist dabei zugleich Ausdruck einer
langen staatspaternalistischen Tradition, die auf der engen Verflechtung der Werft mit der Sozialistischen Republik Kroatien
und anschließend dem unabhängigen kroatischen Staat beruhte. Im vorherigen Kapitel haben wir bereits die chronische Illiquidität der Werft seit den sechziger Jahren dargestellt, samt
den zwei Tiefpunkten in den achtziger Jahren, als die Konten
gesperrt wurden, und einer zeitweiligen Insolvenz kurz nach
dem Ende des Krieges in Kroatien. Wie oft hatte die Regierung schon für das Pulaner Unternehmen einspringen müssen?
Mit jedem neuen Rettungspaket hatte sich die Erwartungshaltung des Managements und der Beschäftigten verfestigt, der
Staat werde der Werft in Krisenzeiten einen Rettungsring hin-
werfen – egal ob auf der unruhigen See der postsozialistischen
Transformation oder in den Stürmen der globalen Finanzkrise
von 2008/09.

Beide Gespräche ließen das am Paradigma der »neoliberalen
Hegemonie« in Ostmitteleuropa geschulte Forscherteam auf-
horchen.[1] Die Unternehmensgeschichten der beiden Werften
passen so gar nicht in die Meistererzählung der Durchprivati-
sierung ganzer Gesellschaften,[2] der rücksichtslosen Schocktherapie[3] und der Deklassierung der Arbeiterklasse.[4] Mit
dieser Erwartung ausgestattet, stolperten wir in unserer Feldforschung über Motive wie Rettungsschirme, Renationalisierung sowie Politiker als Vorstandsvorsitzende, die wir zunächst
nicht einzuordnen wussten. Der europäische Vergleich zeigt,
dass die Schiffbauer in Polen und Kroatien nicht allein waren mit ihren Ansprüchen an den Staat. Eine große Studie des
Soziologischen Forschungsinstituts in Göttingen wies in den

achtziger Jahren eine ähnlich hohe Erwartungshaltung bei den Beschäftigten bundesdeutscher Werften nach.[5] Wie der Globalhistoriker Bo Stråth in seiner Analyse des Strukturwandels der europäischen Schiffbauindustrie festhält, sahen in Krisenzeiten die Werftarbeiter nicht so sehr die Betriebsleitung als vielmehr ihre Regierung in der Pflicht.[6]

Die Schiffbaubranche stellt einen besonderen Kontext in Bezug auf das Verhältnis zwischen Staat und Betrieb dar. Zum einen sind Werften traditionell eng mit der nationalen Rüstungsindustrie verflochten, weshalb Regierungen gegenüber ausländischen Eigentümern grundsätzlich zurückhaltend sind. Zum anderen bedeuten die langen Produktionszyklen großer Handelsschiffe ein kaum kalkulierbares Risiko für die Werften und machten auch in Westeuropa seit den siebziger Jahren oft eine staatliche Absicherung der Finanzierung notwendig. Stellt der Schiffbau also womöglich eine sektorale Ausnahme innerhalb eines neoliberalen Paradigmas dar, dem zufolge sich der Staat aus Betriebsentscheidungen heraushält?

Die weltweite enge Verflechtung zwischen der Werftenbranche und dem Staat bietet keine hinreichende Erklärung für die Variationen, die in den öffentlich-privaten Partnerschaften unterschiedlicher Länder auftreten. Im Gegenteil, innerhalb des allenthalben zu beobachtenden Nahverhältnisses zeigen sich temporal und regional signifikante Unterschiede. Alles deutet darauf hin, dass trotz Globalisierung neben der Branche auch der Nationalstaat bzw. das jeweilige politisch-ökonomische Regime die Rahmenbedingungen bestimmt. Schließlich vertrat der Pulaner Frisör keine Einzelmeinung: Kroatien gehört zu jenen EU-Ländern, in denen ein besonders hoher Anteil der Bevölkerung staatliche Interventionen in das Marktgeschehen befürwortet. Laut dem European Values Survey spricht sich gut die Hälfte der Befragten sogar für mehr Staatseigentum aus – in Polen liegt dieser Wert noch etwas höher, bei 55 Prozent.[7]

Wir betrachten die beiden Werften deshalb nicht als »devian-te Fälle«[8] aus einer Branche, die aufgrund ihres Sonderstatus in der Lage war, gegen den Strom zu schwimmen. Vielmehr nehmen wir die Werften als Impuls, um zu einer Interpretation der Transformation beizutragen, welche die Vielfalt der Ent-wicklungspfade ernst nimmt. Mit ihrer Hilfe kippen wir das Bild der Transformation von einer neoliberalen Monokultur zu einem löchrigen, je nach Perspektive unterschiedlich aussehen-den Kapitalismus.

Der Blick aus dem Fenster der Werften auf die sich wan-delnden Rollenbilder des Staates legt Pfadabhängigkeiten post-sozialistischen Wirtschaftens und Gegenbewegungen zur rhe-torischen Selbstregulierung des Marktes frei. Dabei tritt eine Doppelbewegung von Reformwillen und Schutzbestimmun-gen zutage – nicht unähnlich dem von Karl Polanyi in *The Great Transformation* beschriebenen Mechanismus. Mit dem Fokus auf den Staat als Vektor der Gegenkraft decken wir in diesem Kapitel das Vexierbild der Transformation auf. Dabei konzentrieren wir uns nicht auf die bekannte neoliberale Re-formrhetorik, die Mitchell Orenstein und Hilary Appel in ihrer Formel vom »competitive signaling« betonen,[9] sondern rücken das Versanden der Reformen und die Reformulierungen, die diese provozierten, in den Vordergrund. Dazu dient die Ana-lyse der mäandernden Beziehungen zwischen Staat und Werf-ten, bei denen sich Brüche sowie überraschende Kontinuitäten zeigen. Lieferte das vorhergehende Kapitel bereits zahlreiche Belege für staatliche Abschirmungsversuche gegenüber dem globalen Markt, werden hier die Widersprüche herausgearbei-tet, in die sich der Staat dadurch verwickelte. Im ersten Teil des Kapitels geht es um das Schwingen des polanyischen Pen-dels anhand des Grenzverlaufes zwischen Unternehmen und staatlichen Behörden, im zweiten Teil um die Rekonfiguration des staatlichen Feldes und im letzten um die Verschiebung der

Legitimationsstrategien der Werften gegenüber den politischen Entscheidungsträgern.

Die porösen Grenzen der Werften

»Hier stand das Werktor«, meinte bedeutungsvoll der einstige Dokumentar der Werft Gdynia und zeigte auf einen Kreisverkehr, um den herum die Autos der »großen Fische« parkten. Nebenan befindet sich das von den Beschäftigten entsprechend »Aquarium« getaufte Verwaltungsgebäude. Von den Arbeitertrauben, die sich hier einst zum Schichtwechsel bildeten, ist nichts übrig geblieben. Jetzt seien hier ein Dutzend kleiner Firmen untergebracht, erklärte der Dokumentar, deshalb gebe es jetzt keine zentrale Einlasskontrolle mehr. Das Verschwinden des Werktors besitzt Symbolkraft: Es zeigt an, dass sich die Grenzen des früheren Unternehmens verändert haben. Die einst riesige und ausufernde Betriebsorganisation verwandelte sich im Zuge eines seit den achtziger Jahren andauernden Prozesses in eine fragmentierte Ansiedlung kleiner Betriebe. Aber markierte die Fabrikmauer nicht schon vorher nur die Illusion einer klaren Grenze zwischen einem Innen und einem Außen? Der Holismus des zentral organisierten sozialistischen Betriebs ging mit einer ausgesprochenen geografischen Disparität einher: Das betriebseigene Erholungsheim lag zum Beispiel in Wieżyca in der Kaschubei, der Sportklub Bałtyk in Mały Kack südlich der Stadt und die Wohnblöcke der unternehmenseigenen Genossenschaft waren auf die ganze Stadt verteilt.

Die Kontraktion der Betriebe entlang der Vorstellung eines »Core Business« ist Thema des vierten Kapitels. Ein Blick in die letzte Phase des Staatssozialismus liefert Belege dafür, dass im

Zuge der Transformation nicht nur der horizontale Grenzverlauf des Unternehmens volatil wurde. Bereits im Jahr 1980 hatte eine Reihe von Streiks, die wenig später in der Gründung der Solidarność mündete, das Ende der staatlichen Bevormundung und damit eine vertikale Abriegelung der Unternehmen gefordert. Diesem Reformwillen trug das Unternehmensgesetz aus dem Jahr 1981 Rechnung, das diese grundsätzlich als »selbstständig, selbstfinanziert und selbstverwaltet« definierte. Die Grenzen des Betriebs standen mithin bereits im Staatssozialismus zur Debatte, mit keinesfalls homogenen Vorstellungen der unterschiedlichen Akteure.

Obwohl »der Staat« und »das System« klare Feindbilder der Solidarność waren, bildete sich in den polnischen Betrieben in den Achtzigern bald Widerstand gegen eine Wirtschaftsreform, welche die staatlichen Akteure auf die Rolle eines »Gründungsorgans« reduzierte. Viele Angehörige der Werft empfanden Autonomie und Eigenverantwortung als Damoklesschwert über dem reformwilligen, aber unrentablen Unternehmen.[10] Die Gremien der Pariser-Kommune-Werft sahen sich durch die hohe Personalfluktuation, Rückstände bei den Arbeitsnormen, Verspätungen beim Bau von dreizehn Schiffen und eine niedrige Arbeitsmoral schlecht vorbereitet für eine Abnabelung vom Staatshaushalt. In einer Analyse des Betriebskomitees der regierenden Polnischen Vereinigten Arbeiterpartei (PZPR) heißt es: »Unter diesen Bedingungen wurde die Implementierung der Reform gestoppt und eingeschränkt.«[11] Nach der Verhängung des Kriegsrechts im Jahr 1981 setzte sich diese Gegenbewegung durch, und die von der Solidarność postulierte Autonomie blieb zunächst Fiktion. Die gedachte Werkmauer gegenüber dem übergriffigen Staat war schnell wieder eingerissen; das reale Werktor markierte für die Beschäftigten den Beginn und das Ende des Arbeitstages, aber nicht die Grenze der Werft. Es ließ sich unmöglich klar sagen, wo der Staat aufhörte und das Unternehmen begann. Öffentlich und privat überlappten sich, ebenso wie außen und innen im Sozialismus keinen binären Gegensatz darstellten.

Wie im zweiten Kapitel beschrieben, war die Situation der Werft in Gdynia nach einem misslungenen Auftrag für die schwedische Reederei Stena 1983 beklemmend. Zu den laufenden Verbindlichkeiten in Höhe von vier Milliarden Złoty und Kreditschulden über 31 Milliarden Złoty kamen noch Strafzahlungen der Nationalbank für längst überfällige Zinsen. In der seinerzeitigen Einschätzung des Obersten Rechnungshofes konnte »dieser Schuldenberg unmöglich zurückbezahlt werden«.[12] Die Werft stand kurz vor der Insolvenz, die es in einer Planwirtschaft eigentlich nicht geben durfte. 1984 sprang einmal mehr der Staat ein, der das Unternehmen gegründet und in den siebziger Jahren mit hohem Aufwand modernisiert hatte.

Allerdings unterschied sich diese Intervention deutlich von den westeuropäischen Praktiken. Während Länder wie Deutschland oder Schweden Subventionen verwendeten, um den Strukturwandel sozialverträglich zu gestalten,[13] spannte der sozialistische Staat seinen Schirm auf, um etwaige Restrukturierungen abzuwenden. Nur dank des Beschlusses der Regierung zur finanziellen Hilfe für Schiffswerften von März 1984 konnte die Pariser Kommune in Gdynia noch überleben.[14] Das Rettungspaket umfasste eine raschere Abschreibung, Bankkredite zu Vorzugskonditionen und Zuschüsse zur Realisierung von Aufträgen ausländischer Reedereien. Obwohl sich die Regierung einen rigideren Umgang mit dem Insolvenzrecht vorgenommen hatte und der von der Werft vorgelegte Sanierungsplan in der Einschätzung der Nationalbank unzureichend war, überzeugte das zuständige Ministerium für Stahl- und Maschinenbauindustrie die Nationalbank, weitere Kredite an die Werft zu bewilligen. Dies war ein nahezu klassischer Fall der von János Kornai beschriebenen »weichen Kredite«, die dazu dienten, »Firmen in großen und chronischen finanziellen Schwierigkeiten ohne wirkliche Hoffnung auf die Rückzahlung der Schulden unter die Arme zu greifen«.[15]

Kaum konditionierte Kredite waren nicht das einzige Element »weicher Budgetbeschränkungen«, das im Fall der Pariser Kommune zur Anwendung kam. »Zuschüsse zur Deckung der Verluste«, »Zuschüsse zur Kompensation der Rentabilität des Verkaufs«, »Subjektzuschüsse«, um nur einige Subventionsarten zu nennen, besserten bis Ende der achtziger Jahre die Bilanzen der Werft auf; außerdem verflochten sie still und leise den Staatshaushalt mit den Unternehmenskonten. Kornai beschreibt die Kombination vielfältiger Zuschüsse, Hilfen, aber auch Steuerentnahmen seitens des sozialistischen Staates als »ein verwickeltes Netzwerk der Umverteilung, das aus vielen Kanälen der Einkommensströme besteht. Der Zentralhaushalt erhebt aus hundert verschiedenen Gründen Geld von den Firmen und gibt es ihnen aus hundert anderen wieder.«[16] Ein Subventionsdschungel hatte somit die Grenze zwischen dem Budget des Unternehmens und dem Staatshaushalt überwuchert. Eine Konsequenz dieser Verquickung war die anhaltende kollektive Haftung für unternehmerisches Versagen. Diese Praxis konnte nur gut gehen, solange das gesellschaftliche Kollektiv entweder nicht gefragt wurde oder sich ein öffentlicher Konsens darüber herstellen ließ, dass der Schiffbau eine Branche von besonderer Bedeutung sei, die ein Opfer der Allgemeinheit rechtfertige.

Die Abhängigkeit von staatlicher Alimentierung wirkte sich auf den Autonomiegrad der Werft aus. Im Anschluss an das im Dezember 1981 über Polen verhängte Kriegsrecht erstellte die Regierung im Jahr 1983 eine Liste mit 1392 »Unternehmen mit grundlegender Bedeutung für die Volkswirtschaft«, die auch die Werften umfasste. Anders als im Reformgesetz zur Selbstverwaltung vorgesehen, bestimmte in diesen Unternehmen das zuständige Ministerium und nicht etwa der Beschäftigtenrat den Direktor. Zudem galt für sie weiterhin die Pflicht, dem Ministerium langfristige Pläne vorzulegen. Ein Jahr später baute das Ministerium für Stahl- und Maschinenbauindustrie seine Durchgriffsmöglichkeiten aus, indem es den sechs großen Werften Aufsichtsräte zur Seite stellte, deren Aufgabe es war, »die Einhaltung des gesellschaftlich-wirtschaftlichen Nationalplans und der Linie der staatlichen Politik zu beaufsichtigen«.[17] Der Staat ragte formell wieder tief in das Unternehmen hinein, das Werktor markierte trotz aller Reformversuche in den achtziger Jahren kein Hindernis für ihn.

In Jugoslawien wie auch in Pula galt der Subventionsdschungel um die polnischen Werften als abschreckendes Beispiel. In Jugoslawien machte der Staat vielmehr die eigene Zurückhaltung gegenüber den Betrieben unter dem Namen »Selbstverwaltung« zum Programm. Der Staat war auch nicht der Eigentümer der Unternehmen, sondern das war die Gesellschaft. Im Unterschied zur Volksrepublik Polen hielten sich die jugoslawischen Wirtschaftspolitiker in der Wahl ihrer Mittel, soweit es ging, an die Integrität der Unternehmenskonten; es wurde peinlich genau auf eine scharfe Trennung zwischen Unternehmen und ihrem Finanzkreislauf sowie staatlichen Institutionen (*ustanove*) geachtet, und Unternehmenskontributionen zu Letzteren wurden als steuerähnliche Abgaben verbucht.[18] Nicht einmal angesichts des Einbruchs der Weltwirtschaft Mitte der siebziger Jahre warf die Regierung ihre Selbstbeschränkung über Bord. Der Sabor, das Parlament der Teilrepublik Kroatien, entschied sich nicht etwa zu einer Aufhebung der scharfen Trennung, sondern zu ihrer Vertiefung: Er beschloss die Rückerstattung der von der Werft entrichteten Organisationssteuer und Beiträge zum Föderationsfonds zur Unterstützung der ärmeren Regionen Jugoslawiens an Uljanik.[19] Zudem empfahl die »Plattform zur Lösung der Probleme des Schiffbaus und der Schifffahrt« (siehe Kapitel 2) der Stadt Pula, Uljanik die Kommunalsteuer zu erlassen.²⁰ Derlei Steuersenkungen bildeten den jugoslawischen dritten Weg zwischen marktwirtschaftlichem Laisser-faire und direkten Zuschüssen; sie hielten die Fiktion aufrecht, das Unternehmen bedürfe keines staatlichen Schutzmechanismus.

Aus dieser Warte kritisierten die Vertreter der jugoslawischen Schiffbauindustrie die hohen Subventionen westlicher Industriestaaten als Wettbewerbsverzerrung.²¹ Jugoslawien befürchtete, durch einen Subventionswettlauf aus dem Markt verdrängt zu werden. Unter diesem Druck rückten die staatlichen Akteure letztlich von der scharfen Trennung zwischen staatlichen und Firmenkonten ab, um eine Mittlerrolle zwischen Unternehmen und globaler Auftragslage einzunehmen. In den Jahren 1981 und 1987 konnte die Produktion Uljaniks nur mithilfe von Finanzspritzen der Republik und dank der Kredite der Jugoslawischen Nationalbank sowie der regionalen Banken Riječka banka und Istarska banka aufrechterhalten werden. Die Distribution der Kredite stand unter der ideologisch unantastbaren Maxime der Solidarität. Dem Ökonomen Vladimir Gligorov zufolge fungierte die Solidarität in der Selbstverwaltungsökonomie traditionell als Korrektiv zur unsichtbaren Hand des Marktes: »Sie bildete das ökonomische Fundament der Selbstverwaltung und verhinderte bestimmte untragbare Auswirkungen der Marktwirtschaft.«²² Die Architekten der Selbstverwaltungswirtschaft sahen ursprünglich nur Beihilfen zwischen unabhängigen Unternehmen vor, die untereinander »Selbstverwaltungabkommen« abschließen sollten. Demgegenüber stehen die achtziger Jahre in Jugoslawien für eine Verstaatlichung der Solidarität; diese wurde nun nicht länger zwischen den sogenannten Organisationen der Vereinten Arbeit, sondern auf Republik- und Bundesebene verhandelt. Der

Staat wurde dadurch zum »ultimate risk-taker«.[23] Nur wer war der Staat in Jugoslawien?

Die Vertreter Kroatiens versuchten, die Bundesregierung von der Notwendigkeit der Rettung des Schiffbaus zu überzeugen. Schon die Verfassung von 1974 hatte den staatlichen Akteuren ein erhebliches Maß an Koordinierungsaufgaben zwischen den selbstverwalteten Subjekten zugedacht. Die nationale Rahmung der Branche war begleitet von einer neuen Dimension staatlicher Interventionen. Trotz der Austeritätsauflagen des Internationalen Währungsfonds, den Jugoslawien angesichts seiner drohenden Zahlungsunfähigkeit im Jahr 1982 um Unterstützung ersuchte, feierte in Schlüsselbranchen das System der *visible hand* sein Comeback.[24]

Die Sanierungskredite, mit deren Hilfe die Regierung die Insolvenz Uljaniks zu Beginn der achtziger Jahre abwenden konnte, waren mit einer Ausweitung der staatlichen Domäne verbunden: Das 1980 erlassene Gesetz zur Sanierung und Liquidation verpflichtete unrentable Basisorganisationen, der Republikregierung einen Sanierungsplan vorzulegen und dessen Einhaltung vierteljährlich von der Gesellschaftlichen Buchhaltungsstelle (Služba društvenog knjigovodstva, quasi ein Wirtschaftsprüfer) prüfen zu lassen.[25] Die Einführung eines solchen Berichtswesens legte im Spätsozialismus den Grundstein für eine Verwissenschaftlichung der staatlichen Industriepolitik. Wenngleich die verordneten Sanierungsmaßnahmen bzw. deren Überprüfung meist leger ausfielen, so stehen sie doch für ein neues Abhängigkeitsverhältnis zwischen Unternehmen und Staat. Sobald die finanzielle Stabilität einer Arbeitsorganisation nicht mehr gewährleistet war, gewannen staatliche Akteure weitreichende Kontrollrechte und verletzten die Autonomie der Unternehmen, auf welche die jugoslawische Politik jahrzehntelang stolz gewesen war. »Ohne Geld keine Autonomie«, fasste der Direktor von Uljanik, Karlo Radolović, das Spannungsverhältnis, in dem sich auch seine Werft befand, treffend zusammen.[26]

Die demokratisch gewählten Regierungen, die in Polen und Kroatien 1989/90 an die Macht kamen, standen vor einem ähnlichen Dilemma wie die staatssozialistischen Reformer. Sie versuchten zunächst, mit enormen Schuldenerlässen den Werften den Weg in die Marktwirtschaft zu ebnen. Die Dialektik zwischen Austerität und Protektionismus endete also keineswegs mit der Umwandlung der beiden Werften in privatrechtliche Aktiengesellschaften. Die Grenzen zwischen Werft und Staat blieben auch nach dem politischen Umbruch porös. 1995 startete die kroatische Regierung ein kostspieliges Sanierungsprogramm (siehe Kapitel 2), und auch im Jahr 2000 wälzte der staatliche Sanierer die bei Privatbanken angehäuften Schulden Uljaniks auf die Staatliche Agentur zur Bankensanierung (Državna agencija za sanaciju banaka) ab;[27] gleichzeitig befreite die Regierung die Werft von ihren Arbeitgeberbeiträgen zur Sozialversicherung und erließ ihr überfällige Kreditzinsen an das Finanzministerium und die Forderungen des Wirtschaftsministeriums. Der Mechanismus der kollektiven Haftung uferte immer mehr aus und begann krisenfestere Betriebe anderer Branchen wie etwa die Post zu belasten. Insgesamt summierten sich die staatlichen Hilfen für den Schiffbau im unabhängigen Kroatien bis 2012 auf fast dreißig Milliarden Kuna (vier Milliarden Euro). Im Vorfeld des EU-Beitritts änderten sich die Spielregeln fundamental, aber auch danach blieb der kroatische Staat Risikoträger, denn die Regierung gewährte Garantien für Kredite, welche die Werften für die Finanzierung der Konstruktion neuer Schiffe dringend benötigten.

Die Vergesellschaftung von Unternehmensschulden im postsozialistischen Kroatien ähnelte den Mechanismen, mit denen die Schulden der Werft in Gdynia nach dem Umbruch von 1989 auf die polnische Gesellschaft verstreut wurden. Auch in diesem Kontext gehörte das Bad Banking im Sinne eines Abwälzens von uneintreibbaren Unternehmensschulden auf staatliche Banken, insbesondere die polnische Nationalbank, zu den häufigsten Praktiken. Der Bad-Bank-Mechanismus ging auf sozialistische Praktiken zurück. In den achtziger Jahren erwirkte das Ministerium für Stahl- und Maschinenbauindustrie einen von der Nationalbank vergebenen Kredit an die Pariser Kommune. Obwohl die Verbindlichkeiten der Werft bei derselben Bank täglich um vier Millionen Złoty wuchsen und allen Beteiligten bewusst war, dass sie nicht imstande sein würde, diese in absehbarer Zeit zurückzuzahlen, hielten die staatlichen Akteure die Bank an, die Liquidität der Werft sicherzustellen.[28] Neben den Banken trugen auch hier öffentliche Versorgungsunternehmen und Sozialversicherungsorganisationen die Last des in Schwierigkeit geratenen Betriebs. So war im Jahr 1995 die Werft Gdynia mit einer Summe von 111 Milliarden Złoty der größte Schuldner der staatlichen Sozialversicherungsanstalt ZUS in der gesamten Woiwodschaft Danzig. Auch im Jahr 2004 restrukturierte die Regierung einen Teil der Schulden, die durch ausständige Beiträge an die ZUS und die Versicherungsgesellschaft PZU entstanden waren.[29] Ein noch drängenderes Problem waren Anfang der Neunziger ausstehende Stromrechnungen. Das staatliche Energieunternehmen Energa Group drosselte zwar die Stromstärke, erklärte sich aber solidarisch und schloss kategorisch aus, die Stromzufuhr jemals ganz zu kappen.[30] Auch in Pula hatten die kommunalen Versorger, trotz der einen oder anderen symbolischen Abschaltung, nie mit ihrer Drohung ernst gemacht, Uljanik vom Netz zu nehmen.

Die Grenzen zwischen der Werft und den verschiedenen staatlichen Ebenen blieben also verschwommen. Dabei lassen sich Kontinuitäten zwischen dem Spätsozialismus und den zaghaften Entscheidungen der ersten Reformphase erkennen. Jeder Versuch einer Privatisierung stieß auf eine Gegenbewe-

gung »von unten«, welche die Position des Staates als Schutz-
herr zementierte. Insofern legten die sozialen und politischen
Kräfteverhältnisse dem Wunsch der Reformer nach einem
Strukturwandel Grenzen auf – bis zum Beitritt zur EU. Der
unverändert hohe Verflechtungsgrad äußerte sich in einem besonderen politischen Status der Werften: Sie waren nicht her-
metisch abgeschlossene Wirtschaftsorganisationen, sondern
Objekt öffentlichen Interesses; und sie agierten auch so, indem
sie der Öffentlichkeit relativ bereitwillig Einblick in ihr Geschäft gaben, um vor Ort ein Solidaritätsgefühl zu bestärken.
Genau diese Sonderstellung gestaltete die Privatisierung und
später die Abwicklung der beiden Werften so schwierig. Aufgrund der unklaren Grenzverläufe waren die Konsequenzen
einer Insolvenz sozial und räumlich schwer abzusehen.

In Krisenzeiten entwickelten die Verflechtungen ohnehin
ihre eigene Dynamik: Kontrolle verwandelte sich in politische
Verantwortung, Haftung in Schadenersatz. Mit jedem Verlust-
jahr und jedem Rettungspaket schloss sich die Schlinge um die
staatlichen Mitverantwortlichen weiter, bis sie sich zwischen
Skylla und Charybdis befanden: Sowohl die staatlich subventionierte Restrukturierung als auch eine Abwicklung waren sehr kostspielig. Die beiden Optionen unterschieden sich
primär in Bezug auf ihre Temporalität: Wie weit konnte oder
wollte man die sozialen Kosten einer solchen Entscheidung in
die Zukunft verlegen, also nachfolgenden Generationen von
Steuerzahlern in Rechnung stellen? Transformation erscheint
hier, zumindest in der Rückschau, als verschleppter Strukturwandel, bei dem sich Jahr für Jahr die Handlungsspielräume
einengten, ohne dass es den Akteuren wirklich bewusst war –
bis sie der Markt und die Brüsseler Behörden aus ihrem Tag-
traum einer Fortführung gewohnter und liebgewordener Praktiken rissen. Der spezifische »temporal fix« (um David Harvey
zu paraphrasieren)[31] des späten Staatssozialismus, die Verbind-

lichkeiten einfach in die Zukunft zu überschreiben, ohne parallel dazu Aktiva aufzubauen, hatte das Ende des Kommunismus zwar partiell überlebt, war aber nun endgültig an seine Grenzen geraten.

Ist angesichts dieser Verflechtungen auf den Achsen Kontrolle und Haftung der Unternehmensbegriff überhaupt angebracht – das Unternehmen als zwar eingebettete, aber in Grundzügen dennoch eigenständige Organisationseinheit? Das Beziehungsgeflecht zwischen Staat und Firma war über weite Strecken so dicht, dass ein Verständnis von Unternehmen als Bereichen relativ autonomer Entscheidungen und buchhalterischer Abgeschlossenheit für die beiden Werften tatsächlich fehl am Platz wäre. Um diese hybride Position zu verdeutlichen, erfand der polnische Soziologe Tomasz Żukowski in den Achtzigern den Begriff »Fabrik-Behörde«.[32] Dieses Unternehmensverständnis hat auch im Zeitalter der neoliberalen Hegemonie, in dem Firmen als frei schwebende Börsenvögel gelten, nichts von seiner Aktualität eingebüßt. Die hier beispielhaft besprochene finanzielle Abhängigkeit der Werften hatte zur Folge, dass zentrale unternehmerische Entscheidungen innerhalb eines komplexen und dynamischen Akteursfelds bestehend aus staatlichen Organisationen, anderen gesellschaftlichen Akteuren sowie den Interessensgruppen der Unternehmen verhandelt wurden.

Alle unsere Arbeiter haben schon einmal von der Transformation Jadranbrods gehört; jeder weiß, dass seine Basisorganisation der Vereinten Arbeit einer der Gruppierungen dieser großen Gemeinschaft des jugoslawischen Schiffbaus angehört. Sie wurden alle auf einer Arbeiterversammlung in die Gründe, die eine solche Assoziierung rechtfertigen, eingeweiht und hatten Gelegenheit, ihre Meinung zu äußern.[33]

Wie dieser Beitrag der Branchenwochenzeitung *Brodograditelj* aus dem Jahr 1976 zeigt, hat die politische Umbruchszeit nach 1989 keineswegs ein Exklusivrecht auf den Begriff der Transformation, wenigstens nicht in Jugoslawien. Wenn in der Fachpresse in den siebziger Jahren von »Transformation« die Rede war, bezog sich der Begriff meist auf die Branchenebene. Das aus der strukturalistischen Grammatik stammende Konzept wurde auf die Branchenvereinigung Jadranbrod übertragen, um einen qualitativen Wandel zu beschreiben, der die Organisation in ihrem Kern veränderte. Diesem Wandel liegt die durch die Verfassung von 1974 beförderte Desintegration der Unternehmen zugrunde. Diese Atomisierung machte eine stärkere Koordinierung auf der Branchenebene unerlässlich. Sie bot auch eine Alternative zu dem am Votum von Uljanik Ende der sechziger Jahre gescheiterten Versuch, die führenden jugoslawischen Schiffswerften in einen gemeinsamen Konzern zu integrieren und damit neue Möglichkeiten der Arbeitsteilung und Spezialisierung zu schaffen.[34]

Jadranbrod war Teil eines jugoslawischen Felds zwischen Werften und staatlichen Akteuren. Die politikwissenschaftliche Entdeckung der Heterogenität des staatlichen Sektors in den neunziger Jahren galt für das zentrifugale jugoslawische System in Potenz.[35] Bedingt durch politische Reformen sowie durch Verteilungskämpfe zwischen Unternehmen und Politik veränderte sich die Konfiguration der diversen Akteure dabei permanent. Neue Akteure tauchten auf, schon etablierte übernahmen fremde Funktionen, während andere ihre verloren. Nach der ersten Phase der *transformacija* in den siebziger Jahren bestand Jadranbrod aus 24 Arbeitsorganisationen mit insgesamt rund 25 000 Beschäftigten.[36] Die Idee des Branchenverbands bestand darin, jene Aufgaben zu erfüllen oder wenigstens zu koordinieren, welche die atomisierten Basisorganisationen schwerlich alleine bewerkstelligen konnten: Entwicklung und Forschung, internationales Marketing, Koordinierung der Werften, Vergleichsanalysen und Weiterbildung.[37] Die Übertragung dieser Tätigkeiten auf die Branchenebene fungierte als Korrektiv der marktsozialistischen Auswüchse und des grassierenden Betriebsegoismus. Politische Akteure nahmen das Heft in die Hand, während der Spielraum der Direktoren und der Unternehmen deutlich eingeschränkt wurde.

Im Jahr 1976 musste Jadranbrod erneut seine Organisationsform anpassen – diesmal an das in Kapitel 2 diskutierte Gesetz über die Vereinte Arbeit und an die neue konjunkturelle Realität nach dem Einbruch des globalen Schiffsmarktes. Ökonomische Experten gaben dem Modell der fragmentierten Basisorganisationen die Schuld, dass sich die jugoslawischen Werften nicht in der neuen Marktsituation zurechtfinden konnten. Investitionen wären durch das Einziehen einer Grenze zwischen den Unternehmensteilen blockiert worden. Der Branchenverband Jadranbrod versuchte daher, wieder etwas mehr Kohärenz herzustellen: Ihm sollten nicht einzelne Basisorganisationen angehören, sondern die Werften als ganze. Damit war – entgegen der pluralistischen Selbstverwaltung – wieder eine vertikale Struktur hergestellt, an deren Spitze Jadranbrod stand. Im Unterschied zur Volksrepublik Polen war der Branchenverband weiterhin nur für die Koordination und dezidiert nicht für die Planung zuständig. Neu war allerdings, dass der Branchenverband eine wesentliche Rolle bei der Festlegung unternehmensübergreifender Standards spielen sollte.[38]

Die verstärkte Koordinierung und Aufsicht durch die Branchenebene bei gleichzeitiger Aufrechterhaltung der Selbstverwaltung auf Unternehmensebene führte jedoch nur zu weiteren Inkohärenzen und Widersprüchlichkeiten, wie die lokalen Akteure nicht müde wurden zu betonen – und wie die Betriebszeitschrift wiederholt aufs Korn nahm (siehe Abbildung 10). In einem Interview aus dem Jahr 1986 kritisierte der Direktor von Uljanik die mangelnde Verantwortlichkeit, die sich im Schiffbau etabliert hatte. Ihn störten einerseits die schwache Position der sogenannten Komplexen Organisation der Vereinigten Arbeit (also dem, was man als Gesamtunternehmen bezeichnen könnte) gegenüber den kleineren, laut Gesetz jedoch entscheidenden Basisorganisationen; andererseits kritisierte er die Konstruktion Jadranbrods als »starres System«, das den Werften immer weniger Spielraum lasse.[39] Vor allem beklagte der Direktor Uljaniks die ambivalente Rolle des Staates in den achtziger Jahren. Dieser hatte zwar eine immer stärker ausgeprägte Aufsichtsfunktion inne, war aber aufgrund der Auflagen des Internationalen Währungsfonds nur mehr bedingt bereit, Verantwortung zu übernehmen und frisches Kapital bereitzustellen:

Ich habe dann dem Präsidenten des Exekutivrates gesagt, dass ich absolut dafür [d. h. für starre, große Systeme] bin, allerdings müsste dann auch die Verantwortung für die Gehälter nach Zagreb gehen. Und wenn Leute nicht bezahlt werden und sie beschließen zu streiken, dann sollen sie nach Zagreb gehen und nicht zu mir.[40]

Abb. 10: »Unsicherheit bis zum letzten Moment«: »Wir haben Schiff Nr. 343 ausgeliefert, nun müssen wir den Kuchen aufteilen. Aber wie, fragen sich die Basisorganisationen der Vereinten Arbeit!!« (*Uljanik* 13/1982).

Eine ähnlich ambivalente Transformation machten die staatlichen Akteure im Umkreis der Werft Pariser Kommune in der Volksrepublik Polen durch. Die Wirtschaftsreform von 1981 brachte die Linienorganisation vom Planungskomitee bis zum Betrieb ins Wanken. Im klassischen Modell der Planökonomie vermittelte die Branchenvereinigung Informationen zwischen Ministerium und Unternehmen. Ihr oblag es, »die Planauflagen in beide Richtungen nochmals zu konkretisieren, zu verhandeln und durchzusetzen«, so eine rezente Darstellung.[41] Im ersten, von der Solidarność inspirierten Entwurf sollten die Branchenvereinigungen ganz aus der hierarchischen Wirtschaftsplanung eliminiert werden. Dieses radikale Reformmodell löste insbesondere in der Schiffbauindustrie bald Bedenken aus. Für den Leiter des Instituts für Schiffstechnologie und Schiffbauorganisation der Danziger Universität, Jerzy Doerffer, war eine vollständige Autarkie der Unternehmen der Schiffbauindustrie illusorisch:

> Falls eine bestimmte Werft nicht Mitglied eines Verbandes oder einer Vereinigung würde, wäre sie automatisch von Informationen und der Obhut mächtiger Vereinigungen abgeschnitten, und das ist in dieser Welt gleichbedeutend damit, sich von der technologischen Spitze zu verabschieden.[42]

Ein zweites Problem waren die Wertschöpfungsketten zwischen den einzelnen Unternehmen. Mit dem Wegfall der Branchenkoordination drohten der Werft langwierige Verhandlungen mit ihren Zulieferern wie zum Beispiel dem Turbinenproduzenten Cegielski in Posen. Der polnische Ministerrat beschloss am 30. November 1981 dennoch die Abschaffung der Branchenvereinigungen und damit auch der Vereinigung der Schiffbauindustrie (Zjednoczenie Przemysłu Okrętowego). Stattdessen richtete die Regierung nach der Verhängung des Kriegsrechts den Verband der Unternehmen der Schiffbauindustrie ein (Zrzeszenie Przedsiębiorstw Przemysłu Okrętowego), in dem die Mitgliedschaft für eine Übergangsfrist von fünf Jahren verpflichtend war. Während es dem Direktor des Verbands darum ging, die vermeintlich demokratische Basis und den Hilfscharakter seiner Organisation hervorzuheben – »guter Wille und die Bereitschaft zur Zusammenarbeit«[43] –, nahm der Verband, ähnlich seiner Vorgängerorganisation, weiterhin erheblichen Einfluss auf die Verteilung defizitärer Rohstoffe, Waren und Devisen und war damit eine unverzichtbare Instanz. »Der Prozess der Liquidation der Branchenvereinigungen, der eine Demonopolisierung und Restrukturierung der Wirtschaft einleiten sollte, blieb somit eine Fiktion«, so die historische Bewertung der Reformen.[44]

Die Fünfjahresfrist der Pflichtmitgliedschaft im Verband konnte die fragile Brancheneinheit nicht langfristig stabilisieren. Als ab 1987 immer mehr Unternehmen den Verband verließen, versuchte sein Direktor ihn mit Reformvorschlägen zu retten, die bis zur Neuorganisation als Konzern reichten.[45] Als sich der Verbandsrat im Juni 1988 traf, lagen neben diesem Vorschlag eine Vielzahl weiterer Konzepte auf dem Tisch: die Kontinuität in Form eines Verbandes, ein zentral gesteuertes Kombinat, eine Gemeinschaft ähnlich der einst existierenden Branchenvereinigung, eine Gesellschaft und eine Holding, die allerdings bisher kein Vorbild in der polnischen Wirtschaft hatte.[46] Selbst die Solidarność, die bisher immer auf die Unabhängigkeit der Betriebe gepocht hatte, begann mittlerweile, an der Zweckmäßigkeit ihrer Autarkie zu zweifeln.

Nachdem die Unternehmen im Jahr 1989 keinen Konsens über die Reorganisation der Branche finden konnten, blieb eine organisationale und institutionelle Lücke zurück.[47] Der spätere Gründer des Arbeitgeberverbands Forum Okrętowe, der bereits erwähnte Jerzy Doerffer, schrieb über diese Zeit: »Das völlige Fehlen jeglicher Koordination zwischen den einzelnen Werften führte zu einem enormen Chaos.«[48] Damit die Anliegen der Betriebe nicht ganz unter den Tisch fielen, bildete eine Gruppe von Schiffbauexperten ein Beratergremium, um dem Vizeminister für Transport und Meereswirtschaft der ersten demokratisch gewählten Regierung mit Rat zur Seite zu stehen. Im Jahr 1991 gründeten die Direktoren schließlich das »Forum«. Die Forderungen der Wirtschaftsreform aus den Jahren 1980/81 schienen endlich eingelöst. Die Mitgliedschaft war freiwillig, basierte nicht mehr auf staatlicher Eigentümerkontrolle und hatte jedwede Form der Aufsicht abgeschüttelt. Einerseits passte die Organisationsform eines Arbeitgeberverbandes in die neue neoliberale Umgebung. Der Verband stellte sein Expertenwissen für die Restrukturierung der Branche und ihrer Unternehmen zur Verfügung und bildete mit seinen politischen Kontakten zugleich eine mächtige Lobby. Die postsozialistischen Pfadabhängigkeiten verstärkten sich weiter durch die Begründung der Sozialpartnerschaft im »Pakt über die Staatsunternehmen im Zuge der Eigentumsumwandlung« im Jahr 1993, welche die Basis für korporatistisch ausverhandelte Schutzmechanismen auch für den Schiffbau legte. [49]

In Kroatien nahm Jadranbrod eine ähnliche Entwicklung, nachdem es noch Ende der achtziger Jahre so ausgesehen hatte, als drohe die Branchenvereinigung sanft zu entschlafen, da die einzelnen Werften sie nicht länger finanzieren wollten. Sinnbild dafür war, dass 1989 nur eine Ausgabe des vom Verband herausgegebenen Magazins *Brodogradnja* erschien, 1990 gar keine. 1994 wurde die Vereinigung von der Regierung neu belebt, 1997 wurde sie in Hrvatska Brodogradnja (Kroatischer Schiffbau, kurz HB) umbenannt. Seither stellt die einst selbstverwaltete Branchenvereinigung keine Vertretung der Werften mehr dar, sondern bildet einen verlängerten Arm der Regierung. Diese nutzte die Expertise der HB und betraute sie mit der Beaufsichtigung der Werften in öffentlicher Hand. Nach deren Privatisierung im Zuge des EU-Beitritts setzte die Regierung die Organisation ein, um Garantieanträge der Werften zu evaluieren. Seit 2013 befindet sich die Gesellschaft offiziell auf einer Liste der Unternehmen von »strategischem und besonderem Interesse für die Republik Kroatien«.[50]

Mit dem Ende der kommunistischen Herrschaft veränderten sich die Eigentumsverhältnisse und damit die Akteure, die in den sich noch (oder wieder) in Staatsbesitz befindlichen Werften die jeweils aktuellen politischen und wirtschaftlichen Ziele durchsetzen sollten. Sowohl in Polen als auch in Kroatien brachten die neunziger Jahre die Gründung einer Reihe neuer wirtschaftspolitischer Organisationen mit sich, die künftig die Geschicke der Werften mitgestalten sollten. Die Regierung

Tuđman behielt nach der Unabhängigkeit Kroatiens den von Ante Marković eingeschlagenen Kurs der Verstaatlichung von Unternehmensanteilen bei. Die regierende HDZ verabschiedete ein Gesetzespaket, das die Gründung einer Agentur für Restrukturierung und Entwicklung vorsah, um das »nationale Interesse der Kroatischen Republik« im Zuge der Eigentumsumwandlung zu wahren.[51] Sie war es, die über den Antrag Uljaniks zur Neugründung als Aktiengesellschaft entschied. Die Eigentümerrechte fielen dem sogenannten Fonds zur Entwicklung zu und gingen Ende 1992 an den neugegründeten Kroatischen Privatisierungsfonds über. Das Problem dieser Fonds war, dass sie als unsichtbare Übergangseigentümer konzipiert waren und keine Entwicklungsstrategie für das Unternehmen hatten.[52] Zwar war die Regierung im Jahr 1990 Karlo Radolovićs Wunsch nachgekommen, ein Ministerium für Maritime Angelegenheiten einzurichten; doch der neue Minister, ein parteiloser Professor für Internationales Recht und enger Berater Tuđmans, betonte in einem Interview die Arbeitsteilung zwischen Fonds und Ressort: »Die Regierung will nicht Werfteneigentümer werden«[53] – trotz des staatlichen Eigentums. Eigentümerpolitik und Industriepolitik waren folglich in zwei unterschiedlichen Organisationen angesiedelt und nur lose verbunden.

Wie in Kapitel 2 ausgeführt, mangelte es dem staatlichen Eigentümer nicht an Bereitschaft, Kapital zuzuschießen. Kritisch war vielmehr die parallele Vernachlässigung der Eigentümerkontrolle. Aus dem Portfolio des Kroatischen Privatisierungsfonds war zu keinem Zeitpunkt ersichtlich, welche Unternehmen für eine Privatisierung vorgesehen waren bzw. welche aus »strategischen Gründen« in staatlicher Hand verbleiben sollten. Zudem waren die Entscheidungen des staatlichen Eigentümers häufig intransparent und die Kontrolle in den Aufsichtsräten unprofessionell.[54] Mit der fortschreitenden Integration Kroatiens in überstaatliche Wirtschaftskontexte – der Beitritt zur Welthandelsorganisation erfolgte 2000, der Abschluss eines Stabilitäts- und Assoziierungsabkommens mit der EU und der Beginn der Beitrittsverhandlungen 2003 – entwickelten sich der aufgeblähte staatliche Industriesektor und die Vermengung von Industrie- und Sozialpolitik mehr und mehr zu neuralgischen Punkten. Noch vor dem Beitritt machte sich der Einfluss der Europäischen Union im staatlichen Aktienportfolio bemerkbar. 2010 ersetzte die HDZ-Regierung den Privatisierungsfonds durch die Agentur für Staatliches Vermögen und begann, das Portfolio weiter auszudünnen und zu konsolidieren.[55] Eine Folge dieser Politik war die Herauslösung Uljaniks aus dem staatlichen Aktienportfolio in Form der oben beschriebenen Mitarbeiterprivatisierung in den Jahren 2012/13. Das war für die EU, die ihre Lehren aus dem Präzedenzfall in Gdynia gezogen hatte, eine strikt eingeforderte Vorbedingung für den Beitritt Kroatiens.

Der kroatische Fall bestätigt die Einschätzung prominenter Transformationsforscherinnen und -forscher, in den postsozialistischen Ländern der neunziger Jahre sei weniger das Erbe eines starken Staates zum Problem geworden, sondern vielmehr seine Schwäche.[56] Die Politikwissenschaftlerin Aleksandra Sznajder Lee hat in ihrer vergleichenden Untersuchung der Restrukturierung von Stahlwerken im östlichen Europa »state capacity« als wesentlichen Bestimmungsfaktor für den Erfolg bzw. Misserfolg von Unternehmensreformen herausgearbeitet; nur effiziente staatliche Institutionen, denen von den Betroffenen Legitimität zugesprochen wurde, konnten die Anpassung einstiger Staatsunternehmen an eine private Marktwirtschaft konsequent durch- und umsetzen.[57] Ähnlich heißt es bei dem Politikwissenschaftler Grzegorz Ekiert: »Der Kommunismus hat nicht einen machtvollen bürokratischen Leviathan hinterlassen, sondern einen schwachen und ineffizienten Staat.«[58]

Auch im Fall Polens trifft diese Beobachtung nicht nur für die politische Sphäre, sondern genauso für den staatlichen Industriesektor zu, wo der Staat nach 1989 als Eigentümer ohne Vision, Know-how und letzten Endes auch ohne Kapital auftrat. Die Zurückhaltung des Staates lag vor allem an einer Art ideologischer Selbstbegrenzung.[59] Aufgrund der eindimensionalen Ausrichtung auf die Privatisierung gab es aufseiten des Eigentümers kein Interesse, mikroökonomische Prozesse zu beeinflussen sowie längerfristige Strategien für die Werft zu entwickeln und umzusetzen. Das Ministerium für Eigentumsumwandlungen[60] verhielt sich wie eine Art Nicht-Eigentümer. Wie der Ökonom Andrzej Kensbok betont, hatte die Leerstelle auf der Eigentümerposition fatale Folgen für das Unternehmen. »Oft fehlten ihnen [den Unternehmen] eine strategische Vision, Handlungsautonomie und Entschlossenheit, die sich aus dem Gefühl des Eigentums ergeben.«[61] Insofern wurde das neoliberale Credo von der inhärenten Ineffizienz des Staatseigentums zur selbsterfüllenden Prophezeiung. Einzig im Bereich des Schuldenmanagements erwiesen sich die staatlichen Akteure als handlungsfähig.[62] Sie rekalibrierten ihr Handeln zunehmend hin zum Schutzbedürfnis der Unternehmen und ihrer Beschäftigten, wobei die ursprünglich angedachten Reformen auf der Strecke blieben.

Im Jahr 1996 nahm die vom postkommunistischen Bund der Demokratischen Linken (Sojusz Lewicy Demokratycznej, SLD) geführte Regierung das Dilemma des Umgangs mit den staatlichen Aktiengesellschaften zum Anlass für die sogenannte »Zentrumsreform«. Die Regierung liquidierte das Ministerium für Eigentumsumwandlungen (Ministerstwo Przekształceń Własnościowych) und gründete stattdessen das Ministerium für Staatsvermögen (Ministerstwo Skarbu Państwa). Das Ziel der Reform war also nicht die Einstellung der Subventionen, sondern die Verstärkung der Kontrolle und Steuerung der subventionierten Unternehmen durch den Staat. Anders als das Ministerium für Eigentumsumwandlungen, das nur eine beurteilende Rolle im Privatisierungsprozess erfüllt hatte, integrierte das neue Ministerium die »Verwaltung des Staatsvermögens« in sein Tätigkeitsfeld und hatte die »Verteidigung der Interessen des Staates« zum Ziel.[63]

Die Schattenseite der Reaktivierung der Eigentümerkontrolle war die Politisierung der Unternehmen. Mit jeder Parlamentswahl drehte sich dort das »Ämterkarussell«, da Gremien neu besetzt wurden und Vorstandsvorsitzende eindeutige politische Affiliationen aufwiesen. In der Werft Gdynia zeigten sich die fatalen Nachwirkungen dieser Politisierung ab 2004, als der Staat erneut zu ihrem größten Aktionär geworden war. Dies war ein markanter Unterschied zu Pula: Trotz der auch dort existierenden faktischen Staatsmehrheit bis zur Privatisierung von 2012 ließ sich wenig direkter Regierungseinfluss auf den Vorstand beobachten; Langzeitdirektor Radolović trat zwar der regierenden HDZ bei, aber Parteipolitik schien jenseits des für den kroatischen Kapitalismus typischen Klientelismus keine Rolle gespielt zu haben. In dieser Trennung der Handlungsräume zeigt sich eine Pfadabhängigkeit der jugoslawischen Selbstverwaltung.

Mit dem Erwerb der Aktienmehrheit durch den Staat – von einer Verstaatlichung oder Renationalisierung wollte die Regierung nicht sprechen – erlangte die Werft Gdynia ab 2004 prinzipiell leichteren Zugang zu staatlichen Hilfszahlungen. Gleichzeitig trat Polen in diesem Jahr der EU bei und musste sich von nun an den Richtlinien des europäischen Wettbewerbsrechts unterordnen. Die EU-Kommission forderte nicht nur einen Abbau des Protektionismus, sondern auch eine Schärfung der polnischen Eigentümerpolitik. In diese Richtung ging auch der »Offene Bericht« des SLD-Ministers für Staatsvermögen, Wiesław Kaczmarek, der Missstände in den

Unternehmen anprangerte und eine verstärkte Aufsicht forderte. Doch damit war die prinzipielle Frage nach den Zielen des staatlichen Eigentümers nicht geklärt. Noch immer dominierte eine defensive Legitimation, die das staatliche Eigentum als Abwehrmechanismus gegenüber unliebsamen Auswirkungen des freien Marktes rechtfertigte. Es bedurfte einer Einmischung von außen durch die EU-Kommission, um hier klare Prinzipien einzufordern. Die Werft Gdynia war insofern nicht nur ein »Bauernopfer« im Zuge des EU-Beitritts, sondern auch ein »Kollateralschaden« der fehlenden Weiterentwicklung der Unternehmenspolitik des polnischen Staates.

Ein Jahr nach der Abwicklung der Werft Gdynia 2009 veröffentlichte die Regierung mit dem »Nationalen Programm für Eigentümerkontrolle« ein sehr selektives Aktienportfolio des polnischen Staates.[64] Der Schiffbau war aus der Riege der als zukunftsträchtig angesehenen Schlüsselindustrien herausgefallen, die man fortan vor den freien Marktkräften schützen und gleichzeitig strategisch fördern wollte. Die »gute Wende«, welche die PiS-Regierung dann bei ihrem Amtsantritt 2015 verkündete, sollte das Rad der Zeit zurückdrehen und die obersten Wettbewerbshüter in Brüssel wieder in ihre Schranken weisen. Im Wahlkampf versprach die PiS staatliche Förderprogramme für Werften, die Wiedereröffnung der Werften in Gdynia und Stettin – und das alles am besten finanziert von der Europäischen Union.[65]

Die Analyse des Vorgehens der staatlichen Akteure widerlegt die verbreitete Vorstellung einer linearen Transformation von der Plan- zur Marktwirtschaft. Die Dialektik von Reformanstößen und Schutzreaktionen tritt in den beiden Fallbeispielen deutlich hervor. Wir halten sie nicht für Ausnahmen, sondern betrachten den mäandernden Kurs der Politik und Unternehmen als typische Bewegungsform, die erst im Zuge der Untersuchung eines längeren Zeitraums und mit Blick auf die Unternehmensebene hervortritt. Das Ganze erinnert an die von Polanyi in *The Great Transformation* beschriebenen Pendelbewegungen und Gegenreaktionen gegen einen ungezügelten Markt. Inkonsequente Reformen, mangelnde staatliche Kapazitäten, fehlende klare Linien im Bereich der Unternehmens- und Industriepolitik sowie ein ausbleibendes Bekenntnis zur EU-Wettbewerbspolitik aufgrund sozialer und politischer Überlegungen sind für die postsozialistische Transformation in Osteuropa charakteristisch. In diesem Feld von lauter Grauzonen mussten die Akteure gute Argumente für ihre Interessen formulieren. Auch hier tritt also der zutiefst ambivalente Charakter der Transformation zutage; ihre Richtung wurde ausverhandelt, der Vektor der Reformen ständig neu ausgerichtet, da sie immer wieder auf Widerstände stießen – während der Begriff »Strukturwandel« die Vorstellung einer gewissen Unausweichlichkeit weckt, sobald die Lava des Wandels einmal fließt.

Legitimierungsrhetoriken und soziale Schutzmechanismen

»Requiescat in pace.« Diese Aufschrift trug der schwarze Sarg, den Gewerkschafter und Gewerkschafterinnen am 12. Mai 2008 in Warschau zur Kanzlei des Premierministers trugen. Der Protestmarsch blieb der letzte auf einer langen Reihe an Exkursionen in die Hauptstadt, die Betriebsangehörige der Werft von der Ostsee aus organisierten. Wie schon im August 1980 eröffneten die Gewerkschaften kurz vor der Abwicklung einen direkten Gesprächskanal zwischen Beschäftigten und Regierung. Sie übergingen damit ein weiteres Mal ihren Arbeitgeber, der in dieser Verhandlungskonstellation zu einem »nachrangigen Akteur« verkam.[66] Anders als die Gewerkschafter aus Pula waren die polnischen Kollegen auf staatssozialistische Verhandlungslinien eingespurt. Ihr Verhalten zeigt demnach gleich eine doppelte Politisierung: Erstens die schon vom Politologen David Ost konstatierte parteipolitische Ausrichtung der Gewerkschaften, die etwa die Solidarność auf Konfrontationskurs mit der postkommunistischen Regierung der SLD gehen ließ.[67] Zweitens die bisher kaum erforschte Tendenz zur Verlagerung von Konflikten auf eine Ebene, auf welcher der Staat Arbeitsbeziehungen und -konflikte regelte.

Die direkte Kommunikation zwischen Belegschaft und Regierung unter Umgehung von Zwischeninstanzen folgte einem auch für die Zeit vor 1989 typischen Muster. Die ungarische Soziologin Teréz Laky identifiziert sogenanntes *plan bargaining* im Kontext sozialistischer Ökonomien – anders als das marktwirtschaftliche *shopfloor bargaining* zwischen Gewerkschaftsvertretern und Geschäftsleitungen auf Betriebsebene – als Verhandlungen, die zwischen Unternehmen und Staatsadministration geführt wurden und sich um die Planvorgaben, die Zuweisung von staatlichen Ressourcen und ab dem ersten Ölpreisschock um Hilfsprogramme drehten. Über den Ausgang dieser Verhandlungen entschieden laut Laky die strukturellen, ökonomischen sowie instrumentellen Machtressourcen der beteiligten Akteure.[68]

In der Volksrepublik Polen wuchsen die sozialistischen Kombinate unter dem Vorzeichen der wirtschaftlichen Dezentralisierung unter Parteichef Edward Gierek in den siebziger Jahren ungebremst weiter und konnten so ihre auf Monopolen basierende strukturelle Macht konsolidieren, zumal die Branchenministerien ihre Interessen in der Regierung vertraten.[69] Zwar war die Pariser Kommune in Gdynia nur eine von sechs polnischen Werften, doch ihr Portfolio und ihre Produktionskapazität waren einzigartig. Dank eines zweiten Trockendocks und der dazugehörigen technischen Infrastruktur war sie der modernste Schiffbauer Polens und konnte sich auf die Herstellung von Massengutfrachtern und Tankschiffen spezialisieren (das Trockendock mit einer Länge von 300 Metern und einem Portalkran mit einer Tragfähigkeit von bis zu 900 Tonnen ermöglichte die Produktion von Schiffen von bis zu 400 000 DWT). Ihre Verhandlungsmacht beruhte auf ihrem »technologischen Monopol«,[70] denn die Außenhandelsorganisation Centromor war zur Realisierung einiger an Land gezogener ausländischer Aufträge auf die Produktionsmittel der Werft in Gdynia angewiesen.

Anders als in kapitalistischen Ländern hatten die Unternehmen im Staatssozialismus ein genuines Interesse daran, ihre Beschäftigtenzahlen permanent zu steigern. Die meisten Argumente der politökonomischen Literatur zum »Horten von Arbeitskräften« im Sozialismus beziehen sich entweder auf den unstillbaren Beschäftigungsappetit der ineffizienten sozialistischen Unternehmen in einer Ökonomie mit Vollbeschäftigung oder auf die Notwendigkeit, externe Unwägbarkeiten wie die Vorgaben der Fünfjahrespläne oder plötzliche Lieferungen lang erwarteter Vorprodukte abzufedern.[71] Für solche nicht seltenen Fälle war eine Beschäftigtenreserve dringend notwendig. Beides beschreiben die Soziologen Charles Sabel und David Stark als »defensive« Strategien.[72] Demgegenüber konnten die sozialistischen Unternehmen die Beschäftigung jedoch auch als offensive Strategie und Machtressource einsetzen: »Die Verfügungsgewalt über Ressourcen ist in diesen Ökonomien ein Anzeichen des politischen Status, und das betrifft insbesondere die Verfügung über Arbeit.«[73] Je mehr Beschäftigte ein Betrieb aufwies, desto schwerer wog sein Argument, für die lokale soziale Stabilität essenziell zu sein – die Überzeugungskraft dieses Arguments potenzierte sich im Sozialismus mit den zahlreichen Wohlfahrtsleistungen der Betriebe für die Kommunen (siehe Kapitel 4).

Abb. 11: Zwei Beschäftigte erfahren aus der Zeitung von der Ernennung Edward Giereks zum Ersten Sekretär (1970).

In der Amtszeit Giereks (siehe Abbildung 11) stieg nach dieser Logik die Beschäftigung der Pariser Kommune auf deutlich über 12000 Personen. Sie war in den siebziger Jahren die zweitgrößte Werft Polens, nach der Lenin-Werft in Danzig und gleichauf mit der Warski-Werft in Stettin. Gemeinsam bildeten sie den größten Arbeitgebersektor innerhalb der maritimen Wirtschaft; im Jahr 1982 beschäftigten sie 39000 Menschen.[74] Weitere 17000 Personen arbeiteten für Zulieferer, die ebenfalls dem Verband der Unternehmen der Schiffbauindustrie angehörten.[75] Die jugoslawischen Werften fuhren eine ganz ähnliche Strategie: Trotz der Absatzflaute in den achtziger Jahren wuchs ihre Beschäftigtenzahl (in Uljanik auf mehr als 8000 Beschäftigte) und damit auch ihr soziales Kapital in Verhandlungen um staatliche Hilfsgelder.

Die zweite Dimension der spezifischen ökonomischen Machtressourcen der Werften war ihre Bedeutung für die Außenhandelsbilanz. In Polen etwa wurde die Werft in Gdynia für die Erwirtschaftung dringend benötigter Devisen seit den siebziger Jahren immer wichtiger, da die internationale Nachfrage nach polnischer Steinkohle stagnierte und ihr Anteil am Deviseneinkommen des Landes auf 20 Prozent sank. Gleichzeitig stieg die Auslandsverschuldung, unter anderem zur Finanzierung von Technologieimporten aus dem Westen, exponentiell an. Die Regierung machte sich also auf die Suche nach neuen Exportgütern. Trotz fallender Branchenanteile am Außenhandel insgesamt blieb die Pariser Kommune über die achtziger Jahre hinweg ein wichtiger Exporteur, der sich vor den anderen Werften hervortat. Im Jahr 1986 belegte sie in Lloyds Register den ersten Platz unter den polnischen Werften hinsichtlich der Ausfuhr von Schiffen und den zehnten Platz aller polnischen Unternehmen in der Exportstatistik.[76] Die Investition in ein modernes Trockendock schien sich auszuzahlen.

Auch Uljanik bediente sich des Exportmantras, um seine Anspruchshaltung gegenüber dem Staat zu legitimieren; seine Betriebsleitung wurde nie müde, auf die Rolle der Werft als Devisenbringer zu verweisen. 1986 hob Direktor Karlo Radolović in einem Interview hervor, Uljanik sei mit rund 200 Millionen US-Dollar jährlicher Erlöse einer der erfolgreichsten Exporteure Jugoslawiens (zur Kostenseite machte er keine Angaben).[77] Die Werft stand Mitte der achtziger Jahre auf Platz 10 des Rankings der jugoslawischen Exportbetriebe.[78] Zumindest die lokale Öffentlichkeit sowie Politik fanden den Verweis auf diese Stärke als Rechtfertigung für besondere staatliche Hege und Pflege äußerst überzeugend. Die Lokalzeitung *Glas Istre* war voll mit Artikeln, welche die Exporterfolge der Werften schilderten.

Die dritte traditionelle Machtressource des Unternehmens, die instrumentelle Macht, war stark an einzelne Personen gebunden, im kroatischen Fall an Langzeitdirektor Karlo Radolović. Da Preise in sozialistischen Ökonomien nur eine untergeordnete Rolle bei der ökonomischen Koordination spielten, kam informellen Aushandlungsprozessen und damit den Netzwerken, aber auch dem Charisma einzelner Persönlichkeiten eine besonders große Bedeutung zu: Viel hing von ihrem Geschick ab, aber ebenso viel von den Strukturen der Macht. Die politische Beziehungspflege gehörte zu den absoluten Prioritäten der Betriebsleitungen – während des Sozialismus ebenso wie danach. Der Wirtschaftshistoriker Maciej Tymiński lokalisierte die Verhandlungsmacht der Direktoren in einer Planwirtschaft in den Eigenschaften, welche ein einzelner Direktor mitbrachte: politische Verbindungen sowie Unterstützung durch die lokalen Machtstrukturen und die Betriebsorganisationen.[79] Betriebsleitungen richteten ihre Aufmerksamkeit auf die Bearbeitung des politischen Felds, nicht die Bilanz des Unternehmens.[80]

In Gdynia hing die instrumentelle Verhandlungsmacht der Werft an der Person von Zbigniew Maciejewski. Einst stellvertretender technischer Direktor und später stellvertretender Produktionsdirektor, übernahm er Ende 1981 das Ruder, nachdem das Ministerium für Stahl- und Maschinenbauindustrie seinen Vorgänger im Zuge der Einführung des Kriegsrechts im Dezember des Jahres abgesetzt hatte. In vielen Anekdoten beschieden ihm langjährige Mitarbeiter kreative Problemlösungskompetenz. Als Beispiel dafür kann die Beschaffung von fünfzig Computern des Modells Sinclair ZX Spectrum dienen, die ein Reeder unbedingt auf seinem Schiff haben wollte. Das Problem war, dass diese Computer auf der sogenannten »Co-

Com-Liste« standen, die den Export westlicher Technologie in die Länder des Ostblocks beschränkte. Trotzdem versprach der Direktor: »Ich erledige das mit den Zollämtern.« Nicht nur, dass die Geräte tatsächlich irgendwie den britischen Zoll passierten; Direktor Maciejewski entschied sich obendrein dazu, Humankapital aus seinem Coup zu schlagen. Vor dem Einbau bekamen seine besten Mitarbeiterinnen und Mitarbeiter unter der Hand jeweils einen Computer für einen Monat zum Üben mit nach Hause – Personalschulung in einer Mangelwirtschaft (E. P.).

Auch im selbstverwalteten Jugoslawien, in dem der Hauptschauplatz industrieller Verhandlungen prinzipiell innerhalb der Unternehmen lag, kam den Direktoren eine Schlüsselrolle zu. Sie verkörperten die Beziehungen zur staatlichen Bürokratie, die über den Zugang zu staatlichen Ressourcen (wie Auslandskredite oder Sonderziehungsrechte der Nationalbank) entschied.[81] Erfolgreiche Direktoren zeichneten sich durch ihre Fähigkeit zur Allianzenbildung aus – vertikal und horizontal. Obwohl die sogenannten roten Direktoren mit der Verfassung von 1974 die eigentliche Personalverantwortung und -hoheit verloren hatten,[82] konnten gut vernetzte und anerkannte Manager wie Radolović tatsächlich eine Rolle ähnlich jener westlicher Vorstandsvorsitzender einnehmen. Jurij Fikfak und Kollegen sprechen in ihrer Analyse der Direktorenfunktion im sozialistischen Jugoslawien von Direktoren als einer »Art Außenminister ihrer eigenen Arbeiterräte, eine Verbindung zwischen den breiteren sozialen Interessen und der Arbeitsorganisation«.[83] Diese Rolle erforderte hochgradiges politisches Geschick ebenso wie Anerkennung im Betrieb. Insofern war Radolović ein Paradebeispiel für einen jugoslawischen Direktor, und diese Kompetenzen ließen sich auch nach 1990 sehr gut nutzen. Uljanik gelang es ähnlich wie der Werft in Gdynia, die Schatullen der staatlichen Akteure zu öffnen, um seine Finanzlöcher zu stopfen; zu mehr als einer Überlebensgarantie für die Werften reichte dies aber nicht.

In Polen weckte die außergewöhnliche Verhandlungsposition der Werften bereits in den achtziger Jahren Begehrlichkeiten. Die »Lobby auf der Helling«[84] wurde nun immer häufiger von Reformern oder Vertretern anderer Branchen kritisiert. Sie forderten, die Werften nicht länger zu verhätscheln, sondern dem Markt auszusetzen. Der Konvertierbarkeit der traditionellen Machtressourcen in finanzielle Beihilfen schienen plötzlich Grenzen gesetzt. Auch in Jugoslawien waren sich die Lobbyisten der Werftenindustrie des problematischen Charakters der scheinbar objektiven Exporterlöse bewusst; wie gezeigt, machte Uljanik in den achtziger Jahren selten Profit mit den für ausländische Kunden produzierten Schiffen. Demgegenüber gewannen symbolpolitische Ressourcen an Bedeutung. Unabhängig von ihrem wirtschaftlichen Erfolg unterstrichen die Werftangehörigen die globale Strahlkraft Uljaniks. Voller Freude erklärte Karlo Radolović 1992 in einem Interview, es sei ihm gelungen, Staatspräsident Tuđman sowie dem Regierungschef beizubringen, was der »kroatische Schiffbau und seine Trademark in der Welt bedeuten«.[85] Immer intensiver arbeiteten die Stakeholder der Werften daran, Narrative zu produzieren, welche die besondere Bedeutung ihrer Industrie für das Land und die Region herausstrichen (siehe dazu auch Kapitel 5).

Da sich die wirtschaftliche Lage der Werften in den neunziger Jahren nicht verbesserte, blieb der Legitimationsdruck für die Schiffbauer hoch. Die Tatsache, dass im kroatischen Fall der Staat 1991 zum ersten Mal als Eigentümer auftrat, erhöhte ihn sogar zusätzlich. Nach der Verstaatlichung Uljaniks bedienten sich Beschäftigte, Gewerkschafter und Vorstand je nach Kontext und Zeitpunkt einer »Polyphonie«[86] an Argumenten, um ihre Verhandlungsposition gegenüber der kroatischen Regierung zu verbessern; dazu gehörten auch identitäts- und tagespolitische Motive. Anfang der Neunziger sprangen die Werften zudem teilweise auf den nationalistischen Zug der Regierung Tuđman auf und unterstrichen ihre Kriegsanstrengungen. Laut Milan Čuvalo, einem Branchenexperten und Berater des Wirtschaftsministers, hätten die Schiffbauer bewiesen, dass sie vor der Verteidigung der Heimat nicht zurückscheuten: »Als es notwendig war, in die erste Verteidigungslinie zu gehen, um eine massive Brücke zu bauen oder die Löhne zu kürzen, gehörten die Schiffbauer mit zu den Ersten.«[87]

Direktor Radolović hob die organische Verbindung zwischen Werft und Nation hervor und erklärte, Uljanik stehe pars pro toto für den gesamten Staat: Die Werft könne ohne den gesunden und kriegsbefreiten Staat nicht bestehen, da sie von einer sicheren Auftragslage und Auslandskrediten abhänge. Der Staat wiederum könne ohne die Werft nicht gedeihen, weil diese für soziale Sicherheit stehe. Radolović verdeutlichte der Staatsführung, dass der Schiffbau einen wichtigen Beitrag zur Herstellung von Vollbeschäftigung nach dem Krieg leisten könne. Die Branche sei die einzige mit Aussicht auf Aufträge und könne demobilisierten Kriegsheimkehrern Arbeit geben.[88] Folglich, so ein anderer Autor, der das Wohlergehen des Schiffbaus mit jenem des Staates gleichsetzte, müsse die Regierung »die Voraussetzungen schaffen, damit der Staat funktionieren kann und damit auch der Schiffbau«.[89] Radolović gelang es, die Aktionäre mit seiner Rhetorik anzustecken: »Ohne die Hilfe des Staates kann der Schiffbau nicht aus seinen Schwierigkeiten herausfinden, aber auch der Staat Kroatien kann aus seinen wirtschaftlichen Problemen nicht herauskommen, wenn sich der Schiffbau nicht erholt«, hieß es auf der Hauptversammlung im Jahr 1994.[90]

Die nationalistische Kerbe blieb allerdings nicht die einzige, in welche die Schiffbauer in Pula zur Selbstrechtfertigung schlugen. Eine weitere Argumentationslinie richtete sich genau an jene gesellschaftlichen Gruppen, die für eine nationalistische Ideologie nicht anfällig waren. In Istrien ist dies eine signifikante Gruppe, ist die Region doch stolz auf ihre Multikulturalität sowie ihr regionales Sonderbewusstsein; seit der Unabhängigkeit Kroatiens wird sie von einer bewusst antinationalistisch sowie sozial auftretenden regionalistischen Partei, der IDS, regiert. Insofern griffen auf lokaler Ebene eher sozialpolitische Narrative.[91] Für den Vertreter einer istrischen Gewerkschaft war es augenscheinlich, »dass ein Kroatien, das nur die Habgier des Profits und nicht im gleichen Maße die Arbeit und den Arbeiter verteidigt, kein echter Staat ist«.[92] Ein legitimer Staat müsse einen Bruch mit den IWF-Auflagen und der Schocktherapie des letzten jugoslawischen Ministerpräsidenten Ante Marković vollziehen, um die Zahl der Verliererinnen und Verlierer der Transformation möglichst gering zu halten. Aus Sicht vieler Gewerkschafter stellte die Sozialpolitik einen Lackmustest für die Regierung dar. Die Vertreter dieser Position forderten bei der Restrukturierung der Werft die Berücksichtigung sozialpolitischer Aspekte und die Aufrechterhaltung einer hohen Beschäftigtenzahl. Das entspricht der vom dänischen Politikwissenschaftler Pieter Vanhuysse im Transformationskontext beschriebenen »strategischen Sozialpolitik«, die Krisenherde präventiv befriedet; die kroatische Regierung wollte während des Krieges nicht auch noch an einer sozialen Front kämpfen.[93]

Zusätzlich deutete Radolović in dem oben zitierten Interview eine handelspolitische Legitimationsressource gegenüber dem neugegründeten, kriegsversehrten und fast bankrotten Staat an: künftige Aufträge und neue Exporterfolge. Der Direktor gab zu, dass die aktuelle Auftragslage fatal und die Werft faktisch insolvent sei. Aber sei daran nicht vor allem der Krieg schuld? Die Weltkonjunktur war im Aufschwung, und so verpackte Radolović seine Werft als Zukunftsversprechen an den

kroatischen Staat. Auch der Schiffbauberater des Wirtschaftsministers wurde nicht müde, auf die großartige Perspektive
hinzuweisen. Er rechne damit,

> dass das kommende Jahr [1994] in jeder Hinsicht besser
> wird. Langsam, aber sicher stabilisieren sich die politischen
> und wirtschaftlichen Bedingungen in Kroatien, den Schiff-
> bau erwartet eine Konjunkturwelle […]. Mit Ordnung, Ar-
> beit und Einsparungen ist dies ein Grund für Optimismus
> und Hoffnung auf ein besseres Morgen.[94]

Die Polyphonie erwies sich als weiterhin wirksam, als es in der
schwerwiegenden Unternehmenskrise Mitte der Neunziger darum ging, die Insolvenz abzuwenden. So gelang es nicht nur,
eine staatlich finanzierte Sanierung durchzusetzen, sondern
den Staat auch im 21. Jahrhundert als Financier der letzten Instanz ins Boot zu holen. Trotz der mittlerweile vollzogenen Privatisierung rief Uljanik daher 2017, während der zweiten großen und finalen Unternehmenskrise seit der Unabhängigkeit,
erneut nach der schützenden Hand des Staates. Dabei herrschte
zunächst ein parteiübergreifender Konsens, die Werften in Pula
und Rijeka müssten gerettet werden.

Dem lag eine leicht aktualisierte Version des bekannten Bün-
dels von Argumenten zugrunde.[95] Die Wirtschaftsministerin
etwa wollte Pula vor dem Status einer Monostadt bewahren,
deren Schicksal allein am Tourismus hängt.[96] Andere Politiker
deklarierten ein »nationales Interesse« am Erhalt des Schiffbaus, ohne dies zu spezifizieren.[97] Wieder andere bezeichneten
ihn als »strategische Industrie«, wobei auch hier im Dunkeln
blieb, was das genau implizierte.[98] Während die lokalen Politiker auf den sozialen Mehrwert der Werft hinwiesen und die Regierungspartei sich scheute, einen harten Schnitt öffentlich zu
deklarieren, basierte die Selbstlegitimierung der Beschäftigten

auf ihren Erfahrungen im Arbeitsalltag. Für sie machten volle Auftragsbücher und ein hohes Produktionsvolumen die Frage nach der Rentabilität obsolet: »Wenn Uljanik seine Ressourcen auslastet, aber dann noch immer einen Verlust erwirtschaftet, dann sollte es vom Staat die für das Überleben notwendige Unterstützung erhalten.«[99] Der neue Vorstandsvorsitzende Gianni Rossanda betonte, Uljanik habe über die vergangenen 25 Jahre hinweg viel weniger staatliche Gelder in Anspruch genommen als alle anderen Werften. Auch er wies auf die bereits eingeleitete Neuorientierung im Produktionsportfolio hin.[100] Ein Argument wurde in dieser Polyphonie freilich nicht angestimmt – von erwirtschaftetem Profit war nie die Rede.

Vom Schulden- zum Schuldmanagement

Es gab viele plausible Gründe, die kroatischen Werften zu retten. Dennoch handelte die prinzipiell proeuropäische HDZ-Regierung zögerlich, als wollte sie erst einmal die Reaktion der Schiffbauer und das gesellschaftliche Stimmungsbild eruieren. Neben der politischen Legitimität hatte der Präzedenzfall der polnischen Werft in Gdynia 2009 die Legalität möglicher staatlicher Hilfen infrage gestellt, zumal die kroatische Regierung einem Kurs der Budgetkonsolidierung verpflichtet war. Nach ihren Vorstellungen musste der Schutzmechanismus dieses Mal aus dem Markt selbst kommen: Ein »strategischer Investor« sollte, gleich einem Deus ex Machina, mit einem Schlag sowohl das Problem der Legitimität als auch der Legalität einer Rettung Uljaniks lösen. Damit wäre der Staat zum ersten Mal von seiner Funktion als Schutzwall befreit und die Dichotomie zwischen Laisser-faire (wozu man sich ideologisch bekannte) und Protektionismus (den die Gesellschaft erwartete) überwunden. Der schon vorher als Eurokrat verschriene Premierminister Andrej Plenković und sein Finanzminister verschanzten sich hinter den Richtlinien der EU und stellten klar, die Regierung sei maximal bereit, Staatsgarantien zu geben: »Die Verantwortung liegt beim Vorstand.«[101] Der potenzielle Investor wiederum, Danko Končar, betonte zu diesem Zeitpunkt, er sei weder am Management noch am Eigentum der Werft beteiligt, entsprechend könne ihn niemand haftbar machen, weshalb er auch kein Eigenkapital zuzuschießen gedenke.[102] Der Vorstandsvorsitzende Uljaniks schloss sich dieser Nichthaftbarkeitslogik an: »Ich bürge dafür, dass es [in der Verwaltung Uljaniks] keine Unverantwortlichkeiten gab.«[103] Was blieb, war eine Menge besorgter, aber nicht persönlich haftender Akteure, die allesamt ihre Hände in Unschuld wuschen.

Im Zuge eines kontrollierten Rückzugs der beteiligten Akteure hatte in Kroatien das Schuldmanagement also das Schuldenmanagement abgelöst. Wie auch der polnische Fall zeigt, sind die Ambiguität der Schuld und unklare Verantwortungsverhältnisse typisch für die Abwicklung postsozialistischer Unternehmen.[104] Allerdings wurden diese mit dem EU-Beitritt untragbar. 2018, als in Pula verschiedene Stakeholder ein letztes Mal versuchten, den Staat zur Rettung Uljaniks zu bewegen, war die Werft in Gdynia bereits Geschichte. Das Hin und Her zwischen Privatisierung und Verstaatlichung, die ritualisierten Verhandlungen zwischen Unternehmen und Regierung und ein immer neuer Subventionsbedarf hatten das Vertrauen des Markts entscheidend geschwächt. In einer Ära neoliberaler Politikrezepte bewirkte staatliche Schützenhilfe eher das Gegenteil: Sie hinterließ den Eindruck eines nicht wettbewerbsfähigen und deshalb nicht überlebensfähigen Unternehmens.

Die von der EU-Kommission im Jahr 2005 eingeleitete Untersuchung der polnischen Staatsbeihilfen beförderte die spürbare Unsicherheit in der Branche zusätzlich. Für die Regie rung hatte nun Priorität, die »versenkten Mittel« im Fall einer Liquidation der Werft so gering wie möglich zu halten. Aus Angst, am Ende als Sündenbock dazustehen, versuchte die national-konservative PiS-Regierung den Betrieb der Werft bis zum nächsten Regierungswechsel auf Sparflamme am Leben zu halten. 2007 lag der Schwarze Peter dann in den Händen der liberalen PO (Platforma Obywatelska, Bürgerplattform). Während die früheren Regierungen ihre Ressourcen für das Schuldenmanagement aufgebracht hatten, steckten die beiden konkurrierenden politischen Lager ihre Kräfte nun in das kostengünstigere Schuldmanagement. Ähnlich wie schon die PiS-Regierung vor ihr (und ab 2015 nach ihr) konzentrierte sich die PO-Administration auf alle nur denkbaren rhetorischen Anstrengungen, um deutlich zu machen, dass nicht sie, sondern die Vorgängerregierung die Schuld an der Misere trug.

In beiden Fällen lösten somit rhetorische Abwehrkämpfe echte Schutzmechanismen ab. Im Hintergrund dieser Rhetorik stand die Tatsache, dass sich mit dem EU-Beitritt der wirtschafts- und fiskalpolitische Handlungsspielraum der Regierungen tatsächlich stark verengt hatte. Gleichzeitig blieben sie aber weiterhin Adressatinnen gesellschaftlicher Schutzerwartungen. Entsprechend groß war die Wut, als die Gewerkschafter und Gewerkschafterinnen 2008 mit einem Sarg zur Kanzlei des Premierministers pilgerten; die Klage des Pulaner Frisörs, das Verhalten der Regierung sei eines Vaters unwürdig, speiste sich aus einer ähnlichen Haltung. Den letzten Akt des staatlichen Engagements stellte dann der sogenannte Sozialplan dar, der die Folgen des unternehmerischen Bankrotts sowie des staatlichen Rückzugs für das Leben der Schiffbauerinnen und Schiffbauer eindämmen sollte.

Man kann die Unternehmensgeschichten der Werften Gdynia und Uljanik also als eine Art polanyische Gegenbewegung verstehen, um die große Transformation seit den achtziger

Jahren durch staatlich finanzierte Sicherungsmechanismen abzumildern. Der Schutz beruhte auch nach 1989 auf spätsozialistischen Subventionspraktiken und entsprechenden Legitimationsstrategien, auf einer besonderen moralischen Ökonomie, für die Profite zweitrangig waren. Die Fragmentierung der Gesellschaft und das wirtschaftspolitische Chaos, das die jungen und selbst legitimationsbedürftigen postkommunistischen Regime charakterisierte, half den Werften dabei, mit einem hohen Maß an Legitimationsarbeit und einer Polyphonie an Argumenten ihre Interessen politisch durchzusetzen. In der Art und Weise, wie Regierungen ihren Werften unter die Arme griffen, sowie im Hinblick auf die vorgetragenen Apologien stellte der politische Umbruch von 1989 keine Systemzäsur dar; Transformation erscheint hier stärker als pfadabhängig denn als Strukturbruch.

Ohne den Beitritt zur EU wäre dieses Spiel ohne klar definiertes Ziel womöglich ewig so weitergegangen. Dass beide Werften jeweils rund fünf Jahre nach dem Beitritt ihrer Länder zur Europäischen Union abgewickelt wurden, war kein Zufall. Die zugleich deregulierende und regulierende Wettbewerbspolitik, die den neuen Mitgliedsstaaten übergestülpt wurde, schob den politisch und gesellschaftlich ausverhandelten Pendelbewegungen zwischen Staat und Markt einen Riegel vor. Sie stand im Widerspruch zu postsozialistischen Subventionsregimen, die Industrie- und Sozialpolitik als zwei Seiten einer Medaille betrachteten und einer im polanyischen Sinn »eingebetteten« Beurteilung entgrenzter Unternehmen folgten. Erst mit der EU trat jene strukturbrechende große Transformation ein, bei der die Firmen weitgehend dem Markt überantwortet und der politischen, aber damit potenziell auch demokratischen Einbettung entzogen wurden.

Mit ihrer Politik der Scheuklappen gefährdeten die europäischen Wettbewerbshüter mehr als nur zwei Unternehmen. In seiner schützenden Funktion war der Nationalstaat ein Träger des holistisch organisierten und orientierten Betriebs, der Biografien von Arbeiterinnen und Arbeitern, Produktionsweisen und soziale Lebenswelten zusammenfallen ließ. Das nächste Kapitel zeigt, wie dieser Holismus unterspült wurde, der die industrielle Moderne im östlichen Europa genauso wie zuvor in Westeuropa im Zeitalter des Fordismus geprägt hatte. Mit dem EU-Beitritt war somit zugleich eine spezifische Art der betrieblichen Vergemeinschaftung infrage gestellt. Damit verlassen wir die Bühne der hohen Politik und der Managemententscheidungen sowie des primär in Dokumenten gespeicherten Wissens und wenden uns der Perspektive der Beschäftigten zu.

4. Zusammengeschweißt:
Gemeinschaftsbildung in der Werft

Uljanik war der Eigentümer, Miteigentümer oder steckte hinter fast allem, was gebaut wurde. Das galt für die Marina und das Uljanik-Stadion, die Sportvereine, die Kulturvereine, eine Million Verbindungen verliefen von und zu Uljanik.

Sale Veruda, KUD Idijoti

Alle Schulen, Krippen, Kindergärten, all das wurde damals von der Werft Pariser Kommune finanziert. Wenn irgendwas kaputtging in diesen Schulen oder Kindergärten, kamen Arbeiter von der Reparaturabteilung der Werft und haben es repariert. Weil die Werft sich darum gekümmert hat.

Jan Gumiński, Gewerkschaftsführer
aus Gdynia, im Interview

Die Eröffnung des großen Trockendocks in Gdynia fiel in die Mitte jenes Jahrzehnts, das mit den blutig unterdrückten Protesten der Werftarbeiter in Danzig, Gdynia und Stettin im Dezember 1970 begonnen hatte und mit der massiven Streikwelle im Sommer 1980 endete, die sich von ebendiesen Werften aus über das gesamte Land ausbreitete. Diese Streiks gipfelten in einem großen Erfolg – der Gründung der unabhängigen Gewerkschaft Solidarność, die bald zehn Millionen Mitglieder zählen sollte (bei rund 38 Millionen Einwohnern); im Milieu der Werftarbeiterinnen und Werftarbeiter war die Mobilisierung nahezu total. Im Dezember 1981 griff das Regime jedoch erneut zu Gewalt, rief das Kriegsrecht aus und ließ auf Demonstrierende schießen, auch in Gdynia. Diese historischen Ereignisse, in denen die Belegschaft der Pariser Kommune eine prominente Rolle einnahm und den Namen des Unternehmens auf ungeahnte Weise ausfüllte, prägten die Erfahrungen und Frustrationen der sozialistischen Arbeiterinnen und Arbeiter.

Gleichzeitig kommt in unseren Interviews mit ehemaligen Arbeitern und Arbeiterinnen Nostalgie für die fürsorgliche Werft des Staatssozialismus zum Ausdruck. Zwischen der Teilnahme an diesen »antikommunistischen« Protesten sowie der Ablehnung des »Systems« auf der einen und den sehr warmen emotionalen Erinnerungen an die betrieblichen Wohlfahrtsleistungen sowie die starken Gemeinschaftsbeziehungen auf der anderen Seite existiert offensichtlich eine Kluft. Noch augenfälliger ist dieser Zwiespalt, wenn er durch eine Biografie geht – so wie im Fall des oben zitierten polnischen Schiffbauers, der sich aktiv an den Protesten von 1970 und 1980 beteiligte, dabei sogar eine Schussverletzung davontrug, 1992 die Leitung der »postkommunistischen« Gewerkschaft in der Stocznia Gdynia übernahm und heute die positiven Seiten des Staatssozialismus hervorkehrt.[1]

In diesem Kapitel versuchen wir, diese scheinbaren Widersprüche zu verstehen und Diskrepanzen aufzulösen. Wir werden argumentieren, dass die unterschiedlichen Bewertungen weder ein Zeichen kognitiver Dissonanz noch einer jener Streiche sind, die uns bisweilen unser Gedächtnis spielt. Anhand der Erinnerungen der Arbeiterinnen und Arbeiter werden wir die Bedeutung der Gemeinschaftlichkeit darlegen und die emotionalen Bindungen an den Betrieb veranschaulichen. Diese bildeten die Basis für eine hochgradige Identifikation mit der Arbeit in der Werft und mit dem Betrieb als Gemeinschaft, während sie zugleich die sozialen Bande schufen, welche die Beschäftigten dazu ermächtigten, Protest und Widerspruch zu formulieren. Wir werden hier also die (infra)strukturelle Basis der – durchaus ambivalenten – Gefühle und Identifikationen beleuchten, die vom spät- und postsozialistischen Betrieb bereitgestellt und gefördert wurden. Unsere hauptsächlichen Quellen dafür sind die mündlichen Berichte der Schiffbauer aus Pula und Gdynia, die ihre Geschichten, Erfahrungen und Emotionen mit uns geteilt haben. Aufgrund der Struktur der Belegschaft sind das meistens männliche Stimmen, aber selbstverständlich haben wir auch Frauen befragt, um die nach Geschlecht durchaus unterschiedlichen Handlungsmöglichkeiten zu rekonstruieren.

Im Pulaer Fall wurden diese Narrative vor allem im Rahmen ethnografischer Arbeit aufgezeichnet. Die Schilderungen unserer Gesprächspartner sind hier fest in die Feldforschung eingebettet – in die eigenen Erfahrungen und Beobachtungen eines Wissenschaftlers, der »dort draußen« mit diesen Menschen in »alltäglichen« und »natürlichen« Situationen zusammentraf. Dennoch überschreiten diese Geschichten oft den Kontext der aktuellen Situation und beziehen sich auf die Vergangenheit der Werft sowie deren Bestandteile, etwa einen heute nicht mehr existierenden Musikklub oder den ehemaligen Sportverein. Im Fall von Gdynia überwiegen dagegen klassische Oral-History-Interviews, inspiriert von der biografischen Soziologie deutscher Schule, die darauf beharrt, dass die Geschichte kein pures Konstrukt ist, sondern dass es eine vergangene Realität gegeben hat, der man sich annähern und die man verstehen kann.[2] Diese Herangehensweise bevorzugt spontan von den Befragten vorgebrachte biografische Erzählungen, die mit sehr allgemeinen Eröffnungsfragen in Gang gesetzt werden. Die Interviews wurden meist zu Hause bei unseren Gesprächspartnern aufgezeichnet und dauerten oft mehrere Stunden. Doch auch im Fall von Gdynia können wir von Feldforschung in einem ethnografischen Sinn sprechen, wenn wir zum Beispiel Eindrücke von einer informellen Besichtigungstour auf dem Werftgelände wiedergeben oder den Kontext und die Umgebung der Interviews in die Untersuchung einbringen.

Dieser Pluralismus der Methoden und Quellen nutzt die verschiedenen disziplinären Hintergründe der Autoren bestmöglich aus, ist aber auch der besonderen Ausgangslage der Feldforschung geschuldet. In Gdynia erforschten wir eine Werft, die seit einigen Jahren nicht mehr existierte, und sprachen in erster Linie mit Rentnerinnen und Rentnern. Die Uljanik-Werft dagegen war zu Beginn unseres Projektes noch in Betrieb, schlitterte jedoch bald in ihre finale Krise, was ein wachsendes Misstrauen der Manager gegenüber neugierigen Wissenschaftlern mit sich brachte. Auch dieser zentrale Unterschied in der Temporalität unserer Erhebungen bestimmte unsere Forschungsstrategie an den beiden Orten.

Wie in der Oral History üblich, waren wir als Forscherteam mit zwei Zeitebenen konfrontiert, einer entfernten, auf die sich die Erinnerungen als subjektiv erfahrene Geschichte bezogen, sowie mit dem Jetzt der Erhebung. In beiden Kontexten befanden sich unsere Gesprächspartnerinnen und Gesprächspartner und damit auch wir auf »stürmischer See«, die verschiedene Sedimente der langen und großen Transformation nach oben spülte und andere verwischte. Neben dem allgegenwärtigen Topos des Niedergangs erfuhren wir viel über untergegangene Formen der Gemeinschaftlichkeit und Modi der Sinnstiftung. Die Interpretation dieser Vergangenheit durch unsere Gesprächspartnerinnen und Gesprächspartner – aber auch durch uns selbst – wird durch später gemachte Erfahrungen und Diskurse geformt. Doch prägen nicht nur die kumulierten Erfahrungen und die jeweilige Gegenwart die Meinungen der Interviewpartner, sondern es gibt auch die umgekehrte Verbindung. Wie jemand die Gegenwart wahrnimmt, hängt schließlich auch mit der jeweiligen Biografie zusammen. Bei der Auswertung der Feldforschung sowie der Interviews bewegten wir uns schließlich auf einer dritten Zeitebene, jener der vermeintlich auf festem Grund stehenden Schreibstube. Allerdings wirkt auch hier die nie abgeschlossene Transformation der Forschungsgegenstände.

Die bisherigen Kapitel dokumentieren die strukturellen Bedingungen, die betrieblichen Anpassungsversuche, die politischen Interventionen und die ökonomischen Kosten des langen Überlebens der Industriegiganten in Gdynia und Pula auf dem sich globalisierenden Weltmarkt. Wir haben argumentiert, dass das staatssozialistische Prinzip einer ganzheitlichen Produktionsorganisation letztlich an den Flexibilitätserfordernissen des modernen Kapitalismus scheiterte. Dieses Kapitel beleuchtet eine andere Dimension der Transformation, nämlich die graduelle Auflösung der ganzheitlichen Lebenswelten, die in der sozialistischen Moderne entstanden waren, als die Werften ihren Beschäftigten viel mehr als nur einen Arbeitsplatz boten. Der Betrieb organisierte direkt oder indirekt einen Großteil des Lebens der Beschäftigten; er stellte Sozialleistungen und andere Ressourcen bereit, die maßgeblich waren für die gesellschaftliche Infrastruktur in den Jahrzehnten des Staatssozialismus, aber auch noch einige Jahre danach. Vorstellungen vom guten Leben und der gerechten Gesellschaft sind dadurch bis heute geprägt.

Die auf Integration zielende sozialistische Produktion spiegelte sich also in der auf den Arbeitsplatz konzentrierten Gesellschaftsorganisation. Arbeit und Gemeinschaft schienen untrennbar verbunden, ähnlich wie bei den klassischen fordistischen Industrien im Westen. »Somit hatte die Versammlung der Körper eine materielle und affektive Dimension«, beobachtete Andrea Muehlebach im (post)industriellen Sesto san Giovanni, einem Industrievorort von Mailand.³ Die sozialistische Werkhalle fügte der Erfahrungswelt der italienischen Industriearbeit eine zusätzliche Dimension hinzu. In einer Mangelwirtschaft und bei oft stockender Maschinerie war es unmöglich, tayloristische und fordistische Techniken zur Kontrolle der

Körper und Bewegungen der Arbeiter vollständig zu implementieren.[4] Arbeiter und Arbeiterinnen im Sozialismus hatten oftmals mehr Kontrolle über ihre Tätigkeit, da die Produktion von ihrem Einfallsreichtum bei der Lösung unvorhersehbarer Probleme abhing.[5] Allerdings machte die Genderdimension hier einen wichtigen Unterschied: In der männerdominierten Schwerindustrie gab es spürbar mehr Handlungsspielräume als in der Leichtindustrie mit Fließbandfertigung, in der besonders viele Frauen tätig waren. Arbeiterinnen in Istrien zögerten deshalb nicht, von der Sardinenkonservenfabrik in Banjole zur nahe gelegenen Werft in Pula zu wechseln, weil sie hier bessere Arbeitsbedingungen und einen höheren Lohn vorfanden, wie die Schilderung einer Arbeiterin im Betriebsmagazin von Uljanik 1990 zeigt.[6] Das häufige Improvisieren am Arbeitsplatz stärkte die Kooperation in den Werkhallen und damit auch die Bindungen zwischen den Werktätigen sowie ihr Gemeinschaftsgefühl. Diese Art der Agency und arbeitsweltlichen Autonomie war im Schiffbau mit seinen handwerklichen Produktionsmustern und seinen weitläufigen Werkanlagen besonders stark ausgeprägt.

Die arbeitszentrierten sozialistischen Lebenswelten hinterließen Erwartungen an die postsozialistische Ordnung, die nicht selten von der Realität karikiert wurden, wie auch unsere Interviews verdeutlichen. Das neue Management sparte bei den Gemeinschaftsfunktionen und konzentrierte sich auf das sogenannte Kerngeschäft. Diese Reformen im Sinne einer modernen Betriebswirtschaft zielten darauf ab, die Kontrolle der Produktion von unten nach oben ins Management zu verlagern, was auch die Fundamente der Werkhallen-Solidarität unterminierte. Dennoch waren dies graduelle Prozesse, und so blieben die Werften noch lange nach 1989 mehr als nur ein Mittel zum Zweck der Produktion von Schiffen. Gerade diese partielle Resilienz mancher Gemeinschaftsfunktionen und lokale

Anstrengungen zu ihrem Erhalt treten in unserer Perspektive »von unten« deutlicher zutage als in Archivdokumenten.

Doch was war bzw. ist eigentlich der Kern dieser Unternehmen? Für viele unserer Gesprächspartner ging es nicht nur bzw. gar nicht so sehr um die Produktion von Gewinnen, sondern (wie in diesem Kapitel gezeigt werden soll) um die Produktion von Gemeinschaft sowie von Identifikation und Bedeutung (die Themen des nächsten Kapitels). Ähnliche Beobachtungen machte die Sozialanthropologin Elizabeth Dunn in den Neunzigern in einer privatisierten Lebensmittelfabrik in Polen: Die von ihr beobachteten Arbeiterinnen »betonten, die Produktion sei eine Beziehung zwischen Menschen« und Arbeit »eine Aktion einer Person für eine andere«.[7] Die sozialistische Produktion war, so scheint es, ineffizient im Herstellen von Dingen, aber umso erfolgreicher in der Produktion sozialer Beziehungen. So schreiben Oskar Negt und Alexander Kluge in *Geschichte und Eigensinn*, ihrer komplexen Suche nach den Logiken des Kapitalismus:

> Man kann sagen: Kapitalismus ist massenhafte Güterproduktion mit daranhängenden Menschen. Sozialismus ist massenhafte Produktion der Beziehungen zwischen den Menschen und zur Natur, mit dranhängender Güterproduktion.[8]

Auf den folgenden Seiten erkunden wir die Transformation des gemeinschaftsstiftenden Sinns der Produktion aus der Perspektive derer, die diese Veränderungen erlebt, sich ihnen widersetzt und angepasst haben. Wir kartieren die begleitenden Wahrnehmungen, Gefühle und Bedeutungen, wir identifizieren verschachtelte soziale Beziehungen, die uns helfen, die »sozialistische Unproduktivität« und ihr Fortdauern über den politischen Bruch hinweg neu zu bewerten. Die kommunistische Herrschaft scheiterte offenkundig an der Verwirklichung ihrer

Utopie – dabei waren die häufigen Proteste der Arbeiter und Arbeiterinnen sowie ihre mal offenen, mal versteckten Artikulationen von Nonkonformität am Arbeitsplatz (etwa das weitverbreitete Entwenden betrieblichen Eigentums) ein wichtiger Faktor. Aber auch bei diesen Protesten und vor allem in den Werkhallen entstanden Solidaritätsbeziehungen, die jenseits der Werktore durch reichhaltige, von den Werften bereitgestellte Erholungs- und sogar Subkulturangebote gestärkt wurden. Insofern schuf, wie der Soziologe Michael Burawoy festhielt, das staatssozialistische Produktionsregime über die starke betriebliche Gemeinschaft mit ihren Solidaritätsbeziehungen »im Kleinen«, das heißt am Arbeitsplatz, eine Art Gegen-Sozialismus der alltäglichen Arbeit.[9] Eine Wurzel dieser Solidaritäts- und Reziprozitätsbeziehungen waren jene kulturellen Infrastrukturen, die von den Betrieben mit der Idee der Vervollkommnung und Selbstverwirklichung der sozialistischen Persönlichkeit geschaffen worden waren – deren Resultate aber oftmals anders ausfielen, als die Kulturpolitiker intendiert hatten.

Die Subkultur von Uljanik und die Stocznia Gdynia als Lebensmittel- und Freizeitkooperative

Sozialistische Betriebe investierten erhebliche Mittel und Mühen in die »Kulturarbeit«; diese diente der »zivilisierenden Mission« des Sozialismus, die auf die Schaffung eines neuen, gänzlich vollendeten Menschen abzielte.[10] Solche Aktivitäten reichten von bizarren Propagandaveranstaltungen bis hin zur Unterstützung kreativer Hobbys, beispielsweise durch Zeichen-, Schreib- und Theaterkurse oder die Bereitstellung von Räumlichkeiten zum Schachspielen oder Musizieren. Die Seiten der Uljanik-Betriebszeitung sind voll mit Hinweisen auf die vielfältigen Angebote des werfteigenen Kulturklubs, der unter dem Akronym KUD (Kulturno umjetničko društvo) bekannt war. Der 1967 gegründete KUD bot in der Werft unter anderem Lesungen, Folkloretanz oder Volksmusik an. Die Literatursektion des KUD veröffentlichte sogar Gedichte und andere literarische Werke ihrer Mitglieder – auch als Beleg für das kreative Potenzial »einfacher« Arbeiterinnen und Arbeiter.[11]

Während das Klubprogramm in vielerlei Hinsicht den Vorstellungen der Partei zur »Selbstoptimierung« der sozialistischen Bürger folgte, bot es auch Raum für antihegemoniale Aneignungen. Die an den Arbeitsplatz geknüpfte Sozialität, also die Herstellung und Pflege sozialer Beziehungen sowie die Fähigkeit zur Zusammenarbeit, umfasste eben nicht nur konventionelle Wohlfahrts- und Kultureinrichtungen (mit ihren eigenen Machthierarchien), sondern auch subkulturelle Bereiche. Gerade Letztere erwiesen sich als erfolgreicher Beitrag zur Gemeinschafts- und Identitätsbildung, weil sie außerhalb der offiziellen Ideologie lagen und mehr Selbstbestimmung erlaubten. Das bezeugt Uljaniks bekanntestes kulturelles Eigengewächs, die 1981 gegründete Punkband KUD Idijoti. Gerade der absichtlich falsch geschriebene zweite Teil des Namens (richtig hieße es auf Kroatisch *idioti* – ein Detail, das wohlmeinende Redakteure gerne »korrigierten«) bringt dabei die gegenkulturelle Botschaft zum Ausdruck.

Sale Veruda (eigentlich Saša Milanović), der Gitarre und Nebenstimme beisteuerte und heute noch mit seiner Punkband Saša 21 aktiv ist, beschreibt die Bedeutung von Uljanik für die Band:

KUD Idijoti waren ein Quartett. Drei Mitglieder arbeiteten bei Uljanik: der Drummer, Tusta und ich. Der Bassist war Pförtner im [städtischen] Krankenhaus [das um die Ecke liegt]. So waren unsere Arbeitszeiten im Prinzip stabil. Das war meist morgens, die erste Schicht von 7:00 bis 15:00 Uhr. So hatten wir die Nachmittage für Proben und Arbeit an der Musik, und wir haben wirklich viel geübt. Wir haben viel über unsere Musik gesprochen, über andere Bands, über die Situation auf der Weltbühne: Wir haben alles verfolgt. Das heißt, es gab keinen Stress. Heute ist es wirklich schwierig, weil es vorkommen kann, dass vier oder fünf Bandmitglieder in verschiedenen Schichten arbeiten. Der eine morgens, der Zweite nachmittags, der Dritte arbeitet in der Schifffahrt und ist ein paar Tage unterwegs. Dann kommt die Touristensaison, und die Leute arbeiten die ganze Saison, Juni, Juli, August, September. Na ja, und so können einige Bands heute gar nicht auftreten. [...]

Wir haben uns dort getroffen, in unseren Werkstätten – er [Tusta] arbeitete in der TESU, das ist die Fabrik für Elektromaschinen und -geräte. Unsere Schreinerei lag gleich in der Nähe, so dass wir uns gelegentlich treffen konnten – vor allem später, als wir zusammen in der Band waren und irgendwas gebraucht wurde, ihr wisst schon, in der *marenda*, in dieser halbstündigen Mittagspause.

Die Uljanik-Werft war also mit den Subkulturen von Pula eng verflochten, ihre Arbeitsrhythmen und -routinen schufen einen Raum für Kreativität, ihre Jobs soziale Sicherheit für die Künstler. Das jugoslawische Publikum nahm die Verbindung der Band mit Uljanik positiv wahr. Sale berichtet, dass es der Gruppe »eine Dosis Authentizität verlieh, also bei gesellschaftlich sensiblen Themen und Texten, da wussten die Leute, dass wir nicht nur Sprüche klopfen, sondern dass es wirklich gelebt, selbst erfahren war etc.«. Er weist darauf hin, dass sie trotzdem nicht im werfteigenen Klub auftreten durften: »Seit den Siebzigern und Achtzigern hatten sie den Grundsatz, sozusagen nur die jugoslawische A-Liga einzuladen. Die Top-Bands. Eine kleine Band wie KUD Idijoti, obwohl es eine lokale Gruppe war, hatte keine Chance, dort zu spielen.« Die Gruppe blieb auch während des Krieges und in den späten Neunzigern aktiv. Aufgrund ihrer musikalischen Kritik an der Regierung von Präsident Franjo Tuđman und der Entstehung neuer nationalistischer Machtstrukturen, auf die auch ihr (zeitloser) Albumtitel von 1992 *Glupost je neuništiva* (Dummheit ist unzerstörbar) anspielt, wurden die Musiker bei mehreren Gelegenheiten zensiert, so Sale, der Gitarrist.

Pula war schon vor den KUD Idijoti in ganz Jugoslawien für seine subkulturelle Musikszene bekannt. Der betriebseigene Klub war für mehr als fünfzig Jahre eine der ersten Adressen für die jugoslawische Rockmusik und genoss über Istrien hinaus Kultstatus. Er befand sich in der Nähe des Haupteingangs zur Werft, auf einem Hügel in Richtung Stadtzentrum. Er fungierte außerdem als Discoklub (und dann später – zumindest bis zur Corona-Krise – vor allem als solcher), seit den neunziger Jahren aber nicht mehr unter der Obhut von Uljanik Standard (dem Subunternehmen für soziale Dienstleistungen), sondern von privaten Pächtern, aber weiterhin unter demselben Namen (siehe Abbildung 12).

Die Werft und das ursprünglich hauptsächlich für die Arbeiterinnen und Arbeiter betriebene Musiklokal setzten Pula also auf die pop- und subkulturelle Landkarte Jugoslawiens. Diese Verbindung von Uljanik mit einer musikalischen Subkultur stiftet bis heute ein Gefühl von Gemeinschaft (*zajednica*), nicht im idealistischen Sinne der »community« in der angloamerikanischen soziologischen Literatur, sondern im Sinne eines Netzwerks kooperativer Beziehungen, die sich kreuz und quer durch die Stadt zogen. Diese Beziehungen laufen in verschiedenen Stadtvierteln zusammen, die zum Teil direkt mit der Werft und deren Tochterunternehmen verbunden sind und in

Abb. 12: Der 1962 eröffnete Rockklub Uljanik (2021).

denen sich auch die Uljanik-Wohnblöcke befinden, von denen noch die Rede sein wird.

Auch in Gdynia prägen die von der Werft gebauten Neubauten mehrere Stadtviertel, und auch hier schuf die Werft in durchaus überraschender Weise eine starke Gemeinschaft, weil sie als Versorgerin und Entertainerin auftrat. In einem der Blocks in Gdynia Obłuże traf ein Mitglied unseres Forscherteams (Piotr Filipkowski) in einer kleinen, aber schön renovierten und gemütlichen Wohnung Jadwiga und Leszek. Das Ehepaar empfing Piotr überaus herzlich, servierte Kuchen und Tee und freute sich sichtlich über das Interesse an »ihrem« Betrieb (im Polnischen gibt es dafür ein eigenes Possessivpronomen, *swój*, das eine besonders nahe Beziehung und eine Art von Besitz ausdrückt). Sie hatten dort ihr gesamtes Leben gearbeitet, waren stolz darauf und präsentierten Familienfotos, die häufig auch die Werft zeigten. Auf einem der Bilder war die gesamte Familie zu sehen, allerdings nicht mehr vor der sozialistischen

Werft mit ihrem klingenden Namen Pariser Kommune, sondern vor dem Nachfolgeunternehmen Crist, in dem ihr Sohn eine Stelle gefunden hatte. Die Familie bildete also tatsächlich noch eine Arbeiterdynastie, was in Gdynia – wie in Pula – inzwischen selten geworden ist.

Leszek beginnt das Gespräch mit der Geschichte seines Vaters, der 1951 aus einem winzigen Städtchen der Region nach Gdynia gekommen war, um als Schweißer zu arbeiten. Nach mehreren Jahren wurde er zum Gießer und Meister einer Brigade in der Schiffshüllen-Sektion befördert, arbeitete also im Zentrum des Produktionsprozesses. Es klingt, als hätten alle in Gdynia gebauten Schiffe die Hände von Leszeks Vater durchlaufen – als seien sie dessen persönliche Kreationen gewesen. Das Schiff erscheint dabei eher als ein Produkt der Handwerkskunst (wenn nicht gar der Kunst) denn der schwerindustriellen Großfertigung.

Trotz seiner Achtung vor manueller Arbeit wählte Leszek einen anderen Karriereweg als sein Vater. Er besuchte die von der Werft organisierte Berufsschule und erhielt eine Stelle im Werkzeugraum. Nach einigen Jahren wurde er als Aktivist der sozialistischen Jugendorganisation[12] zum Verantwortlichen für die Freizeit- und Kulturaktivitäten der Werft berufen. Das Paar erinnert sich an diese Tätigkeit, im Verlauf derer sich die beiden auch kennenlernten:

Jugendorganisation, das heißt, wir haben Jugendaktivitäten außerhalb der Arbeitszeit organisiert, im Betrieb und anderswo. […] Nach der Arbeit, wissen Sie – Spaß, Erholung, Ausflüge, Exkursionen. Und auch andere Dinge … Theater, Kino … Wir hatten unseren eigenen Jugendklub in der Werft, in der Śląska-Straße. Sehr beeindruckend, die Fregata. Eine großartige Sache. […] Wir haben Sportaktivitäten auf dem Werftgelände organisiert. […] Wir hatten viele Freunde, Kol-

legen, das war wunderbar. Das waren gute Zeiten, wir haben
schöne Erinnerungen daran.

Diese Erinnerungen beziehen sich auf die siebziger Jahre und
deuten auf eine Kongruenz zwischen biografischen und strukturellen Faktoren hin. Unsere Interviewpartner waren damals
zwischen zwanzig und dreißig Jahre alt und standen am Beginn
ihrer beruflichen Laufbahn. Leszek machte schnell Karriere
und wurde innerhalb kurzer Zeit von einem angelernten Arbeiter zu einem hauptberuflichen »Aktivisten«. Zur selben Zeit,
als sein Vater als Handwerker und Facharbeiter in dem neu eröffneten Trockendock die größten Schiffe baute, die Polen je
gesehen hatte, erklomm sein Sohn die nächsten Stufen auf einer
parallelen, wenn auch (scheinbar) vom Schiffbau abgekoppel-
ten Karriereleiter. Leszek setzte seine Ausbildung fort – zuerst
mit dem Abschluss der Werft-Fachschule und später durch ein
Wirtschaftsstudium an der Hochschule für Sozialwissenschaf-
ten in Warschau, einer Kaderschmiede für Partei und Staat.
   Seine Unterstützung des sozialistischen Staates präsentiert
Leszek im Gespräch weder als Bekenntnis zu irgendeinem abstrakten »System« noch als bloße pragmatische »Notwendigkeit«, wie es in Oral-History-Interviews in postsozialistischen
Ländern häufig der Fall ist. Stattdessen interpretiert er sein
politisches Engagement als Dienst an der Werftgemeinschaft.
Seine berufliche Biografie, die stark von der seines Vaters ab-
weicht, aber hinsichtlich der Identifikation mit der Werft sehr
ähnlich ist, zeigt die Expansion der nichtproduktionsbezogenen Funktionen des Betriebs. Die Werft war damit nicht nur
einer der Akteure der industriellen Modernisierung des Landes
(in der Rhetorik der Partei des nächsten »Sprungs«), sondern
auch eine Schlüsselinstitution des sozialistischen Wohlfahrts-
systems. Diese Ordnung förderte einen bestimmten Lebensstil
seitens der Arbeiterinnen und Arbeiter, die von Menschen wie

Leszek ermutigt wurden, ihre Freizeit auf »produktivere« Art und Weise zu verbringen.

Als die polnische Wirtschaft jedoch vom Gipfel der gierekschen Modernisierung in das tränenreiche Tal der Mangelwirtschaft der achtziger Jahre abstieg, veränderte sich Leszeks Aufgabenbereich ganz erheblich. Er war noch immer für die nichtproduktionsbezogenen Funktionen zuständig, konzentrierte sich jetzt aber auf die Erfüllung der Grundbedürfnisse der Belegschaft, die Bereitstellung von Konsumgütern wie Lebensmitteln und Heizmaterial:

In diesen schwierigen Zeiten, da wurde in der Werft alles gehandelt. […] Ja, andere Leute haben [Schiffe] gebaut, und wir haben Zigaretten, Socken, Kaffee [besorgt] … Zwiebeln, ganz wichtig Kartoffeln. Kartoffeln und Zwiebeln waren meine Hauptbeschäftigung! Weil die Werft als Betrieb damals verpflichtet war, die Arbeiter mit Kartoffeln und Zwiebeln zu versorgen. Es gab auch Äpfel […]. Da wurden Voucher ausgeteilt, alles sowas, die ganze bürokratische Maschine. Und ich war verantwortlich für die Versorgung der ganzen Werft, aller Arbeiter […]. Da wurden Tonnen, Hunderte Tonnen herangeschafft. Wir haben diese Kartoffeln von verschiedenen staatlichen Genossenschaften [Państwowe gospodarstwo rolne, PGR] und selbstständigen Landwirten gekauft, je nachdem … Für Zwiebeln sind wir nach Inowrocław[13] gefahren, haben volle Autos, zwanzig bis dreißig Tonnen mitgebracht. Das wurde in die Werft geliefert, und dann haben wir auch unsere Autos genutzt, um all das von der Werft zu den Arbeitern nach Hause zu bringen. […] Die Kartoffeln mussten zu den Arbeitern gebracht werden!

Solche Aktivitäten müssen im Kontext dessen gesehen werden, was János Kornai als »economics of shortage« beschrieben hat.[14] Das Beispiel illustriert jedoch darüber hinaus ein wesentliches Merkmal der sozialen Wohlfahrt im Staatssozialismus: Viele ihrer Leistungen wurden über die Betriebe vermittelt; insofern bedeutete es einen großen Unterschied für die Lebensstandards der Arbeiterinnen und Arbeiter, ob sie in einem Betrieb arbeiteten, der Dinge organisieren konnte – oder eben nicht. Derselbe Mann, der nur einige Jahre zuvor die Menschen ermuntert hatte, die Vorteile des »Systems« zu nutzen, war nun genauso engagiert, um ihnen den Umgang mit dessen elementaren Mängeln zu erleichtern.

Wir haben die obigen Passagen auch deshalb ausgewählt, weil sie an einem individuellen Beispiel zeigen, was für ein Bündel sozialer Emotionen an der Basis einer solchen arbeitsbezogenen Lebenswelt entstehen konnte. Diese Gefühle fasst Leszek heute in einem einfachen Satz zusammen: »Das waren gute Zeiten, wir haben schöne Erinnerungen daran.« Was sie schön macht, ist nicht (nur) die Nostalgie für die Zeit der Jugend und der Stolz, ein Schiffbauer aus Gdynia zu sein (Emotionen, die er dem Vater mindestens so sehr zuschreibt wie sich selbst), sondern der Stolz, in allen möglichen Bereichen ein Animateur der Schiffbaugemeinschaft gewesen zu sein. Soziologen haben die sozialistische polnische Gesellschaft oft als »soziales Vakuum« beschrieben. Demnach fehlte eine Mesoebene der sozialen Integration zwischen den sehr engen Familienbeziehungen einerseits und dem Staat andererseits.[15] Das Beispiel der Pariser Kommune zeigt eindeutig, dass dieses Vakuum zu einem gewissen Grad gefüllt werden konnte – mit dem sozialen Kitt, aber zugleich den Privilegien auf der Ebene des Betriebs, wie sie in Leszeks Biografie zum Ausdruck kommen.

Der politische Wandel von 1989 mit seinen Konsequenzen für die Werft hat diesen sozialen Praktiken kein abruptes Ende bereitet. Vielmehr büßten sie Schritt für Schritt ihre frühere Bedeutung ein. Die Versorgung mit Konsumgütern verlor in den

Neunzigern ihre Grundlage, als die Mangelwirtschaft durch den individualisierten Konsum abgelöst wurde. Es gab zwar weiterhin Kultur- und Sportaktivitäten, allerdings nunmehr auf individueller Basis. Das veränderte auch die Tätigkeiten von Leszek, die einen eher prosaischen Charakter annahmen: In den Neunzigern erhielt er die Aufgabe, Aufräumarbeiten zu beaufsichtigen, vor allem die Beseitigung der Produktionsabfälle wie auch des alltäglichen Mülls der Mitarbeiter.

Die Multifunktionalität der Werft: Wohnungen, Sport und Wohlfahrt

Die Werft Uljanik in der Bucht von Pula grenzt unmittelbar an die historische Altstadt und zieht sich von der Oliveninsel weg entlang der Südostseite der Bucht bis zu einer kleinen Reparaturwerft und einer Zementfabrik im Westen (siehe Karten 2 und 4); sie wird heute noch von jener Mauer begrenzt, die das Arsenal des einstigen österreichisch-ungarischen Militärhafens umgab. Über einen Hügel gen Süden erreicht man von der Werft fußläufig die Stadtteile Stoja und Veruda. Sie sind am dichtesten von Uljanik-Arbeitern bewohnt; hier liegt auch ein Leichtathletik- und Fußballstadion (siehe Abbildung 13), das einst von der Werft erbaut wurde und immer noch mit ihrem Namen geschmückt ist. Für die Anwohnerinnen und Anwohner ist sie ein Symbol der guten alten Zeit.

Das Stadion entstand Mitte der Achtziger, erzählt der ehemalige Direktor von Uljanik Standard, »weil Uljanik so viel Geld hatte, dass [die Betriebsleitung] nichts damit anzufangen wusste, und so ist sie hingegangen und hat die Lebensqualität in der Stadt verbessert. Um die Erholungsbedürfnisse zu stillen.« (U.S.) Bis 2011 diente das Stadion als Heimstätte für den größ-

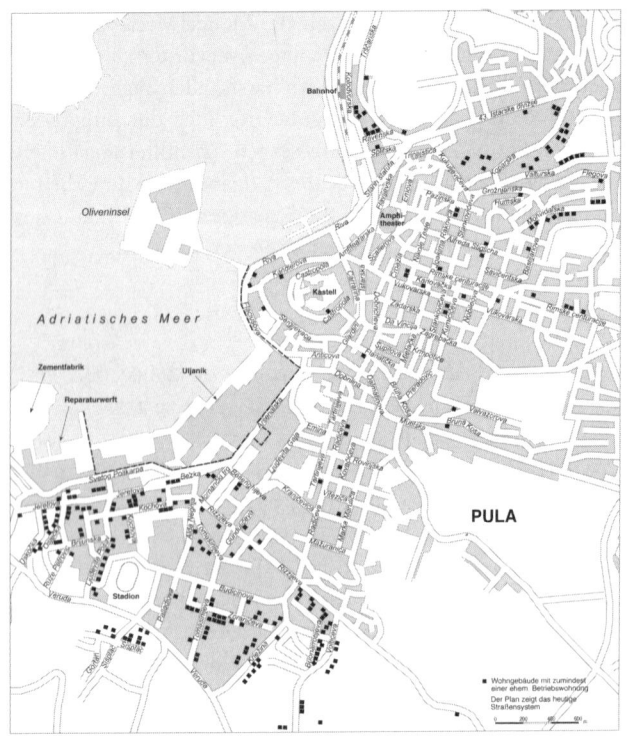

Karte 4: Räumliche Verteilung der Betriebswohnungen
von Uljanik.

ten lokalen Fuballklub NK Istra 1961, der Anfang der Sechziger aus einer Fusion des Uljanik-Werksklubs und des von der
Stadt finanzierten NK Pula enstanden war. Heute kommen an
warmen Frühlingsabenden Menschen aus der Nachbarschaft
hierher, um zu joggen und Übungen entlang der Aschenbahn
zu machen, zudem sieht man Schulklassen aus dem Ausland,
die hier während einer Sportwoche trainieren. Auf dem Fuß-

ballfeld halten die Uljanik-Senioren und -Junioren regelmäßig ihr Training ab. Hinter dem Uljanik-Banner befinden sich ein paar Basketballplätze, auf denen häufig Kinder spielen.

Für eine so sportbegeisterte Gesellschaft wie die kroatische war es wichtig, dass die Werft trotz des Schrumpfungsprozesses bis zuletzt den Amateursport unterstützte: Der von Uljanik Standard betriebene Klub NK Uljanik trat in der Bezirksliga an; seine Heimspiele trug er im Stadion in Veruda aus, gesponsert wurde er von der Werft. Ein in der örtlichen Fanszene aktiver Werftarbeiter betont, »die Mehrheit der NK Uljanik-Spieler« arbeite »in der Uljanik-Werft, sie arbeiten von Montag bis Freitag, aber für den Fußball bekommen sie nichts«. Der Deal sei vielmehr: »Wir haben dir einen Job gegeben, du bekommst ein Gehalt, dafür spielst du für null Kuna.«[16]

Einen knappen Kilometer südlich des Stadions erstreckt sich die beliebte Küstenstraße Lungomare. Ein paar hundert Meter östlich liegen die Hochhäuser von Vidikovac – einst ebenfalls vor allem für die Familien der Werftbeschäftigten errichtet. Hübsch sind die Wohnblöcke nicht, dafür genießt man von dort eine traumhafte Aussicht auf die Bucht von Pula und die Inseln von Brioni. Noch etwas weiter südlich beginnt die bewaldete Halbinsel Verudela mit einem Tourismuskomplex und der Marina Bunarina. Hier findet man den Uljanik-Tauchklub, das Ruderklubhaus der Werft, zahlreiche Boote und einen kleinen Dampfer, der Passagiere auf die vorgelagerte Insel Fratarski otok bringt. Früher verbrachten auf der kleinen Insel viele Uljanik-Familien den Sommer in Zelten, während sie ihre Wohnungen an Touristen vermieteten.

All diese Orte gehörten früher der Werft, doch ab 2018 veränderten sich die Eigentumsverhältnisse. Das Stadion in Stoja wurde an die Stadt verkauft, die es zur allgemeinen Benutzung weiter unterhält und sogar ein großes Hallenbad anbauen ließ. Auch Fratarski otok, früher im Teilbesitz von Uljanik, gehört nun der Kommune. Dieser Wechsel des Eigentümers wirkt wie ein Echo der sozialen und ökonomischen Veränderungen, insbesondere des schwindenden Einflusses der Werft. Anhand dieser Verschiebungen können wir die veränderten Bedeutungen und Werteregime, die über die Jahre mit Uljanik assoziiert wurden, ebenso verfolgen wie die sozialen Beziehungen und Machtstrukturen, die der Eigentumsordnung zugrunde liegen.[17]

Dass im Staatssozialismus Betriebe eine zentrale Rolle für die soziale Wohlfahrt und das kulturelle Leben spielten, ist wohlbekannt. Die vollen staatsbürgerlichen Teilhaberechte erwarb man über den Arbeitsplatz – und je nach Potenz des Unternehmens, bei dem man beschäftigt war, genoss man mehr und bessere oder weniger und schlechtere Sozialleistungen. Mit der Bindung von Wohlfahrt an den Betrieb hofften Betriebsleitungen und Wirtschaftsplaner darüber hinaus, Beschäftigte an den jeweiligen Arbeitgeber zu binden, denn die sozialistischen Ökonomien zeichneten sich durch beträchtliche Arbeitskräftefluktuation aus, in Jugoslawien noch verschärft durch die Möglichkeit der Abwanderung in den Westen.[18]

In Jugoslawien verstärkte zudem die Selbstverwaltung diese Korporatisierung der Wohlfahrt in zweierlei Hinsicht. Zum einen war die Besteuerung der Unternehmen die wichtigste Quelle zur Finanzierung städtischer Leistungen, darunter Seniorenheime, Kinderbetreuungseinrichtungen, kulturelle Aktivitäten, Straßeninstandhaltung, Feuerwehr etc., die allesamt »selbstverwaltet« organisiert waren. So zahlte Uljanik 1979 rund 50 Prozent der Kommunalsteuern, die in der Stadt Pula insgesamt anfielen.[19] Von den Bruttogehältern der Beschäftigten wurden nicht nur Steuern und Beiträge (*doprinosi*) für die »reguläre« Sozialversicherung (Gesundheit- und Arbeitsunfähigkeitsversicherung sowie Rente) abgezogen, sondern auch Abgaben für die städtischen Kultur- und Sozialbudgets, für einen Kinderschutzfonds, für städtische Sozialleistungen sowie die Grund- und Sonderschulen – je nach Wohnort 29 bis 30 Prozent des Bruttolohns.[20] Über das Delegiertensystem entsandte die Uljanik-Werft ihre Vertreterinnen und Vertreter in diverse »selbstverwaltete Interessengemeinschaften«, welche die Wohlfahrts- und Kulturarbeit in der Stadt organisierten und über die Ausschüttung der Abgaben entschieden.[21] Damit schuf das Selbstverwaltungssystem unzählige formalisierte Schnittstellen zwischen der Werft und der Stadt, so dass die Außengrenze des Unternehmens strukturell verwischt wurde und die Stadt umgekehrt weit in die Werft hineinreichte, wodurch eine wechselseitige Abhängigkeit entstand (siehe Kapitel 3).

Zugleich stellte die Werft ihren Arbeitern und deren Familien Wohlfahrts- und Freizeitdienstleistungen direkt zur Verfügung – sie kümmerte sich also um den Lebensstandard (*životni standard*) der Beschäftigten, ein von der Betriebsleitung und Gewerkschaft häufig verwendeter Begriff. Seit der Aufteilung von Uljanik in sogenannte Basisorganisationen der Vereinten Arbeit Mitte der siebziger Jahre existierte zu diesem Zweck eine »Arbeitsgemeinschaft für gemeinsame Dienstleistungen«. Das war keine der genannten Basisorganisationen, sondern ein Dienstleister für Arbeitsgesundheit und -sicherheit, militärische Selbstverteidigung, Personalaufgaben und rechtliche Fragen. Die Liste der Ausgaben der Arbeitsgemeinschaft war lang: Sie umfasste Gelder für Aktionen an Festtagen (zum Beispiel den Tag der Kinderfreude und den Uljanik-Tag), für Auszeichnungen und Preise, Schulbücher und Schulungen, Nachrufe auf verstorbene Beschäftigte und Rentner, Ruhestandsfeiern, Kindergärten und Kinderkrippen, Sportklubs usw.[22] Es ging mithin nicht nur um den individuellen Lebensstandard der Beschäftigten, sondern den »gesellschaftlichen Standard« (*društveni standard*), für den sich die Werft ebenso verantwortlich fühlte, wie das Betriebsmagazin nicht müde wurde zu betonen (siehe Abbildung 13). Im Zuge der Reorganisation der Werft am Ende des Selbstverwaltungssozialismus wurde im Juni 1990 aus dieser Arbeitsgemeinschaft das Subunternehmen Uljanik Standard, dem wir schon mehrfach begegnet sind. Dieses war weiterhin sowohl für Sozialleistungen als auch die Freizeitinfrastrukturen und das Sponsoring von Firmenklubs verantwortlich – in den Jahren der tiefen Wirtschaftskrise 1990/91 leistete es auch Hilfe bei der Beschaffung von verbilligten Lebensmitteln und Heizmaterial.

Uljanik Standard verwaltete auch die Betriebswohnungen. Daten aus dem Betriebsarchiv zeigen, dass allein von 1981 bis 1985 540 neue Wohnungen für Uljanik-Beschäftigte geschaffen werden konnten und dass sich 1985 100 weitere Wohneinheiten im Bau befanden.[23] 1992 verfügte die Werft über 2744 Wohnungen – in einer Stadt mit damals rund 50000 Einwohnern (siehe zur räumlichen Verteilung der Wohnungen Karte 4).[24] Darüber hinaus gewährte die Werft billige Darlehen für den Bau von Einfamilienhäusern. Ein interviewter Arbeiter erinnert sich an eine der letzten Wohnbauinitiativen:

> Das war in den frühen Achtzigern, ca. 83, 84 oder 85, wann genau weiß ich nicht, als Uljanik in Vidikovac zwei ganze neue Straßen errichtete, alle Grundstücke vorbereitete, Wasser, Elektrizität, Telefon, asphaltierte Einfahrten, und wer Sozialpunkte hatte [je nach Kinderzahl, Beschäftigungsdauer sowie Bedürftigkeit hatte man mehr oder weniger], konnte ein Grundstück anstelle einer Wohnung bekommen. Sie haben gute Kredite für die Häuser erhalten – es gab Fertigbau, aber auch Massivhäuser, aber diese gehörten zu einer Genossenschaft [*zadruga*]. Alle haben für die Bauvorhaben Materialien zu einem anständigen Preis bekommen. Und dann waren wir solidarisch, miteinander befreundet, haben geholfen. (Č. Č.)

Nije slučajno izgradnja stadiona došla u 130. godišnjicu »Uljanika«

DRUŠTVENI STANDARD

Stanogradnja se rješava društvenom gradnjom i gradnjom vlastitih kuća

Uljanikovci na moru... i na snijegu

Oko 4000 Uljanikovaca hrani se u šest suvremeno opremljenih blagovaonica

Sportski centar Bunarina okuplja brojne poklonike sporta i rekreacije vezane uz more

Abb. 13: Bestandteile des gesellschaftlichen Standards im Betriebsmagazin *Uljanik* (1986).

223

Vage erinnern sich die Arbeiterinnen und Arbeiter an die Wartelisten und Beitragszahlungen, die notwendig waren, um an die begehrten Wohnungen zu kommen: In den Achtzigern »wurden jeden Monat Beiträge für den Wohnungsbau vom Lohn abgezogen, 0,5 oder 1 Prozent, ich weiß es nicht mehr«. Zumindest konnten sich »alle, die zu Uljanik kamen, darauf verlassen, dass sie in fünf bis acht Jahren zumindest irgendeine Unterkunft von Uljanik bekommen würden.« (Č. Č.)

Die Topoi der Wohnproblematik (*stambeno pitanje*) und der Wohnbedürfnisse (*stambene potrebe*) kommen auch in den Interviews mit dem ehemaligen Direktor von Uljanik Standard zur Sprache. Er war seit 1984 für die Werft tätig und betont, der Fokus auf die Wohnbedürfnisse sei das Leitprinzip für die Tätigkeit seiner Arbeitsgemeinschaft gewesen. Ein erbitterter Streit im März 1989 zeigt, wie aggressiv und selbstbewusst Uljanik den Wohnungsbau betrieb: Die städtischen Behörden beschuldigten die Werft, ohne Genehmigung zu bauen, was die Uljanik-Vertreter nicht einmal abstritten; sie erklärten vielmehr, das sei unvermeidbar, da die Stadt unfähig sei, rechtzeitig Baugenehmigungen auszustellen. Bruno Bulić, der Vorsitzende des Gewerkschaftskomitees, erläuterte die Position der Werft in Pula: »Wir wenden viel Geld für diese Stadt auf und werden das auch weiterhin tun [...] Wir wollen auch in Zukunft Teil des Lebens dieser Stadt sein, mehr nicht.«[25] Soziale Investitionen dienten mithin nicht nur der Gemeinschaftsbildung, sondern auch dem Aufbau von sozialem und symbolischem Kapital, das für Forderungen gegenüber politischen Autoritäten genutzt werden konnte (siehe Kapitel 3).

Als die Aufgaben und Pflichten von Uljanik Standard in der postsozialistischen Zeit schrittweise reduziert wurden und die Zahl der Beschäftigten schrumpfte, wurden die Wohnungen privatisiert. Die Werft nutzte den Verkauf außerdem, um Kasse zu machen und sich gegen die drohende Insolvenz zu stemmen.

Der Exdirektor von Uljanik Standard beschreibt die schrittweise Privatisierung so:

> 1992 begann der Verkauf: 1993, 1994, 1995, 1996. 1996 war
> diese Etappe abgeschlossen, da alle Wohnungen, die bis da-
> hin zum Verkauf standen, verkauft waren. Nur ein kleiner
> Teil des Wohnungspools blieb unverkauft. Die Leute konn-
> ten sie nicht kaufen, manche weil sie krank waren, andere
> wollten nicht, einige aufgrund ihres Alters. Es gab da ver-
> schiedene Fälle, von allem etwas. Trotzdem wurde diese gan-
> ze Transition innerhalb von, sagen wir, vier Jahren durch-
> geführt.

Für die ehemaligen Mieter wiederum stellte die Wohnungspri-
vatisierung eine einmalige Möglichkeit dar, günstig an eigenes
Wohneigentum zu kommen – man hatte die Option auf langfristige Rückzahlungen mit niedrigen Monatsraten. Dies erwies
sich als wichtige Maßnahme zur sozialen Stabilisierung in einer
Zeit, in der die Löhne sehr gering waren – und als Investition
in die Zukunft, denn die Wohnungen werden heute im Sommer
gerne an Touristen vermietet.

Ungeachtet der Eigentumsverhältnisse verkörpern die ehemals betriebseigenen Wohnblöcke, das Stadion und die übrigen Sportanlagen die Werft somit nach wie vor in der Stadtlandschaft. Sie sind nicht nur machtvolle *lieux de mémoires* der
industriellen Moderne, sondern breit genutzte und dadurch
sozial angeeignete Lebensräume; in den Cafés zwischen den
Wohnblöcken, wo sich die ehemaligen Uljanik-Arbeiter untertags häufiger zum Bier oder *gemišt* (Weinschorle) als zum
Kaffee treffen (Frauen sind hier eher selten), wird Tag für Tag
die Erinnerungsgemeinschaft am Leben gehalten. Auf diese
Weise zeichneten die Erinnerungsorte während unserer Feldforschungen eine Verbindung zwischen der Vergangenheit von

Uljanik und der Gegenwart – auch wenn diese oft gebrochen und rekonfiguriert werden sollte.

Die volkseigene Werft in Gdynia stand dem selbstverwalteten Unternehmen in Pula in puncto Multifunktionalität in nichts nach. Das verursachte auch dort Kosten, die aber als originäre Aufgaben des Betriebes akzeptiert wurden und nicht zur Disposition standen. Dahinter verbarg sich ein anderes Verständnis von Wirtschaften als im Kapitalismus. Dafür war Karl Polanyi auf einer abstrakten Ebene bereits 1923 eingetreten. Er forderte damals in einer Abhandlung über die sozialistische Rechnungslegung, die sozialen Dienstleistungen für die Gemeinschaft in die Unternehmensbilanzen aufzunehmen und den Betrieb nicht nur an seinem Output an Gütern zu messen.[26]

Die realsozialistische Buchhaltung wich von dieser Sicht auf die Dinge nur unwesentlich ab. In der Regel enthielten die Jahresberichte der Pariser Kommune neben den Produktionskosten auch »indirekte Kosten«, als welche die diversen Wohlfahrtsleistungen verbucht wurden. So verzeichneten sie zum Beispiel 1980 die Ferienaufenthalte von 4718 Beschäftigten und ihren Kindern in den betriebseigenen Erholungszentren in Wieżyca, Szklarska Poręba und Jastrzębia Góra. Die Werft unterhielt außerdem Kultur- und Bildungseinrichtungen wie eine Bibliothek und subventionierte die frühkindliche Bildung massiv. Ein kleinerer Kostenpunkt waren die in der sozialistischen Mangelwirtschaft äußerst populären Schrebergärten. 1980 erreichten die Gesamtausgaben für »soziale Aktivitäten« 31 Millionen Złoty. Nur ein Bruchteil dieser Summe wurde aus den Eigenerlösen bezahlt, den größten Teil, 20 Millionen Złoty, deckten die Sozialfonds der Werft ab.[27]

Neben den sozialen Aktivitäten umfasste der Jahresbericht auch »häusliche Aktivitäten«. Dabei lagen die Kosten für den eigentlichen Wohnungsbau 1980 bei nur 3,2 Millionen Złoty, der mit 55 Millionen Złoty weitaus größte Posten waren die

Betriebskosten sowie die Unterbringung zusätzlicher Beschäftigter in Arbeiterhotels und anderen Quartieren. Ebenfalls in diese Kategorie fielen die Behandlungskosten der Arbeiter und Arbeiterinnen in den betrieblichen Gesundheitszentren und die Ausspeisung in acht Speisesälen, sechs Kantinen, sieben Lebensmittelkiosken, einem Obst- und Gemüsekiosk, einem Lebensmittelgeschäft, einer Suppenküche sowie einer Kaffee- und einer Milchküche. Auch die Berufsschulen des Betriebs waren als »häusliche Aktivitäten« klassifiziert, ebenso die Dienstleistungen der Einkaufsabteilung. 1978 zum Beispiel wurden 925 Tonnen Kartoffeln, 60 Tonnen Zwiebeln und 100 Tonnen Obst an die Beschäftigten und Rentner des Betriebs verteilt (wie oben von Leszek beschrieben).[28] Alles in allem beliefen sich die »häuslichen« Aktivitäten im Jahr 1980 auf 85 Millionen Złoty, ihr Anteil am Nettoverlust betrug etwa 15 Prozent.

In der Stocznia Gdynia begann die Reorganisation der »sozialen« und »häuslichen Aktivitäten« in den neunziger Jahren. Allerdings war die Transformation der betrieblichen Wohlfahrt ähnlich unvollständig wie die in Kapitel 3 dargestellte eigentumsrechtliche Transformation. Die Wohlfahrtsdienstleister wurden zwar in separate Unternehmen umgewandelt, doch in der Praxis waren die Veränderungen gering. Ein Beispiel hierfür ist das Erholungszentrum in Wieżyca, einem Dorf in der Pommerschen Seenplatte, in dem die Schiffbauer – trotz des Outsourcings – die wichtigste Kundengruppe blieben. Dies galt auch für den Sportklub Bałtyk, der ungeachtet seiner Ausgliederung seine Mitglieder weiterhin unter den Werftarbeitern rekrutierte. Die Resilienz der Multifunktionalität wird durch die breite Palette an Dienstleistungen bezeugt, die ein 1993 von der Werft gegründetes Hotel- und Tourismusunternehmen anbot:

1. Bereitstellung von Tourismus- und Freizeitdienstleistungen, 2. Sanatoriumsdienstleistungen, 3. Bereitstellung von

Speisen und Getränken sowie weitere Verpflegungsdienstleistungen, 4. Vermietung von Geschäftsräumen und Wohngebäuden, 5. Lagerdienstleistungen und Immobilienbetreuung, 6. Lebensmittelproduktion und -verarbeitung.[29]

Die Entflechtung der verschiedenen Unternehmensteile der Stocznia Gdynia vollzog sich also ebenso gemächlich und zum Teil rein formalistisch wie in Pula.

Ein Bereich, in dem sich die Restrukturierungsbestrebungen gegen das Beharrungsvermögen durchsetzten und eine substanzielle Transformation auf der lokalen Ebene in Gang brachten, war in Gdynia das Gesundheitssystem. Die betriebseigene, direkt auf dem Werftgelände befindliche Klinik wurde im Jahr 2000 an Euromedicus verkauft, einen Ableger des Nationalen Gesundheitsfonds, der die Gesundheitsversorgung in Polen koordiniert und finanziert (Uljanik hatte keine eigene Klinik, vielmehr war das jugoslawische Selbstverwaltungssystem stärker darauf ausgelegt, dass der Betrieb ihrerseits selbstverwaltete Anbieter von Wohlfahrts- und Gesundheitsleistungen kofinanzierte). Infolgedessen verloren die Werftbeschäftigten ihren privilegierten Status im Krankenhaus, schon bald klagten viele über mehrmonatige Wartezeiten. Noch schlechter war die Situation für diejenigen, die bei rechtlich eigenständigen Subunternehmern angestellt waren: So hatte zum Beispiel die Firma Euromal, die den Anstrich der Schiffe besorgte, einen Vertrag mit einem privaten Gesundheitsdienstleister abgeschlossen, weshalb ihre Beschäftigten kein Anrecht mehr auf die Behandlung in der ehemaligen Werftklinik hatten. Dies wurde zu einem akuten Problem, als sich ein Arbeiter bei einem Arbeitsunfall Metallspäne ins Auge einzog:

Wie es in solchen Fällen üblich war, bin ich zu dem Augenarzt in der Werft gegangen. Aber dort erfuhr ich eine unangenehme Überraschung. Sie haben abgelehnt, mich zu untersuchen, obwohl ich versichert bin! An der Rezeption wurde mir gesagt, dass sich die Arbeiter von Euromal nicht mehr [in der Euromedicus-Klinik] in der Czechosłowacka-Straße anmelden können. Ich wurde in die Klinik in der Chrzanowski-Straße geschickt. Allerdings musste ich bis zum nächsten Tag warten und dreißig Złoty bezahlen. Für mich, als freiwilliger Blutspender über zwanzig Jahre und Werftarbeiter, hat sich das falsch angefühlt.[30]

Diese Erinnerung zeigt ganz nebenbei die Fruchtbarkeit der Oral History und ihrer Verbindung mit schriftlichen Quellen, denn durch die mündliche Überlieferung wurde unser Forscherteam überhaupt erst auf die ganze Angelegenheit aufmerksam, so dass wir in der Lokalpresse nach weiteren Belegen suchten: Diese publizierte tatsächlich im Juni 2004 einen kritischen Artikel, worauf der Ombudsmann der Stocznia Gdynia erwiderte, die Werft habe »jetzt ein viel ernsteres Problem […] als die Klinik«.[31] Offenbar räumte das Management angesichts der andauernden Liquiditätsprobleme der Zahlung ausstehender Löhne und der Rettung von Arbeitsplätzen Vorrang vor Dienstleistungen im Gesundheitswesen ein. Für das Image der Werft und ihre Position im Sozialgefüge der Stadt war das kontraproduktiv, wobei sich die gesparten Kosten für die Klinik in den Unternehmensbilanzen (einer weiteren wichtigen schriftlichen Quelle) selbstverständlich positiv niederschlugen. Für uns war der Vorgang nur eine weitere Bestätigung dafür, dass eine Unternehmensgeschichte nicht nur die Führungsebene, sondern auch die Belegschaft umfassen sollte – wobei wir diese Kombination aus Unternehmens- und Arbeitsgeschichte auch für westliche Länder für sinnvoll halten.

Wie in Pula war Wohnraum in Gdynia ein wesentlicher Bereich der betrieblichen Wohlfahrt; und ab den Neunzigern erlebte er auch dort eine tief greifende Transformation. In Polen hatten sich der Staat und die Gemeinden in den siebziger Jahren graduell aus dem zentralen Wohnungsbau zurückgezogen. Auf Basis eines neuen Genossenschaftsgesetzes gründete die Pariser Kommune die Wohnungsgenossenschaft Stoczniowiec (Werftarbeiter), die ihren Hauptsitz in einem der Werftgebäude hatte. Bis 1989 baute die Genossenschaft unter Nutzung von Vorzugskrediten der PKO Bank über vierzig Wohnblöcke. Bis 1995 konnten die Genossenschaftsmitglieder diese Wohnungen zu günstigen Konditionen kaufen – eine Gelegenheit, von der viele Schiffbauerfamilien Gebrauch machten. Nach dieser ersten Transformationsperiode wurde die Genossenschaft rechtlich von der Werft getrennt, verließ das Betriebsgelände und offeriert seitdem Wohnungen zu kommerziellen Bedingungen an zahlungskräftige Kunden – die Schiffbauerfamilien sind nur noch selten unter ihnen, wie einer unserer Interviewpartner beklagt (B. W.).

Neben den Wohnungen waren während des Sozialismus, aber auch noch eine Zeit lang danach, Qualifizierungsangebote eine weitere wichtige Maßnahme, um Personal an sich zu binden und neue Beschäftigte in die Werftgemeinschaft zu sozialisieren: Beide Werften offerierten ein umfangreiches Ausbildungsprogramm; sie kooperierten mit oder betrieben eigene Berufsschulen und finanzierten Stipendien für spezialisierte Schiffbauprogramme an technischen Hochschulen. So entstand ein komplettes Schiffbauökosystem von Institutionen, Fachwissen und persönlichen Netzwerken. Die Berufsausbildung war stark mit den Arbeitsabläufen verzahnt:

Ich erinnere mich, dass ich von Herr Zwierzyński, dem Vizedirektor der Werft, unterrichtet wurde. Viele Ingenieure, viele Leute aus der Werft haben technische Dinge unterrichtet, natürlich. Wir hatten von der ersten Klasse an Praktika in der

Werft, auf dem Schiff. Die meisten, wie die Schweißer etc., waren von Anfang an auf dem Schiff; ab der zweiten, dritten Klasse beispielsweise wurden sie schon den Brigaden zugeteilt. Sie haben ihre Leute schon kennengelernt. Die Praktikanten kannten die Arbeiter und Vorarbeiter. Und nach Abschluss der Schule wusste jeder Brigadier, jeder Leiter, wer sie waren, wen sie ranholen wollten etc. Das war so eine Kontinuität. (G. K.)

Angesichts dieses Erfolgsmodells ist es wenig überraschend, dass die Aus- und Weiterbildungsinfrastruktur während der ersten Periode der Transformation relativ unberührt blieb. Obwohl die Qualifizierungsabteilung der Stocznia Gdynia 1990 aufgelöst wurde, betrieb die Werft weiterhin die Schiffbauberufsschule und die Schiffbaufachschule. Nach sozialistischer Tradition wurden die Schüler und (zahlenmäßig deutlich weniger) Schülerinnen dieser Einrichtungen auch nach 1989 von Anfang an mit der alltäglichen Arbeit vertraut gemacht, wie ein anderer Arbeiter berichtet: »1989 habe ich mit der Schiffbauschule begonnen. Zuerst die Berufsschule, dann die Fachschule. Und ich hatte von Anfang an Praktika und habe in der Werft gearbeitet. Und ich war die ganze Zeit mit der Stocznia Gdynia verbunden.« (G. K.) Obwohl er ursprünglich aus dem Süden Polens und nicht aus einer Schiffbauer-Familie stammte, verbrachte er seine gesamte berufliche Biografie in der Branche – nach dem Bankrott der Stocznia begann er in einem der Spezialunternehmen zu arbeiten, die auf ihrem Gelände entstanden. 2004 verkaufte die Werft jedoch die Berufs- und die Fachschule an die Stadt, um Schulden zu tilgen. Das einstige Schiffbauausbildungszentrum in der Energetyków-Straße, rund 500 Meter vom Haupttor der Werft entfernt, blieb noch bis 2016 bestehen und wurde dann im Zuge einer landesweiten Bildungsreform aufgelöst. Auf der Abschlussfeier nannte die Parlamentsabgeordnete Małgorzata Zwiercan diese Schließung einen »symbolischen Akt, der den Abwicklungsprozess der Stocznia Gdynia beendet«.[32]

Viele Dienstleistungen, die zuvor zu den »sozialen« oder »häuslichen Aktivitäten« der Werft gezählt hatten, wurden im Kapitalismus von eigenständigen Unternehmen erbracht. Angesichts ihrer Profitabilität lässt sich die in den neunziger Jahren getroffene Entscheidung zur Restrukturierung und Konzentration auf das gewählte Kerngeschäft infrage stellen. Ist es möglich, dass die Reformer das Kerngeschäft der Werft völlig falsch interpretiert haben? Lag dieses vielleicht gerade in den »sozialen« und »häuslichen Aktivitäten« und nicht im Bau von Schiffen? Das würde bedeuten, dass die Stocznia Gdynia insgeheim noch immer am Leben wäre, zersprengt und unter anderen Namen.

Den Kollaps überwinden: Schiffbau, Hierarchien und die Sehnsucht nach Gemeinschaft

Wenn sich die Arbeiter und Arbeiterinnen an die Gewerkschaften im späten Sozialismus erinnern, erwähnen sie nicht unbedingt Streiks, Arbeitskampf und Lohnverhandlungen, wie man es aus dem westlichen Europa kennt, sondern die von ihnen organisierten Geschenke und Ausflüge. Im Vergleich zur postsozialistischen Zeit lag der Schwerpunkt der Gewerkschaften stärker auf sozialen Fragen und weniger auf dem Arbeitsrecht, berichtet ein Pulaner Funktionär:

Wir haben für die Arbeiter *zimnice* [eingelegtes Gemüse für den Winter] organisiert, wir haben dafür gesorgt, dass die Arbeiter, sagen wir, billig Kartoffeln bekamen, manchmal

Fleisch, hier ein paar Ausflüge, da eine Aktivkur, die sie machen konnten. Wir hatten weniger mit Arbeiterfragen [*radnička pitanja*] zu tun als jetzt. (B. Bu.)

Ein langjähriger Uljanik-Arbeiter erzählt, die Gewerkschaft habe »Wochenenden in einem Hotel in Poreč organisiert«, dazu

> medizinische Heilbehandlungen, Thermalbäder, das hat die Gewerkschaft nach Vorlage eines ärztlichen Attests bezahlt. Und auf dieselbe Weise, über die Gewerkschaften – die waren stark! – gerade unsere Uljanik-Gewerkschaft, konnten wir Winter- und Sommerurlaube in Slowenien verbringen. (M.D.)

Wie in anderen Zusammenhängen erwähnt,[33] spielten die Gewerkschaften in Jugoslawien und anderen sozialistischen Staaten (die Solidarność in Polen ist ein Sonderfall, den wir später noch besprechen werden) eine andere Rolle als in kapitalistischen Ländern. Die Gewerkschaft war auch in Jugoslawien an der Parteilinie ausgerichtet und funktionierte als Transmissionsriemen zwischen der Partei und den Beschäftigten.[34] Mehrere unserer Gesprächspartner meinten, man habe keine Wahl gehabt, »im damaligen System gab es nur eine Gewerkschaft, der du quasi beitreten ›musstest‹; wenn du [irgendwo] angestellt warst, wurdest du mehr oder weniger automatisch Mitglied« (B.N.C.). Ein ehemaliges Mitglied des Arbeiterrats ergänzt, dass er das Gefühl hatte, als Bauer (*pijun*) in einem größeren Spiel eingesetzt zu werden – und deshalb aus der Gewerkschaft ausgetreten sei.

Das sozialistisch geprägte Gewerkschaftsmodell hatte den neoliberal inspirierten Wirtschaftsreformen nach dem Ende der kommunistischen Herrschaft wenig entgegenzusetzen. Angesichts der wirtschaftlichen Prekarität und wachsenden Arbeitslosigkeit kam es zu einer starken Disziplinierung der Arbeiterinnen und Arbeiter. Die Fragmentierung der Gewerkschaften in Kroatien nach 1990, weitgehend entlang der politischen Scheidelinien im Land, erwies sich dabei als kontraproduktiv: Die Pulaner Schiffbauer wurden anschließend von drei verschiedenen Gewerkschaften vertreten. Die größte Gewerkschaft – Jadranski Sindikat (Adria-Gewerkschaft) – galt als militanter, die beiden anderen (die Metallarbeitergewerkschaft sowie die Gewerkschaft für Istrien, die Kvarnerregion und Dalmatien) waren lange neben dem Management im Aufsichtsrat von Uljanik vertreten, was einige Arbeiter als Interessenkonflikt betrachten und sie in ihren Augen als »gelbe Gewerkschaften« diskreditiert. Sie sahen darin eine Kontinuität zum spätjugoslawischen Sozialismus, als die Gewerkschaft in der Verfassung und den Gesetzen des Land als Institution definiert wurde, die staatliche Politik umzusetzen hatte, und nicht als eine, die Unterstützung für die Arbeiter und ihre Selbstorganisation bot. Die Arbeiterselbstverwaltung, die während des Sozialismus den Mangel an gewerkschaftlicher Interessenvertretung hätte kompensieren sollen, konnte letztlich die wachsende Entfremdung der Arbeiterinnen und Arbeiter von den Betriebsleitungen und den Regierenden insgesamt ebenfalls nicht verhindern.[35]

Ende Juni 2018 lädt der Rentner Ivo, der sein ganzes Leben in der Uljanik-Werft gearbeitet hatte und es bis zum Vorarbeiter gebracht hat, ein Mitglied unseres Forscherteams in eines der bei Uljanik-Arbeitern beliebten Cafés auf dem Veruda-Markt ein – manche trinken ihren Kaffee oder ihr Bier in Arbeitsuniform, was die Präsenz des Unternehmens sichtbar unterstreicht. Wenn Ivo über die Werft spricht, hat er beinahe Tränen in den Augen, und obwohl er mehrfach betont, ihm fehle es an Wissen über die heutige Situation, kontrastiert er seine Erinnerungen doch immer wieder mit der Gegenwart. Er hebt hervor, Uljanik müsse »die richtigen Leute am richtigen Platz« haben. Seiner Meinung nach müssten die Vorarbeiter nach oben rutschen, da sie die Aufgaben kennen, welche die ihnen unterstellten Arbeiter zu erledigen haben – auf diese Weise würden sie sich deren Respekt verdienen.[36] Ivo ist nicht der Einzige, der unterstreicht, dass die alten Direktoren sich Schritt für Schritt hochgearbeitet hätten, während die neuen Manager oft nur wenig oder gar nichts über ihre Aufgaben wüssten und eine separate Klasse bildeten – eine Gruppe von Leuten, die »hereingekommen waren« (mehr dazu im nächsten Kapitel). Diese Verschiebung lässt sich als eine Form der Entfremdung infolge der Ausbildung einer separaten Managerklasse interpretieren.

Im selben Café trifft unser Koautor eine Woche später Ivos Sohn, der ebenfalls bei Uljanik arbeitete. Er beschreibt, wie der Preis für gewisse Leistungen, die an Subunternehmer vergeben werden – zum Beispiel das Anstreichen des Schiffs –, sich vor einigen Jahren verdoppelt hat. Als er sich im Betrieb erkundigt, weshalb sich Uljanik wie eine Kuh melken lässt, wird er von seinen Vorgesetzten ignoriert. Trotz seiner Kritik an derartigen Praktiken sieht Ivos Sohn die Transformation insgesamt positiv, betont allerdings, kapitalistische Vetternwirtschaft und Nepotismus seien in Kroatien weitverbreitet. Doch nicht alle Arbeiter sehen im Management die einzigen Schuldigen am Niedergang der Werft. Einige Arbeiter erklären, der Betrieb wirke wie in den siebziger Jahren eingefroren. Ein relativ junger Schiffbauer präzisiert, das Problem sei weniger die alte Technologie als »das mangelnde Interesse an neuer Technologie«, wobei er diesen Mangel in der »Arbeitermentalität« verortet – ältere Teammitglieder würden bloß auf den Ruhestand warten und bis dahin nur das absolut nötige Minimum an Arbeit erledigen. Er beschreibt diese Haltung mit dem Satz »Ein anderer wird's schon richten«, womit er zusätzlich Uljaniks Problem einer schwach ausgeprägten individuellen Rechenschaftspflicht und Verantwortlichkeit anspricht – die systemische Verantwortungslosigkeit, der Befund von Kapitel 3, hat also auch Eingang in die vernakularen Narrative gefunden.

Diese Kritik ist nicht neu. So beklagte 1989 ein Ingenieur in einem Interview mit der Betriebszeitung die unzureichenden Fähigkeiten der neuen Arbeiter, »weil die Schulen nicht mehr die [Art von] Kader produzieren wie früher«.[37] Ein anderer Arbeiter erklärte bereits damals, eines der ärgerlichsten Probleme von Uljanik sei die Tatsache, dass sich niemand für irgendetwas verantwortlich fühle, wofür er der Unternehmensleitung und der aufgeblähten Verwaltung die Hauptschuld gab.[38] Die Arbeiter beklagten am Ende des Sozialismus die fehlende Anerkennung besonderer Leistungen, nachdem das Prämiensystem abgeschafft worden war, und die Tatsache, dass jene mit schwachem Arbeitseinsatz genauso viel verdienten wie die Leistungsorientierten, außerdem mangele es an Effizienz und Disziplin. Sie stellten sich also gegen Gleichmacherei. Die Missstände im Betrieb konnten leicht in generelle Systemkritik kippen, ähnlich wie es Michael Burawoy bei seinen Feldstudien in einem ungarischen Stahlwerk in den Achtzigern beobachtete: »Die Arbeiter sehen allerorts Unwirtschaftlichkeit, Ungerechtigkeit und Ungleichheit. Die Arbeiter kehren die herrschende Ideologie gegen die Herrschenden und fordern, diese müssten die Ansprüche ihrer sozialistischen Propaganda verwirklichen.«[39]

Ihren kritischen Blick haben sich die Arbeiterinnen und Arbeiter auch nach dem Systemwechsel bewahrt; sie prangern die erwähnte kapitalistische Vetternwirtschaft und die gebrochenen Versprechen der einander ablösenden Regierungen an. Im Zuge des Interviews mit Ivan und seiner Frau Jadranka tut sich jedoch eine interessante Diskrepanz auf. Ivan hat vierzig Jahre als Schweißer in der Pulaner Werft gearbeitet, seine Haut ist vom steten Funkenflug mit winzigen Narben übersät. Er blickt nostalgisch auf das sozialistische Uljanik, das ein viel besseres System gewesen sei, weil »es für die Arbeiter sorgte, während das neue System nur für die Manager sorgt«. Diese hätten keinerlei Einblick in die Schiffbauarbeit, sie seien keine »Fachleute«, weil sie die Aufgaben der ihnen unterstellten Arbeiter nicht ausführen könnten und daher auch keine Fehler bemerkten. Er ist der Überzeugung, das neue System habe die Industrie vernichtet. Seine Frau sieht dies anders: Das Problem in Kroatien sei vielmehr der »wilde Kapitalismus«, während der »echte Kapitalismus gerecht sei« – so könnten beispielsweise in Deutschland selbst die am schlechtesten bezahlten legal beschäftigten Arbeiter von ihrem Lohn leben. Das Ehepaar hat vielleicht unterschiedliche Ansichten zur postsozialistischen Periode in Kroatien, doch die Wahrnehmung einer »systematischen Zerstörung der Industrie« versöhnt ihre unterschiedlichen Perspektiven, lediglich die Schuldfrage beantworten sie jeweils anders.[40]

Die in den sozialistischen Erfahrungen, den damals enttäuschten ebenso wie den realisierten Hoffnungen verankerten kritischen Positionen gegenüber der neuen Arbeitsrealität im Kapitalismus treten in unseren Interviews in Gdynia ebenfalls häufig zutage. Einer unserer Gesprächspartner, der bereits eingeführte G. K. (er besuchte 1989 die Betriebsschule), fand nach seinem Abschluss 1990 eine Anstellung in der Ausstattungsabteilung der Pariser Kommune. Im folgenden Jahr änderte die Werft ihren Namen und ihre Rechtsform, einige Jahre später auch die Eigentümerstruktur – auf die Natur seiner Arbeit hatte diese jedoch praktisch keinen Einfluss. Ebenso wenig änderte sich die Atmosphäre in der Werft, wenigstens im Rückblick (das Interview wurde als eines der ersten 2016 aufgezeichnet) erscheinen ihm die zwei Jahrzehnte bis zum Zusammenbruch 2009 als uniform und kohärent – trotz aller Turbulenzen. Sein Gefühl der Zugehörigkeit zur Werftgemeinschaft ist ein entscheidender Faktor für diese Kohärenz.

Diesen Eindruck stellt er seinen Erfahrungen bei Crist gegenüber, einem der Unternehmen, die sich nach 2009 auf dem früheren Werftgelände angesiedelt haben. Diese Firma baut keine kompletten Schiffe, sondern Stahlkonstruktionen aller Art, darunter Schiffsteile, die größtenteils von westeuropäischen Firmen bestellt werden. Eine dieser Konstruktionen – eine geräumige, für Wohnzwecke konstruierte »Stahlkiste«, die für eine Ölplattform in der dänischen Ostsee bestimmt war – steht zum Zeitpunkt des Interviews kurz vor der Fertigstellung. Unser Gesprächspartner leitet eine Gruppe, die Fertigungsarbeiten ausführt, und bietet uns an, ihn an seinem Arbeitsplatz zu besuchen (insofern ließen sich Feldforschung und Interviews gut verknüpfen). Die Terminfindung für diese inoffizielle Besichtigung in der Endphase eines so wichtigen Projekts erweist sich als nicht einfach. Nach mehreren Anläufen kann ein Mitglied unseres Autorenkollektivs eines Sommermorgens 2016 das Firmengelände und damit den Produktionsbereich der früheren Stocznia Gdynia betreten.

Was dem Besucher sofort ins Auge sticht, ist die gewaltige Stahlstruktur im »kleinen« Trockendock, die an ein mehrstöckiges Wohnhaus erinnert und am nächsten Tag die Reise an ihren Bestimmungsort draußen auf der Ostsee antreten soll. Noch interessanter als diese riesigen Stahlobjekte sind jedoch die kurzen Interaktionen unseres Gesprächspartners mit seinen Arbeitern und Vorgesetzten. Mit Ersteren kommuniziert er in einem Gemisch aus Russisch, Polnisch und Ukrainisch, um letzte Anweisungen zu geben. Sein Vorgesetzter ist hingegen ein norwegischer Ingenieur, der das Projekt aufseiten des Investors betreut. Der Norweger stellt einige Fragen auf Englisch, mit einem markanten Akzent. Es ist vermutlich nur ein Zufall – aber dennoch signifikant und lehrreich –, dass fast alle Werftarbeiter, die wir dort treffen (von unserem Gesprächspartner abgesehen), keine Polen sind und nur wenig oder gar kein Polnisch sprechen. Die polnische Sprache scheint höchstens der Kommunikation zwischen den Kunden aus dem »Westen« und den Arbeitern aus dem »Osten« zu dienen. Diese Beobachtung, zusammen mit dem zwar spektakulären, aber sehr fragmentarischen und »bedeutungslosen« Produkt der Arbeit dieses internationalen Kollektivs, beinhaltet eine kurze Lektion in der Logik des globalen Kapitalismus im europäischen Schiffbausektor. Eine zweite Lektion liegt in der Tatsache, dass die Firma Crist für ihre Produktion die Infrastruktur der einstigen Pariser Kommune nutzt, ohne diese Kontinuität zu erwähnen.

Im Zuge dieses Besuchs ist außerdem der Unterschied zwischen der Arbeit in der alten Stocznia Gdynia und der neuen Montagewerft klarer geworden. Obwohl die Aufgaben fast identisch sind und am selben Ort ausgeführt werden, manchmal sogar unter Nutzung derselben Maschinen und Anlagen, berichten unser Gesprächspartner und seine Kollegen über eine völlig andere Arbeitsatmosphäre: distanziert und nicht wie einst familiär, aufgeladen mit Misstrauen, aufgabenbasiert und in völliger Subordination unter die neue Logik des transnationalen Schiffbaus. Diese Logik bricht mit dem Prinzip des Holismus, das die Arbeit im Sozialismus charakterisierte und in der postsozialistischen Ära graduell demontiert wurde, aber immer noch wertgeschätzt wird.

Dieser Bruch hat verschiedene Dimensionen, wobei die materielle am markantesten ist: Früher hatten die polnischen Werften ihre Schiffe inklusive Ausstattung und Maschinerie von der Kiellegung bis zum Stapellauf selbst gebaut, heute sind sie hingegen – bis auf wenige Ausnahmen – in erster Linie Zulieferer. In der polnischen Schiffbauindustrie hat sich ein neues Produktionsregime durchgesetzt, in dem Subunternehmen oder Arbeiter, die als »Einmannunternehmen« fungieren, die Hauptlast tragen – sowohl für komplexe Konstrukteursleistungen als auch für einfache Tätigkeiten.[41] Dieser Trend wird von einer Verschiebung des Produktportfolios begleitet. Bei den meisten Aufträgen geht es nicht um Schiffbau im eigentlichen Sinne, sondern um die Konstruktion schiffbaulicher Strukturen – unter anderem des oben beschriebenen Stahlblocks. Unser Gesprächspartner präsentiert diesen zwar mit sichtlicher Befriedigung darüber, dass sein Unternehmen ein so komplexes Projekt pünktlich fertiggestellt hat – nicht zuletzt dank seines persönlichen Engagements, wie er betont. Im Vergleich zu dem kollektiven Stolz, der nur wenige Jahre zuvor jeden Stapellauf von Gdynias Giganten begleitete, ist dies jedoch eine sehr bescheidene, individuelle Befriedigung. Ein Stahlblock erhält aus gutem Grund keine Taufe.

Die Uljanik-Werft in Pula dagegen operierte bis zum Schluss als »holistisches« Unternehmen, mit den bekannten negativen Auswirkungen auf ihre Bilanz; die zu lange aufrechterhaltene ganzheitliche Produktion wurde dort durch das Nichts abgelöst – noch zumindest sind keine zukunftsfähigen Schiffbaubetriebe in Pula entstanden, die sich in transnationale Lieferketten eingliedern, vielmehr setzen Stadt und Region ganz auf den Tourismus.

Die Veränderung der semantischen Dimension der Schiffbauarbeit wird in Kapitel 5 behandelt, hier betrachten wir die Transformation von ihrer kollektiven Seite. Gemeinsam ein Schiff zu bauen und vom Stapel zu lassen erzeugte gemeinschaftliche Selbstachtung. Die Arbeiter fühlten sich durch interdependente Aufgaben und einen integrierten Produktionsprozess verbunden, in dem jeder einen wichtigen Platz innehatte; die Arbeit des einen war notwendige Vorleistung für jene des anderen, und umgekehrt. Die spektakulären und »schönen« Schiffe, wie viele der Schiffbauer in Gdynia sagen würden, boten Anlass zu medienwirksamen Schiffstaufen. Noch wichtiger als dieses Sakrament waren die Menschen, mit denen man gemeinsam arbeitete und feierte (siehe die Abbildungen 14 sowie

17a und 17b). Dabei handelte es sich nicht um eine sakrale Gemeinschaft, sondern um eine alltägliche, von unten gewachsene Verbindung von Arbeiterinnen und Arbeitern, Technikern und Ingenieuren. Die Verbindung der Körper durch eine gemeinsame Aufgabe, das Zusammenführen der Problemlösungsfähigkeiten Tausender Arbeiter in einem komplexen und sicher nicht reibungsfreien Prozess, der nichtssagende Ausgangsmaterialien zu großen Schiffen transformierte, schufen eine besondere Kollektivität und affektiv aufgeladene Soziabilität in den Werkhallen. Das materielle Produkt der Arbeit und die von ihr produzierten Werte der Gemeinschaftlichkeit und Solidarität waren untrennbar miteinander verbunden.[42]

Diese Arbeitergemeinschaften wurden während des Sozialismus von oben zusätzlich gestärkt: Die Betriebsleitung organisierte nicht nur Festveranstaltungen, sondern vergab Auszeichnungen, stellte die soziale Infrastruktur bereit und betonte die Rolle des »Kollektivs«. So verhasst der Parteistaat im sozialistischen Polen oft war, wurde er doch nie müde, die Arbeiterschaft zu loben und ihr als Gruppe offizielle Anerkennung auszusprechen. Derlei Beschwörungen der »Kollektivität« wurden nach dem Ende des Sozialismus von den neoliberalen Reformern lächerlich gemacht und als pure Propaganda abgetan. Doch sie bleiben in den Erinnerungen der Beschäftigten tief verwurzelt. In ihren Erzählungen artikulieren die von uns Interviewten eine Affinität mit der Lebenswelt der Werft, die in der Arbeit in den Werkhallen verankert war, aber auch die sozialen Domänen jenseits des Werfttors sowie die Semantik der Schiffbauarbeit in eine kohärente Erfahrungswelt integrierte. Obwohl diese Gefühle bereits 1980 zu bröckeln begonnen hatten, überlebten wichtige Teile davon bis zum Ende der Werft in Gdynia 2009 bzw. jener in Pula 2018.

Diese Bottom-up-Dimension der verlorenen Schiffbaugemeinschaft wird in den Interviews auf verschiedene Weise sichtbar. Die Jüngeren, die nach dem Zusammenbruch der Stocznia Gdynia eine Stelle bei anderen Schiffbauunternehmen fanden, ziehen verständlicherweise Vergleiche zwischen der Arbeit damals und jetzt. Das Gefühl des Verlusts des sozialen Zusammenhalts, aber auch der Bedeutung dieser Arbeit ist in diesen Narrativen ein wiederkehrendes Thema. Einer unserer Gesprächspartner ist ein ehemaliger Facharbeiter der Stocznia Gdynia, der in den letzten Jahren für verschiedene westeuropäische – deutsche, niederländische und schwedische – Unternehmen gearbeitet hat. Unser Interview findet in einem von ihm gewählten Café statt, er fährt in einem neuen Modell einer teuren deutschen Automarke vor und macht sich anschließend eilig auf den Weg in sein Sommerhaus in den Masuren. Diesen Lebensstandard hätte er als Beschäftigter der Stocznia Gdynia wohl kaum erreicht, trotzdem versichert er uns, er würde jederzeit wieder zu seiner alten Firma zurückkehren (D. P.).

Ob er seinen neuen Arbeitsplatz und das gute Gehalt tatsächlich aufgeben würde, mag man bezweifeln; dennoch sehen wir keinen Grund, die Authentizität seiner Emotionen infrage zu stellen – seiner Sehnsucht nach einer Schiffbaugemeinschaft. Solche Gefühle sind bei unseren Interviewpartnern aus Gdynia (und Pula) weitverbreitet, nicht nur unter den einfachen Arbeiterinnen und Arbeitern, sondern auch unter den Ingenieurinnen und Ingenieuren, die nach 2009 gute Jobs in Schiffbauunternehmen an der polnischen Küste gefunden haben. Ein anderer Facharbeiter hebt hervor, dass er jetzt für weniger Arbeit mehr Geld verdiene, aber dennoch die symbolische Bedeutung und den Zusammenhalt vermisse, an die er sich aus seiner Zeit in der Stocznia Gdynia in den frühen neunziger Jahren erinnert (A. M.). Er zeigt sich überzeugt, dass seine ehemaligen Kollegen das ebenfalls so empfinden.

Angesichts dieser Aussagen von Arbeitern, die vergleichsweise kurz und zum Teil erst nach 1989 in der Werft gearbeitet haben, ist es wenig überraschend, dass bei unseren älteren Gewährsleuten eine noch größere Nostalgie aufkommt, wenn sie über ihre Arbeit in der Pariser Kommune und dann der Stocznia Gdynia sprechen (auch dieser Befund lässt sich für Pula ganz ähnlich treffen). Die Werft definierte und organisierte nicht nur ihren beruflichen Alltag, sondern zugleich einen erheblichen Teil ihres Erwachsenenlebens: von der Berufsschule bis zur Verrentung ein halbes Jahrhundert später. Über Jahrzehnte bot sie die Chance, fast schon die Garantie biografischer Kohärenz. Wer in der Werft arbeiten wollte, konnte sein gesamtes Arbeitsleben und auch einen Großteil seines Privatlebens in ihrem Umfeld verbringen. In solchen Narrativen sind Privatisierung, Downsizing, Restrukturierung und schließlich Konkurs nicht nur Randerscheinungen, sondern werden als biografische Brüche und Enteignungen artikuliert, die die Kontinuität des Selbst unterminieren.

Ein wichtiges Instrument zur Herstellung dieser Kohärenz der Arbeitserfahrung waren die schon erwähnten Qualifizierungsmaßnahmen. Die Befragten mit der längsten Berufserfahrung berichten, wie sie von älteren Kollegen in die Arbeit und Handwerkskunst des Schiffbaus eingeführt wurden und wie sie – als Manager, Ingenieure, Meister, Gruppenleiter – mit der Zeit selbst begannen, die Neueinsteiger anzuleiten. Die in diesen Episoden beschriebenen Beziehungen zwischen den Beschäftigten gehen über einen strikt professionellen Rahmen hinaus und offenbaren eine quasi väterliche oder paternalistische Dimension. Das Bild der Werftfamilie, das uns in vielen Gesprächen begegnet, ist in diesen Erinnerungen klar zu erkennen. Der Rückgriff auf Verwandtschaftsmetaphern ist zugleich eine Forderung nach Anerkennung der »dichten« emotionalen Bindungen, welche die rein praktische Kooperation am Arbeitsplatz transzendierten. Sie implizieren einen gefühlten Anspruch auf Schutz durch das »Elternteil« und die Erwartung von Reziprozität, wie es der Pulaner Frisör am Beginn des dritten Kapitels artikuliert hat. Die Arbeiterinnen und Arbeiter waren in eine Gemeinschaft (nicht notwendigerweise der Gleichen) eingebettet und definierten ihre Subjektivität entsprechend nicht als die eines monadischen Individuums.[43] Im Gedächtnis der einstigen Beschäftigten und ihrer Nachkommen findet die Erinnerung an die Arbeitsplatzgemeinschaft in den vielen Fotos vom »Kollektiv« einen festen Anker, die seinerzeit von Betriebsfotografen gemacht wurden (siehe Abbildung 14).

Hier tritt eine moralische Ökonomie zutage, die quasi noch vor-transformatorisch im polanyischen Sinne ist: Arbeit und Wirtschaften waren eingebunden in die Gesellschaft und beruhten in den entsprechenden Narrativen auf Solidarität, gegenseitiger Hilfe, Schutz und Gemeinschaft. Viele unserer Gesprächspartner idealisieren die starken Bindungen, obwohl der innerbetriebliche Klientelismus damals viel Neid und Ungleichheit erzeugte (wobei die dezidierte Kritik daran wiederum auf die Bedeutung des sozialen Ideals der Gleichbehandlung verweist).[44] Auch zwischen den Geschlechtern herrschte keineswegs die vom Regime postulierte Gleichberechtigung. Allerdings retteten die paternalistische Fürsorge und kollegiale Solidarität manche Karriere. So erinnert sich einer unserer Gesprächspartner, ein Vorarbeiter in Gdynia:

Einmal hatte ich einen [Arbeiter in meiner Einheit], der so tat, als würde er zur Arbeit gehen, seine Brotzeit einpackte, seine Frau hatte ihm Brote geschmiert, aber stattdessen ging er in den Wald, um sich zu sonnen. Ich habe ihn drei Tage gedeckt. Ich habe ihn protegiert, weil er zwei kleine Kinder hatte [...]. Meine Güte, wenn ich ihn entlasse, hätte ich die Kinder und die Frau auf dem Gewissen, weil die Frau nicht gearbeitet hat. Ich ging zu ihm nach Hause und habe die Frau gefragt: »Was ist los?« – »Er ist auf Arbeit.« – »Wie auf Arbeit?«

Abb. 14: Die Elektriker Uljaniks Ende der siebziger Jahre. Auf Fotos wie diesem wurde die weibliche Reinigungskraft der jeweiligen Abteilung immer in der Mitte platziert.

Schließlich war er drei Tage nicht bei der Arbeit erschienen. [...] Also habe ich auf ihn gewartet. Er wusste nicht, dass ich da bin. Dann kam er. »Was ist los mit dir? Wenn du morgen nicht kommst und arbeitest [...]. Und du wirst jetzt doppelt arbeiten: statt acht Stunden sechzehn, als Strafe für die Abwesenheit. Ich habe nicht aufgegeben und ich habe dich vor der Entlassung geschützt.« [...] Er ist gekommen, hat es abgearbeitet. [...] Er hat sich durchgeboxt und es wieder gutgemacht. Er war schließlich verheiratet. (C. Z.)

Diese Episode ähnelt einem beliebten Sujet der Literatur des Sozialistischen Realismus, deren Protagonisten gewöhnlich Fehler machen, bevor sie sich schlussendlich zusammenreißen, besonderes Engagement zeigen und eine hohe Arbeitsdisziplin entwickeln und damit glückliche und bessere Menschen werden. Doch dieses Zitat deutet auch auf das starke Empfinden einer quasifamiliären Gemeinschaft hin, kombiniert mit einem Bekenntnis, das Modell des männlichen Brötchenverdieners zu verteidigen.[45] Aus diesen Erinnerungen können wir schließen, dass das kommunistische Projekt, Gemeinschaften der Arbeiterklasse zu schaffen, in gewisser Hinsicht erfolgreich war – allerdings nur auf Betriebs- bzw. Werkhallenebene und nicht auf Ebene der vielbeschworenen »Arbeiterklasse«. Diese Strukturen und Praktiken waren in einer Stadt wie Gdynia besonders wichtig, denn in den fünfziger und sechziger Jahren waren die meisten Einwohner Neuankömmlinge, und das spiegelte sich in der Werft – die Belegschaft stammte aus ganz Polen, auch aus den an die Sowjetunion verlorenen Gebieten; die meisten neuen Arbeiter kamen vom Land und hatten keine Industrieerfahrung. Aufgrund dieses ländlich-konservativen Hintergrunds mag es weniger verwundern, dass vor allem die Männer Arbeit in der Werft aufnahmen, während die Frauen eher, wenn auch nicht ausschließlich, in der Hausarbeit engagiert blieben, zumal in Polen das kommunistische Regime die Frauenbeschäftigung insbesondere in der Schwerindustrie weniger konsequent förderte als in anderen sozialistischen Ländern.[46]

Auch Pula war eine Stadt mit neuer Bevölkerung: 1946/47 verlor die Stadt den überwiegenden Teil ihrer Bevölkerung, als die meisten Italiener die Stadt gen Italien verließen, da sich abzeichnete, dass Pula zum kommunistischen Jugoslawien kommen würde.[47] Viele Arbeiter, die in den fünfziger Jahren in der schnell wachsenden Uljanik-Werft anfingen, kamen vom Land oder aus anderen Teilen Kroatiens und Jugoslawiens. Dennoch stellte sich dank der gemeinsamen Arbeitserfahrung und der bewussten Bemühungen des Betriebs um die Integration rasch ein Gefühl von Gemeinschaftlichkeit und Solidarität ein. Großbetriebe waren damit ein wichtiger Ort der Sozialisation und Stabilisierung von Nachkriegsgesellschaften, die sich wort-

wörtlich in Bewegung befanden und in denen noch die Trauma-
ta des Krieges nachwirkten.

Hier gibt es manche Gemeinsamkeiten mit der Bundesrepublik in der Zeit des »Wirtschaftswunders«. Dort wurde
ebenfalls eine durch Krieg und Vertreibung bunt zusammen-
gewürfelte Gesellschaft durch die gemeinsame Arbeit zusammengeschweißt. Das gilt insbesondere für das Ruhrgebiet, wo
die Industriekapitäne in der Zeit des Arbeitskräftemangels darauf setzten, über die kollektive Identifikation mit dem jeweiligen Unternehmen die Produktivität der Arbeiter zu erhöhen.

Aber die kommunistischen Regime hatten darüber hinaus-
gehende Ziele, sie hofften, dass eine solche Fabrikarbeiter-
gemeinschaft zu einer Basis unverbrüchlicher Unterstützung
für ihre Herrschaft werden würde. Im Unterschied zu anderen
sozialistischen Staaten versuchte die jugoslawische Regierung
durch die Selbstverwaltung arbeitsbasierte Gemeinschaften zu
institutionalisieren. Die Loyalität der Werktätigen sollte bei ihrem Betrieb verankert werden, nicht bei den verschiedenen Nationalitäten des Landes – die vielbeschworene »Brüderlichkeit
und Einheit« sollte gerade aus der gemeinsamen Arbeits- und
Selbstverwaltungserfahrung heraus entstehen. In Polen musste
das kommunistische Regime schließlich lernen, dass eine Ne-
benfolge der intendierten starken Gemeinschaftsbindungen innerhalb der Betriebe die Entstehung der Solidarność war. Die
Gewerkschaftsbewegung war letztlich eine Generalisierung der
unzähligen »kleinen« Solidaritäten auf der Ebene der Werkhallen. Als die Werftarbeiter ab 1980 religiöse Symbole und Praktiken an ihren Arbeitsplatz mitbrachten, demonstrierten sie
einmal mehr, wie viel oppositionelles Potenzial in der Solidarität der Werkhallen lag. Durch ihren ostentativen Katholizis-
mus gaben sie ihrem Protest gegen den Staat einen symbolischen (Gegen-)Rahmen und erhoben zugleich Anspruch auf
eine noch stärker holistische Lebenswelt. Anders als von den

Machthabern geplant, produzierten die Schiffe also auch Dissens; sie legten aber zugleich das Fundament für die Erinnerungen nach 1989, die den Verlust dieses Mikrosozialismus betrauern.[48]

Dieses Verlustgefühl ist auch an stillgelegten Produktionsstandorten in den alten EU-Staaten verbreitet, aber nicht mehr so präsent, weil die Schließung der Werften meist schon länger zurückliegt oder die sozialen Trägerschichten dieser Erinnerungen durch die Gentrifizierung der Hafengegenden disloziert wurden. Eine Sehnsucht nach diesen Bindungen (sowie Bedingungen) der Solidarität und Kameradschaft ist unter den (ehemaligen) Beschäftigten in Gdynia und Pula dagegen noch vorhanden. Obwohl eher privat und still, baut sie doch emotionale Brücken zwischen den vielen, die sich auch weiterhin mit dem Schiffbauhandwerk identifizieren. Ganz anders steht es um die Erinnerung an die Solidarność, die im heutigen Polen politisch umkämpft ist und kaum als Basis für wirkliche Akte der Solidarität dienen kann.

Zerbrechende Gemeinschaften: Eine Annäherung in Metaphern

Die vorliegende Darstellung setzte in der spätsozialistischen Periode ein, einer Zeit, als die Uljanik-Werft in Pula und die Pariser Kommune in Gdynia sowohl während als auch außerhalb der Arbeitszeiten, sowohl diesseits als auch jenseits der Werktore intensiv und direkt in die Leben ihrer Belegschaften involviert waren. Sie erreichten dies, indem sie im Alltag eine Gemeinschaft erzeugten, die zugleich zelebriert, idealisiert und aufgeführt wurde, um damit real existierende Differenzen im Betrieb (zum Beispiel zwischen Angestellten und Arbeitern) zu übertünchen. Parteirhetorik, individuelle Arbeitserfahrungen sowie die durch die Werften organisierten Wohlfahrts- und Sozialleistungen stellten das Rückgrat dieser spezifischen Gemeinschaft dar. Sie stimulierten eine Reihe kultureller und subkultureller Aktivitäten, die auch noch Anfang des 21. Jahrhunderts im urbanen industriellen Milieu spürbar waren. Dieses komplexe Set von Beziehungen und Praktiken konnte die strukturellen Mängel des sozialistischen Systems (beispielsweise bei der Versorgung mit Gütern des täglichen Bedarfs) zwar nicht kompensieren, wird von vielen Schiffbauern aber als Kitt ihrer Lebenswelten erinnert: Ihre Biografien, ihre Netzwerke der Solidarität, ihre Arbeit und ihre Alltagserfahrungen sind weitgehend kongruent. Die Schiffbauerinnen und Schiffbauer erinnern sich an »die guten alten Zeiten« der Arbeit in ihrer sozialistischen Variante (die 1989 nicht sofort endete), weil sie diese mit einem größeren Ausmaß an Geselligkeit und Solidarität assoziieren, als sie es im heutigen Arbeitssystem wahrnehmen – ohne dabei viel Sympathie für das sozialistische System insgesamt und noch weniger für die kommunistischen Machthaber zu hegen. Ähnlich wie die Historikerin Nina Vodopivec am Beispiel (ehemaliger) Textilarbeiterinnen in Slowenien herausgefunden hat, ist auch unseren Gesprächspartnerinnen und -partnern der Sozialismus nicht so sehr als politisches System oder als Ära im Gedächtnis geblieben, sondern als Bündel arbeitsplatzbezogener Praktiken und Beziehungen.[49] In ihren Erinnerungen verblassen damalige Spannungen innerhalb der als Gemeinschaft vorgestellten Welt der Werft, die in den Betriebszeitungen aus den achtziger Jahren aber durchaus zutage treten.

Die hier präsentierten Narrative beschreiben die letzten dreißig Jahre als ausgedehnten Prozess, der diese Einheit der Erfahrung aufgelöst hat. Wir fragten nicht nur nach dem organisatorischen Wandel, sondern wie unsere Interviewpartner diese Veränderungen erlebt haben. Die Arbeiterinnen und Arbeiter berichten über den graduellen Abbau der betrieblichen Wohlfahrt, aber noch mehr über die Schwächung der Gemeinschaftsbindungen. Diese zweite Erosion wird in den Archivquellen kaum sichtbar, daher war es umso wichtiger, mit sozialwissenschaftlichen und ethnografischen Methoden zu arbeiten. Es gibt graduelle Verschiebungen und Kontinuitäten, doch es ist offensichtlich, dass der Rückzug der Werften aus ihrer Rolle als multifunktionale Organisatoren einem biografischen Verlust und Bruch gleichkommt. Wie das nächste Kapitel zeigen wird, beschränkt sich dieser Verlust nicht auf soziale Beziehungen, sondern betrifft auch die Produktion von Bedeutung »von unten«: Der Bau eines Schiffs und die Arbeit in der Werft verloren viel von ihrer symbolischen Valenz.

Welche Metaphern können die beschriebene Veränderung in der Gemeinschaftsdimension der Werft zum Ausdruck bringen? Es ist offensichtlich, dass weder das sozialistische noch das postsozialistische Unternehmen eine »totale Institution« im Sinne Erving Goffmans war.[50] Seine Grenzen waren zu porös (siehe auch Kapitel 3), Innen- und Außenwelt überlappten sich auf volatile Weise, und so konnte das Unternehmen nicht als souveräne Institution mit eigener, abgeschlossener Logik agieren (wie das in der goffmanschen Konzeption der Fall ist). Die Werften waren auch keine Heterotopie im foucaultschen Sinne,[51] weil sie zu eng mit den Alltagsroutinen verbunden waren und nicht außerhalb (weder sozial noch räumlich) der Städte lagen; sie waren weniger Spiegel sozialer Strukturen als vielmehr Knotenpunkte in den fundamentalen Netzwerken der Gesellschaft.

Sollten wir im naheliegenden Meeresleben nach einer Analogie zur Natur der Werft suchen? Uns erinnerten beide Werften an einen Oktopus (oder an einen Leviathan). Das Bild des Kraken suggeriert, dass die Tentakel des Unternehmens mehrere Lebenssphären im Griff haben und diese, wenn nötig, nach Belieben verknüpfen. Allerdings ist die Krakenmetapher aufgrund der möglichen konspirativen Untertöne problematisch; in Kroatien und Serbien wird sie üblicherweise in Bezug auf den Staat als korrupte Institution verwendet.[52]

In den Interviews tauchte das Bild des »Ameisenhaufens« als emische, also in der untersuchten Gemeinschaft selbst gebrauchte Metapher für die Uljanik-Werft auf, in Gdynia wiederum hörten wir von einem »Termitennest«; vermutlich ist es kein Zufall, dass gerade die Arbeiter diese Metaphern benutzten, spiegeln sie doch ihre Agency wider und zeigen die Beschäftigten als (sehr) aktive Akteure. Beide Bilder beschreiben zudem ein sichtbares, scheinbar chaotisches, aber tatsächlich stark zielorientiertes und vereintes kollektives Unterfangen. Im Fall der Werften materialisierte sich dieses in der Produktion von Schiffen sowie der Organisation feierlicher Stapelläufe (*porinuće, wodowania*) und Schiffstaufen (auch hier wird die performative Natur der Gemeinschaftlichkeit evident, siehe Abbildung 15). Die in den Zeitungen abgedruckten Fotos betonen die Größe der Werft, die Kollektivität und Betriebsamkeit ihrer Arbeiterinnen und Arbeiter.

Organische Metaphern finden sich in der Rhetorik der Werften im Überfluss. So beschreibt die Uljanik-Werft in einer Festschrift aus dem Jahr 2006 die Insel (*otok*) als das »mechanische Herz, dessen emsige Riesenkräne die vitale Geschäftstätigkeit der Werft bezeugen«.[53] Das große Trockendock in Gdynia und der darüber aufragende gigantische Portalkran werden ebenfalls häufig als das »Herz« der Werft bezeichnet. Mit diesen naturalistischen Bildern wird, ebenso wie beim Ameisen- oder Termitenhügel, ein wichtiger Teil der Werft in einem breiteren kollektiven Ganzen verortet, sie evozieren die Vorstellung eines Organismus, eines Körpers. All die hier genannten emischen Metaphern – die »Familien«-Metapher werden wir im

Abb. 15: Stapellauf in Gdynia in den siebziger Jahren.

nächsten Kapitel besprechen – bekunden die Vorstellung von einem Individuum, das Teil eines größeren Projekts ist.

Es scheint ironisch, dass zwar die alles überwölbende Intention des kommunistischen Regimes – die Schaffung eines riesigen, monolithischen politischen Organs, in dem jedes (Mit-)

Glied der Gesellschaft seine Interessen dem Gemeinwohl unterordnet – keinen Erfolg zeitigte, solche Gefühle auf der Ebene der Betriebe jedoch weitverbreitet waren. Trotz der biografischen Brüche schaffen diese Erinnerungen an vergangene Gemeinschaft und Solidarität, so idealisiert sie auch erscheinen mögen, heute erneut Gemeinschaft – eine Erinnerungsgemeinschaft, die beim Erzählen alter Geschichten oder auch beim Interview mit dem neugierigen Forscher, der Forscherin entsteht. »Sozial konstruierte Bilder der Vergangenheit vereinen Individuen«, schreibt Nina Vodopivec in ihrer Oral History der Textilarbeiterinnen im postsozialistischen Slowenien.[54] Diese Erinnerungen und Erzählungen machen den mit der Privatisierung einhergehenden biografischen Bruch noch deutlicher.

Die Privatisierung wurde oft damit gerechtfertigt, dass sie die Angestellten zu Miteigentümern mache, die »einen persönlichen Anteil am Erfolg oder Scheitern des Unternehmens« hätten.[55] Sie sollten die Rentabilität des Betriebs als eigenes Interesse wahrnehmen und eine neue Gemeinschaft, nämlich von Shareholdern, werden. Genau dies war 2012 in der Uljanik-Werft intendiert, als man die Angestellten zur größten Aktionärsgruppe machte. Doch unsere Forschung zeigt einen entgegengesetzten Effekt: Vor der Privatisierung waren die Arbeiter bereit, Überstunden zu machen und sich bei der Lösung von Problemen besonders zu engagieren, weil sie sich stark mit der Werft identifizierten; nach der Privatisierung hingegen begannen sie, ihr Selbst von der Werft zu lösen. In beiden Formen drückt sich eine Handlungsmacht der Beschäftigten aus, die die Entscheidungen der politischen Klasse und des Managements offensichtlich nicht einfach passiv rezipiert, sondern mit ausgehandelt und aktiv beeinflusst hat.

Wir haben in diesem Kapitel nachgezeichnet, wie eine holistische industrielle Lebenswelt erodiert – eine Erfahrung, die sich in subjektiven Reminiszenzen des Bruchs und Verlusts manifestiert. Die Werften verdeutlichen den Niedergang des fordistischen Projekts der industriellen Moderne (in seiner sozialistischen Mutation), in dem die Fabrik die Hauptarena des beruflichen und sozialen Lebens ihrer Beschäftigten sowie der Lokus ihrer Verwirklichung als Staatsbürger sein sollte.[56] Dieser Prozess begann im »Westen« vor mehr als einem halben Jahrhundert als Strukturwandel und wurde durch die Anpassung der westlichen Volkswirtschaften an die neuen Bedingungen nach der Ölkrise zusätzlich verstärkt.[57] Wie in den vorherigen Kapiteln gezeigt, erreichte der Strukturwandel die ostmitteleuropäischen Schwerindustrien gut fünfzehn Jahre später, nach dem Ende der kommunistischen Herrschaft, in Gestalt einer teleologisch gedachten und gleichzeitig chaotischen Transformation. Während der »Wandel von der Plan- zur Marktwirtschaft« heute als weitgehend abgeschlossen gelten kann, deuten die hier vorgestellten Fallstudien darauf hin, dass das holistische Modell des industriellen Lebens deutlich länger existierte, als viele Prediger des Neoliberalismus vorausgesehen hatten – und dass es als Ideal nicht verschwunden ist. Auf die Unterschiede zwischen westeuropäischem Strukturwandel und osteuropäischer Transformation, die unter anderem durch diese Erfahrungsdimension konstituiert werden, gehen wir im Schlusskapitel noch näher ein.

Im Lauf der Jahre wurden die postsozialistischen Unternehmen weniger »sozial« und stärker »professionell«, sie konzentrierten sich auf die Erledigung von Spezialaufgaben, das Erwirtschaften von Gewinnen und die Verschärfung von Disziplinar- und Sicherheitsmaßnahmen (oder sie gingen unter). Die Manager und politischen Entscheidungsträger riefen die Individuen auf, Opfer zu erbringen – nun nicht mehr im Namen von Gemeinschaft und Solidarität, sondern von Effizienz und Produktivität. In ihrer Studie *Privatizing Poland* zieht Elizabeth Dunn folgendes Fazit:

Indem sie die Arbeiter ihres sozialen Kontexts beraubten, ihre persönlichen Verbindungen entwerteten, ihre fast familiären Beziehungen irrelevant machten und ihre moralischen Überzeugungen über zwischenmenschliche Verpflichtungen ablehnten, sollten die neuen Managementmethoden die Polen zu marktrationalen Subjekten des postfordistischen Neoliberalismus machen.[58]

Aus historischer Perspektive scheinen die Ergebnisse dieses ideologischen Projekts zumindest mit Blick auf die beiden vorliegenden Fallstudien ambivalent. Nicht nur aufgrund des handwerklichen Charakters des Schiffbaus und seiner Logiken, sondern auch aufgrund der vielen »Unvollkommenheiten des Marktes« während der Transformation Kroatiens und Polens behielten die Geschäftspraktiken und Arbeitsbeziehungen eine starke interpersonale Dimension. Diese wurzelte einerseits in den Beharrungskräften der lokalen Lebenswelten und andererseits in den Besonderheiten des postsozialistischen kapitalistischen Systems. Gerade Kroatiens notorische Vetternwirtschaft sowie die in beiden Ländern bestehenden engen Beziehungen zwischen Werft und Regierung ermöglichten die Fortführung gemeinschaftsbezogener Praktiken, die es in einem neoliberalen Umfeld nicht hätte geben dürfen. So stellte – wie gezeigt – die Uljanik-Werft auch weiterhin talentierte Fußballer ein, damit sie für ihr Team spielten, und half jenseits des Paradigmas der »sozialen Unternehmensverantwortung«[59] bei der Reparatur des Dachs der Stadtbibliothek und ähnlichen Aktionen. Außerdem verkehrten die Arbeiter nach wie vor außerhalb des Unternehmens miteinander und saßen innerhalb der Werkmauern bei der *marenda* zusammen. Es gab keine plötzliche »Schocktherapie« oder Massenentlassungen, sondern einen steten Wandel und schrittweisen Rückgang der Beschäftigtenzahlen, während man den »Normalbetrieb« aufrechtzuerhalten suchte. Ähnlich wie die Transformation der Unternehmen war die Veränderung in den Fundamenten der Gemeinschaft und des sozialen Menschseins graduell, nichtlinear und von Ambiguität geprägt.

Aber man soll die Geschichte nicht von ihrem Ende her betrachten, das tun auch die Arbeiterinnen und Arbeiter nicht, mit denen wir sprachen. Sie haben ihren holistischen Blick auf ihre Biografie bewahrt. Dieser ist verknüpft mit einem weit über den Systemwechsel hinaus praktizierten Produktionsholismus. Auch wenn dies unrentabel war, fertigten sowohl die Uljanik-Werft als auch die Stocznia Gdynia weiterhin viele Komponenten (zum Beispiel Motoren und Equipment) selbst, zeichneten nach wie vor ihre eigenen Entwürfe, bildeten ihre Arbeiterinnen und Arbeiter in ihren eigenen Betriebsschulen aus und schickten die angehenden Ingenieure und Betriebswirte mit Werftstipendien an eine Hochschule. Sie beschäftigten fast ausschließlich einheimische Arbeitskräfte und präsentierten ihre Produkte als Symbole des »polnischen« bzw. »kroatischen« Schiffbaus. Wie das nächste Kapitel zeigen wird, war diese Geschäftsstrategie – die nicht mehr wirklich in eine Zeit transnationaler Lieferketten mit hoher Spezialisierung jedes Kettenglieds passte – auch das Fundament für die Überproduktion von Bedeutung. Beide Werften bewahrten erstaunlich lange Überreste ihrer betrieblichen Wohlfahrts- und Kulturinfrastruktur aus sozialistischer Zeit; und selbst wenn einige ihrer Dienstleistungsabteilungen abgebaut, verkauft oder in unabhängige Unternehmen transformiert wurden, assoziierte die Öffentlichkeit diese Aktivitäten weiterhin mit der Werft, zum Beispiel weil sie deren Namen trugen (wie der Discoklub Uljanik in Pula).

Diese Ganzheitlichkeit von Produktion, Gemeinschaft und Lebensentwürfen konnte in einem kapitalistischen Umfeld nur insoweit überleben, als der Staat und die Gemeinde ausreichend Subventionen bereitstellten. Diese reichten nicht aus, um dieses Arrangement vollständig zu bewahren, aber doch, um dessen unvermittelte Auflösung zu verhindern. Die helfende Hand des Staates erlaubte den Schiffbau-Oktopoden eine Veränderung ihrer Farben, um sich nach außen hin an die neuen Umstände anzupassen. Diese bloße Veränderung der Form, weniger der Substanz, reichte nach dem Beitritt zur EU jedoch nicht mehr aus, um die Bürokraten in Brüssel zu beeindrucken.[60] Diese betrachteten den Schiffbau nicht als zukunftsfähige Industrie wie etwa die Flugzeugbranche. Unsere beiden Werften und ihre Schicksalsgenossen in Westeuropa konnten im globalen Kapitalismus auch deswegen nicht abheben, weil sie so viel gesellschaftliche Bodenhaftung besaßen. Das war nicht mehr gefragt, darum soffen die alten (post)sozialistischen Industrietanker ebenso ab wie ihre einstigen Konkurrenten in Bremerhaven, Dünkirchen, Glasgow oder Liverpool. Können Werften noch Sinn produzieren, wenn sie keine Schiffe mehr bauen? Können Menschen ihre industrielle Umgebung »lebbar« machen, auch wenn sie ihnen kein Einkommen mehr sichert? Das ist eine Frage, die für das östliche Europa ebenso relevant ist wie für den Westen und die wir daher im nächsten Kapitel weiter eruieren.

5. Wertschöpfungen:
Schiffe, Arbeit und die Produktion von Bedeutung

> Oh, the roar of the chains and the cracking of timbers,
> The noise at the end of the world in your ears,
> As a mountain of steel makes its way to the sea,
> And the last ship sails

Diese Zeilen stammen aus dem nostalgischen Song »The Last Ship«, den Sting 2013 auf seinem gleichnamigen Album veröffentlichte. Darin besingt der bekannte Musiker seine Heimatstadt Wallsend im Norden Englands, für eineinhalb Jahrhunderte Standort einer der größten Werften Großbritanniens und damit einst auch der Welt. Sowohl der Vater als auch der Großvater des Komponisten und Sängers haben auf ihr gearbeitet – so wie die meisten dort lebenden Männer dieser Generationen. 2007 wurde die Werft in Wallsend endgültig geschlossen, lange nach dem Ende ihrer einstigen Boomzeiten. Mit diesem Song und dem gleichnamigen Broadway-Musical setzte Sting der Welt des Schiffbaus, in der er aufgewachsen ist, ein Denkmal – eine empathische Erinnerung an die Schiffbauer und ihre Kultur. Zugleich enthält das Lied eine viel universellere Botschaft, im Grunde wird hier der Abschied von einer bestimmten Form der industriellen Moderne besungen, als die Produktion von Schiffen mit der Produktion sozialer Beziehungen und kultureller Bedeutungen einherging.

Werften waren sowohl im kapitalistischen Westen als auch im sozialistischen Osten emblematische Orte der industriellen Moderne und mit weitreichenden Vorstellungen von Fortschritt, Wohlstand und sicheren Arbeitsplätzen verknüpft. West und Ost, das muss man hier vorausschicken, ist eine binäre Gegenüberstellung, die zahlreiche Ähnlichkeiten in der industriellen Organisation und den Arbeitsbeziehungen dieser »Blöcke« nur unzureichend erfasst.[1] Die Arbeit auf den Werften galt als hart, aber lohnenswert, denn die Werktätigen genossen ein nicht zu unterschätzendes Maß an Autonomie im Produktionsprozess sowie relativ hohe Löhne. Sie waren stolz auf das Resultat ihrer Arbeit und profitierten von den im vorhergehenden Kapitel detailliert beschriebenen formellen und informellen Wohlfahrtsleistungen, die große Industrieunternehmen ihren Belegschaften auf dem Gipfel des Fordismus – zumindest in dessen europäischer Ausprägung – gewährten. Dies galt auch für andere Grundpfeiler der industriellen Hochmoderne, insbesondere die Stahl-, Automobil- und Kohleindustrie. Die Schwerindustrie hatte, wenn auch nicht allein, eine herausgehobene Position in der öffentlichen Wahrnehmung des wirtschaftlichen und sozialen Lebens, von der die Fabrikarbeiter in den Jahrzehnten des industriellen Nachkriegsbooms im Westen und im Osten profitierten. Sowohl die kommunistischen Ideologen wie auch die zunehmend mächtigen Sozialdemokraten in Westeuropa lobten den Beitrag der »einfachen« Arbeiter zum Wiederaufbau, zum wachsenden Wohlstand und zum allgemeinen Fortschritt. Rechte Diktaturen verschrieben sich ebenfalls der »Entwicklung« durch die industrielle Moderne, so beispielsweise Taiwan und Südkorea, in deren Industriepolitik der Schiffbau übrigens eine Schlüsselrolle spielte, oder Portugal in den sechziger Jahren, dessen offizielle Propaganda der Industriearbeit spezielle Bedeutung beimaß.

Dieser Hintergrund ist wichtig, um die Bedeutung der Arbeit in den Lebenswelten jener Menschen zu verstehen, die am Bau von Schiffen beteiligt waren. Dieses Kapitel stützt sich nochmals vor allem auf Oral-History-Interviews und ethnografische Beobachtungen, aber auch auf die Auswertung von Unternehmenszeitungen, um die symbolischen Welten des Schiffbaus in Gdynia und Pula aus dem Blickwinkel der Beschäftigten nachzuzeichnen.

Bis der sogenannte Strukturwandel begann, gab es in der Werftindustrie nur graduelle Unterschiede zwischen Ost- und Westeuropa. Der Ostblock und Jugoslawien waren allerdings bis 1989 vom massenhaften Abbau von Arbeitsplätzen und der Hinwendung zu einer Dienstleistungsökonomie abgeschirmt (siehe Kapitel 2). Umso heftiger und verstörender verlief die Transformation, die wegen ihrer Geschwindigkeit, den unterschiedlichen politischen sowie sozioökonomischen Rahmenbedingungen und Resultaten doch eine andere Qualität als der westeuropäische Strukturwandel hatte. Der Unterschied betraf insbesondere den Alltag und die Sinnwelten der Arbeiterinnen und Arbeiter sowie die Bedeutungen, die sie der Arbeit und ihren Produkten zuschrieben.

Die Größe eines Schiffs wird üblicherweise in seinem verbauten Volumen oder seiner Tragfähigkeit gemessen. Die Beschäftigten der Werften betrachteten nicht den Jahresgewinn, sondern die Gesamttonnage der im Lauf eines Jahres produzierten Schiffe und den Umfang des Orderbuchs als Indikatoren für die Produktivität und den Erfolg – oder später den Misserfolg – ihrer Betriebe. Die in Gdynia und Pula produzierten Schiffe wogen jedoch noch schwerer als der in ihnen verbaute Stahl: Jede Tonne trug ein zusätzliches Gewicht an symbolischer Bedeutung. Die Schiffe waren mit Anstrengung, Hoffnung, Liebe und vor allem mit Stolz beladen (seltener auch mit Abneigung und Erschöpfung). Ihre Innenräume waren gefüllt mit multidimensionalen Zuschreibungen einzelner Akteure – des Staates, des Unternehmens, der Stadt, der Ingenieure und nicht zuletzt der Arbeiterinnen und Arbeiter. So war die Werft viel mehr als nur ein Ort, an dem Schiffe hergestellt wurden; sie war auch ein komplexes Dispositiv der Bedeutungsproduktion. Die Schiffe wurden durch Bedeutung überhöht und regelrecht überdeterminiert, so überladen also, dass die Dimension des Profits oft als regelrecht banal wahrgenommen wurde.

Die Schiffbau-Cluster entlang der kroatischen Adriaküste und der polnischen Ostsee sind als das zu betrachten, was »Turin und Detroit für die Geschichte der Arbeiterklasse in Italien und den USA repräsentieren«[2] – oder eben das von Sting besungene Wallsend für die Arbeiterschaft Nordenglands. Wenngleich Pula und Gdynia keinen melancholischen Popstar hervorbrachten, so wurden auch dort die Sinnwelten der Arbeiter durch die fundamentalen politischen und wirtschaftlichen Veränderungen seit den achtziger Jahren und besonders nach dem Ende der kommunistischen Herrschaft durcheinandergeworfen. Obwohl »1989« nicht als absolute Zäsur betrachtet werden kann (in Jugoslawien brachte wie in der Sowjetunion ohnehin erst das Jahr 1991 den entscheidenden Einschnitt in die Staatlichkeit), beschleunigte es doch die Veränderung des symbolischen Ortes der Industriearbeit in der gesellschaftlichen Imagination.

Waren im Staatssozialismus die öffentlichen sowie persönlichen Bedeutungszuschreibungen an die (schwer)industrielle Arbeitswelt weitgehend deckungsgleich – man denke etwa an die Figur des heroischen Arbeiters –, so löste sich nach 1989 diese Übereinstimmung zunehmend auf. Im politischen und medialen Diskurs verlor die Industriearbeit ihren besonderen Platz, Machthaber versprachen sich nichts mehr vom Hohelied auf sie, und in einigen postkommunistischen Kontexten wurde sie sogar offiziell verunglimpft.[3] Die symbolische Aufladung von Arbeit verlagerte sich aus den gegenwärtigen öffentlichen Diskursen in die Welt der persönlichen, aber auch der geteilten Erinnerungen.

Im einst staatssozialistischen Osteuropa begann die Ära »jenseits von Kohle und Stahl«[4] später als in Westeuropa, doch die Veränderung des politischen und symbolischen Orts der schwerindustriellen Arbeit verlief dann entprechend schneller und schlagartiger. Die spezifische heuristische Valenz der postsozialistischen Deindustrialisierung erinnert uns, wie Charity Scribner festhält, sogleich »an die tatsächlichen Katastrophen der Industriearbeit und die spezifischen Werte und sozialen Beziehungen, die ein Nebenprodukt der Fabrik waren«.[5]

Wie in Kapitel 2 und 3 gezeigt wurde, verlor der Schiffbau in den Augen der politischen Entscheidungsträger seine wirtschaftliche Bedeutung und seinen poetischen Reiz nicht zuletzt deshalb, weil externe Kräfte bzw. Akteure – der globale Markt und die Europäische Union – ein Umdenken erzwangen. Mit dem Wegschmelzen der symbolischen Überdetermination verloren die jeweiligen Regierungen und zunehmend auch die Öffentlichkeit die Geduld mit dieser beständig defizitären Branche. Viele Arbeiter sublimierten ihre emotionale Bindung an ihre Tätigkeit und das Produkt ihrer Arbeit in eine nostalgische Erinnerung an vermeintlich bessere Zeiten. Damit endete auch ihre zukunftsorientierte Assoziation mit dem Fortschritt, auf persönlicher Ebene ging es nun wie in den Betrieben um ein Durchwursteln, nicht mehr um eine Weiterentwicklung.[6] Das Gefühl der Zugehörigkeit zu einer Gemeinschaft durch die Verbindung qua Arbeit wurde von einer sozialen Realität zu einer Erinnerung. Das Schiff hatte hier eine besondere Symbolkraft, immerhin ist es der größte mobile von Menschenhand gebaute Gegenstand und erlaubte jedem Beschäftigten, sich ein Stück dieser Leistung selbst zuzuschreiben.

Der veränderte Wert der Industriearbeit: Vom Kommunismus zum Postsozialismus

Die Behauptung, dass die Industriearbeiter, insbesondere in der Schwerindustrie, im Selbstverständnis der kommunistischen Regimes eine zentrale Rolle spielten, bedarf keiner umfänglichen Begründung. Obwohl die Beziehungen zwischen Industriearbeiterschaft und Regierungsmacht bestenfalls zwiespältig und manchmal kontrovers und konflikthaft waren, wie die zahlreichen Arbeiterproteste im Ostblock und in Jugoslawien belegen, gründeten die kommunistischen Regime ihre Legitimität doch stark auf ihr Nahverhältnis zur »Arbeiterklasse«.[7] Kaum ein Bildband über die Errungenschaften des Kommunismus oder die Schönheit des Landes kam ohne Fotos von Fabrikarbeitern und -arbeiterinnen aus, die Stahl kochten, riesige Maschinen bedienten oder etwas schweißten. Gerade der Schweißer, manchmal auch die Schweißerin – ein für den Schiffbau zentraler Beruf – wurde zu einem Symbol der sozialistischen Arbeiterschaft (siehe die Abbildungen 16 und 18). Charity Scribner kommentiert, dass »die Sozialisten nicht nur bestrebt waren, den Genesis-Fluch der Arbeit aufzuheben, sondern auch kollektive und kreative Erfüllung in der Arbeit zu finden«.[8] Die diskursive Aufwertung der Industriearbeiterschaft schlug sich vor allem in den sechziger und siebziger Jahren in einer Wohlfahrtspolitik nieder, welche die Lebensbedingungen der Beschäftigten zu verbessern suchte. In einer Art des »sozialistischen Paternalismus«, wie Katherine Verdery es nennt, stellten die kommunistischen Regime ihre Versprechen sozialer Umverteilung ins Zentrum ihrer Ideologie und öffentlichen Selbstdarstellung. Für einige Zeit erlangten sie damit zumindest ein gewisses Maß an Zustimmung in der Bevölkerung.[9]

Abb. 16: Schweißarbeiten am Rumpf des Supertankers
»Bailadila« in Uljanik (1971).

Der »Workerism«, wie Mark Pittaway diese als Folge der Umbrüche der fünfziger Jahre entstandene Ausrichtung der kommunistischen Regime nennt,[10] brachte jedoch keinen gleichen Wohlstand für alle – so genossen beispielsweise die überwiegend männlichen Arbeiter in der Schwerindustrie bessere Wohlfahrtsleistungen und höhere Löhne als die Beschäftigten in der Leichtindustrie, wo der Frauenanteil deutlich höher lag. Ebenso wenig gelang es den Kommunisten, die wachsende Kluft in den materiellen Lebensstandards zwischen Ost und West zu schließen. Diese Erfahrungen und ihre öffentliche und private Repräsentation bildeten den Hintergrund, vor dem die Werktätigen die in den Werkhallen mitproduzierte Bedeutung artikulierten. Solche Erfahrungen gerannen anschließend zu Erinnerungen, welche ihre Einstellungen zu Vergangenheit, Gegenwart (und Zukunft) der Industriearbeit neu prägen sollten. Die Vergangenheit kann die Zukunft nicht bestimmen; sie ist aber ein wesentlicher Teil des Rahmens, den die Menschen heranziehen, um ihre Erfahrungen einzuordnen und ihnen Sinn zu verleihen.

Es ist kein Geheimnis, dass in der staatssozialistischen Ära viele Werktätige, aber auch andere Bürgerinnen und Bürger quer durch die kommunistisch regierten Länder mit ihren Arbeits- und Lebensbedingungen unzufrieden waren und manchmal öffentliche Proteste riskierten. Dagegen zeigen fast alle Studien zum kollektiven Gedächtnis der Industriearbeiterinnen und -arbeiter, die sich auf ethnografische Beobachtungen und Oral History stützen, dass diese überwiegend positive Erinnerungen an die staatssozialistische Zeit haben.[11] Wir wollen hier nicht allzu sehr auf das Phänomen der »Nostalgie« eingehen – es ist im postsozialistischen Europa weitverbreitet, und selbst antikommunistisch eingestellte Menschen betrachten die Transformation oft als »Niedergang«. In den dominanten Narrativen über die Arbeit im Sozialismus ist dabei nur wenig Raum für branchenspezifische Unterschiede, das zeigen beispielsweise die ganz unterschiedlichen Orten gewidmeten Studien von Chiara Bonfiglioli über die Textilarbeiterinnen im ehemaligen Jugoslawien oder von Jeremy Morris über eine (post)sowjetische, auf Schwerindustrie fokussierte Monostadt.[12] Beide stießen auf dieselben allgegenwärtigen Tropen des »Vorher und Nachher«, wobei das Vorher (der Sozialismus) immer als besser galt, während die seitdem vergangene Zeit als Niedergang, Zerstörung und Enteignung beschrieben wird. Dazu vermerkt der Sozialanthropologe Don Kalb: »Die

Menschen beklagen, dass das, was ihnen der Sozialismus geboten hat – die Chance, eine Familie zu gründen und zu ernähren, mit ehrlicher Arbeit eine Karriere aufzubauen und einen eigenen Hausstand zu führen –, heute nicht mehr so leicht zu erreichen ist.«[13]

Solche Erinnerungen und Empfindungen verweisen auf die Überzeugungskraft des europäischen (aber auch nordamerikanischen) Nachkriegsmodells einer Industriegesellschaft, die ihren Fabrikbeschäftigten einen sicheren Arbeitsplatz, steigenden Lebensstandard und einen planbaren Weg in die Mittelschicht versprochen hatte. Dies war zugleich eine Zeit, in der die große Fabrik mit ihren Wohlfahrtsfunktionen eine Infrastruktur für Solidarität und Soziabilität bereitstellte (siehe Kapitel 4). Daher stoßen Oral-History-Projekte zu deindustrialisierten Orten im Westen auf ganz ähnliche Einstellungen wie im postsozialistischen Osten Europas.[14] Jenseits der Spezifik des Ortes sind die allgemeinen Muster der Erfahrung des Bedeutungsverlusts schwerindustrieller Arbeit erkennbar – ob in Gdynia und Pula oder Bremerhaven und Glasgow.

Obwohl diese Narrative das Schicksal der Industrie und die Entwicklung des Lebensstandards über die letzten dreißig Jahre selbstverständlich nicht ungefärbt, sondern durch die Transformationserfahrung und die jeweilige gegenwärtige Situation gefiltert darstellen, können wir sie nicht einfach als wertlos abtun. Vielmehr ist zu fragen, warum diese positiven Erinnerungen nach 1989 so stark dominieren, dass sie die früheren Beschwerden und die Kritik am sozialistischen System überdecken – sogar bei Menschen, die aktiv an Streiks oder sogar an der großen Protestbewegung der Solidarność von 1980 beteiligt waren.[15]

Für uns haben diese Erinnerungen einen heuristischen Wert: Zum einen sind sie ein wichtiges Instrument, das es Individuen und Gruppen ermöglicht, sich in der Gegenwart zu positionieren, Forderungen für die Zukunft zu stellen und diese auf ein kohärentes Narrativ über sich selbst zu gründen, das Vergangenheit und Gegenwart verbindet. Wie Tanja Petrović schreibt: »Die Erinnerung an den Sozialismus [...] formt die Gegenwart der Menschen in hohem Maße und verleiht den sozialen Strukturen, Werten, Überzeugungen und Handlungen einer Gesellschaft und ihrer Mitglieder Bedeutung.«[16] Zum anderen reflektieren Erinnerungen, selbst wenn sie durch verschiedene Ebenen der Medialisierung vermittelt und beeinflusst werden, was die Menschen an der Vergangenheit schätzen. Die in unseren Fallstudien vorgestellten Erinnerungen bestätigen zunächst allgemein bekannte Forschungsergebnisse. Sie lassen erkennen, dass die kommunistische Ideologie der Industriearbeit das Selbstverständnis der Werktätigen beeinflusste – obwohl ihnen deren Scheinheiligkeit durchaus bewusst war.

Der serbische Historiker Predrag Marković unterstreicht in einem erinnerungskulturellen Aufsatz die sieben »S«-Werte, die die kommunistischen Regime versprachen, zumindest teilweise umsetzten und die den Rahmen der heutigen nostalgischen Erzählungen bilden: Solidarität, Sicherheit, Stabilität, soziale Einbindung, Soziabilität, Solidität und Selbstwertgefühl (Anerkennung).[17] Obwohl es nicht schwerfällt, für jeden Wert eine substanzielle Lücke zwischen dem kommunistischen Versprechen und der gelebten Realität vor 1989 aufzuzeigen, ist dennoch unbestreitbar, dass dies rekurrierende Tropen sind, mithilfe derer Arbeiterinnen und Arbeiter ihrer oft prekären Gegenwart Sinn verleihen. Hier handelt es sich also nicht um kognitive Dissonanz, sondern um Subjektivitäten, die durch den fundamentalen Wandel der Lebenswelten und diskursiven Rahmenbedingungen nach 1989 stark hinterfragt wurden. Die Industriearbeiterinnen und -arbeiter mussten den plötzlichen Verlust des ihnen zugeschriebenen Prestiges verarbeiten, zum Teil auch einen echten Verfall ihres symbolischen Status, begleitet von einem rapiden Rückgang des Lebensstandards in den frühen neunziger Jahren. Einer Schätzung zufolge ging der Gesamtwert der Güter und Dienstleistungen, die in den »economies in transition« produziert wurden, von 1989 bis 1997 um ein Viertel zurück.[18] Selbst das nachfolgende Wirtschaftswachstum – das in Polen rein numerisch an das deutsche Wirtschaftswunder heranreichte – konnte die Wunden nicht heilen, die der anfängliche wirtschaftliche Einbruch und der soziale Abstieg in der frühen »Transition« geschlagen hatten.

Was in diesem Prozess verloren ging, war nicht nur sozialer Status, sondern auch jegliche Hoffnung darauf, dass die industrielle Moderne den Einstieg in eine utopische Zukunft signalisierte – eine Überzeugung, die im Staatssozialismus länger aufrechterhalten wurde als im Kapitalismus.[19] Die Krise der neunziger Jahre, deren wirtschaftliche Dimension wir in Kapitel 2 ausführlich dargestellt haben, ist in vielerlei Hinsicht prägend für die heutigen Erinnerungen. Die Industriearbeiter verschwanden aus den öffentlichen Repräsentationen, die Arbeiterinnen sogar ganz. Kein PR-Manager in Istrien käme heutzutage auf die Idee, Werbematerialien für die Region mit Fotos von Fabrikarbeitern zu illustrieren.

Der Sozialanthropologe David Kideckel kam 2008 mit Blick auf Rumänien zu dem Schluss, »die Fürsorge für die Verhältnisse der Arbeiter« sei »marginalisiert und delegitimiert […], und viele Industriezweige« würden »als sozialistische Überbleibsel verachtet«.[20] Die frühere Aufwertung der Arbeiter wandelte sich nun zur Herabwürdigung. Im Fall Rumäniens beruhte dies, so Kideckels Vermutung, auf einer bewussten politischen Strategie: Die neuen Eliten betrachteten die Arbeiter der »alten« Industrien als rückständig und als Hindernis auf dem Weg zu einer entwickelten kapitalistischen Gesellschaft. Die Werktätigen verloren das soziale und symbolische Kapital, das sie im Sozialismus hatten aufbauen können, und damit auch die Kraft für kollektives Handeln. Zur selben Zeit begannen die Medien, Dienstleistungsberufe, »Flexibilität« und Unternehmertum in ein positives Licht zu rücken. Ganz ähnlich beobachtete Elisabeth Dunn, die die Privatisierung einer polnischen Fabrik untersuchte, dass das neue Management die Arbeiter in den Werkhallen »als Produkte des sozialistischen Systems« konstruierte, »die unfähig waren, sich an die wandelnden wirtschaftlichen Verhältnisse anzupassen, eben weil es ihnen an Denkvermögen« fehle. Die Verfechter der Marktwirtschaft hielten nicht nur den Sozialismus für nicht reformierbar, sondern auch die Fabrikarbeiter für »unbelehrbar und unveränderbar«.[21]

Der Niedergang des Proletariats wurde nicht nur symbolisch erzeugt, sondern war zugleich das Ergebnis politischer Reformen und der Schwäche der Gewerkschaften, die einen Vertrauens- und Mitgliederverlust erlebten.[22] In Polen kam dies überraschender als anderswo; schließlich war hier eine echte Arbeiterbewegung, die Solidarność, entscheidend für die Schwächung und schließlich Überwindung der kommunistischen Einparteienherrschaft gewesen. Doch sie erlebte, so der suggestive Titel des einflussreichen Buchs von David Ost, im Sieg nach 1989 eine »Niederlage«.[23] Scribner kommentiert dazu trocken: »Das größte Ereignis der europäischen Labour History der Nachkriegszeit trug dazu bei, die Verhältnisse auszulöschen, die die Bewegung möglich gemacht hatten.«[24]

In den neunziger Jahren, als sich die Solidarność von einer sozialen Bewegung und Gewerkschaft zu einer politischen Partei wandelte, begann sie, die Arbeiter zu ignorieren, konzentrierte sich hauptsächlich auf marktwirtschaftliche Reformen, einen energischen Antikommunismus und – als Teil der Regierungskoalition 1997-2000 – auf »›christliche Werte‹ und Lustration, statt auf Gewerkschaftsmacht oder Verbesserungen für die Arbeiter«.[25] Ein zweiter wichtiger politischer Faktor für den Niedergang der Arbeiterschaft war die Neuorientierung der liberalen Intellektuellen, die sich in den siebziger und achtziger Jahren auf die Seite der Industriearbeiter gestellt hatten und der Solidarność beigetreten waren, nun aber zunehmend marktfreundliche Positionen vertraten. Ihr wichtigstes Sprachrohr, die *Gazeta Wyborcza*, eine bis Mitte der Neunziger formal mit der Solidarność verbundene Tageszeitung, stellte die Gewerkschaften regelmäßig als Relikte der Vergangenheit dar, die Reformen gefährdeten.[26] Sogar die Solidarność trat einer gewerkschaftlichen Mobilisierung im privaten Sektor entgegen, weil sie fürchtete, dies würde ausländische Investoren abschrecken.

Diese Entwicklung ging auch an den kroatischen Gewerkschaften nicht vorüber. Der Organisationsgrad fiel in der ersten Dekade nach der Unabhängigkeit von 90 auf rund 45 Prozent und sank danach stetig weiter.[27] Dazu trug auch die starke Fragmentierung der Gewerkschaften bei. Marina Kakanović betont, dass Konzepte wie »Tarifvertrag« oder »Streik« – also die klassische Sprache des Arbeitskampfes – zunehmend einen »quasisozialistischen« oder sogar »antikroatischen« Klang erhielten.[28] Unter diesen Bedingungen konnten die zahlreichen kleinen Arbeiterproteste zu keiner größeren Bewegung verschmelzen, die die sozialen Rechte und den symbolischen Platz der Industriearbeiter verteidigt hätte. In Kroatien wurde – zunächst im Rahmen der nationalistischen Mobilisierung und dann verstärkt während des Krieges 1991-95 – das Bild des Arbeiters schnell aus der Öffentlichkeit verdrängt; Tuđman versuchte sogar, den Begriff »radnik« (Arbeiter) durch die neue Bezeichnung »djelatnik« (Beschäftigter) zu ersetzen, die kroatischer (auch im Serbischen heißt es »radnik«) und weniger nach Arbeiterklasse klang. Noch wirksamer war die Ersetzung durch »Kroate«, denn die Regierungspartei HDZ gründete ihre Legitimität nicht auf den Anspruch, die Rechte der Arbeiter zu verteidigen, sondern auf ihre Rolle im kroatischen Unabhängigkeitsprozess und schließlich auf die erfolgreiche Verteidigung gegen die serbische Aggression sowie auf die Befreiung der serbisch besetzten Gebiete.[29]

Zusätzlich verstärkt wurde die politisch bedingte Degradierung der Arbeiter durch die tiefe Wirtschaftskrise. Ende der neunziger Jahre lag das BIP Kroatiens unter dem Niveau von 1990, die Arbeitslosigkeit betrug ca. zwanzig Prozent – und zählt man die Beschäftigten dazu, die keinen Lohn erhielten, wohl sogar eher dreißig Prozent.[30] Schließlich wandelte sich Kroatien zu einer Dienstleistungsgesellschaft, und der Tourismus wurde zur wichtigsten Branche des Landes: Kellnerin und Kellner (*konobarica/konobar*) wurden, so ein kroatischer Soziologe, zum Emblem der neuen Arbeitsteilung, während in den achtziger Jahren Industriearbeiter (inklusive Bergleute) die größte Beschäftigungsgruppe des Landes gestellt hatten.[31] 2001 war bereits die Hälfte der Beschäftigten im Dienstleistungssektor tätig (während das produzierende Gewerbe noch gut ein Viertel der Gesamtbeschäftigung ausmachte). Als entscheidende Gründe für den realen und symbolischen Niedergang der Industrie benennt Domagoj Mihaljević konkrete politische Entscheidungen – beispielsweise die Koppelung der Währung an die D-Mark und später den Euro, was zur Überbewertung der kroatischen Kuna und damit zu einer Benachteiligung heimischer Exporteure führte, sowie die Abhängigkeit von ausländischen Banken nach dem Jahr 2000, deren Kredite hauptsächlich den Bau von Immobilien und den privaten Konsum, nicht aber Investitionen in die Produktionskapazitäten vorantrieben.[32] Die gesellschaftlichen Vorstellungen von einem guten Leben, die sozialen Imaginationen hatten sich also, nicht zuletzt durch politische Eingriffe, gründlich transformiert.

Es gab aber auch Ausnahmen von diesem länderübergreifenden Strukturwandel. Die Werften in Pula und Gdynia widerstanden der rapiden Deindustrialisierung, wie in Kapitel 2 detailliert beschrieben. Auf den folgenden Seiten widmen wir uns aber weniger den Unternehmen als vielmehr den dort in unterschiedlichen Funktionen tätigen Menschen und ihren Sinnwelten. Wir haben hauptsächlich mit Personen gesprochen, die ihr Berufsleben überwiegend oder sogar vollständig in den Werften verbracht und über die Jahre eine starke Identifikation mit ihrer Arbeit und dem Betrieb aufgebaut hatten. Der Blick in die Betriebszeitungen bestätigt unsere Befunde für die Zeit des späten Sozialismus. Unsere Protagonisten interpretieren ihre Arbeitserfahrungen und die Bedeutung ihrer Tätigkeit nicht nur durch das Prisma ihrer biografischen Erinnerungen. Wesentlichen Einfluss haben auch die spätere Demontage ihrer stabilen Lebenswelt und die durch sie verursachten Ängste und enttäuschten Hoffnungen. Diese Erinnerungen sind nicht repräsentativ im quantitativen Sinne, aber sie geben einen Einblick in die symbolische Bedeutung der Werftarbeit im Sozialismus und ihren langen Schatten in der Zeit danach. Dabei zeigt sich, dass die Erinnerungen an die verklärte alte Betriebsgemeinschaft nicht bloß ein nostalgischer Reflex sind, sondern auch eine Grundlage, um sich im Hier und Jetzt zurechtzufinden, dieses also mit all seinen Widersprüchlichkeiten »bewohnbar« zu machen, wie es der Sozialanthropologe Morris in seiner Studie über eine deindustrialisierte Stadt in Russland so schön ausgedrückt hat.[33]

Arbeitsethos und Solidarität in der Vergangenheit

»Es war schön, wir haben gearbeitet«, sagt uns einer unserer Interviewpartner in Pula, wobei derartige Äußerungen da wie dort besonders häufig von qualifizierten Beschäftigten kommen (zu diesen beiden Gruppen gehörten die meisten unserer

Interviewpartner und Interviewpartnerinnen in beiden Ländern). Viele der Befragten erklären, sie seien in der Vergangenheit »glücklich« gewesen, in der Werft zu arbeiten. Die emotionale Bindung an die Arbeit drückte sich zum Beispiel in Blumen, Pflanzen und kleinen Bäumen aus, die zwei Pulaner Arbeiterinnen 1990 auf eigene Kosten auf dem Markt kauften und auf dem Betriebsgelände einpflanzten.[34] Sie äußerte sich nicht nur im Verhältnis zum zur Heimat gewordenen Werkgelände, sondern auch in einem besonderen Verantwortungsgefühl. Ebenfalls 1990 proklamierte der langgediente Schweißer Ivan Zenzerović in der Betriebszeitung *Uljanik*: »Man muss die Arbeit lieben.« Außerdem erklärte er, jede Pflicht müsse »korrekt« ausgeführt werden, mit Präzision, Verantwortung und Sorgfalt. Und ganz allgemein fügte er hinzu: »Arbeit macht die Menschen glücklich.«[35]

Diese Einstellung spiegelt zum einen den stark handwerklichen Charakter der Arbeit im Schiffbau, der selbst nach dem Zweiten Weltkrieg einen stärkeren Werkstättencharakter behielt als andere Branchen, die umfassend automatisiert wurden. Unter diesen Bedingungen genossen die Arbeiter nach wie vor viel Autonomie; der Produktionserfolg hing von ihren Fähigkeiten und ihrer Problemlösekompetenz ab. Besonders die Facharbeiter – Frauen waren unter ihnen seltener vertreten – besaßen ein ausgeprägtes Bewusstsein dafür, dass sie im Produktionsprozess eine tragende Rolle spielten. 1981 waren mehr als 40 Prozent der Uljanik-Beschäftigten qualifiziert oder hoch qualifiziert, mehr als 8 Prozent hatten einen Hochschulabschluss. In einer Broschüre für junge Leute wurden 22 handwerkliche Schiffbauberufe aufgelistet – und alle konnten in der Werft und der Fachschule von Pula erlernt werden.[36]

Während diese Faktoren – zumindest historisch – auch in den Werften außerhalb der sozialistischen Welt präsent waren,[37] verstärkte der Staatssozialismus die Identifikation mit der eigenen Arbeit zusätzlich: Die Werktätigen fühlten sich anerkannt – nicht nur von den Kollegen und Vorgesetzten ihrer Arbeitsorganisation, sondern auch von der kommunistischen Ideologie. Zu einem ähnlichen Schluss kommt Tanja Petrović, die Arbeiter einer Kabelfabrik in Zentralserbien interviewte: »Die Vergangenheit wird meist als besser empfunden, nicht in materieller Hinsicht, aber in Bezug auf die Würde und den Respekt, den die Arbeiter im Sozialismus genossen.«[38] Die industrielle Moderne konnte, wie es scheint, nicht nur zu Entfremdung von der eigenen Arbeit und deren Produkt führen, sondern auch zu einer Identifikation, sofern die Arbeiter und Arbeiterinnen ein gewisses Maß an Autonomie innerhalb des Produktionsregimes behielten und ihre Erfahrungen sich mit offiziellen Narrativen deckten.

Das Engagement für den eigenen Beruf spiegelt sich nicht nur in Worten. Einer unserer polnischen Gesprächspartner, der als Ingenieur in der Werft von Gdynia gearbeitet hatte, zeigt uns zu Beginn des Interviews eine gerahmte Fotografie, die prominent an einer Wand seiner kleinen Wohnung hängt. Auf dem Foto ist ein riesiges Ro-Ro-Schiff zur Beförderung rollender Fracht zu sehen, das er gegen Ende seiner beruflichen Laufbahn entworfen hat. Stolz präsentiert er die technischen Details. Die Tatsache, dass unser Gesprächspartner die Proteste von 1980 in der Werft mitorganisiert und später eine führende Rolle in der Solidarność-Gruppe seines Betriebs übernommen hat, tut seiner Identifikation mit der Werft keinen Abbruch, obwohl er keinen Hehl aus seiner kritischen Haltung gegenüber dem Kommunismus macht (A.K.).

Auch in westlichen postindustriellen Kontexten spielt die Arbeitsethik in den Erinnerungen der Arbeiter eine wichtige Rolle, wie Andrea Muehlebach exemplarisch für Sesto San Giovanni gezeigt hat.[39] Dies scheint ein wirkmächtiges Muster zu sein, das die Industriearbeiterkulturen über Zeit und Raum verbindet und sie von den meisten Tätigkeiten des Dienstleistungssektors unterscheidet. Ein Beispiel hierfür bietet der Bericht eines Interviewpartners aus Gdynia, der sich an einen Vorfall aus seiner Zeit als Vorarbeiter erinnert: »Es gab eine Zeit, da hab ich geglaubt, ich sei in der Werft unersetzbar.« Im Folgenden schildert der Schiffbauer leidenschaftlich, wie er an Ostern von zu Hause abgeholt wurde, weil es Probleme mit einer Ankerkette gab. »Der Abteilungsleiter kam zu mir: ›Unten steht das Auto, wir können das Problem nicht lösen, du musst kommen!‹« (C.Z.) Vor Ort konnte unser Gesprächspartner seine gesamte Routine ausspielen:

Ich hab einfach eine Taschenlampe angemacht. Wo verhakt es sich? Hier, an der Stelle, dort, an der Stelle. […] »Schneidet mir den mal ab«, »Lass uns hier schweißen!«, »Lass den Anker runter!« – »Anker hoch!« Kein Geräusch! […] Ich hab's geschafft! Dann haben sie mich mitten am Tag wieder nach Hause gebracht. Die Leiter waren glücklich, weil ich es schnell gemacht habe, kein Problem. […] Und über all die Jahre, die ich gearbeitet habe, hatte ich Erfahrung. Weil Erfahrung [den Unterschied] macht.

In der Anekdote spiegelt sich der Stolz des Erzählers, wie gut er das Schiffbauhandwerk beherrschte. Sehr gut sieht man zudem die informellen Beziehungen zwischen den Werftarbeitern, die formale Hierarchien und Abhängigkeiten durchkreuzten, auch zwischen den Arbeitern und Angestellten. Schließlich ist es eine Geschichte von menschlicher Agency, von Einfallsreichtum und Erfindergeist, die aktiviert werden konnten, wenn die formalisierten Produktionsprozesse – wie es im Staatssozialismus regelmäßig vorkam – scheiterten.[40] Damit ist es zu guter Letzt auch eine Geschichte über strukturelle Probleme (technische Defizite, unrealistische Planungen und unzureichende Qualitätskontrollen), die durch persönlichen Einsatz oder »Aktionen« der Gruppe gelöst wurden. Somit produzierten die Schwächen der sozialistischen Produktion nicht nur Frustration, sondern ironischerweise auch Selbstwertgefühl, ein »Wir haben's geschafft!«, trotz widriger Bedingungen. Dieses »wir« bezog sich in den Erzählungen allerdings meist auf ein männliches Kollektiv, weil Frauen in den technisch-manuellen Berufen weniger präsent waren (siehe auch das Foto der Pulaner Elektriker, Abbildung 14 in Kapitel 4) und bei dieser Anekdote alle Beteiligten ganz selbstverständlich davon ausgingen, dass die Frau des Vorarbeiters die Familie am Festtagstisch zusammenhielt.

Der Arbeitstag bei Uljanik begann genau wie in Gdynia mit dem Passieren des Werktors, der sogenannten *kapija*. Diese Bewegung markierte das Überschreiten der physischen Grenze des Arbeitsplatzes, hier erhob das Produktionsregime seine Stimme, oder besser gesagt, seine Sirene: »Du hättest sehen sollen, wie wir morgens aufstanden und rannten, wir haben gedacht: Werde ich es schaffen, [rechtzeitig] durchs Tor zu kommen?« (J. L.) Es gab zwei Sirenen zu Beginn jeder Schicht; wenn die Arbeit um 6:00 Uhr begann, erklang die erste Sirene um 5:55 Uhr, die zweite um 6:00 Uhr. Das Tor wurde allerdings schon beim ersten Sirenenton geschlossen, da man zu Fuß mindestens fünf Minuten bis an den jeweiligen Arbeitsplatz brauchte. Dieses Erlebnis war zutiefst formativ, auch in moralischer Hinsicht. Für manche Arbeiter war ein Zuspätkommen »unverständlich«, da es, so J. L. in ihren Erinnerungen an die sechziger Jahre, ein generell unehrliches, undiszipliniertes Verhalten signalisierte. Die Arbeitsethik war so internalisiert, dass jede Verspätung »Scham« erzeugte. Manche Arbeiter nahmen sogar Urlaub, um sich nicht vor den Kollegen zu blamieren (B. Bu.). Ein ordentlicher Arbeiter zu sein und die Arbeitsethik hochzuhalten gehörte unbestritten zu den Grundbestandteilen bedeutungsvoller Arbeit.

Der Lohn der Werftarbeiterinnen und Werftarbeiter war im Vergleich zu anderen Branchen hoch, aber es gab auch andere Motive, seine Arbeit ordentlich zu tun, so Č. Č.: »Es ging nicht nur ums Geld.« Aus dieser Perspektive liegt darin einer der Unterschiede zur Gegenwart: Heute zählt hauptsächlich, wenn nicht sogar ausschließlich die finanzielle Vergütung. In den Interviews betonten einige Befragte die prestigeträchtige Position der *uljanikovci* in der sozialen Hierarchie Pulas. In sozialistischer Zeit galten sie als »signore« (Z. M.). Wenn jemand einen Arbeitsplatz in der Werft bekam, wurde dies oft mit dem Ausruf »Oh, du Glücklicher!« kommentiert (Č. Č.). Diese Wahrnehmung wurde stark von oben gefördert und auch von der Werftleitung unterstützt: Generaldirektor Karlo Radolović verwies in einer Rede vor dem Personal der Werft 1980 gleich mehrfach auf die »Ehre« und »Reputation«, die es zu verteidigen gelte.[41] Dies wiederholte er 1986: »Uljanik ist heute unsere Ehre«, um gleich im nächsten Satz zu betonen, dass »der größte Wert von Uljanik die guten und ehrlichen Arbeiter sind«.[42] Auch der lokale Wirtschaftspolitiker Vinko Jurcan bestätigte das soziale Prestige: »Alle können wirklich stolz sein, bei Uljanik zu arbeiten.« Entsprechend festlich wurden seitens der Werft lange Betriebszugehörigkeiten begangen; so gab es zum 25-jährigen Dienstjubiläum ein Diplom mit anschließendem Umtrunk, bei dem reichlicher Alkohol floss (siehe Abbildung 17a und 17b). Die Bedeutung solcher Anlässe für die Arbeiterinnen und Arbeiter sollte nicht unterschätzt werden, denn hier erfuhren sie Anerkennung – und gleichzeitig konnten sie mit ihren Kolleginnen und Kollegen, die oftmals zum engsten Freundeskreis, ordentlich feiern. Diese Rituale verbanden die individuellen und Gruppenbiografien mit jener der Firma.

Abb. 17a und 17b: Verleihung von Diplomen
für 25 Jahre Betriebszugehörigkeit bei Uljanik
sowie anschließende Feier im Dezember 1986.

Die besondere Selbstachtung, aber auch gesellschaftliche Anerkennung der Uljanik-Beschäftigten waren selbstverständlich eng mit dem Produkt ihrer Arbeit, den Schiffen, verbunden. In dem schon ewähnten Dokumentarfilm (Der Koloss aus der Adria, 1972) über einen der Riesentanker, die Anfang der siebziger Jahre von Uljanik gebaut wurden, sind Fach- und Vorarbeiter sowie Arbeiterinnen, Ingenieure und leitendes Personal zu sehen. Sie erzählen von den Herausforderungen einer solchen Konstruktion und ihrer erfolgreichen Bewältigung durch die Kombination von individuellen und gemeinschaftlichen Anstrengungen. Freudestrahlend und mit sichtlichem Stolz präsentieren sie das Ergebnis ihrer Arbeit.[43] Auch im Film *Berge Istra* aus demselben Jahr wird der Supertanker als das gemeinsame Produkt des ganzen Kollektivs präsentiert – abschließend geehrt durch den Besuch Titos und seiner Gattin Jovanka, der Patin, bei der Schiffstaufe.[44] Hier, beim Stapellauf neuer Schiffe, wurde die allgemeine Anerkennung besonders greifbar; sie waren öffentliche Ereignisse und schafften es für gewöhnlich auch auf die Titelseite der Lokalzeitung.[45] Dazu bemerkte an anderer Stelle Bo Strâth: »Schiffe sind [...] neben Flugzeugen die einzigen Industrieprodukte, die eine Taufe erhalten. Diese Branche verbindet man mit Stolz und Machismo; es fällt schwer, sich Textilien in einer solchen Rolle vorzustellen.«[46] Die Schiffbauerinnen und Schiffbauer realisieren also nicht nur das Schiff, sondern dieses auch sie, als Subjekte der Produktion.

Dieses Gefühl des Stolzes und der persönlichen Verwirklichung wird sowohl von Männern als auch von Frauen artikuliert – in den erwähnten Dokumentarfilmen sind auch Schweißerinnen zu sehen, ein auf westlichen Werften sehr seltenes Bild. Die weibliche Perspektive fügt ein weiteres Element hinzu: gleichzeitig eine gute Arbeiterin und eine gute Mutter sein zu können bzw. gewesen zu sein (M. D.). Unsere Interviewpartnerinnen machen jedoch klar, dass es oft schwierig war, Arbeit und Familie in Einklang zu bringen, Überstunden kollidierten zum Beispiel mit familiären Verpflichtungen.[47] Dieses bekannte Problem der »doppelten Bürde« von Arbeitnehmerinnen im Sozialismus ist auch für den jugoslawischen Fall ausführlich untersucht. Trotz der Schilderung solcher Schwierigkeiten behaupten die befragten Frauen jedoch, wenn wir sie direkt darauf angesprochen haben, dass sie im Allgemeinen sehr glücklich sind, diese Arbeitserfahrung gemacht zu haben. Das mag nicht zuletzt damit zu tun haben, dass Frauen, auch die von uns interviewten, im Schiffbau hauptsächlich als Angestellte beschäftigt waren, die in der sozialen Hierarchie (wenn auch nicht in der Meinung der Werftbeschäftigten) über den einfachen Arbeiterinnen standen.[48]

Das Selbstwertgefühl der Beschäftigten war ganz entscheidend mit den Produkten ihrer Arbeit verbunden. Es waren »nicht einfach Kisten mit Motor«, sondern »hoch entwickelte« Produkte von großer Qualität, die weltweit Anerkennung fanden (B. Ba.). Dies schuf eine Verbindung zwischen dem Arbeitsplatz und dem Rest der Welt.[49] Es gab wenig andere Produkte, bei denen die offizielle Propaganda so sehr im Einklang mit den Emotionen der »gewöhnlichen Menschen« stand. Die staatliche und betriebliche Rhetorik argumentierte hier sehr ähnlich, sie präsentierte die jugoslawischen Werften als Markenzeichen, mithin als einige der wenigen Unternehmen des Landes, die ein international wettbewerbsfähiges Produkt herstellten. Auch Experten rühmten die Qualität der siebziger und achtziger Jahre.[50] *Glas Istre* ließ keine Gelegenheit aus, um die technische Raffinesse der Schiffe und ihren kommerziellen Erfolg im Ausland hervorzuheben. Aus der Perspektive der Werftarbeiter (hier zitiert aus einem Interview in Gdynia) klingen wirtschaftlicher Erfolg und technischer Fortschritt so: »Das war mein Element. Ich habe ein riesiges Ding gebaut, ein Schiff wie dieses, alles. Für einen Jungen aus der Provinz, als ich in der Werft ankam und begonnen habe, diese Schiffe zu bauen […], [das war] wie ein Flug zum Mond.« (C.Z.). In der Selbstrepräsentation des Betriebes spiegelte sich das Zusammenspiel von individuellem Einsatz und erfolgreicher Produktion ebenso wider.

Die ehemaligen Arbeiter in Pula sind besonders stolz auf ihre technologischen Nischenprodukte, darunter Schwimmbagger, »Tierhotels« (Transportschiffe für Lebendvieh), Spezialschiffe mit geringem Tiefgang und abklappbarem Dach, die auch über Flüsse und unter Brücken hindurch ins Kaspische Meer fahren konnten, sowie eine Plattform für das gigantische Landgewinnungs- und Immobilienprojekt »The Palms« in Dubai. Diese Spezialkonstruktionen werden immer wieder als Beispiele der Ingenieurskunst der Uljanik-Werft und ihrer Arbeiter angeführt. Nicht anders ist es an der polnischen Ostseeküste: Einer unserer Gesprächspartner vergleicht die Schiffe aus Gdynia mit einem »schwimmenden Mercedes« (K.J.).

Die in Kapitel 4 beschriebene Multifunktionalität der Werften trug dazu bei, dass die Beschäftigten ihr Leben ganz klar als Teil der kollektiven Anstrengungen zum Aufbau einer besseren Zukunft betrachteten und dabei eine spezifische Vorstellung der industriellen Moderne entwickelten. Gleichzeitig boten die Werften aber auch die infrastrukturelle Basis für die Entstehung einer Gemeinschaft und eines Gefühls der Solidarität. Eine Uljanik-Arbeiterin berichtet, dass »die Menschen sehr solidarisch miteinander waren« (J.L.). Ein klassisches Beispiel dafür war die gegenseitige Hilfe bei privaten Renovierungs- oder Bauarbeiten: Alle betonen, wie einfach es war, kollegiale Unterstützung zu bekommen. Wir sehen hier einen ähnlichen Prozess, wie ihn Muehlebach für die Arbeitergemeinschaft im italienischen Sesto San Giovanni beschreibt: »Die Arbeit und der Produktionsprozess – die Konzentration von Zehntausenden Arbeitern in den Werkhallen, an den Maschinen und in

Abb. 18: Schweißarbeiten in Gdynia (1973).

einer dichtbevölkerten Stadt – schufen die Bedingungen nicht nur für die industrielle Produktion, sondern auch für kollektive Werte.«[51]

Das Gemeinschaftsgefühl herrschte nicht allein in der Belegschaft. Während des Streiks von 1967 hatten die Uljanik-Arbeiter Angehörige des Leitungspersonals noch ins Wasser geworfen,[52] doch die neue, in den frühen Siebzigern angetretene Generation von Direktoren pflegte einen respektvolleren, »menschlicheren« Umgang (J. L.). Anders als die älteren Kader, die (so J. L.) »streng wie ein Vater« waren, gaben sich die jüngeren Manager entspannter, verbrachten ihre Pausen gemeinsam mit den Mitarbeitern, plauderten und lachten mit ihnen – und all das trug dazu bei, das Gefühl einer großen »Familie« zu kultivieren. Ähnliche Bilder quasifamiliärer Verhältnisse am Arbeitsplatz finden sich auch in der Studie von Nina Vodopivec, die Textilarbeiterinnen in Slowenien interviewt hat. Sie argumentiert, die Idealisierung der zwischenmenschlichen Beziehungen diene zugleich dazu, die in der realen Welt durch die Transformation zerschlagenen Gemeinschaften narrativ wiederherzustellen.[53]

Die Metapher der Familie taucht auch in unseren Gesprächen in Gdynia immer wieder auf: Die Familiarität kam beispielsweise während des Streiks im Sommer 1980 zum Ausdruck, in dem »wir wie eine große Familie standen« (C. Z.). Tatsächlich betonen die meisten historischen Analysen der Arbeitskämpfe die starke persönliche und familiäre Dimension der damaligen Oppositionsbewegung. Einer unserer Gesprächspartner beschreibt, wie geschildert, die Werft als »Termitennest«, eine Metapher, die vor allem die starken persönlichen Bindungen zwischen den Arbeitern anzeigt, die sich über Jahre, wenn nicht Jahrzehnte entwickelt hatten. Dass viele in werfteigenen oder von der Werft gebauten Wohnvierteln lebten und dadurch Nachbarn waren, verstärkte das Gefühl der Gemeinsamkeit. Ein weiterer wichtiger Ort des »Beisammenseins« war auch der Bus oder Zug, mit dem Tausende täglich pendelten, beispielsweise die elektrische Stadtbahn, die Danzig, Sopot und Gdynia (sowie einige kleine Nachbarstädte) miteinander verbindet und zu einem der Symbole für das Leben und die Proteste der Werftarbeiter wurde.[54]

Wie von Michael Burawoy analysiert, genossen die Arbeiter eine weitreichende Autonomie in den »Fabriksregimes«.[55] Nach Ansicht von A. K., damals Vorsitzender des Disziplinarkomitees in Uljanik, »war es in der jugoslawischen Zeit jedoch ein bisschen schwieriger als heute, Disziplin unter die Arbeiter zu bringen [...], weil sie immer im Recht waren«. Es gab alle möglichen Regeln, doch am Ende hatte der Arbeiter »mehr Rechte« als der Leiter der Arbeitsorganisation, und daher »war es hart, sehr hart«, etwas durchzusetzen.[56] Ein anderer Arbeiter erwähnt, dass faule Kollegen aufgrund der Macht der Gewerkschaft und der arbeiterfreundlichen Haltung der Partei viel Schutz genossen hätten: »Einen Arbeiter konnte man nicht entlassen, definitiv nicht, unmöglich. Man musste schon ein sehr großer Gauner sein, um rauszufliegen.« (L. Ž.) Diese letzte Bemerkung fügt sich in Erfahrungsberichte aus anderen staatssozialistischen Gesellschaften, wo der Mangel an Arbeitskräften, vor allem an Facharbeitern, das Management zögern ließ, Beschäftigte wegen Verstößen gegen die Betriebsdisziplin zu entlassen.[57]

Doch nicht alle Regelbrüche blieben innerhalb der akzeptierten Grenzen, und so verließ sich das Management nicht allein auf die internalisierte Disziplin. Eine ausführliche Analyse der Register des Disziplinarkomitees Uljaniks zeigt, dass zum Beispiel Arbeiter, die mehrfach oder für längere Zeit unerlaubt fehlten, tatsächlich entlassen wurden.[58] Zu solchen Verstößen konnte auch der verbreitete, aber ambivalent bewertete Diebstahl zählen, vor allem von Baumaterial – ein Phänomen, das den Werkdirektoren in allen sozialistischen Ländern vertraut war und den *Eigensinn* der Arbeiter illustrierte. Im sozialistischen System war dies mit der Praxis des Hamsterns angesichts von Versorgungsengpässen und einer personalisierten »Wirtschaft der Gefälligkeiten« verbunden, dazu kam als weiteres Element die Aneignung dessen, was den Arbeitern in der jugoslawischen Selbstverwaltung ja auch offiziell gehörte. Solche Praktiken wurden in den frühen neunziger Jahren schlagartig unterbunden, als das neue Management von oben eine strenge Disziplin durchsetzte, die manche Arbeiter als Erniedrigung und Entmündigung empfanden.

Jenseits der Regelungen und Sanktionen gab es jedenfalls

offensichtlich große Spielräume, die es den Beschäftigten erlaubten, die Werft für ihre eigenen Zwecke zu domestizieren. Dies zeigt der Bericht eines Uljanik-Arbeiters über die achtziger Jahre:

> Die Marenda [Mittagspause] war um 10:30 Uhr, und schon um 10:00, spätestens 10:15 Uhr hörten wir auf, räumten wenn nötig unsere Werkzeuge beiseite, je nachdem, wer wo arbeitete. Und dann gingen wir zur Küche, aßen die Marenda, tranken etwas – wir bezahlten einen symbolischen Preis für die Marenda, einen lächerlich kleinen Betrag. Dazu erhielten wir für einige Zeit einen halben Liter Milch, dann eine Zeit lang zwei Gläser mit 200 Millilitern Milch und so weiter. Und dann haben wir wieder ein paar Stunden gearbeitet, drei Stunden haben wir ein bisschen gearbeitet, la la la. Wer keine Überstunden machen wollte, ging nach Hause, und dann sind wir eine halbe Stunde, fünfzehn Minuten vor Arbeitsschluss, duschen gegangen, umziehen, und dann ab nach Hause ... Um 15 Uhr im Winter oder 14 Uhr im Sommer.

Erfahrene Arbeiter wie der hier interviewte wussten, welche kleinen Regelverstöße akzeptabel waren – für ihre Vorarbeiter, ihre Kollegen, aber auch für sie selbst, denn ihr Gefühl der Würde beruhte sowohl auf einem starken Arbeitsethos als auch auf der Abneigung dagegen, sich herumkommandieren zu lassen. Es war beispielsweise normal, am Freitag um 11 Uhr vormittags die Arbeit zu beenden, bis zum offiziellen Schichtende (15 Uhr) in der Werft zu bleiben und gemeinsam zu grillen, zu essen und zu trinken (Z.M.). Alkoholkonsum war zwar theoretisch verboten, aber weitverbreitet – das belegen auch zahlreiche Strafen der Disziplinarkommission. Manche verkauften sogar selbstgemachten Wein oder *rakija* (Branntwein) aus einem

Fass in ihrem Spind. Aber trotz dieser Transgressionen, die wichtig waren, um sich selbst als bewussten und ausgefuchsten Akteur wahrzunehmen (und zu präsentieren), überwog alles in allem ein striktes und ernstes Arbeitsethos. Das lag vor allem daran, dass die Beschäftigten aufeinander aufpassten und danach trachteten, dass niemand zu stark aus der Reihe tanzte und dass, wie auch Meinungsäußerungen im Betriebsmagazin *Uljanik* vom Ende der achtziger Jahre nahelegen, durchaus ein gewisser Wettbewerbsgeist zwischen den Abteilungen herrschte. An ihre Stelle trat dann im Postsozialismus allein die von oben verordnete Arbeitsdisziplin.

Risse und Kompromisse:
Neue soziale Werte und Wirtschaftspraktiken

In den Neunzigern wurden die engen Verbindungen zwischen Arbeiterbiografien und Werft dann Schritt für Schritt entflochten. Diese Entwicklung zeigt sich in Pula an der rückläufigen Bedeutung der innerbetrieblichen Bildung, die die Arbeiter zuvor über ihre Rollen und Verantwortlichkeiten aufgeklärt und eng in den Produktionsprozess eingebunden hatte. Nun trockneten wichtige Kanäle der Wissensverbreitung aus; die Einstellung der Betriebszeitung *Uljanik*, die monatlich erschien und in guten Zeiten auf mehr als 300 engbedruckte Seiten pro Jahrgang kam, war 1991 nicht nur akutem Geldmangel geschuldet, sondern auch ein Resultat des absehbaren Endes der Selbstverwaltung: Jetzt, wo das Kollektiv den Betrieb nicht länger selbst verwaltete, musste es auch nicht mehr umfänglich über entsprechende Vorgänge informiert werden. Bestehen blieb nur das kleinformatige und wenige Seiten umfassende Informationsbulletin *Mali informator*, das der Belegschaft sowie den zahlreichen Kultur- und Sportorganisationen der Werft keine Möglichkeit mehr gab, ihre Anliegen publik zu machen. Mit dem Ende des Sozialismus verwandelte sich die Firma zunehmend in eine Black Box, die Öffentlichkeit bekam von den Vorgängen in den Werkhallen kaum noch etwas mit, und wenn, dann gefiltert durch eine PR-Abteilung. Öffentlichkeitsarbeit ersetzte Information.

Auch in anderen Bereichen erlebten die Beschäftigten ein Gefühl der Enteignung. Einer unserer Gesprächspartner berichtet von veränderten Anforderungen: »Der Arbeiter wird [heute] zu einhundert Prozent ausgenutzt, während es vorher nicht so war.« (N. T.) Das hohe Arbeitstempo sei auf Dauer nicht zu halten und mache die Arbeiter im Laufe der Jahre kaputt und unzufrieden. Ein kroatischer Gewerkschaftsfunktionär erklärt, die Arbeit sei während der Selbstverwaltung entspannter gewesen, damals »gab es mehr Exkursionen und weniger Schulungen« (B. Bu.).

In Polen wehrten sich die Beschäftigten gegen solche Beschleunigungsversuche, die die Räume der Soziabilität beschneiden sollten. Einer der früheren sogenannten »Rationalisatoren« (E. P.) erzählt uns von einem Vorschlag aus den Neunzigern, die Gestaltung der Mittagspausen für die mehreren hundert Arbeiter in den Trockendocks zu optimieren, die mehr als einen Kilometer von der Kantine entfernt waren (in Pula gab es auf der Oliveninsel, wo die Endfertigung geschah, praktischerweise eine eigene Kantine; siehe Karte 2). Der Hin- und Rückweg dauerte zu Fuß eine halbe Stunde, die Mahlzeit ebenso, so dass die Mittagspause – die das Unternehmen bezahlte – mindestens eine Stunde in Anspruch nahm, oft auch mehr. Die Lösung schien für unseren Gesprächspartner auf der Hand zu liegen: Man würde direkt neben den Docks ein großes, beheiztes Zelt aufbauen und das Mittagessen dort servieren. Allen Berechnungen nach wäre dies eine sehr profitable

Investitionen gewesen, welche die Pausen verkürzt, aber auch den Arbeitern eine Erleichterung gebracht hätte – was eine Steigerung der Produktivität bedeutet hätte. Doch leider, so unser Gesprächspartner, stieß diese pragmatische Idee auf starke Ablehnung seitens der Arbeiter und wurde letztendlich nicht umgesetzt (E. P.). Es ist nicht schwierig zu erraten, dass die Quelle dieses Widerspruchs in der Angst vor strikterer Kontrolle und einer Erhöhung der Arbeitsdisziplin lag.

Die »großartige Kameradschaft« der Vergangenheit ging auch wegen der wachsenden Differenzierung innerhalb der Belegschaft nach und nach verloren. Ein wichtiger Grund dafür war die zunehmende Flexibilisierung der Beschäftigungsverhältnisse, etwa durch den vermehrten Einsatz von Leiharbeitern und Subunternehmern. 1999 arbeiteten zum Beispiel bei Uljanik direkt im Schiffbau 1865 eigene Beschäftigte sowie 850 Leiharbeiter (*kooperanti*).[59] Der 1999 produzierte Dokumentarfilm *Godine hrđe* (Jahre des Rosts) des damals 28-jährigen Pulaner Regisseurs Andrej Korovljev zeigt mit eindrucksvollen Bildern, dass die Arbeit auf der Werft für die *kooperanti* nur mehr ein sehr harter Broterwerb ist, aber weder Sinn noch Solidarität stiftet, im Gegenteil. Der Analyse des Kulturwissenschaftlers Andrea Matošević zufolge präsentiert der Film die über Subunternehmen beschäftigten Arbeiter als vom Produkt ihrer Arbeit völlig entfremdet, es findet sich keine Spur mehr von Stolz, vielmehr herrscht Verbitterung. Das Schiff macht sie nicht mehr zum Subjekt, sondern zum Objekt.[60] Diese Leiharbeiter kamen bei den gefährlichsten Arbeiten zum Einsatz (im Film werden jene gezeigt, die Korrosionsschutz am Schiffsrumpf anbringen), sie verdienten noch weniger als die regulär Beschäftigten und hatten keinen Anspruch auf betriebliche Sozialleistungen, wie Matošević bei seiner eigenen Feldforschung in der Werft herausfand. Von ihnen wurde nur Quantität, aber keine Qualität eingefordert – auf dieser Basis konnte keine positive Identifikation mit der Werft entstehen. In den Augen der regulär Beschäftigten symbolisierten sie die Bedrohung, selbst »flexibilisiert« zu werden.

In Gdynia führte nach der Jahrtausendwende eine Rationalisierungswelle in der Werft zu Arbeiterprotesten. Interessanterweise wurde diese Veränderung in unseren Interviews kaum noch thematisiert. Das ist zum Teil durch einen Stichproben-Bias zu erklären: Fast alle unsere Gesprächspartner arbeiteten direkt im Produktionsprozess. Aus ihrer Perspektive spielten sich die finanziellen und strukturellen Turbulenzen irgendwo über ihren Köpfen oder in anderen Abteilungen ab, sie hätten daher ihre täglichen Aktivitäten nicht wirklich beeinflusst. Sie seien ganz darauf konzentriert gewesen, technische Probleme zu lösen und Schiffe für den Weltmarkt zu bauen. Einige Interviewte thematisieren die interne Restrukturierung, doch meist wird diese als formale Neuordnung geschildert, die keinen großen Einfluss auf die »eigentliche« Arbeit hatte (E. S.). Von dieser Kontinuität berichten sogar Mitarbeiter, die in Subunternehmen der Werft transferiert worden waren. So war einer unserer Gesprächspartner zum Zeitpunkt des Interviews in einem Betrieb beschäftigt, der Gerüste für die regionale Schiffbauindustrie lieferte – und daneben auch für zahlreiche Kulturevents in Gdynia und Umgebung. Im Grunde verrichtete er immer noch wie gewohnt dieselbe Arbeit am selben Ort, nur in einem ganz anderen Kontext und mit viel weniger Potenzial zur Sinnproduktion.

In Uljanik dominieren in Bezug auf das Erleben des Betriebsalltags heute eher die Diskontinuitätsnarrative. So spiegelten sich unseren Gesprächspartnern zufolge die veränderten Beziehungen unter den Kollegen auch darin wider, dass es früher unvorstellbar gewesen wäre, dass jemand ohne eine informelle Feier mit freundlichen Worten und Geschenken in Ruhestand ging. Nun (gemeint sind hier die letzten Jahre vor der

Schließung des Betriebs) finde nichts dergleichen mehr statt, und es komme vor, dass Menschen ihren lebenslangen Arbeitsplatz verließen, ohne dass jemand Notiz davon nehme (N. T.). Die der Vergangenheit zugeschriebene Solidarität sei nun komplett verschwunden (L. Ž.). Das einzige Thema, das die Leute zu bewegen scheine – sowohl in politischer als auch in beruflicher Hinsicht –, sei eine bessere Vergütung, so ein ehemaliger Gewerkschaftsfunktionär (B. Bu.). Zudem wurde der ehemals kollektive Kampf um höhere Löhne stärker individualisiert. Die Spreizung der Löhne je nach Abteilung und Qualifikation nährte Neid und Missgunst, was durch die meritokratische Rhetorik der neoliberalen Neunziger zusätzlich verstärkt wurde.

Schließlich veränderten sich auch die Beziehungen zwischen der Belegschaft und den Managern radikal, wie man die Vertreter der Leitungsebene nun durchgehend nannte. »Früher konntest du jederzeit zum Direktor gehen und mit ihm sprechen, und du wusstest, dass er dir helfen würde.« Wenn man jetzt »nach dem Grund für etwas« frage, »ist die Antwort ›So ist das eben!‹ und Tschüss« (Z. M.). Heutzutage käme daher niemand mehr auf die Idee, einfach beim Chef anzuklopfen. Dazu präzisiert Z. M., dass die Leitung des Betriebs jetzt einen anderen Charakter habe und viel »rigider« geworden sei. Die Disziplin verschob sich von einer internalisierten zu einer externalisierten. Mit den neuen Managern etablierte sich auch eine andere Führungskultur, die in den Augen der Arbeiter durch Geringschätzung gegenüber der Belegschaft gekennzeichnet war. Dies führte zu großer Enttäuschung und Entfremdung in Bezug auf die Werft und ihre Arbeit. Eine konkrete, von unseren Gesprächspartnern mehrfach hervorgehobene Folge dieses Wandels bestand darin, dass die Kommunikation zwischen den Abteilungsleitern und den Beschäftigten nicht mehr »normal« sei; es war nicht länger möglich, Arbeitsthemen rational zu »diskutieren«, und die einzige beziehungssteuernde Logik war »das Gesetz des Stärksten« (B. Bu.). Auch Diskussionen über die Arbeitsbedingungen wurden von den neuen Managern lapidar abgetan: »Wenn du unter diesen Bedingungen nicht arbeiten willst, dann geh.« Wer einen Chef nur von Weitem sah, bemühte sich nun, »ihm geschickt aus dem Weg zu gehen, um nicht mit ihm in Kontakt zu kommen«, so ein weiterer Eindruck aus Pula (J. P.).

Das Verhältnis zu den Vorgesetzten war in der Vergangenheit eben nicht nur von Hierarchien und formellen Regeln geprägt gewesen, sondern vor allem von Respekt. Eine der in Pula interviewten Arbeiterinnen hält fest: »Wir hatten großen Respekt vor dem Chef. Weil der Chef wirklich jemand war, der diese Position verdiente.« (J. L., die sich damit vor allem auf die sechziger und siebziger Jahre bezieht.) Diese Ansicht wurde in Pula allgemein geteilt und hatte wohl mit der Tatsache zu tun, dass der Generaldirektor wie auch alle anderen Direktoren stets in einem internen Auswahlverfahren bestimmt wurden und daher üblicherweise in der Werft verwurzelt waren. Mit anderen Worten: »Wir haben unsere Direktoren selbst ausgebildet, wir haben sie im Laufe des Produktionsprozesses geformt.« (R. C.) Nie wurde jemand von außen bestimmt; der öffentliche Respekt für den Direktor und die Anerkennung seiner Fähigkeiten galten als entscheidend für das Funktionieren des Betriebs.[61] Der langjährige Direktor Karlo Radolović ist noch immer ein Lokalheld, der von vielen Interviewten (und auch der Lokalpresse) dafür gefeiert wird, die Werft geschickt gerettet oder zumindest ihren »Ausverkauf« verhindert zu haben. Ähnlich werden auch andere Direktoren als »sehr clever« beschrieben (L. Ž.), obwohl die allgemeine Wertschätzung bereits in den frühen Neunzigern zu bröckeln begann.[62]

In Gdynia hieß der Lokalheld aus den achtziger Jahren Zbigniew Maciejewski. Eine Woche nach Einführung des Kriegsrechts im Dezember 1981 übernahm der vormalige stellvertretende technische Direktor und dann stellvertretende Direktor für die Produktion die Leitung der Werft. »Dieser Typ war zuerst Arbeiter, dann Brigadier, Meister.« (E. P.) Vor allem war Maciejewski also ein Schiffbauingenieur, der in Danzig studiert hatte und die Produktion wie seine Westentasche kannte. Besonders die älteren Mitarbeiterinnen und Mitarbeiter stilisieren ihn immer wieder zum Gegenbild der postsozialistischen Manager: »Da kam ein Direktor und erkundigte sich, wo der Schiffsbug ist, wo das Heck. Verdammt, dieser Typ hat keine Ahnung. Dieser Maciejewski – sie sollten ihn reanimieren, er würde hochleben, er würde etwas aushecken.« (E. P.) Das an dieser Stelle im Polnischen für aushecken verwendete Verb (*wykombinować*) verweist auf die Spielräume des Direktors im Sozialismus und auch auf die informellen Praktiken, auf denen sein Einfluss beruhte.

Im Gegensatz zu Gdynia kamen in Pula auf der obersten Ebene auch im Postsozialismus keine von anderswo stammenden Manager zum Einsatz, vielmehr vertraute Uljanik weiterhin auf Direktoren mit Stallgeruch. All unsere Interviewpartner sind überzeugt, dass gerade diese Kontinuität der Personen, Erfahrungen und Fähigkeiten – mit Radolović als bestem Beispiel – die Werft während der Transformation gerettet habe. Dementsprechend gilt der abrupte Bruch dieser Kontinuität, verbunden mit dem Ende der Praxis, die eigenen Facharbeiter und Manager auszubilden, als entscheidender Faktor für den Niedergang der Werft (S. B.).[63] Durch diese Einschätzungen schimmert erneut das Ideal eines ganzheitlichen Unternehmens, das nicht zur neoliberalen Idee der Betriebswirtschaft passte. Es ist bezeichnend, dass jenem Direktor, der Uljanik in die Pleite führte, Gianni Rossanda, dieser Respekt nie entgegengebracht wurde, er nicht einmal als echter Uljaniker anerkannt wurde, obwohl auch er eine lange Betriebszugehörigkeit aufwies und sogar als Student in der Werft gearbeitet hatte und zumal aus Pula kommt. Er war jedoch Ökonom, in Uljanik eine Zeit lang Leiter der Finanzabteilung und stand damit für viele sinnbildlich für die ungeliebte Finanzialisierung des Betriebs.[64]

Dieser Wandel in der Haltung zum Betrieb, die wachsende Skepsis gegenüber seinem Management und der Verlust der Identifikation mit den Schiffen haben auch damit zu tun, dass der Betrieb zunehmend aus dem Blick der Öffentlichkeit verschwunden ist (als eine Folge der Privatisierung) und diese das Interesse an ihm zu verlieren begonnen hat. Die einst so wichtige öffentliche Anerkennung als eine Basis des Produzentenstolzes fiel also weg. Die Bevölkerung von Pula nahm beispielsweise die Stapelläufe nur mehr beiläufig oder gar nicht mehr zur Kenntnis, wie uns ein Elektriker betrübt berichtete (Z.M.). Ähnliche und sogar noch stärkere Empfindungen zeigen sich in Gdynia, wo die Infrastruktur der ehemaligen Pariser Kommune bzw. Stocznia Gdynia ja weiterhin genutzt wird. Viele der Schiffbauunternehmen, die heute auf dem Gelände aktiv sind und sich erfolgreich in Nischen des europäischen und globalen Markts behaupten, betreiben ihr Geschäft im Stillen und nahezu unsichtbar. Sie sind für Außenseiter geschlossen, das visuelle Spektakel der Produktion ist verborgen, nicht nur für Touristen, sondern auch für die meisten Einwohner Gdynias. Die Schiffbauindustrie ist heute in der Stadtlandschaft symbolisch marginalisiert – und in der »Bewusstseinslandschaft« noch viel stärker. In Pula hingegen sind die unbewegten Kräne sowie die Torsos nicht fertiggebauter Schiffe am Rand der Altstadt ein alltägliches Memento für den Niedergang der Werft. So wurde das Stadtbild jahrelang von dem großen Frachter »Santiago II« verunziert, der keine hundert Meter vom Augustus-Tempel entfernt vor Anker lag und vor sich hin rostete. Die Werft hatte ihn zwar fast fertiggestellt, aber der Kunde war pleitegegangen, und niemand wollte das Schiff haben.

Neue Horizonte in den alten Industrielandschaften

Doch ist das Bild tatsächlich so trostlos? Ist vom ehemaligen und scheinbar noch so nahen Ethos und Mythos des Schiffbaus nichts mehr übrig? In dieser Hinsicht unterscheiden sich die beiden untersuchten Fälle: Der Zusammenbruch der Stocznia Gdynia im Jahr 2009 lässt sich als symbolischer Moment betrachten, der einem Typus der staatlich organisierten industriellen Lebenswelt ein Ende setzte, einer sozialistischen – und in den Postsozialismus verlängerten – Version einer Moderne, die um die Arbeit, insbesondere die Industriearbeit konstruiert war. Der relative Erfolg der polnischen (privaten) Schiffbauindustrie nach diesem Datum ist unbestreitbar, doch das ist bereits ein Beispiel für eine andere Art der erfolgreichen Marktanpassung und »Modernisierung«.

Die Beschäftigten von Crist sowie die zahlreichen Arbeiter von Leih- oder Subunternehmen können auf ihre technologisch hoch entwickelten und konkurrenzfähigen Produkte stolz sein, das Unternehmen ist allerdings nicht bemüht, einen »Mehrwert« an sozialer oder biografischer Bedeutung zu schaffen. Das ist aus wirtschaftlichen Gründen auch nicht notwendig und wird von niemandem mehr erwartet – nicht einmal von den Beschäftigten. So sehen es auch unsere Interviewpartner, die weiterhin in diesen Unternehmen tätig und sich des radikalen Wandels vollauf bewusst sind. Damit soll nicht gesagt sein, dass sie mit den jetzigen Arbeitsbedingungen durchweg unzufrieden wären oder sich mit ihren Unternehmen und deren Produkten nicht identifizierten. Ihre private Zufriedenheit hat jedoch keine allgemeinere Bedeutung für die Gemeinschaft, die Stadt oder das Land, sie ist nicht mehr die Basis für weiterreichende Visionen von einer guten Gesellschaft. Diese Bedeutungen wurden vielmehr zu nostalgischen Erinnerungen, die im institutionalisierten öffentlichen Gedächtnis wenig präsent sind.

Gdynia ist heute aufgrund seiner Größe und der Bedeutung des Tourismus eine Stadt mit einem dynamischen Kulturleben, mit mehreren neu geschaffenen oder gestalteten Museen, von denen das Auswanderungsmuseum, das Stadthistorische Museum und das Marinemuseum am beliebtesten sind. Keines dieser Museen widmet der Arbeit auf den Werften, die die Stadt über Jahrzehnte (wenn auch nie vollständig) definierte, viel Aufmerksamkeit.[65] Gdynia präsentiert sich mit aller Kraft als modern – die Architektur der Zwischenkriegszeit bietet hier geeignetere Anknüpfungspunkte – und umgeht seine sozialistische, industriebasierte Modernisierungs-»Episode«. Diese Beobachtung ist keine Beschwerde: Die Selbstdarstellung der Stadt orientiert sich schließlich auch an den Wünschen der Konsumentinnen und Konsumenten.

In Istrien dauerte die Produktion des symbolischen »Mehrwerts« der Werft ungefähr ein Jahrzehnt länger als in Gdynia. Uljanik liegt im Stadtzentrum von Pula, seine Produkte waren für die Einwohner und Touristen fast immer sichtbar und hinterließen bis 2018 bei vielen den allgemeinen Eindruck, man habe sich erfolgreich an die neuen globalen Wirtschaftskreisläufe angepasst. Die Assoziation der Werft mit der Moderne – dieses Mal in ihrer postsozialistischen Variante – schien weiterhin intakt zu sein, eingebettet in die zeitgemäße Rhetorik der globalen Konkurrenzfähigkeit. Noch 2017 fanden die Beschäftigten der Werft viele Gründe, voller Stolz ihr Selbstwertgefühl zu äußern. So erklärte uns ein Mitarbeiter der Marketingabteilung, der im Vertrieb von elektrischen Maschinen und Ausrüstung tätig war: »Wir sind heute eigentlich die einzige [kroatische] Werft im Norden [der Ost-Adria]. [...] [Wir bauen] Schiffe mit größerer Wertschöpfung, da gibt es Platz, wir haben eine Nische.« (S. B.) Anschließend zählte er stolz die aktuellen wettbewerbsfähigen Produkte von Uljanik auf: Plattformen für die Erdgasförderung, Bagger für den Bau der berühmten Palmeninsel in Dubai usw.

Heute, vier Jahre nach der Insolvenz, hat ein Prozess der Neudefinition der spektakulären Überbleibsel der Werft begonnen. Während die einen die Werkhallen am liebsten abreißen würden, um dort Hotels sowie einen Yachthafen zu errichten und sich ein für alle Mal von der Erinnerung an die sozialistische Schwerindustrie zu befreien, denken andere über die Erhaltung und vielleicht auch »Valorisierung« des »industriellen Erbes« nach, um es als Teil des kollektiven Gedächtnisses zu erhalten und vielleicht sogar einige zusätzliche Touristen anzulocken. Doch in beiden Fällen spielen die Erinnerungen und Emotionen der einstigen Beschäftigten der Werft keine Rolle, sie sind ein bloßes Objekt der Negierung oder Musealisierung. Wie können wir also in Begriffe fassen, was wir in der Stadt – jenseits der Rhetorik und der Repräsentationsstrategien »von oben« – an alltäglichen Aneignungen und zukunftsgerichteten Lebensstrategien beobachtet haben?

Bei der Suche nach einer Antwort sind wir auf eine exzellente Arbeit des in Aarhus lehrenden Sozialanthropologen Jeremy Morris gestoßen. In seiner Studie über den Postsozialismus in einer monoindustriellen Stadt in Zentralrussland, in der der einstige Hauptarbeitgeber pleitegegangen ist, spricht Morris von »Bewohnbarkeit« (*habitability*). Damit zielt er darauf ab, die einst zur Arbeiterklasse zählenden Menschen nicht bloß als passive Opfer der neoliberalen Entwicklungen zu sehen – und solche Orte nicht allein als verfallene, halbtote, ums bloße Überleben kämpfende Relikte der Vergangenheit zu stigmatisieren. Denn die einstigen Helden der Industriearbeit tun aktiv etwas, um sich in den, zugegeben, materiell sehr schwierigen Verhältnissen nicht nur halbwegs zurechtzufinden, sondern auch Strategien zu entwickeln, damit es ihnen oder wenigstens ihren Kindern dereinst wieder besser gehen wird. Dabei kommen ihnen viele alte Gewohnheiten und Fertigkeiten zugute, wie die Reziprozität unter Kollegen und Nachbarn, die Fähigkeit, Dinge selbst zu reparieren oder etwas informell »zu organisieren«, sowie eine gewisse Dickhäutigkeit gegenüber widrigen Umständen.[66]

Auch in Pula zeigen die ehemaligen Arbeiterinnen und Arbeiter – wie bereits in ihrer konkreten Arbeit in der Werft – die Fähigkeit, ihre Interessen trotz aller Unbilden so gut es geht zu realisieren, sich dabei selbst zu verändern und die Orte, an denen sie leben, »bewohnbar« zu machen, also behaglich genug, um ein »gutes« oder »normales« Leben zu genießen. Die Wohnblöcke mit den ehemaligen Betriebswohnungen sind gut in Schuss (anders als an vielen deindustrialisierten Orten im Westen), man sieht gepflegte Vorgärten – schließlich gehören die Wohnungen ja heute den ehemaligen Beschäftigten –, im Sommer vermietet man an Touristen, untertags besucht man die nahe gelegenen Cafés. Hört man den Arbeitern und Arbeiterinnen in Pula zu, so suchen sie – auch wenn sie keinerlei revolutionäre, utopische oder sonstige ambitionierte Ideologien artikulieren – nach einem zufriedenstellenden Kompromiss mit den sich verändernden Umständen. »Okay, die Rente ist, wie sie ist, sie liegt nicht über dem kroatischen Durchschnitt. Okay, also … Die Rente ist bescheiden, aber ich beklage mich nicht.« (Č. Č.) Das ist kein Ausdruck bloßen Fatalismus, sondern ein bewusster Versuch, sich mit der Gegenwart zu arrangieren und Wege zu finden, sie Stück für Stück lebbarer zu machen.

Die postsozialistische Uljanik-Werft und die um sie herum entstandene Gesellschaft sind demnach kein reines Lehrstück des Zerfalls, ebenso wenig lässt sich das deindustrialisierte Pula plausibel als Ruine konzeptualisieren, denn es ist noch immer eine Stadt, in der es sich angenehm leben lässt – so wie Gdynia. Insofern hatte der sich viele Jahre hinziehende Prozess der

Schrumpfung, Privatisierung und Einkapselung der beiden Werftbetriebe auch zur Folge, dass die Lücken, die sie nach ihrem Konkurs hinterließen (die sozioökonomischen ebenso wie die symbolischen und biografischen), deutlich kleiner waren, als es die erprobten Legitimierungsnarrative ihrer Direktoren und Gewerkschaftsvertreter bei der Suche nach staatlicher Hilfe erwarten ließen. Oder anders formuliert: Es entstanden teilweise gar keine Lücken, als das Kerngeschäft der Firma aufgehört hatte, denn ihre soziale und physische Infrastruktur (die zuvor noch als Belastung des »Kerngeschäfts« gegolten hatte) überlebte wenigstens partiell die jeweiligen Insolvenzen.

In Gdynia wird die alte Infrastruktur weiterhin intensiv, aber ohne großes Aufheben verwendet (siehe Abbildung 19). Ein Stück weit ist diese Kontinuität mit dem Strukturwandel an westeuropäischen Werft- oder Stahlstandorten vergleichbar. Diese Industrien spielen ökonomisch, auf dem Arbeitsmarkt und vor allem im öffentlichen Bewusstsein nicht mehr ihre frühere Rolle, doch in bestimmten Nischen existieren sie weiter. Dadurch wurde der Strukturwandel trotz seiner enormen Beschleunigung nach 1989 und vor allem nach der EU-Erweiterung abgefedert, was allerdings weniger an einer aktiven Arbeitsmarktpolitik oder massiven staatlichen Investments liegt, wie sie in den alten EU-Staaten in den Achtzigern und Neunzigern erfolgten, sondern vorwiegend an der Dynamik der Privatwirtschaft. Abgefedert wurde der Wandel auch durch das rasche, von einem enormen Nachholbedarf bei allen möglichen Dienstleistungen angetriebene Wachstum des tertiären Sektors und nicht zuletzt die Entwicklung des Tourismus, was an weniger pittoresk gelegenen Orten selbstverständlich nicht möglich war. Dort schlug die Deindustrialisierung mit voller Wucht und mit qualitativ ganz anderen Folgen für den Wohlstand, das Selbstbewusstsein und die Entwicklungsmöglichkeiten der jeweiligen Kommunen zu. Das kann man auch in vielen Mittel-

und Kleinstädten in Nordengland oder im US-amerikanischen Rust Belt beobachten. Dennoch täuscht das mediale Bild der postindustriellen Tristesse mitunter, denn auch auf den materiellen Ruinen der Industriemoderne versuchen Menschen, ihr Leben erträglich zu gestalten.[67] Dazu kommt, dass sie sich in Osteuropa vielleicht seit je weniger Illusionen über die Stabilität ihres bescheidenen Wohlstands gemacht hatten als Arbeiterinnen und Arbeiter im Westen, die das kapitalistische Konsumversprechen verinnerlicht hatten.

Die erwähnte Bewohnbarkeit hängt an sozialen Bindungen und Beziehungen, die auf den Überresten der Vergangenheit aufbauen – sowohl materiellen wie der ererbten Infrastruktur als auch immateriellen Überresten wie den Arbeitskulturen und -identitäten.[68] Die Erinnerungen an die Arbeit und der Akt des Davon-Erzählens können helfen, die Menschen mit der Gegenwart zu verbinden und gangbare Pfade zu einem würdigen Leben in der Zukunft zu skizzieren. Diese Strategien sind sowohl auf der Mikroebene des Individuums und der Familie wie auch auf der Mesoebene der Stadt und ihres Raums zu beobachten. Auf der individuellen und familiären Ebene ist diese Haltung mit dem unübersehbaren Erbe der jüngsten Vergangenheit verknüpft: den von der Werft gebauten Wohnungen oder den mit subventionierten Uljanik-Krediten erbauten Häusern. An ihren Wänden hängen häufig noch die Schiffbaudiplome des Großvaters oder Vaters, und in den Schränken liegen die Auszeichnungen, die sie als vorbildliche Arbeiter erhielten.

Diese Überbleibsel sind nicht bloß Relikte der Vergangenheit, denn sie formen weiterhin, symbolisch und greifbar, das Alltagsleben dieser Menschen. Auch außerhalb der Wohnung, auf der kollektiven Ebene, strebt man nach Bewohnbarkeit. Selbst nach ihrem Konkurs nimmt die Uljanik-Werft immer noch einen relevanten und überwiegend positiven Ort in den kollektiven Bewusstseinslandschaften ein. Ihre Präsenz geht

Abb. 19: Die Werft Crist S. A.

über nostalgische Erinnerungen hinaus: Ein Großteil der sozialen und kulturellen Infrastruktur, die Uljanik während der sozialistischen Periode aufgebaut hatte (siehe Kapitel 4), ist weiterhin vorhanden und in Benutzung, selbst wenn sie nicht mehr im Besitz oder unter Verwaltung der (nun stillgelegten) Werft steht. Das Uljanik-Stadion und der Sportplatz in Stoja, der (umbenannte) Fußballverein, der Diskoklub Uljanik, der gleichnamige Rentnerklub, die farbig illuminierten Kräne der Werft etc. – all diese Einrichtungen haben den Namen Uljanik nicht nur im öffentlichen Gedächtnis bewahrt, sondern auch weiterleben lassen. Die Eröffnung des elegant-rustikalen »The Shipyard Pub« im Jahr 2016 lässt vermuten, dass selbst kommerzielle Unternehmen die sentimentale Assoziation mit der Schiffbautradition für sich zu nutzen wissen.

Pula ist ein gutes Beispiel für institutionelle Bemühungen zur Aufwertung des industriellen Erbes, noch bevor es Geschichte wurde. Die Werft, die man im lokalen Dialekt respektvoll »škver« nennt, vom venezianischen Wort für Werft (*squero*), das wiederum vom griechischen *eskhareîon* (Feuerstelle) abstammt, ist in das offizielle Narrativ der Stadt integriert und wird als positives Differenzierungsmerkmal genutzt. In physischer Hinsicht war und ist sie eng mit der Stadt verbunden, und die kommunalen Behörden haben sie als Teil des Stadtmarketings beworben, obwohl es auch Stimmen gab, die die Verunstaltung der Küste durch die Industrie gern rückgängig gemacht hätten. Die Ergebnisse sind zum Teil ästhetisch beeindruckend, so zum Beispiel die erwähnte Kunstinstallation »Lightning Giants«. Das Projekt wurde von Dean Skira, einem renommierten lokalen Designer und Besitzer eines Beleuchtungsunternehmens in Pula, entworfen und mit Unterstützung der Stadt, des Tourismusministeriums, des größten örtlichen Tourismusunternehmens, der Uljanik-Werft und weiterer Partner 2014 realisiert und sofort zu einer bis heute existierenden Attraktion.[69]

Die ehemaligen Uljanik-Arbeiterinnen und -Arbeiter, ihre Kinder und Familien, ja sogar die nicht direkt am Schiffbau beteiligten Bürger von Pula wohnen noch immer in einer Stadt, die von der einstigen Grandezza der Werft stark geprägt ist. Viele von ihnen haben Anpassungsstrategien entwickelt und die tief greifenden sozialen und wirtschaftlichen Prozesse, die ihre Leben vom Anker gerissen haben, domestiziert. Diese Strategien bauen noch immer auf dem Erbe der Werft auf – man vermietet Touristen eine Wohnung in einem der Wohnblocks, die in den frühen Neunzigern preisgünstig verkauft wurden, und zeltet selbst auf der einst zu Uljanik gehörenden Insel Fratarski otok oder zieht zu Verwandten im Dorf; oder man nutzt die erlernten Fähigkeiten, um Arbeit in den noch prosperierenden Werften Italiens, Deutschlands oder Dänemarks zu finden, die in den letzten Jahren gezielt Fachkräfte aus Pula angeheuert haben. Unterhalb der omnipräsenten Narrative von Niedergang und verlorener Bedeutung werden also neue Bedeutungen produziert, wenn auch noch nicht öffentlich artikuliert. Es scheint, als ob die Menschen langsam akzeptieren, dass Uljanik nicht mehr existiert (wiewohl es, Stand Sommer 2021, sogar Bemühungen eines hartnäckigen Kerns von Arbeitern gibt, die Produktion wiederzubeleben, ein Projekt, das die städtische Öffentlichkeit mit Sympathie, aber wenig Optimismus verfolgt). Was auch immer aus den alten Anlagen von Uljanik entstehen wird, es wird etwas Neues sein. Die Stadt Gdynia hingegen bemüht sich bereits, ihren »Riesen« symbolisch zu demontieren, um dessen ambivalentes Erinnerungsgepäck nicht mit in die Zukunft tragen zu müssen.

Die große Werft aufzugeben war dabei weder mental noch sozial leicht; es geschah auch nicht plötzlich, sondern in einem längeren Prozess. Wie wir in den letzten beiden Kapiteln gezeigt haben, schafften es die alteingesessenen Werften in Pula und Gdynia, ihre industriellen Lebenswelten deutlich über den Zusammenbruch des Staatssozialismus hinaus zu bewahren – das gelang nicht vielen (post)sozialistischen Unternehmen so lange. Für eine Weile hatte es gar den Anschein, als könnten die Werften sich erfolgreich an die neuen Regeln der Marktwirtschaft und der globalen Schiffbauökonomie anpassen. Die meisten westeuropäischen Werften waren schon Jahrzehnte zuvor stillgelegt worden, wie Sting mit seinem Song dokumentiert. Doch bereits vor dem Konkurs der beiden ostmitteleuropäischen Werften hatte die Arbeit im Schiffbau und in anderen Industriebranchen viel von ihrer persönlichen und sozialen Bedeutung verloren. Sie war nun eine Privatangelegenheit, nicht länger ein kollektiver Wert und kein Bezugspunkt für öffentliche Sinngebungen.

Zuvor, als Teil des sozialistischen Modernisierungsprojekts, produzierten beide Werften eine überdeterminierte Bedeutung, gewissermaßen als Kompensation für den niedrigen finanziellen Ertrag ihrer Produkte. Für die Werktätigen stellten dieser Sinn und die damit verbundene soziale Anerkennung auch eine Art Belohnung für ihre harte Arbeit und die im Vergleich zum Westen bescheidene Vergütung dar. Hätte man die Arbeit nicht in dieser Weise zelebriert und symbolisch überhöht, wäre das Projekt vermutlich viel früher gescheitert. Letztlich erlitt dieses Arrangement Schiffbruch wegen der großen Ineffizienz der Produktion, der damit verlorenen globalen Konkurrenzfähigkeit und dem Verlust der politischen Legitimation. Dennoch ist diese Erfahrung Teil der Erinnerungen vieler Menschen, für viele ihre einzige Berufserfahrung. Diese Lebenswelt ist über die Jahre erodiert (und hat all ihre Versprechen nie wirklich erfüllt), doch in Pula und Gdynia existierte sie bis in die jüngste Vergangenheit weiter, parallel mit den neuen Dynamiken des Dienstleistungskapitalismus. Um daher nochmals Sting zu zitieren: »The only life we've ever known is in the shipyard« (aus dem Song »Shipyard« auf dem oben schon erwähnten Album *The Last Ship*).

Schlussendlich erwies sich also die schwierige Ehe der alten und neuen Modernisierungslogiken als unmöglich und zerbrach. Während der Scheidungsvertrag für Pula die Umwandlung in eine touristische Monostadt vorsieht, wurde in Gdynia eine pragmatischere Lösung gefunden. Mit ihrem immer noch bedeutenden – wenn auch »unsichtbaren« – Schiffbausektor, dem wachsenden Container- und Passagierhafen, dem florierenden kulturellen Leben und den Spitzenpositionen in Umfragen zur »Lebenszufriedenheit«[70] kann sich die Stadt als Modellbeispiel eines erfolgreichen Übergangs von der industriellen zur postindustriellen Moderne vermarkten. Dabei nährt Letztere eine gewisse Nostalgie für Erstere (doch meist nur in der älteren Generation) und nutzt, wenn auch im Stillen, viel von deren »sozialistischer« Infrastruktur und Expertise.

6. Kiel oben?
Zur Zukunft des Schiffbaus in der EU

Am 3. April 2020 erreichte die »Hua Yang Long«, ein 228 Meter langes, 43 Meter breites und 52000 DWT fassendes Halbtaucherschiff, die Bucht von Pula. Das Schiff des Guangzhou Salvage Bureau, einer Firma des Transportministeriums der Volksrepublik China, stand vor einer ungewöhnlichen Aufgabe. Es sollte in den Gewässern von Uljanik Spezialfracht verladen: ein Saugbaggerschiff, dessen Bau nur zu 80 Prozent hatte abgeschlossen werden können, bevor die Werft in Konkurs ging. Die »Willem van Rubroeck« – 151 Meter lang, mit einer Schnittleistung von 8500 kW und einer Baggertiefe von bis zu 45 Meter das weltweit leistungsfähigste Schiff seiner Art – stellte einst das Juwel im Auftragsbuch Uljaniks dar. Mit einem Auftragswert von fast 800 Millionen Kuna (rund 108 Millionen Euro) wäre es das teuerste Schiff geworden, das je von einer kroatischen Werft produziert wurde.[1] Der Vertrag mit dem in Luxemburg ansässigen maritimen Bauunternehmen Jan de Nul sah einen Liefertermin im Herbst 2018 vor.[2] Stattdessen brachte der chinesische Spezialtransporter nun die »Willem van Rubroeck« von Pula zur Remontowa-Werft in Danzig. Wörtlich übersetzt bedeutet dieser Name »Renovierungswerft«, was ihr Geschäftsportfolio recht präzise bezeichnet. Diese Werft stellt eine der selten erwähnten Erfolgsgeschichten der Umstrukturierung der Schiffbauindustrie in Polen dar.[3]

In vielerlei Hinsicht fasst diese Episode die Geschichte, die unser Buch erzählt, zusammen (wenngleich die sprichwörtliche Ironie der Geschichte uns Autoren nicht so gewogen war, die Nachfolgefirma der Werft Gdynia die »Willem van

Rubroek« fertigstellen zu lassen). Uljanik ging 2018 in Konkurs, weil die Firma unter den Bedingungen der strengen EU-Wettbewerbsregeln nicht überlebensfähig war. Das Management hatte die Augen vor dem aus Brüssel drohenden Unheil verschlossen und weiterhin auf die tradierte Praxis des Sich-Durchwurstelns gesetzt – in der Überzeugung, dass im Notfall der Staat einspringen würde. Im Vertrauen auf Ausfallhaftungen der öffentlichen Hand nahm die Werft zahlreiche Aufträge an, bei denen von Anfang an klar war, dass sie die Termine nicht würde einhalten können. Weder das Management noch die Regierung in Zagreb hatten offensichtlich verstanden, wie stark der Beitritt Kroatiens zur Europäischen Union die Beziehungen zwischen Staat und Unternehmen transformiert hatte; sie begriffen diese Lektion erst, als weitere Staatshilfen für einen notorischen Verlustbringer am Veto Brüssels scheiterten. Dabei hätten die kroatischen Wirtschaftspolitiker aus dem Präzedenzfall der Werft Gdynia zehn Jahre zuvor (2009) lernen können. Damals hatte die EU-Kommission die polnische Regierung angewiesen, Subventionen zurückzufordern, die sie unter Verstoß gegen das EU-Beihilferecht geleistet hatte. Dieser Eingriff machte der Werft an der Ostsee den Garaus.

Doch Gdynia hält noch eine weitere Lektion bereit: Ein Jahrzehnt später sind die Anzeichen für eine Wiederbelebung des Schiffbaus nicht zu übersehen: in kleinerem Maßstab und mit engeren Produktportfolios, aber immerhin. Die Situation in Gdynia und in Danzig lässt darauf schließen, dass die vom Europäischen Binnenmarkt festgelegten Regeln den Schiffbau in Europa nicht vollständig ausradiert haben. Auf den Ruinen sozialistischer Großwerften entstehen neue, spezialisierte Firmen, welche die Produktion wichtiger Schiffskomponenten fortsetzen. Die Nachfolgeunternehmen stützen sich indes auf nach wie vor bestehende lokale Ökosysteme der maritimen Industrie, dazu zählen die Hafeninfrastruktur, Fachkräfte, Fachschulen, der gute Ruf der Werften und die vorhandenen Docks und Kräne.

Die Funktionsweise des polnischen Schiffbaus heute unterscheidet sich jedoch deutlich von dem für den Sozialismus emblematischen ganzheitlichen, regelrecht holistischen Montageprozess. Die Integration in den globalen Kapitalismus zeigt sich in dubiosen Praktiken der Beschäftigung nordkoreanischer und ukrainischer Arbeiter, einer Menge von Subunternehmern und Leiharbeitsfirmen sowie einer babylonischen Sprachenvielfalt auf den Hellingen. Diese Verschiebungen spiegeln die Charakteristika der industriellen Wiederbelebung Ostmitteleuropas wider: eine Region, der es dank der Kombination aus billigen, aber qualifizierten Arbeitskräften, guter Infrastruktur, der Nähe zu den Zentren des Wohlstands in Europa, der umfangreichen Auslandsinvestitionen (und einer diese fördernden Wirtschaftspolitik) sowie der Integration in den EU-Binnenmarkt und des Zuflusses von umfangreichen Strukturhilfen gelungen ist, sich einen wichtigen Platz in transnationalen Lieferketten und Produktionsnetzwerken zu sichern. Der Anteil des verarbeitenden Gewerbes an der Gesamtbeschäftigung hat in Ostmitteleuropa in den letzten Jahren sogar zugenommen und stellt damit das dominante Narrativ einer umfassenden Deindustrialisierung im postsozialistischen Europa infrage. In Polen und Kroatien sind heute relativ mehr Menschen in der Industrie beschäftigt als in Deutschland und deutlich mehr als im Mutterland der industriellen Revolution, Großbritannien.[4]

China und die Verortung
der Transformation

Die Episode mit dem chinesischen Spezialfrachter zeigt eine weitere nachhaltige Veränderung, die den Schiffbau – und die Welt insgesamt – in den letzten drei Jahrzehnten geprägt hat und die die Zukunft bestimmen wird: den Aufstieg der Volksrepublik China als größte Schiffbaunation im Speziellen, als Industrie- sowie Finanzgigant im Allgemeinen. China zeigt sich wild entschlossen, eine dominante Position im Bau von Handelsschiffen aller Art zu übernehmen. Allein zwischen 2003 und 2015 zählte die OECD vierzehn staatliche Entwicklungspläne Chinas, an denen die Schiffbauindustrie beteiligt war oder in denen sie besondere Erwähnung fand.[5] Von sehr bescheidenen Anfängen (siehe Kapitel 2) entwickelte sich der chinesische Schiffbau zu einer entscheidenden Kraft in den globalen Produktions- und Vertriebsnetzwerken. Im zweiten Jahrzehnt des 21. Jahrhunderts war die Volksrepublik mit einem Anteil von rund 35 Prozent der Lieferungen (in Tonnage) bereits die größte Schiffbaunation der Welt, gefolgt von Südkorea (ebenfalls mehr als 30 Prozent) und Japan (etwas weniger als 20 Prozent), während die gesamte EU auf lediglich rund 5 Prozent kam.[6] Nichts deutet darauf hin, dass sich an der dominanten Position der ostasiatischen Hersteller in den nächsten Jahren etwas ändern wird. Dass die »Hua Yang Long« viele tausend Seemeilen aus China zurücklegt, um ein in Europa gebautes Schiff huckepack von einer Werft in der EU zur nächsten zu schleppen, kann als Beweis für den Erfolg Chinas beim Eintritt in den profitablen Markt für hoch spezialisierte, technologisch komplexe Schiffe gelten.

Gibt es ein besseres Symbol für die Kräfte, mit denen die im Vergleich kleinen europäischen Werften konkurrieren? Chinesische Werften genießen nicht nur unvergleichbare Skaleneffekte und weitreichende technologische Verlinkungen zu anderen Branchen, sondern auch die Unterstützung einer Regierung, die »weiche Budgetbeschränkungen« und eine aktive Industriepolitik nie aufgegeben hat, zumal viele chinesische Werften sich in Staatsbesitz befinden.[7] Außerdem profitieren chinesische Produzenten dank der aufgeblähten chinesischen Stahlindustrie von günstigeren Stahlpreisen, ein wichtiger Kostenfaktor im Schiffbau.[8] Mit den Arbeitnehmerrechten ist es angesichts serviler Gewerkschaften und eines repressiven Staates ohnehin nicht weit her. Dabei gewährt der Staat seine Unterstützung nicht wahllos oder mit der Gießkanne, sondern fördert jene Schiffbauer, die konkurrenzfähig sind, während insolvente nicht in den Genuss der Großzügigkeit der öffentlichen Hand kommen. Die chinesische Regierung scheut sich zudem nicht, außenpolitische Hebel für den Erfolg der heimischen Unternehmen umzulegen, egal ob diese sich in Staats- oder Privatbesitz befinden. Am (süd)östlichen Rand der EU tritt China immer öfter als Investor oder Kreditgeber mit tiefen Taschen auf – übrigens gerade bei Häfen und Eisenbahnstrecken, um diese vitalen Infrastrukturen für die vielbeschworene »Belt and Road Initiative« aufzubereiten. Es scheint, als ob China gelingen könnte, was den osteuropäischen Staatssozialismen verwehrt geblieben ist: einen autoritären Entwicklungsstaat aufzubauen, der den Westen technologisch überholt. Kornais Beobachtungen zur inhärenten Ineffizienz des Staatsunternehmers müssen für den chinesischen Fall neu evaluiert werden.

Eine der wichtigsten Erkenntnisse unserer Forschung liegt in den engen Verflechtungen zwischen Veränderungen auf globaler und lokaler Ebene, wobei der Nationalstaat sowie Institutionen auf der Mesoebene wie Kommunen und Industrieverbände zwischen diesen Ebenen und ihren Logiken vermitteln. Diese Verflechtungen sind ein Grund, weshalb die Transformation in Ostmitteleuropa ganz andere Formen annahm als der

Strukturwandel von der Schwerindustrie zu Dienstleistungen und Informationstechnologie in Westeuropa. Fest steht, dass das unerschütterliche ideologische Faible der Kommunisten für Schornsteine und Hochöfen der Hauptgrund dafür war, dass die osteuropäischen Volkswirtschaften sich nicht schon in den siebziger und achtziger Jahren dazu durchringen konnten, Kohle und Stahl hinter sich zu lassen, obwohl die Folgen des Ölpreisschockes dies nahegelegt hätten.[9] Erst als den sozialistischen Volkswirtschaften endgültig der Dampf ausging und die Regierungen ihre wachsenden Verluste nicht mehr verstecken – bzw. durch Kreditaufnahme im Westen ausgleichen – konnten, implementierten sie oder ihre Nachfolger verspätete, dafür jedoch umso radikalere Wirtschaftsreformen. Ein Beispiel dafür ist der Kohlebergbau. Während alle westeuropäischen Industrienationen bis ca. 1990 den Strukturwandel in der Bergbauindustrie abgeschlossen hatten, begann die Transformation der Branche in Polen erst Ende der neunziger Jahre. Premierminister Jerzy Buzek und sein Vertreter Janusz Steinhoff rühmen sich bis heute, dass der Umbau der Bergbauindustrie in Polen doppelt so schnell und nur halb so teuer gewesen sei wie in Großbritannien.[10]

So mehrdeutig, oftmals in sich widersprüchlich, zickzackförmig und umstritten die Reformen im Zuge der Umstellung auf eine Marktwirtschaft waren[11] – für ihren konkreten Verlauf und ihr Resultat sollte sich der Zeitpunkt als ebenso richtungsweisend herausstellen wie die geografische Lage. Erstens waren es nicht nur die osteuropäischen Volkswirtschaften, die plötzlich mit voller Kraft auf den Weltmarkt drängten und ihre Arbeitskräfte in die globale Arbeitsteilung einbrachten, sondern eben auch China mit seinen noch sehr viel größeren Ressourcen und rasch wachsenden Industriekapazitäten. Die internationale Arbeitsteilung brachte die neuen EU-Mitgliedsstaaten in eine prekäre Zwischenposition. Zwar waren sie vor allem über die Lohnkosten gegenüber den Volkswirtschaften der alten EU konkurrenzfähig; im Verhältnis zu China und Ostasien insgesamt galt dies aber nur bedingt. Mit einer solchen doppelten Herausforderung waren die Länder des Westens während ihres Strukturwandels nicht konfrontiert.

Zweitens hat die immer stärkere Integration des Gemeinsamen Europäischen Marktes ab Mitte der achtziger Jahre die ökonomischen und wirtschaftspolitischen Spielregeln entscheidend verändert, auch und insbesondere für Staaten, die erst später beitraten. Während die westeuropäischen Regierungen auf die beiden Ölpreis- und Wirtschaftskrisen von 1974 und 1979 noch relativ freizügig mit Hilfen für die heimische Schiffbauindustrie reagieren konnten, galten nach 1981 sukzessive schärfere Beihilfegesetze.[12] Der Fortschritt der europäischen Integration, der parallel zu den Transformationsbemühungen in den postsozialistischen Ländern verlief, hatte eine beachtliche Verlagerung von Regulierungskompetenzen nach Brüssel zur Folge – ohne dass die politischen Akteure und Öffentlichkeiten in den einzelnen Mitgliedsländern bzw. Beitrittskandidaten sich dessen vollauf bewusst gewesen wären. Diese Faktoren führten dazu, dass sich die Transformationsökonomien gegenüber einer Welt positionieren mussten, die ganz anders aussah als zu Beginn der Deindustrialisierung in Westeuropa Anfang der Siebziger. Die in den neunziger Jahren in Billiglohnländer drängenden westeuropäischen Produzenten und die nach Anlagemöglichkeiten suchenden Banken entdeckten zwar rasch das Potenzial Osteuropas und sorgten an manchen Standorten sogar für eine veritable Reindustrialisierung – dies jedoch um den Preis der Integration am unteren Ende der internationalen Wertschöpfungskette, von wo die Fertigung oft in noch billigere Länder verlagert werden konnte. Darüber hinaus verursachte die Schocktherapie insbesondere in den frühen neunziger Jahren enorme soziale Kosten. Selbst die teilweise Verlagerung der Produktion westlicher Unternehmen stand auf einem brüchigen Boden, wie sich in der globalen Finanzkrise von 2008/09 zeigen sollte. Die hochgradige Abhängigkeit von ausländischen Kapitalzuflüssen machte die Ökonomien der Region verwundbar und brachte für die Werften einen weiteren tiefen Schock.[13]

Dies führt uns zum dritten großen Unterschied zwischen der spät- bzw. postsozialistischen Transformation und dem westeuropäischen, kapitalistischen Muster des Strukturwandels. Letzterer wurde von erheblichen staatlichen Interventionen begleitet, die zwar die Krise in der Schwerindustrie nach dem zweiten Ölpreisschock nur bedingt abmilderten, den Firmen und einem Teil ihrer Beschäftigten jedoch dabei halfen, die Produktion in spezialisierten Nischen fortzusetzen und die Arbeitnehmer dafür fortzubilden (die zwei Mutterländer des Neoliberalismus, die USA und Großbritannien, gestalteten den Strukturwandel weniger oder gar nicht, mit entsprechenden sozialen Folgen).[14] Außerdem verfügten die Unternehmen in der westeuropäischen Schwerindustrie bis Mitte der Achtziger selbst noch über Mittel, um zu investieren und sich dadurch zu modernisieren. Auch die Gewerkschaften und Betriebsräte brachten sich hierbei häufig konstruktiv ein, wenngleich ihr primäres Interesse in großzügig ausgestatteten Sozialplänen lag.

Dagegen setzten die postsozialistischen Regierungen auf eine Prokrastinierungstaktik und Subventionen, um nicht zu sehr an Wählerstimmen und Legitimität einzubüßen. Da der Wettbewerbsdruck auf dem Weltmarkt seit den Neunzigern durch chinesische Firmen immer mehr zunahm, versuchten die ostmitteleuropäischen Staaten, den Werften durch Kapitalspritzen und den Erlass von Schulden unter die Arme zu greifen. Doch im Vergleich zu China (und Südkorea) verfügten sie hierbei schlicht über zu wenig Mittel, die den Unternehmen obendrein nicht wirklich halfen und für eine technologische Aufholjagd bei Weitem nicht reichten. Letztlich kam es daher an den meisten Standorten doch zu einem strukturellen Kahlschlag, der allerdings neuen Privatunternehmen wie Crist in Gdynia oder der Reparaturwerft in Danzig Spielräume eröffnete. Die arbeitslosen oder vor der Entlassung stehenden Arbeiter erhielten auch in Polen und Kroatien Abfindungen, aber kaum Umschulungen – ihre wichtigste Ressource waren die in den Neunzigern privatisierten Wohnungen. Die junge Generation wechselte in andere Branchen oder zog gleich in den Westen. Insofern werden eines Tages auch die personellen Ressourcen für eine großflächige Wiederbelebung der Industrie fehlen, sollte diese politisch erwünscht sein. Hierin liegt wiederum eine gewisse Gemeinsamkeit mit den USA und Großbritannien.

Der hier angestellte Vergleich bestätigt also nicht das bekannte Schema der Ost-West-Dichotomie, das in allen möglichen Studien immer wieder bemüht wurde, zuletzt auf politischer Ebene von Ivan Krastev und Stephen Holmes.[15] Dazu sind einerseits die Unterschiede zwischen Polen und Kroatien zu groß, andererseits die zwischen einzelnen Ländern des ehemaligen Westens. Mitglieder unseres Forscherteams werden daher eines Tages wieder in See stechen und in einem weiteren Projekt untersuchen, inwieweit die Transformation eine globale und keineswegs nur postkommunistische Erfahrung war.

Die verborgene Lebbarkeit der Transformation

Die Arbeiterinnen und Arbeiter, die wir für dieses Buch interviewt haben, haben ein klares Bewusstsein für einen grundlegenden Kontrast zwischen »vorher« und »nachher«, obwohl sie Schwierigkeiten hätten, die Grenze zwischen diesen beiden Phasen exakt zu datieren. Nur wenige von ihnen bezogen sich explizit auf das Ende des Staatssozialismus; in populären Erinnerungen jedenfalls spielt 1989 eine deutlich geringere Rolle als in der öffentlichen Erinnerungskultur. Dies könnte als Indikator dafür dienen, dass der Sozialismus im Alltag vor und hinter den Werktoren in ganz anderen Kategorien als das politische System definiert und erlebt wurde.

Die »Privatisierung« wurde in den Interviews oft als ein tieferer Einschnitt geschildert als der politische Umbruch, obwohl ihre Bedeutung ebenso vage ist wie ihre Chronologie. Der von unseren Gesprächspartnern benutzte Begriff bezeichnet nicht unbedingt eine Eigentumsumwandlung. Die Menschen sprachen beispielsweise von »Privatisierung«, als sich die Werften in den neunziger Jahren oder viel später noch oder wieder im Staatsbesitz befanden. Durch den Verlust von Mitbestimmungsrechten, etwa die Auflösung der Arbeiterselbstverwaltung in der Pulaner Werft, kann selbst die Verstaatlichung als Privatisierung erlebt werden. Was die Befragten auch mit zeitlichem Abstand bewegte, war die schrittweise und gelegentlich sprunghafte Veränderung ihres Arbeitslebens, ihrer täglichen Routinen und sozialen Beziehungen. Dies war die Folge neuer Managementtechniken, die alte Tätigkeiten überflüssig machten, neue Regeln implementierten und den Arbeitsdruck erhöhten. Die plötzlich durchgesetzte Einhaltung von Sicherheitsbestimmungen und die um sich greifende *papirologija*, wie einer unserer Gesprächspartner in Pula die Umstellung von eigenverantwortlichem zu regelbasiertem Arbeitshandeln mit umfänglichen Dokumentationspflichten nannte (B. Ba.), markieren das weitverbreitete Gefühl eines Autonomieverlusts.

Kontrolle über die eigene Arbeitszeit war die andere Seite der sozialistischen Ineffizienz, als die Produktion noch stärker von den Lösungskompetenzen der Arbeiter und ihrem Improvisationsgeist abhing. Im Lauf der Neunziger verlor das praktische Wissen der Beschäftigten gegenüber abstraktem Wissen auf der

Grundlage von Regeln und Theorien an Bedeutung – auch das meinten unsere Befragten mit »Privatisierung«. Der Ort der Handlungsmacht verlagerte sich in einen Bereich außerhalb der Werkhalle und des darin verkörperten Wissens.[16] Hier waren die Antworten der Interviewten und die mündlich übertragenen Quellen wesentlich facettenreicher und trotz ihrer fehlenden chronologischen Festlegung genauer als die schriftlichen Quellen, die Privatisierung auf einen rechtlichen Vorgang und Eigentümerwechsel reduzierten. Die Oral History lässt auch das Paradigma der Individualisierung fragwürdig erscheinen, denn individuell machten die Arbeiter und vor allem die Arbeiterinnen nach dem Ende des real existierenden Sozialismus die Erfahrung, im – man möchte fast sagen – real existierenden Kapitalismus weniger Gestaltungsspielräume zu haben.

Die Arbeiterinnen und Arbeiter beschrieben mit Bedauern das Schrumpfen der Werften, die in den Neunzigern einen Großteil ihrer umfassenden Wohlfahrtsfunktionen zurückfuhren und viele tausend Arbeitsplätze abbauten. Sie nahmen dies hin, ohne sich über grassierendes Elend zu beklagen, ein Narrativ der sozialen Katastrophe zu entwickeln oder diese gar zuzulassen – weder Gdynia noch Pula haben sich in soziale Brennpunkte verwandelt. Aber ein Bündel an Gefühlen und verunsichernden Erfahrungen gab ihnen Grund zur Klage: Verlust an Anerkennung, verletzter Stolz und Entfremdung von der Arbeit, egal ob sie noch im Schiffbau oder schon in anderen Branchen tätig waren. Bei vielen Menschen klang die Erwartung durch, die Werft solle wie im Sozialismus eine idealisierte ganzheitliche »Familie« bleiben. Doch die meisten Interviewten akzeptierten grosso modo die neue Realität, begleitet von einem Gefühl der Resignation: Von nun an war die Werft »nur« noch ein Arbeitsplatz, über den man einen vergleichsweise guten Lohn bezog (was Anfang der neunziger Jahre im Vergleich zu anderen Unternehmen und Sektoren ein Privileg war). In den Erinnerungen der Beschäftigten finden sich zahlreiche Hinweise auf den beträchtlichen Rückbau der Gemeinschaftsfunktionen der Werft; das imaginäre »Wir« der fordistisch-sozialistischen Fabrikgemeinschaft wurde aufgelöst. In den Werkhallen stellte sich Privatisierung so dar, dass der Privatzweck jenen der Gemeinschaft ersetzte – die symbolische Übereinstimmung von Werftarbeit und Lebensentwürfen gab es nicht mehr.

Die Identifikation mit dem Produkt ihrer Arbeit bleibt eine Konstante in den Subjektivitätskonstruktionen der ehemaligen und noch aktiven Beschäftigten, nicht zuletzt weil die Schiffe die Silhouette der Stadt und den Alltag überragten. Die Überdeterminierung der physischen Objekte erklärt, weshalb das emotionale Loch, das die insolventen Werften hinterlassen haben, für die ehemaligen Beschäftigten und ihre lokale Umgebung so tief ist. Die Abwicklung der Werften bedeutete mehr als einen Verlust von Arbeitsplätzen oder Löhnen; vielmehr steht sie für die Trennung des Selbst von einem greifbaren Ergebnis kollektiver Bemühungen und von einer weiten Welt, mit der sich die Menschen einst durch ihre Produkte verbunden fühlten. Schließlich war es selbst in den schwierigsten Zeiten Ende der achtziger, Anfang der neunziger Jahre gelungen, weiterhin Schiffe zu bauen. Dass dies nach der gesamtwirtschaftlichen Überwindung der Transformationskrise Anfang der Neunziger und dem gefeierten Beitritt zur EU nun nicht mehr der Fall sein soll, wird von vielen als regelrecht persönliche Beleidigung empfunden. Neben dem nicht eingelösten Fortschrittsversprechen ist dies ein weiterer Grund, weshalb die Transformation vor und nach 2004 bzw. 2013 im Gegensatz zum Strukturwandel im Westen eine derartige politische Legitimationskrise zur Folge hatte.

Wir interpretieren den Umstand, dass die Arbeiter Gemeinschaft und Kollektivismus in ihren Erinnerungen so deutlich betonen, nicht nur als frustrierten Kommentar zur Auflösung industriegesellschaftlicher Lebensformen oder als Folge von Erfahrungen der Marginalisierung, sondern als offenkundiges sozialistisches Erbe: Die offizielle Anerkennung von Industriearbeitern in der Parteiideologie sowie die umfassenden Bemühungen der Werften, eine Infrastruktur für das kommunale Leben bereitzustellen (teilweise als Ausgleich für mangelnde staatliche Wohlfahrtseinrichtungen), hinterließen deutliche Spuren im Selbstverständnis der Belegschaften. Ihre Erinnerungen stehen für eine Skepsis gegenüber der gesellschaftlichen Individualisierung und einer Sehnsucht nach einer affektiven Gemeinschaft, in deren Zentrum sinnvolle Arbeit mit einem greifbaren Produkt steht.[17] Tatsächlich fanden die meisten Arbeitnehmer eine anderweitige Beschäftigung, aber selbst wenn sie der Branche treu blieben, berichteten sie über Entfremdung und mangelnde emotionale Identifikation. Das gilt umso mehr für diejenigen, die im Dienstleistungssektor unterkamen, wie zum Beispiel im saisonal begrenzten Tourismus, von dem es unisono heißt, er stifte weniger Gemeinschaft und weniger Sinn.

Wir sollten diese Erinnerungen an eine Vergangenheit sinnvoller Arbeit nicht nur durch das Prisma der »restaurativen« Nostalgie interpretieren, also als emotionalen Wunsch nach der Rückkehr in eine vergangene Ära, die nicht wiederkehren kann. Denn Nostalgie kann auch eine reflektive Dimension haben, sie kann ein Weg sein, mit Verlusten umzugehen, die Vergangenheit als vergangen zu akzeptieren und einen plausiblen Plan für die eigene Zukunft zu entwerfen.[18] Auf den ersten Blick scheinen unsere Interviews in der Tat mit dem größten Teil der anthropologischen Literatur über Arbeiter nach dem Sozialismus übereinzustimmen, in der die vielfältigen Auswirkungen des Statusverlusts auf das Bewusstsein und die Erinnerungen der Arbeiterinnen und Arbeiter betont wird. Es überrascht nicht, dass die meisten von ihnen ihre Erzählungen über die Werft auch in unseren Interviews nostalgisch rahmten, da sie bereits ihren Job verloren hatten, in den Ruhestand gegangen waren oder kurz vor der Entlassung standen. Die Beschreibungen enthielten ein universales Motiv des Niedergangs, und die Insolvenz der beiden Werften verlieh solchen Erzählungen zusätzliche Glaubwürdigkeit. Immerhin führten wir unsere Interviews zu einem Zeitpunkt, als die Schließung der Werft erst wenige Jahre zurücklag (Gdynia) bzw. diese sich gerade in ihrer finalen Agonie befand (Pula), die Wunden im Selbstbewusstsein stolzer Arbeiterinnen und Arbeiter also noch sehr frisch waren.

Im Lauf des Projektes sind unsere Zweifel an dieser Erzählung gewachsen, und wir haben uns gefragt, ob wir als Interviewer diese allgegenwärtige Kultur des Lamentierens mit unseren Fragen und unserer Neugierde möglicherweise selbst verstärkt hatten. »Gewöhnliche« Menschen erleiden in Zeiten einschneidender sozioökonomischer Veränderungen häufig Verluste, sie verklären ihre Vergangenheit und schimpfen über »die da oben« – relativ unabhängig von ihren individuellen Lebensumständen. Diese Narrative können formelhaft und generisch sein, auf Medienberichten oder Erzählungen von Bekannten beruhen. Wir bleiben daher grundsätzlich misstrauisch gegenüber dieser Rhetorik des Niedergangs und der Enteignung und wollen das Gesagte nicht kritiklos wiederholen. Doch wir können als Interviewer und teilnehmende Beobachter keinesfalls leugnen, dass solche Prozesse stattgefunden haben, und kennen sie auch aus »klassischen« archivalischen Quellen und soziologischen Untersuchungen, die mit größerer zeitlicher Nähe entstanden sind. Wir haben daher vor allem den konkreten sozialen Praktiken und Erfahrungen nachgespürt und dabei festgestellt, dass es manche Übereinstimmungen mit den Lebensgeschichten von Industriearbeitern gibt, die in den siebziger und achtziger Jahren im Westen den viel diskutierten Strukturwandel erlebt hatten.[19] Ein systematischer Vergleich der Erfahrungsseite der kapitalistischen und (post)sozialistischen Wege zum Postfordismus ist daher überfällig.

Im Westen wie im Osten verbergen allgegenwärtige, aber durchaus zeitspezifische Katastrophenerzählungen oftmals viel Kreativität »von unten« und kleinteilige Verbesserungen, die nicht artikuliert werden. Hier hilft das bereits erwähnte Konzept der Bewohnbarkeit, das der Sozialanthropologe Jeremy Morris zur Analyse der Veränderungen in einer postsozialistischen monoindustriellen Stadt in Russland entwickelt hat – einem Ort, der in viel größerem Ausmaß soziale Verwüstungen erlebt hat als Gdynia oder Pula: Bewohnbarkeit, so Jeremy Morris, »entsteht durch ›kleine Handlungsmacht‹, die lokal und sozial eingebettet ist«.[20] Die Menschen tun alles dafür, damit ihre vorgefundene Umwelt lebbar ist – auch wenn sie ihre Erfahrungen in Bildern des Niedergangs erzählen, nutzen sie zumeist ihre Möglichkeiten, um das Beste daraus zu machen. Das positive Verhältnis zur Arbeit, die vom Sozialismus geerbten Gemeinschaftsbeziehungen, die in den Menschen verkörperten Routinen der Improvisation und die oft hart erlernte Lektion über die Unvermeidlichkeit von Veränderungen sind soziokulturelle Ressourcen, auf denen zukunftsorientierte Lebensstrategien aufbauen können. In vielerlei Hinsicht statteten die Erfahrungen des späten Sozialismus und des frühen Postsozialismus sie mit Ressourcen wie Improvisationstalent, dichten sozialen Netzwerken sowie der Bereitschaft zum Regelbruch aus, die es ihnen erlaubten, auf den (metaphorischen) Ruinen der Industriemoderne ein neues Leben aufzubauen.

Unsere Forschung zeigt, auch im Unterschied zu anderen Arbeiten über den Postsozialismus, dass aus der Perspektive der Arbeiterinnen und Arbeiter die Zeit nach 1989 nicht einfach als langsamer Niedergang beschrieben werden kann. Denn wenn

Firmen und industrielle Lebenswelten trotz aller Schwierigkeiten über den politischen Umbruch hinweg bis 2009 bzw. 2018 existieren können, dann muss es ein ausreichend großes Reservoir gesellschaftlicher Resilienz gegeben haben. Die Beschäftigten haben dazu mit ihrer Agency beigetragen, gleichzeitig boten ihnen ihre Erfahrungen seit den achtziger Jahren einen einfachen Erklärungsrahmen, in den das »wir« gegen »sie« oder »die da oben« gestellt werden kann – eine Haltung, die von populistischer Politik befördert wird.[21]

Die Lebensläufe der Beschäftigten unterlagen auch auf individueller Ebene einer Art »schöpferischen Zerstörung«, und doch hatten sie die Möglichkeit, die Vorgänge auf ihre eigene Art zu interpretieren und – zumindest teilweise – zu prägen. Darin lag für uns der tiefere Sinn der Oral History als historisch-sozialwissenschaftlicher Methode, die oft mehr Erkenntnisse über die Logik sozialer Beziehungen und ökonomischer Veränderungen zutage fördert als schriftliche Quellen oder performative Akte wie Bilanzpressekonferenzen mit scheinbar objektiven Indikatoren und Zahlen. Gleichwohl sind Letztere unverzichtbar, um Unternehmensgeschichte im klassischen Sinne zu schreiben, denn Zahlen sind nicht nur omnipräsent in den Diskursen des Managements, sondern spiegeln auch die Kräfte des Marktes wider. Doch diese Perspektive allein wäre zu flach, da ein Industrieunternehmen mehr ist als ein mit Maschinen bestückter Produktionsstandort und auch mehr als die Differenz von Inputs und Outputs. Es ist eine Sinn- und Beziehungswelt, eben ein »Betrieb«, in dem Menschen (zusammen)arbeiten, Erfahrungen machen, Visionen entwickeln, Protest artikulieren – mit einem Wort, wo Geschichte gemacht wird.

Die Temporalität der Transformation

Die Narrative, die wir von Arbeiterinnen und Arbeitern, Ingenieuren, Managern, Expertinnen und Experten sowie lokalen Entscheidungsträgern gesammelt haben, mögen sich in ihren moralischen und politischen Bewertungen unterscheiden, in einer Einschätzung stimmen sie dennoch überein: Die Transformation bedeutete eine grundlegende Veränderung, die nicht nur den Arbeitsplatz, sondern auch die Gemeinschaftsstrukturen und letztendlich das Selbst betraf. Uneinigkeit herrscht jedoch über die Chronologie; die kritischen Wegscheiden sind durch Interviews schwer fassbar, da nur wenige Erzählungen um Ereignisse herum strukturiert sind, die genau datiert werden können. Solche emischen Perspektiven laden uns ein, die Bedeutung von 1989 (oder 1991 für den jugoslawischen Fall), also das Ende der kommunistischen Einparteienherrschaft, als umfassenden Bruch infrage zu stellen, um den herum Vorher und Nachher organisiert werden können. Transformation als strukturellen Wandel zu betrachten heißt dabei nicht, dass einzelne politische Ereignisse keine Rolle spielen, und es wäre falsch, die Relevanz des Endes der kommunistischen Herrschaft für unsere Geschichte und die Geschichte der Region insgesamt zu ignorieren. Im Gegenteil, dies war ein bedeutsames Ereignis, das den Vektor und die Geschwindigkeit der Transformation stark prägte. Aber der Regierungswechsel hat die Transformation weder ausgelöst noch ihr Resultat vorherbestimmt. Und je nach Gegenstandsbereich gibt es noch weitere temporäre Achsen sowie vor und nach dem Umbruch wirksame Faktoren, die diesen Prozess formten.[22]

Den Beginn und das Ende eines komplexen und umfassenden Prozesses wie der Transformation zu identifizieren ist notorisch schwierig – nicht nur für die Akteure, die ihn selbst durchlebt und mitgestaltet haben, sondern auch für Historikerinnen und Historiker, die prinzipiell den Vorteil der Rückschau genießen. Doch dieser Vorteil hat seine Grenzen, da die Geschichte nie endet, ihre fundamentale Natur ist der Wandel, und einzelne soziale Sphären haben unterschiedliche Tempi der Veränderung, so dass wir manche Tiefenstruktur noch gar nicht erkennen können. Die Besonderheit der Transformation liegt in der Synchronizität des fundamentalen Wandels in praktisch allen wichtigen Bereichen. Verschiedene separate Entwicklungen kristallisieren sich in einen Moment des Umbruchs: Wirtschaftsstrukturen, soziale Beziehungen, politische Organisation, internationale Ordnung, Wertesysteme und Normen, sie alle wurden gleichzeitig und zusammen transformiert in einer sich gegenseitig bedingenden und verstärkenden Dynamik.[23] Insofern könnte man die Transformation, gäbe es einen Komparativ von strukturell, als einen »strukturelleren«, das heißt Wirtschaft, Politik und die gesamte gesellschaftliche Ordnung stärker übergreifenden Wandel interpretieren als den Strukturwandel, den Westeuropa seit den siebziger Jahren erlebt hat.

Ein besonderes Merkmal der Transformation stellt der Umstand dar, dass der sozioökonomische Wandel von politischen Systemen gemanagt wurde, die sich gerade erst in Demokratien verwandelt hatten, viele Staaten der Region hatten zudem soeben erst ihre Unabhängigkeit erlangt. Die politischen Entscheidungsträger und Regierungsinstitutionen waren angesichts der hohen Unsicherheit und der Neuartigkeit der Situation zu Beginn der neunziger Jahre schlicht überwältigt von den Herausforderungen, vor denen sie standen. Die sichtbare Hand des Staates war dabei keine stabile Stütze mehr – galt sie gemäß der Ideologie des Neoliberalismus doch als rotes Tuch oder musste sie doch zunächst einmal neu konfiguriert werden.

Transformation kann daher als zeiträumliche, aber auch raumzeitliche Kompression von Wandel verstanden werden, wobei der Ausgang durchaus offen war. Der Begriff bezeichnet eine Zeit, in der Veränderungen in verschiedenen Bereichen so stark ineinander übergingen, dass viele Menschen nach ein paar Jahren ihre Umwelt kaum noch wiedererkannt haben. Im Gegensatz zu den Begriffen Revolution und Wende ist das von Koselleck geprägte Konzept der Sattelzeit offen für die Einsicht, dass auch stark komprimierter Wandel seine Zeit braucht. Die Sattelzeit ist eine Phase verdichteter Fluidität, in der alte Muster infrage gestellt werden und sich neue Strukturen herausbilden, in der die Akteure unter Stress stehen, neue Zukünfte denkbar, aber nicht unbedingt erreichbar sind und Erwartungshorizonte und Erfahrungsräume – nach Koselleck – inkongruent werden, bevor sie wieder zueinanderfinden. Die Transformation erscheint als Bindeglied zwischen der sozialistischen Version des fordistischen Produktionsregimes und – ja was eigentlich genau? Wir wissen noch nicht, welche Bezeichnung sich für die Zeit nach der Transformation dereinst als adäquat erweisen wird. Jedenfalls erscheinen aus heutiger Sicht die Begriffe »neoliberal« und »postsozialistisch« nicht so sehr eine neue Phase nach der Transformation zu bezeichnen als vielmehr deren letzten Abschnitt, bevor sich ein neues sozioökonomisches Muster herauskristallisiert.

Wann begannen jene Prozesse, die letztendlich zu dem führten, was heute als »Transformation« bezeichnet wird? Wir sind davon überzeugt, dass »westlicher« Strukturwandel und »östliche« Transformation denselben Ausgangspunkt haben. Für unsere Fallstudien – zwei Werften und die osteuropäische Schiffbauindustrie im Allgemeinen – zeigt sich deutlich, dass sich nach dem Ölpreisschock von 1973/74, als die Nachfrage nach Schiffen einbrach, eine strukturell neue Konfiguration ergeben hatte. Die Schiffbauer in Polen und Jugoslawien sowie ihre Regierungen standen vor der Herausforderung, wie sie sich auf diese neue Situation, auf die sie wenig Einfluss hatten, einstellen sollten. Wie in den Kapiteln 2 und 3 gezeigt, reagierten die Entscheidungsträger nur zögerlich, was zu massiven Kosten für den Staat führte und seine Handlungsfähigkeit zunehmend schwächte. Anstatt eines effizienten Krisenmanagements setzten sie auf überkommene Handlungsmuster, wodurch sich Reformbedarf aufstaute. Darunter litt die Legitimität des kommunistischen Systems, das gerade auf der Behauptung absoluter Handlungsmacht des Staates beruhte. Die politischen und unternehmerischen Reaktionen auf den ersten Ölpreisschock setzten zusammen mit ihren nichtintendierten Konsequenzen Prozesse in Gang, die den Strukturwandel zwar hinausschoben, dann aber in eine qualitativ anders geartete große Transformation einmündeten. Dies lehrt uns, dass selbst eine im Wortsinn konservative Politik zu tief greifenden Veränderungen führen kann, die sich dann jedoch viel stärker als zuvor der politischen Steuerung entziehen.[24] Gleichzeitig deuteten die Arbeiterproteste in Polen Ende der siebziger Jahre und die wachsende Frustration mit der Arbeiterselbstverwaltung in Jugoslawien auf eine umfassendere Änderung der politischen Werte und Normen hin.

Weder Polen noch Jugoslawien waren in der Lage, eine Politik zu implementieren, die ihren Werften dabei geholfen hätte, trotz der Kontraktion des Weltmarktes wettbewerbsfähig zu bleiben. Eine Verkleinerung kam politisch nicht infrage, im Gegenteil, die Kapazitäten wurden in den siebziger und achtziger Jahren ausgebaut. Die angeborene Logik der Autarkie staatssozialistischer Wirtschaftsinstitutionen passte schlecht zu den Außenhandelsstrategien der devisenhungrigen kommunistischen Regierungen. Großzügige Kredite aus dem Westen und der Versuch, Exporterlöse zu erzielen, erhöhten nur die Spannungen zwischen inländischen Institutionen und ausländischen Erwartungen. Die Politikwissenschaftler John Campbell und John Hall sprechen in einem anderen Zusammenhang vom »Paradoxon der Vulnerabilität«, wenn besonders exportorientierte

Länder (wie in ihrem Vergleich die Schweiz oder Irland) aufgrund ihrer selbst wahrgenommenen Verletzlichkeit gegenüber globalen Konjunkturen in einer kollektiven Kraftanstrengung erfolgreich Institutionen aufbauen, die ihnen helfen, externe ökonomische Schocks abzufedern; und die sie im Ergebnis besonders krisenresilient machen.[25] Polen und Jugoslawien gelang es offenkundig nicht, dieses paradoxe Resultat zustandezubringen. Vielmehr resultierte hier Vulnerabilität (etwa gegenüber den westlichen Gläubigern) in der Realitätsverweigerung seitens der kommunistischen Regime, welche die Reformen nach 1989 nur umso schmerzhafter machte und den verschobenen Strukturwandel zu einer Transformation verdichtete.

Unsere Fallbeispiele liefern somit reichhaltiges Anschauungsmaterial für die von Besnik Pula formulierte These von der Verwundbarkeit sozialistischer Volkswirtschaften aufgrund ihrer zunehmenden internationalen Integration.[26] Während Autoren wie Pula und Vladimir Unkovski-Korica[27] auf diese Divergenz aufmerksam machten, indem sie die wirtschaftspolitische Entscheidungsfindung untersuchten, stellen wir ihre Erkenntnisse vom Kopf auf die Füße: Unsere Arbeit ist eine der ersten Untersuchungen darüber, wie sich das Engagement sozialistischer Unternehmen auf internationalen Märkten auf die Beziehungen in ihren Werkhallen ausgewirkt hat. Aus Sicht der beiden Werften führte die Teilnahme an internationalen Märkten zu Reibungen, die weder ihr Management noch das politische System insgesamt absorbieren konnten; ja, es gelang den Regierungen nicht einmal, ein Subventionsmodell für ihre Werften zu etablieren, das jenem im Westen ebenbürtig gewesen wäre. Die Anforderungen der globalen Wettbewerbsfähigkeit einerseits und das Engagement für eine erweiterte soziale Reproduktion andererseits erwiesen sich letztendlich als unvereinbar, zumal die Bereitschaft des Staates, kontinuierlich zu helfen, abnahm, da es zu viele Budgetlöcher gab, um sie alle zu stopfen. Sowohl Polen als auch Jugoslawien waren seit den siebziger Jahren hoch im Westen verschuldet und rutschten in den achtziger Jahren in eine Situation der permanenten Zahlungsunfähigkeit. Die Werften waren ein Teil und in vieler Hinsicht auch eine zentrale Ursache dieser makroökonomischen Probleme. Wie der Direktor von Uljanik einmal trocken kommentierte, wurde die Werft nur durch die inhärente Abneigung sozialistischer Volkswirtschaften gegenüber dem Marktaustritt vor der Schließung bewahrt.[28]

Wenn man also die Nachkriegsgeschichte einmal nicht von ihrem vermeintlichen Ende im Jahr 1989 aus betrachtet, lässt sich erkennen, dass der Spätsozialismus nicht nur als Höhepunkt des »real existierenden Sozialismus« angesehen werden kann, sondern in Bezug auf die zunehmende Integration in die Weltwirtschaft – und die daraus resultierenden Schwierigkeiten – auch als erste Phase des Postsozialismus. Die Basis und der »Überbau« wurden dadurch unter kommunistischer Herrschaft zunehmend inkongruent, was, wie jeder gute Marxist wissen wird, die Voraussetzung für die Entstehung einer wirklich neuen historischen Formation darstellt.

Wenn die Transformation schon in den siebziger Jahren begann, wie können wir dann die neunziger Jahre interpretieren, die ja üblicherweise als das Jahrzehnt der Transformation gelten bzw. im Englischen meist als (zielgerichtete) Transition bezeichnet werden? Im Fall der beiden Werften zeigen wir einen hohen Grad an Kontinuität mit den achtziger Jahren. Krise, Durchwursteln und Überlebenskampf setzten sich fort, verstärkt durch die tiefe Rezession der beiden Volkswirtschaften in den ersten Jahren der »Transition« – und in Kroatien durch den Krieg. Was sich änderte – in Polen schneller als in Kroatien –, waren die ideologischen Rahmenbedingungen und die wirtschaftlichen Institutionen. Deregulierung, Liberalisierung und Privatisierung standen nun oben auf der politischen Tages-

ordnung, zumindest in den Sprechakten der Regierungsvertre-
ter. Auf Unternehmensebene war die Reformrichtung jedoch
oft weniger eindeutig. Schon Mitchell Orenstein hat hervor-
gehoben, dass die neoliberale Reformrhetorik der Regierungen
sehr stark als Instrument eines »competitive signaling« diente.[29]
Durch ihr deklamatorisches Bekenntnis zu den Prinzipien des
Neoliberalismus und der Wettbewerbsfähigkeit hofften die nationalen Regierungen, ausländische Investoren anzulocken und
ihre Länder einer EU-Mitgliedschaft näherzubringen.

Sprechakte allein hebeln jedoch fest verankerte soziale Praktiken nicht einfach aus. Unsere beiden Fallstudien verweisen
auf gravierende Diskrepanzen zwischen den makropolitischen
Rahmenbedingungen und der mikroökonomischen Unterneh-
menspraxis, und das obwohl beide Werften sich noch etliche
Jahre im Staatsbesitz befanden, die Regierungen also direkt hi-
neinregieren hätten können, hätten sie es denn gewollt. Die institutionellen Arrangements, die sich in den achtziger Jahren
entwickelt hatten, erwiesen sich als erstaunlich langlebig. Warschau und Zagreb beschworen die Privatisierung, führten sie
jedoch nicht durch. Die Regierungen redeten der Wettbewerbsfähigkeit das Wort, boten auch die notwendige Unterstützung,
um die Werften nicht untergehen zu lassen, investierten jedoch kaum in ihre technische Modernisierung. Die Staatshilfe
reichte daher hinten und vorn nicht aus, um eine erfolgreiche
Umstrukturierung in die Wege zu leiten, dazu hätte es zudem
einer strategischen Ausrichtung bedurft. Den Regierungen
fehlte aber auch der Mut, die beiden Werften pleitegehen zu lassen, wofür betriebswirtschaftlich alles gesprochen hätte. Trotz
der politischen Rhetorik der Privatisierung und Vermarktlichung schienen die staatlichen Akteure nicht wirklich zu wissen, was sie mit ihrem Eigentum anfangen sollten. Sie gerieten
in die Falle ihrer eigenen neoliberalen Rhetorik: Da sie zu der
Überzeugung gelangt waren, dass Staatseigentum unangemes-

sen sei, standen sie vor einer konzeptionellen Blockade, um als Eigentümer zu agieren.

Am ehesten versuchten die Betriebsleitungen, aus dieser ideologischen Leere auszubrechen. Die Manager, wie man die Direktoren der Unternehmen ab den neunziger Jahren nun auch hier nannte, versuchten, die Werften an die neue Marktlage anzupassen und die Produktionstechnologie zu modernisieren. Zugleich fungierten sie gegenüber der Regierung – wie schon im Sozialismus – weiterhin quasi als Außenminister ihrer Unternehmen. Bei ihren Bemühungen, lebensnotwendige staatliche Ressourcen anzuzapfen, nutzten sie ihre althergebrachte Fähigkeit, das Interesse der Werft als nationales Interesse zu formulieren, und schöpften dabei aus dem symbolischen und sozialen Kapital, das sie während des Staatssozialismus akkumuliert hatten. Die Belegschaft wurde mehr durch eine natürliche Schrumpfung – bedingt durch Berufswechsel und Verrentung – als durch gezielte Maßnahmen abgebaut. Auch die Trennung von nicht zum Kerngeschäft gehörenden Bereichen erfolgte häufig in Form von Notstandsmaßnahmen, um Lücken in der Bilanz zu schließen, und nicht als Ergebnis einer konsequenten Unternehmensstrategie.

Da das Erbe des sozialistischen Holismus die Stakeholder immer noch stark prägte, gab es lange keine Einigkeit darüber, worin das Kerngeschäft der Werften denn eigentlich bestand. War es das primäre Unternehmensziel, durch den Verkauf von Schiffen Geld zu verdienen oder Arbeitsplätze zu schaffen und Gemeinschaftsstrukturen zu erhalten? In den neunziger Jahren gelangten die beteiligten Akteure zu unterschiedlichen Antworten auf diese Frage – wie wir mit unserem multiperspektivischen Ansatz zeigen konnten –, und je näher sie der Werft standen, desto stärker tendierten sie zur erweiterten sozialen Reproduktion als hauptsächlicher Existenzberechtigung des Unternehmens. Zumal diese sie mit einem guten Argument für

Forderungen an den Staat ausstattete, leisteten sie doch etwas für die Gemeinschaft, wofür sonst die Regierung hätte direkt einspringen müssen.

Die neunziger Jahre erscheinen daher als eine Übergangsphase, in der einzelne Interessengruppen sehr unterschiedliche Ziele verfolgten, die in keinen klar konturierten Veränderungsprozess mündeten: Regierungsreformer sendeten Signale an Investoren, dass sich ihre Länder öffneten, während andere Stakeholder gleichzeitig eine »nationale« Schlüsselindustrie aufbauen wollten. Die widersprüchlichen Privatisierungspfade der beiden Werften sind dafür einschlägige Beispiele. Der Staat spielte in den beiden Werften und in anderen Wirtschaftsbereichen wie dem Bankwesen weiterhin eine größere Rolle, als neoliberale Schlagworte und die »Schocktherapie« vermuten ließen. Lokale Maßnahmen von Interessengruppen, das heißt Managern, Arbeitnehmern, Gewerkschaftern sowie politischen Entscheidungsträgern, waren in der Regel Reaktionen auf alltägliche Sorgen, nicht Ausdruck langfristiger Strategien. Wie sollte man auch auf der Mikroebene soziales und ökonomisches Handeln langfristig gestalten, wenn sich die institutionellen Rahmenbedingungen selbst dauernd veränderten? Sicher, die Rhetoriken der Legitimation und der Rechtfertigung von Ansprüchen mussten sich an die neuen ideologischen Realitäten anpassen – die Hegemonie des Neoliberalismus und in Kroatien des ethnischen Nationalismus. Hinter dieser rhetorischen Oberfläche kam aber eine große Bandbreite unterschiedlicher Praktiken zum Vorschein. Mimikry war bereits während des Staatssozialismus eine weitverbreitete Praxis gewesen und bedeutete nun, dass die deklarative Reformwilligkeit nicht immer mit einem Glauben an den ideologischen Kern dieser Reformen einhergehen musste.

Auch der weitere Verlauf nach den richtungsweisenden ersten Reformansätzen in den neunziger Jahren zeigt, wie unterschiedlich das Konzept der Privatisierung definiert und operationalisiert werden kann. Stellvertretend dafür steht der Kauf von Uljanik durch seine Belegschaft im Jahr 2012. Der Neoliberalismus wirkte wie eine Oberflächenideologie, die einen allgemeinen Reformrahmen setzte, aber in Schlüsselsektoren der Wirtschaft häufig keine konkreten Richtlinien anzubieten hatte. Die Antwort der Werften war eine permanente Transformationsperformance.[30] Sie passten ihren organisatorischen Werkzeugkasten an die neuen politischen und ideologischen Rahmenbedingungen an und versuchten gleichzeitig, ein hohes Maß an Kontinuität innerhalb des Betriebes aufrechtzuerhalten. Mit dieser Strategie waren die Werften schon in der Krise der siebziger Jahre gut gefahren.

Doch nach dem Beitritt zur EU funktionierte diese Strategie nicht mehr. Endete mit ihm also die große und lange Transformation? Oder kann man die globale Finanzkrise, die mit der Schließung der Werft in Gdynia zusammenfiel, als deren Endpunkt betrachten? Wie Joseph Stiglitz und andere Wirtschaftswissenschaftler gezeigt und kritisiert haben, erwies sich die neoliberale Ordnung nach dem Absturz der Börsen 2008/09 zunächst als erstaunlich resilient, erst im folgenden Jahrzehnt vermehrten sich ihre Auflösungserscheinungen.[31] In Polen und anderen postkommunistischen Ländern erfreute sich staatlicher Dirigismus schon in den Jahren zuvor einer Renaissance, weil die neoliberale Reformpolitik bei den Wählern nicht gut ankam und populistische Gegenbewegungen provozierte. Wir können daher in unseren Betrachtungen zur Temporalität der Transformation keinen klaren Endpunkt angeben. Vielleicht ist er nun mit der Covid-19-Pandemie gekommen, in deren Folge die zuvor vierzig Jahre lang geltenden Prinzipien der neoliberalen Wirtschaftspolitik möglicherweise endgültig über den Haufen geworfen werden. Doch das Bewusstsein, dass die Abhängigkeit von Ostasien, insbesondere im Schiffbau und beim

Transport knapper medizinischer Güter per Schiff, ihre Schattenseiten hat, scheint schwer in praktische Politik oder gar eine Wiederbelebung europäischer Produktionsstandorte umzusetzen. Oder doch?

Nach der Hegemonie des Neoliberalismus

Auf die Frage, ob es Alternativen zum neoliberalen Postsozialismus gegeben hätte, haben manche Beschäftigte und zeitgenössische Beobachter der Werften eine klare Antwort und nehmen zugleich Brüssel aufs Korn: »Wären wir nicht Mitglied der EU-27, würden die Gewerkschafter nach Warschau kommen, und die Regierung müsste zustimmen, mehr zu zahlen. Und für vier oder fünf Jahre hätten wir Ruhe.«[32] So kommentierte 2008 ein Journalist der *Gazeta Wyborcza* die Störung der tradierten Verhandlungsmuster zwischen Unternehmen und der polnischen Regierung durch die Einmischung der Europäischen Kommission. Unsere Studie bestätigt jedenfalls den EU-Beitritt als eine häufig unterschätzte Zäsur der Transformationsperiode. In den Jahren 2004, 2007 und 2013 – das waren die großen Erweiterungsrunden im östlichen Europa – erreichte die umfassende Neuausrichtung der politischen Ökonomie und ihrer normativen sowie ideologischen Grundlagen ihren ersten wichtigen Zielpunkt.

Zugleich begann die finale Phase der langen und großen Transformation, denn »die EU half die unvollendete Angelegenheiten der Privatisierung und Liberalisierung zu vervollständigen«.[33] Hilary Appel und Mitchell Orenstein betonen, die EU habe bei der neoliberalen Umstrukturierung der Wirtschaft und beim Vorantreiben des neoliberalen Projekts »den Staffelstab von IWF und Weltbank […] übernommen« und beide Prozesse abgeschlossen.[34] Die Beitrittskandidaten mussten die gesamte EU-Gesetzgebung (Acquis communautaire) schlucken, einschließlich ihrer Regeln für staatliche Beihilfen. All das diente dem ehrgeizigen Ziel, die EU zum wettbewerbsfähigsten Wirtschaftsraum der Welt zu machen. Den Nationalstaaten und ihren Akteuren blieb dabei nur wenig Handlungsspielraum.[35]

Die EU hat seit dem Strukturwandel in Westeuropa eine grundlegende Revision der Haltung staatlicher Akteure gegenüber der Wirtschaft durchgesetzt: Die Rolle der Regierungen wandelte sich nolens volens von jener einer Beschützerin und Umverteilerin zu der eines ausführenden Organs des Wettbewerbsrechts mit dem weitergehenden Ziel, die globale Konkurrenzfähigkeit der europäischen Betriebe zu fördern. Der Schiffbau zeigt klar, wie sehr der EU-Beitritt die Spielregeln in der Wirtschaftspolitik änderte, wobei Aleksandra Sznajder Lee und Vera Trappmann für die Stahlindustrie zu ganz ähnlichen Schlüssen gekommen sind (wenn auch aus einer anderen Perspektive).[36] Im Schiffbau zwangen die EU-Vorschriften die Beitrittsländer, so auch Polen und Kroatien, die seit Langem etablierten Praktiken der direkten oder indirekten Unterstützung der Werften einzustellen. Die EU-Regeln beendeten damit endgültig das, was János Kornai einst als »weiche Budgetbeschränkungen« bezeichnet hatte, die, wie wir zeigen konnten, nach 1989 überraschend lange aufrechterhalten worden waren.

Bereits die nervenaufreibenden Beitrittsverhandlungen mit der EU gaben einen Vorgeschmack auf eine neue Ära des Schiffbaus. Wie dargelegt, stellte die EU-Kommission die an Gdynia gezahlten staatlichen Subventionen infrage; Kroatien zwang sie, die Privatisierung und Umstrukturierung des Schiffbausektors zügig abzuschließen. Nun dämmerte den Stakeholdern, dass lange vermiedene schwierige Entscheidungen nicht länger aufgeschoben werden konnten, da die Bürokraten in

Abb. 20: Die »Ibn Battuta« in der Werft in Pula (2021).
Im Vordergrund rechts das am Haupteingang der Werft stehende
Partisanendenkmal.

der EU-Kommission taub waren für sentimentale Erzählungen über die symbolische Bedeutung des Schiffbaus und den Stolz auf vergangene Exporterfolge. Manager und Gewerkschafter verloren die Legitimationsinstrumente, mit denen sie bisher erfolgreich staatliche Hilfe akquiriert und die lokale Öffentlichkeit für sich gewonnen hatten. Zugleich veränderte das Auftauchen des supranationalen Akteurs das politische Kalkül für die nationalen Regierungen nachhaltig, denn sie konnten nun die Verantwortung für ein Scheitern der Werften auf Brüssel abschieben. Es ist also kein Zufall, dass unsere Werften in Gdynia und Pula den EU-Beitritt um den gleichen Zeitraum, exakt ein halbes Jahrzehnt, überlebten: Polen trat 2004 der EU bei und Kroatien 2013, Stocznia Gdynia ging 2009 in Konkurs, Uljanik 2018.

Die Transformation und damit der Postsozialismus scheinen ihr Ende erreicht zu haben – was kommt also als Nächstes (um

333

die Sozialanthropologin Katherine Verdery zu paraphrasieren, die diese Frage in Bezug auf den Sozialismus gestellt hat)?[37] Historiker sind keine guten Prognostiker. Hätten wir unser Buch ein paar Jahre früher geschrieben, hätten wir es möglicherweise mit einem halbwegs optimistischen Ausblick auf die Chancen einer postsozialistischen Werft an der Adria abgeschlossen. Damals schien es, als hätte sich Uljanik eine eigene Nische erschlossen, um dem globalen Wettbewerb standzuhalten. Dagegen roch es in Gdynia nach verbrannter Erde – politisch wie ökonomisch. Die Erfahrung mit unseren Prämissen zu Beginn des Projekts hat uns gelehrt, mit konkreten Voraussagen für die Zukunft sehr vorsichtig zu sein – ihre Haltbarkeit wäre sicherlich kürzer als die von Schiffen, den wirklichen Protagonisten unserer Geschichte.

Das liegt nicht zuletzt am Potenzial dramatischer Ereignisse, die sogar die gründlichste Vorhersage und die beste Geschäftsstrategie obsolet machen. Die einzige Konstante der Geschichte scheint ihr sicherer Sinn für Ironie zu sein. Das zeigte sich einmal mehr während der Corona-Pandemie, als in den Gewässern der Uljanik-Werft monströse Schiffe anlegten: Vier Monate, nachdem das Baggerschiff »Willem van Rubroeck« aus Pula nach Danzig geschleppt worden war, parkte der schwimmende Bagger »Ibn Battuta«, der sich im Besitz derselben Firma befindet, in der Bucht von Pula (siehe Abbildung 20). Mit einer Länge von 138 Metern ist die »Ibn Battuta«, die nach einem klassischen arabischen Reisenden und Gelehrten benannt ist, ebenso imposant. Sie wurde vor zehn Jahren von Uljanik als Prototyp einer Reihe von Schiffen gebaut, die das Luxemburger Unternehmen Jan de Nul in Pula in Auftrag gegeben hatte. *Glas Istre* kommentierte bei der Ankunft des Baggerschiffs, es sei einst »der Herold einer neuen Zukunft gewesen, die leider nie angekommen ist«.[38]

Zusammen mit einem zweiten großen Bagger von Jan de

Nul, »Leif Eriksson«, sowie weiteren Spezialschiffen dieser Firma liegt die »Ibn Battuta« nun seit August 2020 an derselben Stelle vor Anker, an der einst die »Willem van Rubroek« auf ihre Fertigstellung wartete. Diese Schiffe wurden nach Pula gebracht, weil ihre Besitzer die Stadt inmitten der Covid-19-Pandemie für den sprichwörtlichen sicheren Hafen hielten und wegen der Insolvenz von Uljanik Platz für solche Meeresriesen war. Da die Pandemie das Geschäft von Jan de Nul zwischenzeitlich enorm reduzierte, musste die Firma die beiden Schiffe vorübergehend außer Dienst stellen. Statt als Produktionsstätte hat die Werft damit zumindest vorübergehend zu einer neuen Rolle gefunden: Sie dient als günstiger Parkplatz für die Phase zwischen der alten und der neuen Ordnung in der Werftenbranche und womöglich der globalen Ökonomie.

Nachwort

Im Mai 2021 beklagte der damalige Bundeswirtschaftsminister Peter Altmaier (CDU) vor der zwölften Nationalen Maritimen Konferenz in Rostock: »Wir haben außerhalb von Europa zum Teil eine Wettbewerbssituation, die das Reagieren der Europäischen Union notwendig macht.«[1] Er hatte dabei den Schiffbau und insbesondere solche Länder im Blick, »die in sehr eindeutiger und manchmal auch aggressiver Form versuchen, Teile des zivilen Schiffbaus zu monopolisieren oder zu dominieren«, weshalb »wir diese Entwicklung nicht einfach tatenlos geschehen lassen«. Ohne China namentlich zu nennen, war klar, auf wen er anspielte. Die Covid-19-Pandemie scheint innerhalb der EU möglich zu machen, was selbst während der Eurokrise zehn Jahre zuvor noch schwer vorstellbar schien: die Renaissance einer nach vorn gerichteten Industriepolitik, bei welcher der Staat in den Markt eingreift, um bestimmte Branchen nicht nur zu schützen, sondern um sogenannte nationale oder europäische »Champions« heranzuziehen. Neu wäre dieses Rezept nicht, denn die EU setzt es bei Airbus seit Jahrzehnten erfolgreich um.

Die europäische Werftindustrie witterte jedenfalls ihre Chance, nicht zuletzt, weil die Rede von der Sicherung von Lieferketten ein neues Legitimationsargument bietet: Ende April 2021 schickte der Verband der europäischen Schiffbauer, SEA Europe (Shipyards' & Maritime Equipment Association of Europe), einen offenen Brief an die Präsidentin der Europäischen Kommission, Ursula von der Leyen, sowie deren Vizes, Wettbewerbskommissarin Margrethe Vestager und Wirtschaftskommissar Valdis Dombrovskis.[2] Die Vertreter der

Schiffbauer beklagten, dass »es der Europäischen Kommission seit Jahrzehnten vollkommen bewusst ist, dass die europäischen Werften unter einer einmaligen rechtlichen Lücke in den Instrumentarien der Handelspolitik leiden«. Während asiatische Konkurrenten von staatlichen Unterstützungsmaßnahmen profitieren, wurde das Beihilferegime im Namen des Wettbewerbs innerhalb der EU immer restriktiver. »Europas Marktanteil sank von 45 Prozent weltweit in den 1980er Jahren auf 5 Prozent heute.« Es sei dringend an der Zeit, dass die EU endlich die globale Wettbewerbsverzerrung angehe und die europäischen Werften schütze, schließlich handele es sich um eine strategische Industrie, die zahlreiche Arbeitsplätze sichere. »Die Zeit des Handelns ist jetzt.« Nicht zuletzt habe die Pandemie allen die großen Gefahren vor Augen geführt, welche Europas Abhängigkeit von anderen Ländern in sich berge. »Das gilt auch für den Schiffbau: Ohne eigene Werften wird Europa gänzlich vom asiatischen Schiffbau abhängig werden.« Und dies in einer Situation, in der aufgrund der Verwerfungen durch die Corona-Pandemie die globale Schifffahrt plötzlich unter einem Mangel an Kapazitäten leidet und neue Containerschiffe in Rekordhöhe bestellt.[3]

Aktuell geht es bei diesen Debatten in Europa um zwei Ziele, erstens um ein Konjunkturprogramm gegen die wirtschaftlichen Folgen der Pandemie, wobei hier Industriepolitik wohl bestenfalls langfristig wirken würde, zweitens um die Position der EU in der Weltwirtschaft. Die Lieferschwierigkeiten bei zumeist in China gefertigten medizinischen und anderen Grundgütern während der Pandemie haben wie ein Weckruf nach Brüssel und Berlin gewirkt. Die EU fürchtet einen technologischen und ökonomischen Souveränitätsverlust – und Souveränität ist ein mächtiges Wort, das staatliche Intervention legitimieren kann. Das bringt sogar bislang der Austerität und dem Freihandel verpflichtete Politiker wie Altmaier dazu, laut über

Markteingriffe zugunsten heimischer Industrien nachzudenken. Für die Werften in Gdynia und Uljanik käme dieser Paradigmenwechsel ebenso zu spät wie für viele traditionsreiche Schiffbauer in Deutschland, Frankreich und anderen EU-Staaten. Aber er käme politisch betrachtet vielleicht gerade noch rechtzeitig für ein Europa, in dem sich viele Menschen, nicht zuletzt in Kroatien und Polen, als Opfer der europäischen Integration sehen und vom Staat mehr an Wirtschaftspolitik erwarten, als nur für die Wettbewerbsfähigkeit zu sorgen.

Anmerkungen

1. Auf Grund gelaufen:
Die lange und große Transformation

1 Lutz Raphael, *Jenseits von Kohle und Stahl. Eine Gesellschafts-geschichte Westeuropas nach dem Boom*, Berlin: Suhrkamp 2019. Wir sehen unser Buch in vielerlei Hinsicht als zeitliche und räumliche Erweiterung dieses Grundlagenwerks. Bei der Crist AG in Gdynia (siehe Kapitel 2) wird selbstverständlich noch Stahl verbaut, aber bei Weitem nicht in den Mengen wie vor 2009.

2 Die Angaben zum BIP haben wir aus den Datenbanken der OECD extrahiert, allerdings beziehen sie sich nicht auf Gdynia, sondern die sogenannte »Trójmiasto« mit Danzig und Sopot. Es gibt jedoch keinen Grund zur Annahme, dass Gdynia ein geringeres BIP hätte als seine beiden Nachbarstädte. Den OECD-Angaben zufolge betrug das kaufkraft- und inflationsbereinigte BIP der Trójmiasto 2018 umgerechnet 45 288 US-Dollar gegenüber 45 016 in Rostock und 43 775 in Bremerhaven; vgl. OECD Regional Statistics, *Gross Domestic Product, Small regions TL3 (USD per head, constant prices, constant PPP, base year 2015)*, online verfügbar unter: {https://stats.oecd.org} (alle URL Stand Mai 2021).

3 Marcel van der Linden/Hugh Murphy/Raquel Varela, »Introduction«, in: dies. (Hg.), *Shipbuilding and Ship Repair Workers around the World. Case Studies 1950-2010*, Amsterdam: Amsterdam University Press 2017, S. 15. Bei diesem Sammelband handelt es sich um den aktuell umfassendsten Überblick über die sozioökonomische Rolle der Schiffbauindustrie weltweit, mit starkem Fokus auf West- und Südeuropa (und nur zwei osteuropäischen Beispielen).

4 Vgl. zur Verschuldung der kroatischen Werften zum damaligen Stand Anto Bajo/Marko Primorac, »Jesu li brodogradilišta prepreka fiskalnoj konsolidaciji u Hrvatskoj?«, in: *Newsletter – Povremeno glasilo Instituta za javne financije* 64 (2011), online verfügbar unter: {https://www.ijf.hr/upload/files/file/newsletter/64.pdf}.

5 Die Synchronizität des Wandels im politischen System, der Wirt-

schaft und Gesellschaft betont auch Claus Offe in seinen Publikationen zum Prozess und Begriff der Transformation. Hinzu kam nach 1989 das Gefühl einer Beschleunigung; vgl. Claus Offe, *The Varieties of Transition. The East European and East German Experience*, London: Polity 1996; vgl. Philipp Ther, *Die neue Ordnung auf dem alten Kontinent. Eine Geschichte des neoliberalen Europa*, Berlin: Suhrkamp 2016², S. 30.

6 Marie-Janine Calic, »The beginning of the end. The 1970s as a historical turning point in Yugoslavia«, in: dies./Dietmar Neutatz/Julia Obertreis (Hg.), *The Crisis of Socialist Modernity. The Soviet Union and Yugoslavia in the 1970s*, Göttingen: Vandenhoeck & Ruprecht 2011, S. 66-86.

7 Hugh Murphy/Stig Tenold, »Appendix 1: The effects of the oil price shocks on shipbuilding in the 1970s«, in: Varela/Murphy/van der Linden (Hg.), *Shipbuilding and Ship Repair Workers*, a. a. O., S. 665-681.

8 Vgl. Ivan T. Berend, *From the Soviet Bloc to the European Union*, Cambridge: Cambridge University Press 2009, S. 7-37.

9 Andere große Investitionen dieser Zeit waren u. a. das Kraftwerk von Bełchatów, die Automobilfabrik in Tychy, die Raffinerie sowie der neue Danziger Hafen (Port Północny) sowie mehrere neue Eisenbahn- und Schnellstraßenverbindungen.

10 Gelegentlich wurden wir bei Konferenzen und Präsentationen unseres Projekts danach gefragt, warum wir nicht die international viel bekanntere Werft in Danzig untersucht hätten. Der Grund liegt darin, dass bei aller politischen Symbolkraft ihre ökonomische Bedeutung auf dem Weltmarkt im Vergleich zu Gdynia und auch Stettin zweitrangig war. Zur Schreibung der Ortsnamen: Wir verwenden hier für sämtliche Städte, für die es eine gängigen deutschen Namen gibt, wie z. B. für Danzig und Stettin, diese Bezeichnung. Dahinter verbergen sich keinerlei politische Absichten, in Polen und Kroatien ist es ebenfalls üblich, für ausländische Städte eigensprachliche Bezeichnungen zu verwenden. Bei Gdynia rücken wir davon ab, weil »Gdingen« und »Gotenhafen« eine nationalistische und nationalsozialistische Vergangenheit haben. Bei den Adjektiven übersetzen wir ebenfalls, weil es schwer verständlich wäre, würden wir kroatische oder polnische Adjektive wie z. B. Stocznia Gdańska (so hieß die Danziger Werft nach 1989 offiziell) mit einer deutschen Endung versehen.

11 Vgl. Carl-Ulrik Schierup, *Migration, Socialism and the International Division of Labour. The Yugoslavian Experience*, Aldershot:
Averbury 1990.

12 Vgl. David Lipton/Jeffrey D. Sachs, »Poland's economic reform«,
in: *Foreign Affairs* 69/3 (1990), S. 47-66.

13 Vgl. Christopher M. Hann (Hg.), *Postsocialism. Ideals, Ideologies,
and Practices in Eurasia*, London: Routledge 2002; David Kideckel,
*Getting by in Postsocialist Romania. Labor, the Body, and Working-
Class Culture*, Bloomington: University of Indiana Press 2008.

14 Vgl. Karl Polanyi, *The Great Transformation. Politische und öko-
nomische Ursprünge von Gesellschaften und Wirtschaftssystemen*,
Frankfurt am Main: Suhrkamp 1973 (das Originalwerk erschien
1944 und erreichte in der Nachkriegszeit etliche Auflagen); vgl. zu
Polanyi außerdem Gareth Dale, *Karl Polanyi. The Limits of the
Market*, Malden: Polity Press 2010; sowie dessen Biografie *Karl
Polanyi. A Life on the Left*, New York: Columbia University Press
2016.

15 Vgl. als besonders gelungenes Beispiel Dorothee Bohle/Béla Gres-
kovits, *Capitalist Diversity on Europe's Periphery*, Ithaca: Cornell
University Press 2012.

16 Dies beobachtete bereits der Politologe David Ost in seinem wichtigen und, wie sich zeigen sollte, prophetischen Buch *The Defeat
of Solidarity. Anger and Politics in Postcommunist Europe*, Ithaca:
Cornell University Press 2005.

17 Vgl. Christopher M. Hann, *Repatriating Polanyi. Market Society in
the Visegrád States,* Budapest: CEU Press 2019, S. 1-3.

18 So hoch lagen die später für illegal erklärten Zuschüsse gemäß einer
Berechnung der EU-Kommission; vgl. dazu Europäische Kommission, »Commission decision of 6 November 2008 on state aid
C 17/05 (ex N 194/05 and PL 34/04) granted by Poland to Stocznia
Gdynia«, in: *Official Journal of the European Union*, L 33/1 (4. Februar 2010), online verfügbar unter: {https://eur-lex.europa.eu/Le
xUriServ/LexUriServ.do?uri=OJ:L:2010:033:0001:0056:EN:PDF},
item 232, S. 26; vgl. zu Kroatien Anto Bajo/Marko Primorac/Mar-
tin Hanich, »The financial performance, restructuring and privatisation of the shipyards in the Republic of Croatia«, in: CIRIEC
Working Papers 1802, CIRIEC – Université de Liège 2018, S. 9,
online verfügbar unter: {https://ideas.repec.org/p/crc/wpaper/
1802.html}; vgl. weitere Details und Daten in Kapitel 2.

19 Vgl. hierzu sowie zum Verhältnis von Demokratie und Wirtschaftsreformen das nach wie vor lesenswerte Buch des Politologen Mitchell Orenstein, *Out of the Red. Building Capitalism and Democracy in Postcommunist Europe*, Ann Arbor: University of Michigan Press 2001.

20 Quinn Slobodian, *Globalisten. Das Ende der Imperien und die Geburt des Neoliberalismus*, Berlin: Suhrkamp 2019.

21 Die Daten zum Anteil der Industrieproduktion am BIP sowie an der Gesamtbeschäftigung sind der Datenbank der Weltbank entnommen; sie sind online verfügbar unter: {https://data.worldbank.org}.

22 Angus Maddison, *The World Economy. Volume 1: A Millennial Perspective and Volume 2: Historical Statistics*, Paris: OECD 2006; vgl. zum Aufholprozess nach 1989 außerdem Ther, *Die neue Ordnung auf dem alten Kontinent*, a. a. O., S. 229-235.

23 Vgl. dazu erneut die Daten der Weltbank.

24 Vgl. zu diesem Begriff u. a. David Stark, *The Sense of Dissonance. Accounts of Worth in Economic Life*, Princeton: Princeton University Press 2009.

25 Dessen symbolischer Moment war vielleicht die Eröffnung der ersten McDonald's-Filiale in Warschau durch den besagten Jacek Kuroń, ein Video davon ist online verfügbar unter: {https://www.youtube.com/watch?v=ownA6QxuGEw}; vgl. zu den Parallelen zwischen Washington und Warsaw Consensus Philipp Ther, »1989 und die globale Hegemonie des Neoliberalismus«, in: Christoph Lorke/Rüdiger Schmidt (Hg.), *Der Zusammenbruch der alten Ordnung? Die Krise der Sozialen Marktwirtschaft und der neue Kapitalismus in Deutschland und Europa*, Stuttgart: Steiner 2019, S. 53-86.

26 Vgl. zum Zerfall Jugoslawiens Susan Woodward, *Balkan Tragedy. Chaos and Dissolution after the Cold War*, Washington D.C.: Brookings Institution Press 1995; Holm Sundhaussen, *Jugoslawien und seine Nachfolgestaaten 1943-2011. Eine ungewöhnliche Geschichte des Gewöhnlichen*, Wien: Böhlau 2014.

27 Sie betitelten ihren Aufsatz bezeichnenderweise mit »Normal countries«; vgl. Andrei Shleifer/Daniel Treisman, »Normal countries. The East 25 years after communism«, in: *Foreign Affairs* 93/6 (2014), online verfügbar unter: {http://www.foreignaffairs.com/articles/142200/andrei-shleifer-and-daniel-treisman/normal-countries}, S. 92-103.

28 Vgl. dazu Kapitel 2 sowie N. N., »Sanacija i restrukturiranje hrvats-

kih brodogradilišta« (Interview mit Milan Čuvalo), in: *Brodogradnja* 47/2 (1999), S. 113. 1,4 Milliarden Kuna (nach damaligem Wechselkurs knapp 200 Millionen Euro) bekam das Unternehmen als Schuldenerlass, 771 Millionen Kuna wurden als neue Aktien ausgegeben.

29 Elizabeth Barrett, »The role of informal networks in the privatisation process in Croatia«, in: David Lane/Jochen Tholen/György Lengyel (Hg.), *Restructuring of the Economic Elites after State Socialism. Recruitment, Institutions and Attitudes*, Stuttgart: Steiner 2007, S. 211-240.

30 Das beobachtete der Politologe Adam Przeworski schon 1991; vgl. dessen Buch *Democracy and the Market. Political and Economic Reforms in Eastern Europe and Latin America*, New York: Cambridge University Press 1991. Dieser Befund macht es zugleich schwerer, den Neoliberalismus in der Praxis so klar zu umreißen, wie das in der Ideengeschichte bzw. der *intellectual history* in den vergangenen Jahren geschehen ist; vgl. dazu erneut Slobodian, *Globalisten*, a.a.O. Die ältere Literatur ist u.a. zusammengefasst in Philipp Ther, »Der Neoliberalismus, Version: 1.0«, in: *Docupedia-Zeitgeschichte* (5. Juli 2016), online verfügbar unter: {http://docupedia.de/zg/ther_neoliberalismus_v1_de_2016}.

31 Balcerowicz verwendete den Begriff außerdem 1992 für einen Rückblick auf die eigene Reformpolitik; vgl. Leszek Balcerowicz, *800 dni: Szok kontrolowany. Zapisał: Jerzy Baczyński*, Warschau: BGW 1992; Hilary Appel/Mitchell Orenstein, *From Triumph to Crisis. Neoliberal Economic Reform in Postcommunist Countries*, Cambridge: Cambridge University Press 2018, S. 111-141.

32 Vgl. dazu die Liste geschlossener Unternehmen in der polnischen Lebensmittelindustrie und in anderen Branchen Andrzej Karpiński/Stanisław Paradysz/Paweł Soroka/Wiesław Żółtkowski, *Jak powstawały i jak upadały zakłady przemysłowe w Polsce*, Warschau: Muza 2013, S. 323-326.

33 Vgl. Chiara Bonfiglioli, *Women and Industry in the Balkans. The Rise and Fall of the Yugoslav Textile Sector*, London: Bloomsbury 2019.

34 Vgl. zur weiteren Entwicklung zahlreicher privatisierter Großbetriebe und vor allem ihrer Arbeitskultur Aleksandra Leyk/Joanna Wawrzyniak, *Cięcia. Mówiona historia transformacji*, Warschau: Krytyka Polityczna 2020.

35 Szlanta war zuvor von 1994 bis 1996 Direktor der Polnischen Entwicklungsbank (Polski Bank Rozwoju). Diese Ernennung verdankte der studierte Physiker u.a. seinen Verbindungen in der Unia Demokraticzna, einer aus der Solidarność hervorgegangenen liberal-konservativen Reformpartei, an deren Spitze der erste postkommunistische Premierminister Tadeusz Mazowiecki stand. Interessant an Szlantas Karriere ist u.a., dass er von den Postkommunisten nicht ausgetauscht wurde, offenbar wegen seiner Erfolge an der Spitze der Entwicklungsbank.

36 Vgl. zur globalen Entwicklung des Schiffbaus und zahlreichen Standorten erneut Varela/Murphy/van der Linden (Hg.), *Shipbuilding and Ship Repair Workers*, a.a.O.

37 Vgl. Martin Stopford, *Maritime Economics*, London: Routledge 2009[3], S. 294-295.

38 Vgl. Berend, *From the Soviet Bloc to the European Union*, a.a.O., S. 6-38; vgl. zum Niedergang des Schiffbaus in Westeuropa Bo Stråth, *The Politics of De-Industrialisation. The Contraction of the West European Shipbuilding Industry*, London: Croom Helm 1987.

39 Laurent Warlouzet, »The collapse of the French shipyard of Dunkirk and EEC state-aid control (1977-86)«, in: *Business History* 25 (2017), online verfügbar unter: {https://doi.org/10 1080/ 00076 791.2017.1 307 341}, S. 858-878.

40 Eine vor Kurzem veröffentlichte Dissertation hat am Beispiel der Danziger Werft die Probleme beim Absatz und den Zulieferungen herausgearbeitet; vgl. Sarah Graber Majchrzak, *Arbeit – Produktion – Protest. Die Leninwerft in Gdańsk und die AG »Weser« in Bremen im Vergleich (1968-1983)*, Köln: Böhlau 2021, S. 78-85.

41 »Wystąpienie pokontrolne« (10. Juli 1986), in: Archiv der Obersten Kontrollkammer (ANIK), PCM-41 008-9-86, S. 3.

42 Vgl. Preston Keat, »Fallen heroes. Explaining the failure of the Gdansk shipyard, and the successful early reform strategies in Szczecin and Gdynia«, in: *Communist and Post-Communist Studies* 36 (2003), S. 209-230.

43 Vgl. dazu Kapitel 2 dieses Buches.

44 Vgl. Monika Kosińska, »Najlepszy menedżer«, in: *Dziennik Bałtycki* (29. Januar 2001), S. 10.

45 Vgl. dazu Agneza Urošević, »Do danas Uljanik isporučio 250 brodova«, in: *Poslovni dnevnik* (8. Dezember 2006).

46 Vor Kurzem ließ die Firma sogar die Schriftzüge auf den großen

Kränen des Trockendocks austauschen. Dort steht jetzt Crist S. A. statt wie früher Stocznia Gdynia S. A. (S. A. ist die Abkürzung für *spółka akcyjna* – Aktiengesellschaft).

47 Wenn wir hier und an anderen Stellen männliche Endungen benutzen, so geschieht das ausschließlich aus Platz- und Lesbarkeitsgründen und schließt selbstverständlich Frauen mit ein. Wir versuchen, soweit möglich, in puncto Gender zu differenzieren und verwenden daher vereinheitlichende Endungen mit Schrägstrich nur in Ausnahmefällen.

48 Den Anfang machte die selbstkritische Analyse von Marcin Król, *Byliśmy głupi*, Krakau: Znak 2015.

49 Vgl. dazu die Einsendungen zum Wettbewerb »Rok 1989: koniec, przełom, początek …?« (Das Jahr 1989: Ende, Umbruch, Anfang…?). Die prämierten Texte sind über die Webseite von Karta nicht mehr zugänglich, dafür aber die Entscheidungen der Jury, die zugleich einen kurzen Überblick über die Inhalte bieten; online verfügbar unter: {http://uczycsiezhistorii.pl/konkurs/rok-1989-koniec-przelom-poczatek/}. Insgesamt liegen 144 Texte im Archiv des Zentrums.

50 Peter Alheit/Bettina Dausien, *Arbeiterbiographien. Zur thematischen Relevanz der Arbeit in proletarischen Lebensgeschichten.* Bremen: Universität Bremen 1990[3], S. 312, S. 317.

51 Vgl. Goran Musić, »Provincial, proletarian, and multinational. The antibureaucratic revolution in late 1980s in Priboj, Serbia«, in: *Nationalities Papers* 47/4 (2019), S. 581-596. Für Uljanik: Igor Stanić, »Što pokazuje praksa? Presjek samoupravljanja u brodogradilištu Uljanik 1961-1968. godine«, in: *Časopis za suvremenu povijest* 46/3 (2014), S. 453-474.

52 Igor Stanić, »Jedan od najtežih dana u Uljaniku. Štrajk u brodogradilištu Uljanik 1967. godine«, in: *Problemi sjevernog Jadrana* 15 (2016), S. 73-94.

53 Goran Musić, *Making and Breaking the Yugoslav Working Class. The Story of Two Self-Managed Factories,* Budapest/New York: CEU Press 2021; Nebojša Vladisavljević, *Serbia's Antibureaucratic Revolution*, London: Palgrave Macmillan 2008.

54 Die Symbolisierung des sozialen Status über Konsumgüter ist allerdings auch ein relativ neues Phänomen. Bis in die neunziger Jahre war – wie früher auch in Westdeutschland – die Branchen- und Betriebszugehörigkeit ein wichtigerer Marker.

55 Alheit/Dausien, *Arbeiterbiographien*, a. a. O., S. 317.

56 Das Fährschiff »Elektra« war außerdem ein Prestigeerfolg, 2017 wurde es mit der Internationalen Auszeichnung »Ship of the Year« prämiert. Außerdem sind auf dem ehemaligen Werkgelände der Stocznia Gdynia auch einige andere mit dem Schiffbau verbundene Firmen tätig, darunter die Energomontaż S. A. {http://epgsa.com/epgen/}; die Firma Gafako {https://www.gafako.pl/index.php/en} und die staatliche Reparaturwerft Nauta {http://nauta.pl}.

57 Rory Archer/Goran Musić, »Approaching the socialist factory and its workforce. Considerations from fieldwork in (former) Yugoslavia«, in: *Labor History* 58/1 (2017), S. 44-66, S. 59.

58 Vgl. z. B. Lutz Niethammer/Alexander von Plato/Dorothee Wierling, *Die volkseigene Erfahrung. Eine Archäologie des Lebens in der Industrieprovinz der DDR. 30 biographische Eröffnungen*, Reinbek: Rowohlt 1991, oder die älteren Studien von Alessandro Portelli, »What makes oral history different«, in: ders.: *The Death of Luigi Trastulli and Other Stories. Form and Meaning in Oral History*, Albany: State University of New York Press 1991; S. 45-58. Diese beiden Autoren und Werke führen wir auch deshalb an, weil sie viel über die theoretischen Probleme der Oral History reflektiert haben.

59 Eine Inspiration sind noch immer klassische Arbeiten der Biografieforschung, wie die schon erwähnte von Alheit/Dausien, *Arbeiterbiographien*, a. a. O.

60 Vgl. dazu Lutz Niethammer, »Gedächtnislücke. Maurice Halbwachs und die Konstruktion des Traditionsgefühls«, in: ders.: *Kollektive Identität. Heimliche Quellen einer unheimlichen Konjunktur*, Reinbek: Rowohlt 2000, S. 314-366.

61 Vgl. für diese ältere Sicht auf die Oral History u. a. Paul Thompson, »The voice of the past. Oral history«, in: Robert Perks/Alistair Thomson (Hg.), *The Oral History Reader*, London: Routledge 1998, S. 21-28; Alexander von Plato, »Oral History als Erfahrungswissenschaft. Zum Stand der ›mündlichen Geschichte‹ in Deutschland«, in: *BIOS – Zeitschrift für Biographieforschung und Oral History* 4/1 (1991), S. 97-119. Später hat jedoch die Gründergeneration ihre Ansichten ergänzt und teilweise revidiert, vgl. dazu u. a. Paul Thompson/Joanna Bornat, *The Voice of the Past. Oral History*, Oxford: Oxford University Press 2017[4].

62 Vgl. dazu ausführlich Lynn Abrams, *Oral History Theory*, London: Routledge 2016.

63 Die große Rolle der EU im Bereich der rechtlichen Transformation betonen Kiran Patel/Hans Christian Röhl, *Transformation durch Recht. Geschichte und Jurisprudenz europäischer Integration 1985-1992*, Tübingen: Mohr Siebeck 2020.

64 Anthony Giddens, *The Constitution of Society. Outline of the Theory of Structuration*, Cambridge: Polity Press 1984; Pierre Bourdieu, *Entwurf einer Theorie der Praxis auf der ethnologischen Grundlage der kabylischen Gesellschaft*, Frankfurt am Main: Suhrkamp 2009[2] [zuerst Französisch 1972].

65 Peter Alheit/Hanna Haack, *Die vergessene »Autonomie« der Arbeiter. Eine Studie zum frühen Scheitern der DDR am Beispiel der Neptunwerft*, Berlin: Karl Dietz 2004, S. 9.

66 Vgl. zur Mediengeschichte und dem Einsatz medialer Quellen u. a. Frank Bösch, *Mediengeschichte. Vom asiatischen Buchdruck zum Fernsehen*, Frankfurt am Main: Campus 2011; Annette Vowinkel, »Mediengeschichte. Forschungsfeld, disziplinärer Kontext, Medienbegriff«, in: *Docupedia Zeitgeschichte* (11. Februar 2010), online verfügbar unter: {https://docupedia.de/zg/Mediengeschichte_Version_1.0_Annette_Vowinckel}.

67 Vgl. Archer/Musić, »Approaching the socialist factory«, a. a. O., S. 58.

68 Vgl. zur Methodik und den Arten des Vergleichs u. a. Hannes Siegrist, »Perspektiven der vergleichenden Geschichtswissenschaft. Gesellschaft, Kultur, Raum«, in: Hartmut Kaelble/Jürgen Schriewer (Hg.), *Vergleich und Transfer. Komparatistik in den Sozial-, Geschichts- und Kulturwissenschaften*, Frankfurt am Main: Campus 2003, S. 307-328.

2. Stets nah am Kentern:
Eine Betriebsgeschichte zweier Werften

1 N. N., »Predsjednik Hua Koa Feng posjetio Uljanik«, in: *Mali informator* (31. August 1978), S. 1; vgl. »Chairman Hua's Yugoslav itinerary«, in: *Peking Review* 21/35 (1978), S. 9.

2 N. Trgovičić, »›Uljanik‹ će graditi pet brodova za Kinu«, in: *Glas Istre* (3. August 1978).

3 N. N., »Kineski predsjednik 1978. u Uljaniku učio o brodogradnji«, in: *Glas Istre* (2. Mai 2019), S. 5.

4 Milan Pavlović, »Uljanik i 3. maj su jednako tehnološki zaostali«, in: *Glas Istre* (25. Mai 2019), S. 4.

5 Diese Daten stammen von der OECD, die sie anhand der jährlichen Auslieferung von Schiffen in Bruttoregistertonnen bemisst; vgl. OECD, *Shipbuilding Market Developments Q2 2018*, online verfügbar unter: {https://www.oecd.org/sti/ind/shipbuilding-market-developments-Q2-2018.pdf}.

6 Peter Wegenschimmel, *Zombiewerften oder Hungerkünstler? Staatlicher Schiffbau in Ostmitteleuropa nach 1970*, Berlin: De Gruyter Oldenbourg 2021.

7 Jürgen Bitzer/Christian von Hirschhausen, »The shipbuilding industry in the East and West. Industry dynamics, science and technology policies and emerging patterns of cooperation«, in: DIW Discussion Papers 151 (1997), online verfügbar unter: {https://www.econstor.eu/bitstream/10419/61530/1/dp151.pdf}, S. 33.

8 Mittlerweile gibt es einiges an Forschung über die siebziger Jahre als global bedeutsame Umbruchszeit, siehe u. a. Konrad Jarausch (Hg.), *Das Ende der Zuversicht? Die siebziger Jahre als Geschichte*, Göttingen: Vandenhoeck & Ruprecht 2008; Anselm Doering-Manteuffel/Lutz Raphael, *Nach dem Boom. Perspektiven auf die Zeitgeschichte seit 1970*, Göttingen: Vandenhoeck & Ruprecht 2008.

9 Besnik Pula, *Globalization Under and After Socialism. The Evolution of Transnational Capital in Central and Eastern Europe. Emerging Frontiers in the Global Economy*, Stanford: Stanford University Press 2018, S. 66.

10 Vgl. Raphael, *Jenseits von Kohle und Stahl*, a. a. O.

11 Pula, *Globalization Under and After Socialism*, a. a. O., S. 103.

12 Stephen Kotkin, *Uncivil Society. 1989 and the Implosion of the Communist Establishment*, New York: Modern Library 2009, S. 28-30.

13 Calic, »The beginning of the end«, a. a. O.

14 Van der Linden/Murphy/Varela, »Introduction«, a. a. O., S. 15.

15 Murphy/Tenold, »Appendix 1. The effects of the oil price shocks«, a. a. O., S. 667.

16 Ebd., S. 667.

17 »Zapisnik od proširene sjednice Republičkog odbora sindikata rad-

nika proizvodnje i prerade metala SR Hrvatske«, Rijeka (14. November 1975), in: Hrvatski državni arhiv (HDA), f. 1398, kn. 1, S. 8.

18 Warlouzet, »The collapse of the French shipyard of Dunkirk«, a. a. O., S. 3.

19 Anthony Slaven, *British Shipbuilding 1500-2010. A history,* Lancaster: Crucible 2013, S. 212.

20 Jadranbrod, »Stanje, ekonomski položaj i problemi nezaposlenosti kapaciteta brodogradilišta«, Zagreb (Juni 1980), in: HDA, f. 1398, p. 19; SRH, IVS, »Platforma za rješenje problema brodogradnje i brodarstva« (14. Juli 1977), in: HDA, f. 280, kut. 108, br. 979.

21 Vgl. erneut Warlouzet, »The collapse of the French shipyard of Dunkirk«, a. a. O.

22 Konrad Lammers, »Subventionen für die Schiffbauindustrie«, in: *Institut für Weltwirtschaft an der Universität Kiel – Arbeitspapiere* 211 (1984), S. 11; vgl. Johanna Wolf, »Bremer Vulkan. A case study of the West German shipbuilding industry and its narratives on the second half of the twentieth century«, in: Varela/Murphy/van der Linden (Hg.), *Shipbuilding and Ship Repair Workers*, a. a. O., S. 117-142, S. 128.

23 Europäische Kommission, »Communication from the Commission to the Council, the European Parliament, the European Economic and Social Committee and the Committee of the Regions – LeaderSHIP 2015 – Defining the Future of the European Shipbuilding and Repair Industry – Competitiveness through Excellence«, online verfügbar unter: {https://eur-lex.europa.eu/legal-content/GA/TXT/?uri=CELEX:52003DC0717}.

24 Warlouzet, »The collapse of the French shipyard of Dunkirk«, a. a. O., S. 3.

25 Murphy/Tenold, »Appendix 1. The effects of the oil price shocks«, a. a. O., S. 672.

26 Ebd., S. 672; Slaven, *British Shipbuilding*, a. a. O., S. 214.

27 Slaven, *British Shipbuilding*, a. a. O., S. 214.

28 Hugh Murphy, »Labour in the British shipbuilding and ship repair industries in the twentieth century«, in: Varela/Murphy/van der Linden (Hg.), *Shipbuilding and Ship Repair Workers*, a. a. O., S. 61, 78, 103.

29 Ecorys, *Study on Competitiveness of the European Shipbuilding Industry. Final Report*, Rotterdam: Ecorys 2009, S. 41, online verfügbar unter: {https://ec.europa.eu/docsroom/documents/10506/

attachments/1/translations/en/renditions/pdf}; Hwasook Nam, *Building Ships, Building a Nation. Korea's Democratic Unionism under Park Chung Hee*, Seattle: University of Washington Press 2009; Lars Bruno/Stig Tenold, »The basis for South Korea's ascent in the shipbuilding industry, 1970-1990«, in: *The Mariner's Mirror* 97/3 (2011), S. 201-217.

30 Van der Linden/Murphy/Varela, »Introduction«, a.a.O., S. 20; Wonchul Shin, »The evolution of labour relations in the South Korean shipbuilding industry. A case study of Hanjin Heavy Industries, 1950-2014«, in: Varela/Murphy/van der Linden (Hg.), *Shipbuilding and Ship Repair Workers*, a.a.O., S. 615-635.

31 Lammers, »Subventionen für die Schiffbauindustrie«, a.a.O., S. 6 (Tabelle 3).

32 Gabriel Collins/Michael C. Grubb, »A comprehensive survey of China's dynamic shipbuilding industry«, in: *CMSI Red Books* 1 (2008), S. 5f.; Yann-huei Billy Song, »Shipping and shipbuilding policies in PR China«, in: *Marine Policy* 14/1 (1990), S. 53-70.

33 B. Lipanović/K. Kašper, »Jučer, danas, sutra – naše brodogradnje (Interview mit Ivo Vandrečić)«, in: *Brodogradnja* 34/1 (1986), S. 6.

34 Graber Majchrzak, *Arbeit – Produktion – Protest*, a.a.O., S. 148-149.

35 Zur symbolischen Dimension vgl. Jerzy Surdykowski, *Wejście do wielkiej ligi*, Warschau: Nasza Księgarnia 1973.

36 Jan Dudziak, »Rys historyczny polskiego przemysłu okrętowego«, in: *Zeszyty Problemowe* B-116 (2005), Danzig: Centrum Techniki Okrętowej, S. 27.

37 Vgl. dazu Sarah Graber Majchrzak, »The Gdańsk shipyard. Production regime and workers' conflicts in the 1970s and 1980s in the People's Republic of Poland«, in: Varela/Murphy/van der Linden (Hg.), *Shipbuilding and Ship Repair Workers*, a.a.O., S. 365-396, S. 325. Im Nordwesten Polens betrugen die Verluste im Wohnungsbestand von 1944/45 bis zu 70 Prozent, Städte wie Danzig waren noch härter betroffen.

38 Stanić, »Jedan od najtežih dana u Uljaniku«, a.a.O.

39 Ebd.; vgl. zu Streiks in Jugoslawien außerdem Goldie Shabad, »Strikes in Yugoslavia. Implications for industrial democracy«, in: *British Journal of Political Science* 10/3 (1980), S. 293-315; Ivana Dobrivojević Tomić, »Harbingers of crisis. Labour strikes in Yugoslavia (1958-1974)«, in: *Istorija 20. veka* 27/1 (2019), S. 161-174.

40 Zur Verfassung und zum System der Selbstverwaltung noch immer lesenswert: Wolfgang Höpken, *Sozialismus und Pluralismus in Jugoslawien. Entwicklungs- und Demokratiepotential des Selbstverwaltungssystems*, München: Oldenbourg 1984.

41 Željko Šesnić, »Posljednjih 60 godina Brodogradilišta Uljanik«, in: Bruno Dobrić (Hg.), *Stotinu i pedeset godina brodogradnje u Puli. Zbornik radova s međunarodnog skupa prigodom 150. obljetnice osnutka C.kr. pomorskog arsenala (Pula, 8. prosinca 2006.)*, Pula: Društvo za proučavanje prošlosti C. i. kr. Mornarice Viribus unitis 2010, S. 239-266, S. 244.

42 Liljana Djeković, »Außenwirtschaftssystem und Außenwirtschaftsreformen in Jugoslawien«, in: Maria Haendcke-Hoppe (Hg.), *Außenwirtschaftssysteme und Außenwirtschaftsreformen sozialistischer Länder. Ein intrasystemarer Vergleich*, Berlin: Duncker & Humblot 1988, S. 65-86, S. 66; vgl. auch Dušan Luben, »Außenhandelsprobleme Jugoslawiens«, in: *Osteuropa* 23/7 (1973), S. 498-510.

43 Vgl. zum Verhältnis Staat und Außenhandel Ryan C. Amacher, *Yugoslavia's Foreign Trade. A Study of State Trade Discrimination*. New York: Praeger 1972.

44 Josip Iskra, *Uljanik. Brodograđevna industrija Uljanik*, Pula/Zagreb: Turistkomerc 1986, S. 24.

45 N.N., »U borbi za opstanak jači pobjeduju«, in: *Uljanik* 1/10 (1960), S. 21.

46 Ante Bulić, »Razvojni tok jugoslavenske brodogradnje od početka do danas«, in: *Brodogradnja* 36/1-2 (1988), S. 63; vgl. zum Exportanteil auch »Uljanik Group reference list«, online verfügbar unter: {https://uljanik.hr/images/reference/ULJANIK_Group_reference_list.pdf}.

47 N.N., »›Uljanik‹ prvi izvoznik-proizvođač«, in: *Brodogradnja* 24/6 (1973), S. 396.

48 Eine Analyse der beiden Dokumentarfilme bietet Andrea Matošević, »Tehnička događajnica i radnička intima. Brodogradilište Uljanik u dokumentarnim filmovima Kolos s Jadrana, Berge Istra i Godine hrđe«, in: *Etnološka Tribuna* 41/48 (2018), S. 194-212.

49 David Fištrović, »›Mamuti‹ budućnost ›Uljanika‹« (Interview mit Karlo Bilić), in: *Glas Istre* (14./15. Juli 1973), S. 3.

50 M.U., »›Uljanik‹ – teškoće zbog duga«, in: *Vjesnik* (2. Juli 1972);

David Fištrović, »›Mamut‹ pokrio mamustki gubitak«, in: *Novi list* (4. September 1974).

51 M. Urošević, »Dva porinuća jednog broda – ›Uljanikova‹ ideja«, in: *Vjesnik* (1. September 1969); Brigita Peko, »Mamut – brodovi na dva djjela«, in: *VUS* (7. August 1974).

52 John Lampe, *Yugoslavia as History. Twice There Was a Country*, Cambridge: Cambridge University Press 1996, S. 310.

53 Juraj Martinčević, »Samuupravna normativna djelatnost organizacija udruženog rada u procesu primjene zakoa o udruženom radua«, in: *Journal of Information and Organizational Sciences* 1 (1977), S. 211-228.

54 Djeković, »Außenwirtschaftssystem und Außenwirtschaftsreformen«, a. a. O., S. 71.

55 N. N., »Uspjesi na svim poljima. ›Uljanik‹ u 1974. godini«, in: *Brodograditelj* (26. Dezember 1974).

56 R. R., »Uljanik u potrazi za poslom«, in: *Glas Istre* (24./25. Dezember 1976).

57 Dino Bedrina/Ljiljana Vojnić, »Rezultati ispitivanja javnog mnijenja među radnicima ›Uljanika‹«, in: *Uljanik* (12. Juli 1982), S. 15.

58 Schierup, *Migration, Socialism and the International Division of Labour*, a. a. O., S. 234.

59 János Kornai, »The soft budget constraint«, in: *Kyklos* 39/1 (1986), S. 3-30, S. 10.

60 Ebd.

61 Mijodrag Sajatović, »Prenosimo« (Interview mit Karlo Radolović), in: *Brodogradnja* 34/3 (1986), S. 178.

62 M. Barak, »Brodogradnji voda do grla«, in: *Glas Istre* (26. Oktober 1976), S. 3; N. N., »Nezaposlena brodogradnja«, in: *Glas Istre* (24. Dezember 1976), S. 3.

63 »Zapisnik sa sjednice Republičkog odbora«, Split (Brodosplit), (16. Oktober 1976), in: HDA, f. 1398, kn. 2 (1976), S. 10.

64 »Wyniki produkcjno-ekonomiczyne 1988-1990« (26. April 1989), in: Archiwum Państwowe w Gdańsku (APG) 130, S. 8.

65 »Analiza działalności 1978 stoczni za 1978 rok« (März 1979), in: APG, 130/2358, S. 10.

66 Ebd., S. 12.

67 IVS, Schreiben an Sekr. financija SRH (23. Juli 1976), in: HDA, f. 280, kut 57, br. 875.

354

68 CIA, Directorate of Intelligence: »Yugoslavia: Key questions and answers to the debt crisis. An Intelligence assessment« (Januar 1984), online verfügbar unter: {https://www.cia.gov/readingroom/docs/DOC_0005361799.pdf}, S. 3.

69 Dariusz Grala, *Reformy gospodarcze w PRL (1982-1989). Próba uratowania socjalizmu*, Warschau: Wydawnictwo Trio 2005.

70 Miroslav Kubacki, »Jakie są szanse ›Komuny‹?«, in: *Głos Stoczniowca* (26. September 1980), S. 10.

71 Tadeusz Daszyński, »Rozmowa z dyrektorem generalnym ZPO mgr. inż. Mieczysławem Tokarzem«, in: *Głos Stoczniowca* (2. Januar 1981), S. 4.

72 Janusz Wikowski, »Jednością silni«, in: *Głos Stoczniowca* (11. Dezember 1983), S. 1.

73 »Program modernizacji i rozwoju przemysłu okrętowego na lata 1983-1985 i do roku 1990« (März 1983), in: APG, 2371/13, S. 5.

74 Tadeusz Baumberger, »Sukcesem jest spoistość branży. Rozmowa z dyrektorem Zrzeszenia Przedsiębiorstw Przemysłu Okrętowego inż. Bolesławem Ślepowrońskim«, in: *Głos Stoczniowca* (26. Februar 1984), S. 4.

75 Die Dokumentation im Archiv des Exekutivkomitees des Parlaments Kroatiens gibt beredt Auskunft über die Vielzahl an Treffen, aber auch ihr bescheidenes Ergebnis, in: HDA, f. 280 (SIV).

76 Republički sekretarijat za energetiku, industriju i zanatstvo / Republički sekretarijat za pomorstvo, saobraćaj i veze, »Informacija o prolematici brodogradnje i brodarstva s prijedlogom mjera«, Zagreb (Januar 1975), in: HDA, f. 280, kut. 33, br. 1140.

77 Ebd., S. 2-3.

78 Vgl. »Informacija o prolematici brodogradnje i brodarstva s prijedlogom mjera«, in: HDA, f. 280, kut. 33, br. 1140, S. 4-5 sowie IVS: »Stanje, ekonomski položaj i problemi nezaposlenosti kapaciteta brodogradilišta« (Juni 1979), in: HDA, f. 280, kut. 174, br. 481, S. 2.

79 Jadranbrod, »Sadašnje stanje, ekonomski položaj i problemi razvoja brodogradnje«, Zagreb (Juni 1980), in: HDA, f. 1398, kn. 6, S. 9.

80 Ebd. S. 6; N. N., »Materijalni položaj jugoslavenske brodogradnje: Društvenom podrškom premostiti teškoće«, in: *Brodogradnja* 28/1 (1980), S. 12.

81 Michael Palairet, »Croatian shipbuilding in crisis. 1979-1995«, in: Srećko Goić (Hg.): *Enterprise in Transition. Proceedings. Fourth International Conference on Enterprise in Transition, Split-Hvar,*

May 24-26, 2001, Split: Faculty of Economics 2001, S. 758-818, S. 762.

82 »Bilješka o vodjenim razgovorima članova delegacije Sabora SRH« (25. Mai 1979), in: HDA, f. 280, kut. 174, br. 481.

83 IVS: »Stanje, ekonomski položaj i problemi nezaposlenosti kapaciteta brodogradilišta« (Juni 1979), in: HDA, f. 280, kut. 174, br. 481, S. 1.

84 »Program rada za 1976. godinu«, Zagreb (Januar 1976), in: HDA, f. 1398, kn., (1976), S. 10.

85 Radna grupa Republičkog sekr. za energetiku, industriju i zanatstvo / Republičkog sekr. za pomorstvo, saobraćaj i veze / Jadranbrod, »Informacija o provodjenju mjera iz ›Platforme za rješenje problema brodogradnja i brodarstva‹« (26. Oktober 1977), in: HDA, f. 280, kut. 108, br. 979; Jadranbrod, Schreiben an den IVS: »Predmet: Prijedlog ›Društvenog dogovora o osiguravanju i usmjeravanju sredstava za plasman domaće opreme i brodova u zemlji‹« (16. Dezember 1986), in: HDA, f. 280, kut. 337, br. 618.

86 Ante Mamić, »Na marginama potpisanog Samoupravnog sporazuma o gradnji brodova za domaće naručioce u jugoslavenskim brodogradilištima (1981-1985). Kreće organizirana izgradnja brodova domaće trgovačke mornarice u zemlji«, in: *Brodogradnja* 30/5 (1982), S. 234-238.

87 Z. Tarle, »Rekorder pred bankrotstvom«, in: *Večernje novosti* (31. Oktober 1987).

88 Jadranbrod, Schreiben an den IVS: »Traženje povoljnije kreditne politike za brodogradnju u 1980. godini« (11. Dezember 1979), in: HDA, f. 280, kut. 181, br. 627-693.

89 For an analysis see Palairet, »Croatian shipbuilding in crisis«, a. a. O., S. 783 f.

90 »Nacrt zakona o pretvaranju kratkoročnih kredita danih Jugoslavenskoj banci za međunarodnu ekonomsku suradnju dugoročne kredite za namjene dopunskog kreditiranja izvoza opreme, brodova i izvođenja investicijskih radova u inozemstvu« (AS-715), (Februar 1986), in: HDA, f. 280, kut. 329, br. 195.

91 Ebd.

92 Hrvoje Markulinčić/Armando Debeljuh (Hg.), *Uljanik 1856-2006*, Pula: Arsenal design 2006, S. 58.

93 Sajatović, »Prenosimo« (Interview mit Karlo Radolović), a. a. O., S. 179.

94 »Zapisnik sa sjednice Republičkog odbora«, Split (16. Oktober 1976), in: HDA, f. 1398, kn. 2.

95 Jadranbrod, Schreiben an den IVS, »Traženje povoljnije kreditne politike za brodogradnju u 1980. godini« (11. Dezember 1979), in: HDA, f. 280, kut. 181, br. 627-693.

96 Silvana Jakus, »Kriza na svjetskom tržištu«, in: *Borba* (29. August 1979); vgl. zu den Verlusten »Stenografski zapisnik sa zajedničke (prošircne) 10. sjednice« (1. Juli 1980), in: HDA, f. 1398, kn. 6.

97 Stopford, *Maritime Economics*, a. a. O.

98 Graber Majrchrzak, *The Gdańsk Shipyard*, a. a. O., S. 381.

99 Mate Babic/Emil Primorac, »Some causes of the growth of the Yugoslav external debt«, in: *Soviet Studies* 38/1 (1986), S. 69-88, S. 69.

100 CIA, Directorate of Intelligence, »Yugoslavia: Key questions«, a. a. O.

101 Ashok Kumar Lahiri, »Yugoslav inflation and money (May 1991)«, in: IMF Working Paper 91/50, online verfügbar unter: {https://ssrn.com/abstract=884821}.

102 CIA, Directorate of Intelligence, »Yugoslavia: Key questions«, a. a. O.

103 Jarosław Mykowski, »Szwedzi są zadowoleni. Z Per Bomanem, głównym projektantem Stena Line AB rozmawia Jarosław Mykowski«, in: *Głos Stoczniowca* (13. September 1987).

104 »Wystąpienie pokontrolne« (10. Juli 1986), in: ANIK, PCM-41008-9-86, S. 3.

105 Ebd., S. 1.

106 Ebd., S. 2.

107 »Uchwała Nr 42/84 Rady Ministrów z dnia 19 marca 1984 r. w sprawie udzielenia pomocy finansowej stoczniom produkcyjnym dla poprawy ich gospodarki oraz zapewnienia realizacji zadań gospodarczych w latach 1984-1985«, in: Archiwum Akt Nowych (AAN), 1757/2-136.

108 Ebd.

109 Jadranbrod, »U vezi za ranije dostavljenim materijalima« (30. Juni 1981), in: HDA, f. 280, kut. 218, br. 516.

110 Palairet, »Croatian shipbuilding in crisis«, a. a. O., S. 777.

111 Mijodrag Sajatović, »Karlo Radolović« (Interview), in: *Start* (31. Mai 1986), S. 13; S. Maršić, »Želja je da se stvore jake radne organizacije i jak SOUR«, in: *Uljanik* (1. Juli 1983), S. 19.

112 Sajatović, »Karlo Radolović« (Interview), a. a. O.

113 N.N., »›Uljanikova‹ suradnja s danskom tvrtkom ›DUE‹«, in: *Mali Informator* (11. Dezember 1980), S. 1-4.

114 N.N., »Ukorak sa svijetom (1975-1986)«, in: *Uljanik* (5. Dezember 1986), S. 37f.; Mario Buršić, »CAD/CAM instaliran u ›Uljaniku‹«, in: *Uljanik* (1. September 1985), S. 1-2.

115 Boris Kalčić, »Godina velikih događaja«, in: *Uljanik* (1. Januar 1986), S. 16.

116 Markulinčić/Debeljuh (Hg.), *Uljanik 1856-2006*, a.a.O., S. 135.

117 N.N., »Osnovali vlastitu brodarsku kompanjiu«, in: *Politika* (19. September 1988); Zvonko Tarle, »Bankrot-brodovi«, in: *Nedjeljna Dalmacija* (19. Oktober 1986), S. 7.

118 N.N., »Najprofitnji gospodarski sustav može biti – brodogradnje« (Interview mit Karlo Radolović), in: *Privjredni Vjesnik* (22. April 1992).

119 Branko Ryšlavy, »Hrvatska brodogradnja danas. Razgovor s Karlom Radolovićem predsjednikom Uljanika«, in: *Brodogradnja* 40/3-4 (1992), S. 103-109, S. 107.

120 Mirko Urešević, »Posao za 1250 brodograditelja«, in: *Vjesnik* (25. November 1986), S. 7.

121 A.M., »Za sva mora svijeta«, in: *Vjesnik* (10. Dezember 1986), S. 8.

122 V. Čamdžić, »›Rolls Roycevi‹ brodogradnje«, in: *Glas Istre* (21. Januar 1987), S. 4.

123 Goran Drenjak/Tanja Marčela-Volarić, »Brodogradnja u ›Bermudskom trokotu‹«, in: *Glas Istre* (3./4. Oktober 1987), S. 3.

124 Mirko Urešević, »Neizvjesnost na navozima«, in: *Vjesnik* (14. Oktober 1988).

125 Jadranbrod, für den SIV: »Predmet: Nenaplaćena potraživanja ›Uljanika‹ i ›3. Maja‹ iz Sudana« (30. März 1987), in: HDA, f. 280, kut. 366, br. 743.

126 G. Moravček, »Rekorder pred bankrotstvom?!«, in: *Večernje novosti* (31. Oktober 1987).

127 N.N., »Blokada, deblokada«, in: *Uljanik* (15. September 1989), S. 11.

128 Vgl. die Daten der WHO, online verfügbar unter: {https://www.wto.org/english/res_e/statis_e/its2001_e/stats2001_e.pdf}, S. 27.

129 Martin Stopford, *Current and Past Policies for Expanding Maintaining or Reducing Shipbuilding Capacity*. OECD Working Party No. 6 (2015). Online verfügbar unter: {https://www.oecd.org/sti/ind/Item%203.3%20Stopford_ShipbuildingCapacity.pdf}.

130 »Uljanik Brodogradilište Strateški plan, 1991-1996«. Übersetzung des englischen Originals »Uljanik Shipyard Strategic Plan for 1991-1996«, PriceWaterhouse/IKO (Mai 1991), in: Archiv des (ehemaligen) Kroatischen Privatisierungsfonds (HFP), ohne Signatur, S. 3.

131 Ebd., S. 16A-17A.

132 Nebojša Stojčić, »The two decades of Croatian transition. A retrospective analysis«, in: *Southeast European Journal of Economics and Business* 7/2 (2012), S. 63-76, S. 69.

133 Vgl. die Zahlen in Alexandra Bykova et al., *wiiw Handbook of Statistics No. 2012*, Wien: wiiw 2012, Tabelle II/1.7 und Ther, *Die Neue Ordnung auf dem alten Kontinent*, a. a. O., S. 90.

134 Preston Keat, »Fallen heroes«, a. a. O., S. 212.

135 Ebd.

136 Jan Kreft, »Zakład do usług«, in: *Dziennik Bałtycki* (12. Juli 1995).

137 Siniša Ostojić, »Novi vjetrovi u jedrima poljske brodogradnje«, in: *Brodogradnja* 43/2 (1995), S. 152.

138 Keat, »Fallen heroes«, a. a. O., S. 218.

139 Ebd., S. 219.

140 N. N., »Ranking Polityki. Największe polskie firmy«, in: *Polityka* 23 (1994), S. 18.

141 Jan Kraft, »Wzięliśmy sprawy w swoje ręce«, in: *Dziennik Bałtycki* (7./8. Februar 1998), S. 4.

142 Keat, »Fallen heroes«, a. a. O., S. 220.

143 Gdynia Stocznia, »Reference list«, online verfügbar unter: {http://www.stocznia.gdynia.pl/listarefer.php}.

144 Zitiert nach Zdzisław Waganiak, »Plazma i stół wodny«, in: *Głos Stoczniowca* (14. August 1994), S. 6.

145 Monika Kosińska, »Najlepszy menedżer«, a. a. O., S. 10.

146 Ebd.

147 Tim Colton/LaVar Huntzinger, *A Brief History of Shipbuilding in Recent Times*, Alexandria, VA: Center for Naval Analyses 2002, S. 27.

148 Bruno Schönfelder, »Schmerzlose Stabilisierung? Erfolge und Risiken der kroatischen Stabilisierungspolitik«, in: *Südosteuropa* 45/2 (1996), S. 120-137.

149 Božana Milat/Vesna Galić, »Croatian Shipbuilding Industry. Ships Delivered & on Order«, in: *Brodogradnja* 45/1 (1997), S. 15.

150 Mikro Urošević, »Brodovi na ›suhom‹«, in: *Vjesnik* (29. August 1992).

151 »Dostava odluke o pretvorbi i Programa vlanišckog restrukturiranja« (6. November 1991), in: Archiv des HFP, Elaborat, ohne
Signatur.

152 R. R., »Danas ›Uljanikovci‹ štrajkuju četiri sata jer nisu dobili plaće
za rujan: Prisiljeni štrajkati«, in: *Glas Istre* (19. Oktober 1992), S. 8;
R. Radosević, »Štrajk zbog neimaštine«, in: *Glas Istre* (20. Oktober
1992), S. 3.

153 T. U. I., »Plaće prekinule štrajk«, in: *Glas Istre* (22. Oktober 1992),
S. 2.

154 R. R., »Štrajk brodograditelja zbog malih plaća«, in: *Glas Istre*
(15. April 1994), S. 1, 16; R. R., »Prekinut dvodnevni štrajk«, in:
Glas Istre (16. April 1994), S. 15.

155 Vgl. J. O., »Jučer je završeno prijavljivanje učenika za upis u prvi
razred srednje škole. Brodogradnja ne pobuđuje interes«, in: *Glas
Istre* (8. Juli 1993), S. 8.

156 Želimir Sladovljev, »Restrukturiranje hrvatske brodogradnje«, in:
Brodogradnja 42/4 (1994), S. 290.

157 Ante Baučić, »Početak restrukturiranja brodogradilišta zakonom o
sanaciji«, in: *Brodogradnja* 43/3 (1995), S. 201f.

158 Manuela Tašler, »Brodogradilišta idu na remont«, in: *Večernji list*
(22. Juni 1995).

159 Snježana Vujisić, »Odsukavanje ›škverova‹ financijskom polugom«,
in: *Večernji list* (25. Oktober 1995).

160 R. Radošević, »Uzdah olakšanja, vjera u oživljavanje brodogradnje,
ali i poveća doza skepse«, in: *Novi list* (28. Oktober 1995).

161 Milan Čuval, »Projekt – rekonstrukcija sustava hrvatske brodogradnje«, in: *Brodogradnja* 43/1 (1995), S. 13-14.

162 R. Radošević, »Stranci hoće hrvatska brodogradilišta, ali s čistim
računima«, in: *Novi list* (14. März 1996).

163 Milan Čuvalo, »Program restrukturiranja hrvatske brodograđevne
industrije«, in: *Brodogradnja* 43/3 (1995), S. 204-214.

164 Tašler, »Brodogradilišta idu na remont«, a. a. O.; R. Radošević, »Vi-
šak 1565 ›Uljankovaca‹ – 500 otkaza«, in: *Novi List* (11. April 1996).

165 Markulinčić/Debeljuh (Hg.), *Uljanik 1856-2006*, a. a. O., S. 154.

166 Republika Hrvatska, Državni ured za reviziju, »Izvješće o ob-
javljenoj reviziji pretvorbe i privatizacije. Uljanik, Pula«, Zagreb
(Juli 2004), in: Archiv des HFP, ohne Signatur, S. 24.

167 N. N., »Ugovor o financiranju tri gradnje«, in: *Brodogradnja* 48/
2 (2000), S. 112.

168 Nevenka Horvat, »Brodogradnji ipak proračunska dotacija?«, in: *Novi list* (27. Dezember 1998).

169 Nevenka Horvat, »Brodogradnja i dalje u egzistencijalnoj neizvjesnosti«, in: *Novi list* (29. Mai 1999); N. N., »Sanacija i restrukturiranje hrvatskih brodogradilišta« (Interview mit Milan Čuvalo), in: *Brodogradnja* 47/2 (1999), S. 112.

170 Lj. B. M., »Odobrena pomoć brodogradnji«, in: *Novi list* (9. November 1999).

171 Nevenka Horvat, »Brodogradnji ipak proračunska dotacija?«, in: *Novi list* (27. Dezember 1998).

172 Ines Kersan-Škabić, »Brodogradnja u Europskoj Uniji i Hrvatskoj – realnost i izazovi«, in: *Ekonomska misao i praksa* 2 (2009), S. 373-396, S. 387; Ana Perić Hadžić/Tea Karačić, »Restrukturiranje hrvatske brodogradnje u kontekstu pristupanja Europskoj Uniji«, in: *Pomorski zbornik* 47/48 (2013), S. 121-132, S. 123.

173 Victoria Culkin, »Appendix 2. Shipbuilding in 2013. An analysis of shipbuilding statistics«, in: Varela/Murphy/van der Linden (Hg.), *Shipbuilding and Ship Repair Workers,* a. a. O., S. 675-682, S. 676-677.

174 Hugh Murphy, »China, Philippines, Singapore, Taiwan, and Vietnam«, in: Varela/Murphy/van der Linden (Hg.), *Shipbuilding and Ship Repair Workers,* a. a. O., S. 637-656, S. 640.

175 Ecorys, *Study on Competitiveness,* a. a. O., S. 32.

176 Culkin, »Appendix 2. Shipbuilding in 2013«, a. a. O., S. 680.

177 J. Marić, »Vlada obećala za devet mjeseci prodati Uljanik«, in: *Glas Istre* (28. September 2005).

178 Markulinčić/Debeljuh (Hg.), *Uljanik 1856-2006,* a. a. O., S. 177-180.

179 Agneza Urošević, »Radolović, Program privatizacije je napravljen i spremni smo za EU«, in: *Poslovni tjednik* (2. Januar 2006).

180 Dies., »Do danas Uljanik isporučio 250 brodova«, a. a. O.

181 N. N., »Koniec z liberalną polityką w gospodarce morskiej. Z Witoldem Wacławikiem-Narbuttem rozmawia Przemysław Kuciewicz«, in: *Głos Wybrzeża* (28. Mai 2002).

182 N. N., »Strajk w stoczni Gdynia dowodzi, że PRL żyje«, in: *Wprost* (3. März 2002).

183 Vgl. N. N., »Programowa nacjonalizacja«, in: *Puls biznesu* (2. Februar 2004), S. 8.

184 Europäische Kommission, »Commission decision of 6 November 2008 on state aid C 17/05«, a. a. O., item 63-65, S. 6.

185 Ebd., item 272/273, S. 7.

186 Vgl. Paul Stott, »Surviving EU accession. The seven habits of highly effective shipbuilders«, XVIII Symposium SORTA (2008), online verfügbar unter: {https://pdfs.semanticscholar.org/7296/13ec581e7ae5dbf6b1849a9ab200ebbe8685.pdf}.

187 Kersan-Škabić, »Brodogradnja u Europskoj Uniji i Hrvatskoj«, a. a. O., S. 376.

188 OECD, Working Party on Shipbuilding, *Imbalances in the Shipbuilding Industry and Assessment of Policy Responses*, Paris: OECD 2017, online verfügbar unter: {https://www.oecd.org/industry/ind/Imbalances_Shipbuilding_Industry.pdf}, S. 52-55.

189 Ralf Ahrens, »The importance of being European: Airbus and West German industrial policy from the 1960s to the 1980s«, in: *Journal of Modern European History* 18/1 (2020), S. 63-78.

190 Rat der Europäischen Union, »Council regulation (EC) No 1177/2002 of 27 June 2002 concerning a temporary defensive mechanism to shipbuilding«, online verfügbar unter: {https://eur-lex.europa.eu/legal-content/EN/TXT/?uri=CELEX%3A32002R1177}.

191 OECD, »Ship finance practices in major shipbuilding economies«, in: *OECD Science, Technology and Industry Policy Papers* 75 (2019), online verfügbar unter: {https://www.oecd-ilibrary.org/science-and-technology/ship-finance-practices-in-major-shipbuilding-economies_e0448fd0-en}, S. 44.

192 Europäische Kommission, »Communication from the Commission to the Council, the European Parliament, the European Economic and Social Committee and the Committee of the Regions – LeaderSHIP 2015«, a. a. O.

193 Vgl. Warlouzet, »The collapse of the French shipyard of Dunkirk«, a. a. O.

194 Ebd.

195 »State aid – Poland – State aid No C 17/2005 (ex PL 34/2004 and N 194/2005) and C 18/2005 (ex N 438/04) – Restructuring aid to Gdynia Shipyard; restructuring aid to Gdansk Shipyard«, in: *Official Journal of the European Union*, C220 (8. September 2005), S. 8.

196 Europäische Kommission, »Commission decision of 6 November 2008 on state aid C 17/05«, a. a. O., item 232, S. 26; hinzu kamen

Verbindlichkeiten gegenüber staatlichen Institutionen in Höhe von mehr als 423 Millionen Złoty.

197 Europäische Kommission, »Commission decision of 6 November 2008 on State aid C 17/05«, a. a. O., item 299, S. 39.

198 Ebd., items 383-384, S. 50.

199 Krzysztof Katka, »Odprawa dla Stoczni Gdynia«, in: *Gazeta Wyborcza* (30. November 2008), online verfügbar unter: {https://wyborcza.pl/1,75 248,6008 501,Odprawa_dla_Stoczni_Gdynia.html}.

200 Karolina Slowikowska/Patrick Graham, »Windmills breathe life into failing Gdansk shipyards«, Reuters (6. Juli 2012), online verfügbar unter: {https://www.reuters.com/article/us-poland-shipyard-idUSBRE8650CH20120706}.

201 OECD, *Imbalances in the Shipbuilding Industry*, a. a. O., S. 60.

202 Jens Hölscher/Nicole Nulsch/Johannes Stephan, »Ten years after accession. State aid in Eastern Europe«, in: *European State Aid Law Quarterly* 13/2 (2014), S. 314.

203 Kersan-Škabić, »Brodogradnja u Europskoj Uniji i Hrvatskoj«, a. a. O., S. 385; Željka Tutić, *The EU State Aid Rules. The Case of Croatia*, Budapest: Central European University, Department of Public Policy 2011, S. 24.

204 Bajo/Primorac, »Jesu li brodogradilišta«, a. a. O.; Hadžić/Karačić, »Restrukturiranje hrvatske brodogradnje«, a. a. O., S. 126.

205 Bajo/Primorac, »Jesu li brodogradilišta«, a. a. O., S. 2.

206 Hadžić/Karačić, »Restrukturiranje hrvatske brodogradnje«, a. a. O., S. 128 (Tabelle 2); Bajo/Primorac/Hanich, »The Financial Performance, Restructuring and Privatisation of the Shipyards«, a. a. O., S. 9.

207 Siehe u. a.: S. Varošanec et al., »Sindikati u panici jer Sanader nije isključio gašenje škverova«, in: *Poslovni dnevnik* (29. August 2008).

208 Bajo/Primorac/Hanich, »The financial performance, restructuring and privatisation of the shipyards«, a. a. O., S. 10.

209 N. N., »Vlada: Za brodogradilište Uljanik ishoditi rješenje da nije tvrtka u poteškoćama«, in: *Vijesti* (29. Juli 2010); N. N., »Kosor: Uljanik će pomoći zatvaranju poglavlja 8«, in: *Poslovni dnevnik* (3. Januar 2011); zur finanziellen Lage vgl. Bajo/Primorac, »Jesu li brodogradilišta«, a. a. O., S. 4.

210 Robert Frank/Milan Pavlović, »Mora se proglasiti stečaj« (Interview with Karlo Radolović), in: *Glas Istre* (10. März 2019), S. 3-7, S. 7.

211 N. N., »Sindikalisti protiv privatizacije Uljanika«, in: *Poslovni dnevnik* (11. März 2008); Marija Brnić, »Bez ponuda za Staklenike i Uljanik«, in: *Poslovnik dnevnik* (16. Mai 2011); Bajo/Primorac, »Jesu li brodogradilišta«, a. a. O., S. 8.

212 Radimir Čačić, »Uspješno smo završili privatizaciju brodogradilišta Uljanik«, in: *tvportal* (26. Juli 2012), online verfügbar unter: {https://www.tportal.hr/vijesti/clanak/uspjesno-smo-zavrsili-privatizaciju-brodogradilista-uljanik-20120726}.

213 Europäische Kommission, »State aid. Commission approves changes to restructuring plan of Croatian shipyard 3. Maj«, in: *European Union* (19. Juni 2013), online verfügbar unter: {http://europa.eu/rapid/press-release_IP-13-565_en.htm}.

214 Jochen Tholen, »Traditional and new fields for shipyards' activities. Some selected ideas«, Vortrag auf dem Workshop »Firms in Late and Post-Socialism«, Universität Pula (27. September 2017). Zur aktuellen Situation: N. N., »Container shipping. Perfect storm«, in: *Economist* (18. September 2021), S. 61.

215 Siehe die Referenzliste, Uljanik: »Reference zadnjih 10 godina«, online verfügbar unter: {https://uljanik.hr/hr/o-nama/reference-zadnjih-10-godina}.

216 Jozo Vrdoljak, »Brodogradnja 2.0«, in: *Nacional* (3. Februar 2017), S. 45-51.

217 OECD, *Shipbuilding market developments Q2 2018*, a. a. O., S. 7.

218 Uljaniks Finanzberichte sind auf Englisch auf der Webseite des Unternehmens zugänglich: Uljanik, »Financial reports«, online verfügbar unter: {https://uljanik.hr/en/other-information/financial-reports}.

219 Bajo/Primorac/Hanich, »The financial performance, restructuring and privatisation of the shipyards«, a. a. O.; S. 13.

220 Marina Šunjerga, »Konzultantima plaćali 200000 € mjesečno«, in: *Večernji list* (24. August 2018), S. 4.

221 Europäische Kommission, »State aid. Commission clears rescue aid for Croatian shipbuilder Uljanik«, in: *European Union* (22. Januar 2018), online verfügbar unter: {http://europa.eu/rapid/press-release_IP-18-391_en.htm}.

222 Joseph A. Schumpeter, *Kapitalismus, Sozialismus und Demokratie*, Stuttgart/Tübingen: Narr Francke Attempto Verlag/UTB 2020[10], S. 105 f.

223 Crist, »About us«, online verfügbar unter: {http://crist.com.pl/about-us,2,en.html}.

224 FinFerries, »Elektra receives another international award«, online verfügbar unter: {https://www.finferries.fi/en/news/elektra-recei ves-another-international-award.html}.

225 Wikipedia, »Neptun Werft«, online verfügbar unter: {https://de.wikipedia.org/wiki/Neptun_Werft}.

226 Neptun Werft, »Experience and expertise«, online verfügbar unter: {https://www.neptunwerft.de/en/company/index.jsp}.

3. Ein sicherer Hafen?
Die Rolle des Staates in der Transformation

1 Ther, *Die neue Ordnung auf dem alten Kontinent*, a. a. O.

2 Elizabeth Dunn, *Privatizing Poland. Baby Food, Big Business, and the Remaking of Labor*, Ithaca: Cornell University Press 2004.

3 Jane Hardy, *Poland's New Capitalism*, London: Pluto Press 2009.

4 Ost, *The Defeat of Solidarity*, a. a. O.

5 Michael Schumann et al., *Rationalisierung, Krise, Arbeiter. Eine empirische Untersuchung der Industrialisierung auf der Werft*, Frankfurt am Main: Europäische Verlagsanstalt 1982.

6 Stråth, *The Politics of De-Industrialisation*, a. a. O., S. 11.

7 Online verfügbar unter: {https://www.atlasofeuropeanvalues.eu/maptool.html}. Die aktuellsten Daten stammen aus dem Jahr 2017.

8 John W. Creswell, *Qualitative Inquiry and Research Design. Choosing among Five Approaches*, London: SAGE 2017.

9 Appel/Orenstein, *From Triumph to Crisis*, a. a. O., S. 65.

10 Stanisław Kania, »Przemówienie tow. Stanisława Kani a zakończenia obrad III Plenum«, in: *Nowe Drogi* 81/10 (1981), S. 28-33.

11 »Stan i perspektywy wdrażania reformy gospodarczej w Stoczni«, in: APG 130/464/28, S. 3.

12 Ebd., S. 2.

13 Stråth, *The Politics of De-Industrialisation*, a. a. O.

14 »Uchwała Nr 42/84 Rady Ministrów z dnia 19 marca 1984 r. w sprawie udzielenia pomocy finansowej stoczniom produkcyjnym dla poprawy ich gospodarki oraz zapewnienia realizacji zadań gospodarczych w latach 1984-1985«, in: AAN 1757/2-136.

15 Kornai, »The soft budget constraint«, a. a. O., S. 6.

16 Ders., *Das sozialistische System. Die politische Ökonomie des Kommunismus*, Baden-Baden: Nomos 1995, S. 152.

17 »Regulamin działania rad nadzorczych« (14. Mai 1984), in: AAN 1757/2-136, S. 2.

18 Branko Horvat, *The Yugoslav Economic System. The First Labor-Managed Economy in the Making*, White Plains: International Arts and Sciences Press 1976, S. 234.

19 »Zakon o načinu podmirenja obveza Republike u 1979. i 1980. godini preuzetih platformom za rješenje problema brodogradnje i brodarstva« in der Fassung vom 29. April 1978, in: *Narodne Novine* 17/142 (1978).

20 »Informacija u vezi realizacije obveza općina preuzetih Platformom za rješenje problema brodogradnje i brodarstva u 1982. godini«, in: HDA, f. 280, op. 250, S. 2.

21 »Bilješka o vodjenim razgovorima članova delegacije Sabora SRH« (25. Mai 1979), in: HDA, f. 280, op. 174, S. 7.

22 Vladimir Gligorov, »The social and economic basis of socialist self-management in Yugoslavia«, in: Radmila Stojanović (Hg.), *The Functioning of the Yugoslav Economy*, Armonk: Sharpe 1982, S. 17.

23 Laura D'A. Tyson, »Liquidity crises in the Yugoslav economy. An alternative to bankruptcy?«, in: *Soviet Studies* 29/2 (1977), S. 285-295, S. 289.

24 Avner Ben-Ner/Egon Neuberger, »The feasibility of planned market systems. The Yugoslav Visible Hand and negotiated planning«, in: *Journal of Comparative Economics* 14 (1990), S. 768-790.

25 »Zakon o sanaciji i prestanku organizacija udruženog rada«, in: *Sl. list SFRJ* (1980), S. 41; vgl. Ulrike Schult, *Zwischen Stechuhr und Selbstverwaltung. Eine Mikrogeschichte sozialer Konflikte in der jugoslawischen Fahrzeugindustrie 1965-1985*, Münster: LIT 2017.

26 »Croatian Shipbuilding Today: Interview with Mr. Karlo Radolović«, in: *Brodogradnja* 40/3-4 (1992), S. 104-105, S. 104.

27 Robin Antolović, »Brodogradnja dobila šansu da ponovno bude strateška grana hrvatskog gospodarstva«, in: *Glas Istre* (4. November 2000), Beilage Tresor, S. 2.

28 »Wystąpienie pokontrolne« (10. Juli 1985), in: ANIK, PCM-41008-9-86, S. 3.

29 Jadwiga Bogdanowicz, »Stocznia Gdynia. Jest 80 mln zł.«, in: *Głos Wybrzeża* (18. Mai 2004).

30 Jacek Klein, »Stocznia nie płaci rachunków: Energa zmiejsza dostawy«, in: *Dziennik Bałtycki* (5. August 2004), S. 11.

31 Vgl. Bob Jessop, »Spatial fixes, temporal fixes, and spatio-temporal fixes«, in: Noel Castree/Derek Gregory (Hg.), *David Harvey. A Critical Reader*, Oxford: Blackwell 2006, S. 142-166.

32 Tomasz Żukowski, »Fabryki-urzędy. Rozważania o ładzie społeczno-gospodarczym w polskich zakładach przemysłowych w latach realnego socjalizmu«, in: Witold Morawski (Hg.), *Zmierzch socjalizmu państwowego. Szkice z socjologii ekonomicznej*, Warschau: Wydawnictwo Naukowe PWN 1994.

33 N. N., »Život i riječ«, in: *Brodograditelj* (11. März 1976), S. 1.

34 N. N., »Referendum o integraciji vodećih jadranskih brodogradilišta«, in: *Brodogradnja* 18/5 (1967), S. 242.

35 John L. Campbell/Leon N. Lindberg, »Property rights and the organization of economic activity by the state«, in: *American Sociological Review* 55 (1990), S. 634-647, S. 637.

36 Ebd.; Darko Kojić, »Novi, Jugoslavenski Jadranbrod: Potpisan samoupravni sporazum kojim se objedinjuje cjelokupna jugoslavenska pomorska i riječna brodogradnja«, in: *Brodograditelj* (27. März 1975), S. 17.

37 N. N., »Prilog raspravi o daljnjem razvoju integracije brodograđevine industrije: Jadranbrod na amandmanskim osnovama«, in: *Brodograditelj* (7. Dezember 1972), S. 4.

38 Sanja Puljar D'Alessio, *Mi gradimo brod, a brod gradi nas. Etnografija organizacije brodogradilišta 3. Maj*, Zagreb: Institut za etnologiju i folkloristiku 2018.

39 Miodrag Sajatvić, »Prenosimo. Karlo Radolović«, in: *Brodogradnja* 34/3 (1986), S. 178-180, S. 180.

40 Ebd.

41 Ulrike Schulz/Thomas Welskopp, »Wieviel kapitalistisches Unternehmen steckte in den Betrieben des real existierenden Sozialismus. Konzeptionelle Überlegungen und ein Fallbeispiel«, in: *Jahrbuch für Wirtschaftsgeschichte* 58/2 (2017), S. 331-366.

42 Janusz Wikowski, »Wspólnie czy w pojedynkę?«, in: *Głos Stoczniowca* (4. September 1981), S. 10.

43 N. N., »Plany są realne«, in: *Głos Stoczniowca* (4. Januar 1987), S. 4.

44 Grala, *Reformy gospodarcze w PRL*, a. a. O., S. 151.

45 N. N., »Plany są realne«, a. a. O.

46 N. N., »Razem czy osobno«, in: *Głos Stoczniowca* (17. Juli 1988), S. 5.

47 Janusz Wikowski, »Nic o nas – bez nas«, in: *Głos Stoczniowca* (18. Februar 1990), S. 7.

48 Jerzy Doerffer, *Życie i Pasje. Wspomnienia. Band 4*, Gdańsk: Fundacja Promocji Przemysłu Okrętowego i Gospodarki Morskiej 2008, S. 211.

49 »Pakt o przedsiębiorstwie państwowym w trakcie przekształcania«, online verfügbar unter: {http://www.dialog.gov.pl/dialog-krajowy/porozumienia-spoleczne-w-polsce}.

50 »Strategija upravljanja i raspolaganja imovinom u vlasništvu Republik Hrvatske za razdoblje od 2013. do 2017«, in der Fassung vom 18. Juli 2013, in: *Narodne Novine* 94/2121 (2013).

51 »Uredba o načinu zaštite interesa Republike Hrvatske u postupku pretvorbe društvenog vlasništva u druge oblike vlasništva« in der Fassung vom 24. Oktober 1990, in: *Narodne Novine* 43/811 (1990).

52 Miroslav Gregurek, »Stupanj i učinci privatizacije u Hrvatskoj«, in: *Ekonomski Pregled* 52/1-2 (2001), S. 115-188.

53 D. Kojić, »Brodogradnja – izvozni adut«, in: *Glas Istre* (19. März 1992), S. 2.

54 Vgl. die Leitlinien der OECD, *Guidelines on Corporate Governance of State-Owned Enterprises*, Paris: OECD 2005, online verfügbar unter: {https://www.oecd.org/corporate/guidelines-corporate-governance-soes.htm}.

55 »Zakon o upravljanju državnom imovinom« (17. Dezember 2010), in: *Narodne Novine* 145/3669 (2010).

56 Anna Grzymala-Busse/Pauline Jones Luong, »Reconceptualizing the state. Lessons from post-communism«, in: *Politics & Society* 30/4 (2002), S. 529-554; Valerie Bunce, *Subversive Institutions. The Design and the Destruction of Socialism and the State*, Cambridge: Cambridge University Press 1999.

57 Aleksandra Sznajder Lee, *Transnational Capitalism in East Central Europe's Heavy Industry. From Flagship Enterprises to Subsidiaries*, Ann Arbor: University of Michigan Press 2016.

58 Grzegorz Ekiert, »The state after state socialism. Poland in comparative perspective«, in: Paul V. Thazha/Gilford J. Ikenberry/John A. Hall (Hg.), *The Nation-State in Question*, Princeton: Princeton University Press 2003, S. 291-320, S. 291.

59 Der Begriff der »Selbstbegrenzung« wurde gewählt in Anlehnung

an Staniszkis Analyse der selbstbegrenzten Revolution der Solidarność, vgl. Jadwiga Staniszkis, *Poland's Self-Limiting Revolution*,
Princeton: Princeton University Press 1984.

60 Polnisch: *Ministerstwo Przekształceń Własnościowych*.

61 Andrzej Kensbok, »Państwowe koło zamachowe«, in: *Rzeczy
wspólne* 21/3 (2015), S. 176.

62 Charles F. Sabel/David Stark, »Planning, politics, and shop-floor
power. Hidden forms of bargaining in Soviet-imposed state-socialist societies«, in: *Politics & Society* 11/4 (1982), S. 439-475; Piotr
Kozarzewski, *Polityka właścicielska państwa w okresie transformacji systemowej. Próba syntezy*, Lublin: Wydawnictwo Uniwersytetu Marii Curie-Skłodowskiej 2019.

63 »Ustawa o zasadach wykonywania uprawnień przysługujących
Skarbowi Państwa« (8. August 1996), in: *Dziennik Ustaw* 106/493
(1996).

64 Das Programm »Narodowy Program Nadzoru Właścicielskiego –
Nowy ład korporacyjny w spółkach Skarbu Państwa« floss in den
Entwurf für das Gesetz »Ustawa o zasadach wykonywania nie-
których uprawnień Skarbu Państwa« ein, online verfügbar unter:
{http://orka.sejm.gov.pl/Biuletyn.nsf/wgskrnr6/SUP-150}.

65 N. N., »PiS domaga się pomocy od Unii. Chce pieniędzy na stocz-
nie«, in: portalmorski.pl (17. Oktober 2014), online verfügbar unter: {https://www.portalmorski.pl/m-stocznie-statki/27199-pis-
domaga-sie-pomocy-od-unii-chce-pieniedzy-na-stocznie}.

66 Marcin Szczepański, *Konflikt przemysłowy w Polskich Kolejach
Państwowych w latach 1989-2005. Podłoże, przebieg, znaczenie
polityczne*, 2014, online verfügbar unter: {https://www.polint.org/
de/publikationen/konflikt-przemyslowy-w-polskich-kolejach-pan
stwowych-w#r6730}.

67 Ost, *The Defeat of Solidarity*, a. a. O.

68 Teréz Laky, »Enterprises in bargaining position«, in: Acta Oeconomica 22/3-4 (1979), S. 227-246.

69 Maciej Bałtowski, *Gospodarka socjalistyczna w Polsce. Geneza –
rozwój – upadek*, Warschau: PWN 2009.

70 Wiesław Otto, »Gra o wpływy. Gry i zabawy polskich przedsiębiorstw«, in: *Przegląd Organizacji* 10 (1986), S. 17-20, S. 19.

71 Katherine Verdery, *What Was Socialism, and What Comes Next?*,
Princeton: Princeton University Press 1996; Jan Adam, *Why Did
the Socialist System Collapse in Central and Eastern European*

Countries? The Case of Poland, the Former Czechoslovakia and Hungary, Basingstoke, Hampshire: MacMillan 1996; David Lane, The Socialist Industrial State. Towards a Political Sociology of State Socialism, London: Allen & Unwin 1976; János Kornai, Economics of Shortage, Amsterdam: North Holland 1980; ders., »Resource-constrained versus demand-constrained systems«, in: Econometrica 47/4 (1979), S. 801-819.

72 Sabel/Stark, »Planning, politics, and shop-floor power«, a.a.O., S. 449.

73 Ebd.

74 Jerzy Bieliński/Zdzisław Sadowski, Ekonomika i organizacja przemysłu okrętowego, Gdańsk: Uniwersytet Gdański 1985.

75 Zum Vergleich: Die Seehäfen und die Schifffahrt beschäftigten gemeinsam rund 22000 Menschen, die Fischereiwirtschaft 33000.

76 N.N., »Eksport przedsiębiorstw przemysłu okrętowego«, in: Głos Stoczniowca (24. Januar 1988), S. 6.

77 Sajatović, »Prenosimo« (Interview mit Karlo Radolović), a.a.O.

78 N.N., »Uljanik deseti izvoznik«, in: Glas Istre (12. März 1985), S. 3.

79 Maciej Tymiński, »Managers in the command economy. Case studies from Poland, 1956-1970«, in: Business History 113/3 (2019), S. 1-27, S. 10.

80 Vgl. Kornai, »The soft budget constraint«, a.a.O., S. 10.

81 Schierup, Migration, Socialism and the International Division of Labour, a.a.O., S. 150-151.

82 Jože Prinčič, »Direktorska funkcija v jugoslovanskem socialističnem gospodarskem sistemu«, in: Jurij Fikfak/Jože Prinčič/Jeffrey D. Turk (Hg.), Biti direktor v času socializma. Med idejami in praksami, Ljubljana: Založba ZRC SAZU 2008, S. 88.

83 Jurij Fikfak/Jože Prinčič/Jeffrey D. Turk, »To be a director in time of socialism. Between ideas and practice«, in: Fikfak/Prinčič/Turk, Biti direktor v času socializma, a.a.O., S. 57-102, S. 270.

84 Maciej Borowski, »Lobby na pochylni«, in: Wybrzeże (8. April 1984), S. 6-7.

85 Ryšlavy, »Hrvatska brodogradnja danas: Razgovor s Karlom Radolovićem predsjednikom Uljanika«, a.a.O., S. 105.

86 Vgl. David Stark, »Recombinant property in East European capitalism«, in: American Journal of Sociology 101/4 (1996), S. 993-1027.

87 Milan Čuvalo, »Hrvatska brodogradnja – stanje i perspektive«, in: Brodogradnja 41/4 (1993), S. 231-234, S. 234.

88. Ryšlavy, »Hrvatska brodogradnja danas: Razgovor s Karlom Radolovićem«, a. a. O.

89 Jagoda Vukušić, »Privatizacija: Ključ gospodarskog razvoja«, in: *Glas Istre* (24. Januar 1992), S. 6.

90 Ratko Radošević, »Metlom po brodograđevnom čvoru«, in: *Glas Istre* (28. Februar 1994), S. 8.

91 Ulf Brunnbauer, »Globalisierung als Chance. Die vielen Leben der Schiffswerft Uljanik in Pula«, in: *Südost-Forschungen* 75/1 (2016), S. 95-117.

92 Ratko Radošević, »Država štiti nezasitni profit a ne radnike«, in: *Glas Istre* (24. November 1995), S. 20.

93 Pieter Vanhuysse, *Divide and Pacify. Strategic Social Policies and Political Protests in Post-Communist Democracies*, Budapest/New York: Central European University Press 2006, S. 3.

94 Čuvalo, »Hrvatska brodogradnja – stanje i perspektive«, a. a. O.

95 D. Grakalić, »SPD i HDZ složni: Samo državna potpora može spasiti hrvatska brodogradilišta«, in: *Glas Istre* (11. Juni 2018), S. 5.

96 Martina Dalić, »Budućnost brodogradnje u Hrvatskoj«, Vortrag bei der Konferenz »Die Zukunft des Schiffbaus in Kroatien«, Zagreb (27. März 2018).

97 Hina Miletić, »Odluka Vlade o Uljaniku ispravna i pravo vremena«, in: *Glas Istre* (22. Januar 2018), S. 5.

98 N. N., »Predstavnici radnika i sindikata Uljanika krenuli u Zagreb na sastanak s predsjednicom Grabar-Kitarović«, in: *Glas Istre* (27. März 2019), online verfügbar unter: {https://www.glasistre.hr/pula/predstavnici-radnika-i-sindikata-uljanika-krenuli-u-zagreb-na-sastanak-s-predsjednicom-grabar-kitarovic-584305}.

99 Zitiert nach einer früheren Projektpublikation von Andrew Hodges, »Psychic landscapes, worker organizing and blame: Uljanik and the 2018 Croatian shipbuilding crisis«, in: *Südosteuropa* 67/1 (2019), S. 50-74, S. 69.

100 Stellvertretend für die Modernisierung stand das Projekt »Apollo«, ein Errichterschiff für ein niederländisches Offshore-Unternehmen. Milan Pavlović, »Impresivna platforma ›Apollo‹ vrijedna 100 milijuna dolara isporučena naručitelju«, in: *Glas Istre* (10. August 2018), S. 4.

101 Milan Pavlović, »Vlada mora reći: Uljanik opstaje ili Uljanik ne opstaje«, in: *Glas Istre* (23. August 2018), S. 3.

102 Ders., »Kermas Energija Danka Končara: S budućim naručiteljima već imamo dogovor za izgradnju brodova u vrijednosti od milijardu dolara«, in: *Glas Istre* (20. Juni 2018), S. 3.

103 Ders., »Gianni Rossanda: Predsjednik uprave Uljanika. Brodogradnja nije upitna, ostaje, ali se Uljanik ipak mora mijenjati«, in: *Glas Istre* (9. Februar 2018), S. 5.

104 Hodges, »Psychic landscapes«, a. a. O.; Debra Javeline, *Protest and the Politics of Blame*, Ann Arbor, MI: University of Michigan Press 2003.

4. Zusammengeschweißt:
Gemeinschaftsbildung in der Werft

1 Jan Gumiński war Funktionär des Gesamtpolnischen Gewerkschaftsverbands (Ogólnopolskie Porozumienie Związków Zawodowych, OPZZ), der 1984 nach dem Verbot der Solidarność vom Staat gegründet wurde. Seit 1989 ist der OPZZ die zweitgrößte polnische Gewerkschaft, die in politischer Hinsicht dem linken (1990 eher als »postkommunistisch« bezeichneten) Flügel des Parteienspektrums nahesteht.

2 Vgl. zu den Herangehensweisen der Oral History u. a. Lutz Niethammer, »Fragen – Antworten – Fragen. Methodische Erfahrungen und Erwägungen zur Oral History«, in Julia Obertreis (Hg.), *Oral History. Basistexte*, Stuttgart: Steiner 2012, S. 31-72; Thompson/Bornat, *The Voice of the Past*, a. a. O.; Fritz Schütze, »Biographieforschung und narratives Interview«, in: *Neue Praxis* 13/3 (1983), S. 283-293.

3 Andrea Muehlebach, »The body of solidarity: Heritage, memory, and materiality in post-industrial Italy«, in: *Comparative Studies in Society and History* 59/1 (2017), S. 96-126, S. 118.

4 Vgl. zu dieser Thematik in einer sozialistischen Werft Graber Majchrzak, *Arbeit – Produktion – Protest*, a. a. O., S. 176-195.

5 Vgl. Dunn, *Privatizing Poland*, a. a. O., S. 16f.

6 Mira Čakić, »Evropsko radno vrijeme – za ženu samo gore«, in: *Uljanik* (27. April 1990), S. 18.

7 Dunn, *Privatizing Poland*, a. a. O., S. 171.

8 Oskar Negt/Alexander Kluge, *Geschichte und Eigensinn*, Frankfurt am Main: Zweitausendeins 1981, Bd. 3, S. 1154.

9 Michael Burawoy, »The roots of domination. Beyond Bourdieu and Gramsci«, in: *Sociology* 46/2 (2012), S. 187-206.

10 Als generisches Beispiel kann die betriebliche Kulturarbeit in der DDR dienen, die umfassend erforscht ist, siehe z. B. Annette Schuhmann: *Kulturarbeit im sozialistischen Betrieb. Gewerkschaftliche Erziehungspraxis in der SBZ/DDR 1946 bis 1970.* Köln et al.: Böhlau 2006.

11 Vgl. Teodora Fonović Cvijanović/Vanessa Vitković Marčeta, »The language of the Socialist man. The case of Istrian periodicals«, in: *Südost-Forschungen* 76 (2017), S. 43-63.

12 Der Verband der Sozialistischen Jugend (Związek Młodzieży Socjalistycznej, ZMS) war die zentrale Massenorganisation der Jugend, die der Polnischen Vereinigten Arbeiterpartei (Polska Zjednoczona Partia Robotnicza, PZPR) unterstellt war und von 1957 bis 1975 existierte; seine Mitgliederzahl wuchs stetig und erreichte 1973 1,3 Millionen. Danach wurde er mit anderen Jugendorganisationen zusammengeschlossen und in Bund der sozialistischen Jugend Polens (Związek Socjalistycznej Młodzieży Polskiej, ZMSP) umbenannt.

13 Inowrocław ist eine kleine Stadt ca. 230 Kilometer südlich von Gdynia.

14 Kornai, *Economics of Shortage*, a. a. O. Eine aufschlussreiche soziohistorische Studie, die dieses Konzept für den polnischen Kontext operationalisiert, bietet Małgorzata Mazurek, *Społeczeństwo kolejki. O doświadczeniach niedoboru 1945-1989*, Warschau: Trio 2010.

15 Geprägt wurde der Begriff des »sozialen Vakuums« 1979 von dem prominenten polnischen Soziologen Stefan Nowak in seinem berühmten Artikel »System wartości społeczeństwa polskiego«, in: *Studia Socjologiczne* 4 (1979), S. 155-173. Eine kritische Analyse von Nutzen und Missbrauch dieses Konzepts bei der Beschreibung der polnischen Gesellschaft über die nächsten Dekaden bietet: Mikołaj Pawlak, »From sociological vacuum to horror vacui. How Stefan Nowak's thesis is used in analyses of Polish society«, in: *Polish Sociological Review* 189/1 (2015), S. 5-27.

16 Diese Äußerung fiel bei unseren Feldforschungen im Zuge teilnehmender Beobachtungen. Es gibt daher keine Initialen wie bei den Oral-History-Interviews.

17 Vgl. Christopher M. Hann, *Property Relations. Renewing the An-*

thropological Tradition, Cambridge: Cambridge University Press 1998.

18 Siehe Katharyne Mitchell, »Work authority in industry. The happy demise of the ideal type«, in: *Comparative Studies in Society and History* 34 (1992), S. 679-694; Sabel/Stark, »Planning, politics, and shop-floor power«, a. a. O.

19 Brief an das SIV, Generalni sekretar, broj 03-291–1979 (9. Januar 1979), in: HDA, f. 280 (IVS) kut. 161, br. 7.

20 N. N., »Izdvajane iz brutto osobnog dohotka«, in: *Mali informator* (8. April 1976), S. 2.

21 Siehe z. B. N. N., »Upravljanje sredstvima samodoprinosa«, in: *Mali informator* (14. Mai 1979).

22 N. N., »Plan zajedničke potrošnje«, in: *Mali informator* (20. Februar 1989).

23 Marija Rosanda, rukovodiac PR Kadrova, »Stambena Problematika BI Uljanika« (undatiert, 1986), in: Betriebsarchiv Uljanik, Tvornički odbor sindikata, Pošta, ohne Signatur, S. 1.

24 »Popis stanara SP ›Uljanik‹«, Pula (31. März 1992), in: Archiv des HFP, ohne Signatur.

25 N. N., »Uljanik ne traži dominaciju u gradu a svoja prava«, in: *Mali informator* (27. März 1989), S. 3.

26 Karl Polanyi, »Sozialistische Rechnungslegung«, in: *Archiv für Sozialwissenschaft und Sozialpolitik* 2 (1922), S. 377-420, S. 378.

27 »Rocznik Statystyczny 1981« (24. April 1982), in: APG, 130/2365.

28 In den achtziger Jahren begann man, Preise für diese Produkte zu verlangen, um die Kosten auszugleichen, doch waren diese weiterhin sehr niedrig und wurden bei bedürftigen Personen von der Abteilung für soziale Wohlfahrt komplett übernommen.

29 N. N., »Przedsiębiorstwo hotelowo-turystyczne S. A.«, in: *Cała Naprzód* 7-8 (1993), S. 5.

30 Szymon Szadurski, »Odprawienie z kwitkiem«, in: *Dziennik Bałtycki* (26. August 2003), S. 5.

31 Ders., »Przychodnia nie dla stoczniowców«, in: *Dziennik Bałtycki* (24. Juni 2004), S. 5.

32 Sw., »Dopełnił się akt likwidacji. Zakończenie roku w ZST z udziałem poseł M. Zwiercan i Sztandaru Solidarności«, in: *Młoda Gdynia* (27. Juni 2016).

33 Stephen Crowley/David Ost (Hg.), *Workers after Workers' States.*

Labor and Politics in Postcommunist Eastern Europe, Lanham: Rowman & Littlefield 2001.

34 Mario Reljanović, »The normative position of trade unions and the ideals of self-management«, in: Vida Knežević/Marko Miletić (Hg.), *We Have Built Cities for You. On the Contradictions of Yugoslav Socialism*, Belgrad: Center CZKD 2018, online verfügbar unter: {https://www.czkd.org/meta-content/uploads/2018/06/Publikacija-We-Have-Built-Cities-for-You.pdf}, S. 61-80.

35 Vgl. Musić, *Making and Breaking the Yugoslav Working Class*, a.a.O.

36 Demselben Narrativ begegnete auch ein Anthropologe bei seinen Feldstudien unter Eisenbahnarbeitern in Zaječar, Serbien: Ognjen Kojanic, »Nostalgia as a practice of the self in post-socialist Serbia«, in: *Canadian Slavonic Papers* 57/3-4 (2015), S. 195-212.

37 N.N., »Jednako se plaća rad i nerad (Interview mit Aldo Komparić)«, in: *Uljanik* (8. Februar 1989), S. 10.

38 Ebd., S. 15. Das Thema der fehlenden Lohndifferenzierung nach Leistung wurde auch von der Gewerkschaft aufs Tapet gebracht.

39 Burawoy, »The roots of domination«, a.a.O., S. 199; vgl. auch Dunn, *Privatizing Poland*, a.a.O., S. 169.

40 Vgl. Andrew Hodges, »Between emic and etic: ›Systematic‹ and ›creative‹ destruction during the Croatian shipbuilding crisis«, in: *History in Flux* 2/2 (2020), S. 92-110. Die hier zitierten Äußerungen fielen bei unseren Feldforschungen im Zuge teilnehmender Beobachtungen. Die Formulierungen waren im kroatischen Original »pravi kapitalizam je pravedan« und »sustavno uništavanje industrije«.

41 Vgl. Christian von Hirschhausen/Jürgen Bitzer (Hg.), *The Globalization of Industry and Innovation in Eastern Europe. From Post-Socialist Restructuring to International Competitiveness*, Cheltenham: Edward Elgar 2000.

42 Das war in klassisch-fordistischen Industrien mit starken Arbeiterorganisationen nicht viel anders, siehe Muehlebach, »The body of solidarity«, a.a.O., S. 98.

43 Dunn kam bei ihren Beobachtungen zu ähnlichen Schlussfolgerungen, vgl. *Privatizing Poland*, a.a.O., S. 160. Verdery argumentiert, der sozialistische Staat habe sich selbst als »Eltern-Staat« (*parent-state*) präsentiert: Verdery, *What Was Socialism, and What Comes Next?*, a.a.O., S. 61-82.

44 Ausgehend von der Arbeit Edward Banfields identifizierten polnische Soziologen den »Familismus« – mit all seinen pathologischen Auswirkungen auf das öffentliche Leben – als eines der Schlüsselcharakteristika der polnischen Gesellschaft im Spätsozialismus; vgl. Elżbieta Tarkowska/Jacek Tarkowski, »Amoralny familizm, czyli o dezintegracji społecznej w Polsce lat osiemdziesiątych«, in: *Kultura i Społeczeństwo* 60/4 (2016), S. 7-28.

45 Vgl. z.B. Nina Vodopivec, »Past for the present. The social memory of textile workers in Slovenia«, in: Maria Todorova (Hg.), *Remembering Communism. Genres of Representation*, New York: Social Science Research Council 2010, S. 213-236, S. 211.

46 Małgorzata Fidelis, *Women, Communism, and Industrialization in Postwar Poland*, New York/Cambridge: Cambridge University Press 2010.

47 Zum »Exodus« der meisten Italiener aus Istrien vgl. Katja Hrobat Virloget et al. (Hg.), *At Home but Foreigners: Population Transfers in 20th Century Istria*, Koper: University of Primorska 2015.

48 Burawoy, »The roots of domination«, a.a.O., S. 199.

49 Vgl. Nina Vodopivec, »Past for the present«, a.a.O., S. 228.

50 Erving Goffman, *Asyle. Über die soziale Situation psychiatrischer Patienten und anderer Insassen*, Berlin: Suhrkamp 2020 (im amerikanischen Original 1961).

51 Michel Foucault, »Andere Räume«, in: Karlheinz Barck (Hg.), *Aisthesis: Wahrnehmung heute oder Perspektiven einer anderen Ästhetik*, Leipzig: Reclam 1993⁵, S. 34-46.

52 Vgl. z.B. N.N., »Snježana Milivojević: Država kao hobotnica«, in: *Danas* (2. Februar 2017), online verfügbar unter: {https://www.danas.rs/drustvo/snjezana-milivojevic-drzava-kao-hobotnica}.

53 Markulinčić/Debeljuh (Hg.), *Uljanik 1856-2006*, a.a.O.

54 Vodopivec, »Past for the present«, a.a.O., S. 214.

55 Elizabeth Dunn, »Slick salesmen and simple people. Negotiated capitalism in a privatized Polish firm«, in: Christopher M. Hann (Hg.), *Uncertain Transition. Ethnographies of Change in the Postsocialist World*, Lanham: Rowman & Littlefield 1999, S. 125-150, S. 125.

56 Juliusz Gardawski (Hg.), *Polacy pracujący a kryzys fordyzmu*, Warschau: Scholar 2009; Mirosława Marody, *Jednostka po nowoczesności. Perspektywa socjologiczna*, Warschau: Scholar 2014.

57 Siehe Raphael, *Jenseits von Kohle und Stahl*, a.a.O.

58 Dunn, *Privatizing Poland*, a. a. O., S. 169.

59 Siehe Catherine Dolan/Dinah Rajak (Hg.), *The Anthropology of Corporate Social Responsibility*, Oxford: Berghahn Books 2016.

60 Vgl. Ulf Brunnbauer, »Die permanente Transformation. Vom Nutzen des Durchwursteins und seinen Grenzen am Beispiel der Werft ›Uljanik‹ in Pula seit den 1970er Jahren«, in: Dierk Hoffmann/Ulf Brunnbauer (Hg.), *Transformation als soziale Praxis. Mitteleuropa nach dem Boom*, Berlin: Metropol 2020, S. 21-38.

5. Wertschöpfungen:
Schiffe, Arbeit und die Produktion von Bedeutung

1 Vgl. jüngst auf Betriebsebene Schulz/Welskopp, »Wieviel kapitalistisches Unternehmen steckte in den Betrieben des real existierenden Sozialismus?«, a. a. O.

2 João Pedro Santos, »From iron to the industrial cloud. Memory and deindustrialization at the Lisnave and Setenave shipyards«, in: *Narodna umjetnost* 57/1 (2020), S. 93-107, S. 97.

3 Kideckel, *Getting by in Postsocialist Romania*, a. a. O.

4 Vgl. Raphael, *Jenseits von Kohle und Stahl*, a. a. O.

5 Charity Scribner, *Requiem for Communism*, Cambridge: MIT Press 2005, S. 6.

6 Maria Todorova (Hg.), *Remembering Communism. Genres of Representation*, New York: Social Science Research Council 2010.

7 Vgl. für eine Zusammenfassung der Arbeiter-Staat-Beziehungen im Staatssozialismus Mark Pittaway, *Eastern Europe 1939-2000. Brief Histories*, London: Bloomsbury Academic 2010; vgl. für eine kurze Rekonstruktion der polnischen Nachkriegsgeschichte aus dieser Perspektive Adam Leszczyński, *Ludowa historia Polski*, Warschau: W. A. B. 2020.

8 Scribner, *Requiem for Communism*, a. a. O., S. 20.

9 Verdery, *What Was Socialism, and What Comes Next?*, a. a. O., S. 24.

10 Pittaway, *Eastern Europe 1939-2000*, a. a. O.

11 Siehe z. B. Todorova (Hg.), *Remembering Communism*, a. a. O.; Hann (Hg.), *Postsocialism*, a. a. O.; Jeremy Morris, *Everyday Post-Socialism. Working-Class Communities in the Russian Margins*, London: Palgrave 2016; Leyk/Wawrzyniak, *Cięcia*, a. a. O.

12 Bonfiglioli, *Women and Industry in the Balkans*, a.a.O.; Morris, *Everyday Post-Socialism*, a.a.O.

13 Don Kalb, »Introduction. Headlines of nation, subtexts of class. Working-class populism and the return of the repressed in neoliberal Europe«, in: ders./Gábor Halmai (Hg.), *Headlines of Nation, Subtexts of Class*, New York: Berghahn 2011, S. 25.

14 Muehlebach, »The body of solidarity«, a.a.O., S. 101.

15 Siehe z.B. Dimitra Kofti, »Moral economy of flexible production. Fabricating precarity between the conveyor belt and the household«, in: *Anthropological Theory* 16/4 (2016), S. 433-453.

16 Tanja Petrović, »›When we were Europe‹. Socialist workers in Serbia and their nostalgic narratives. The case of the cable factory workers in Jagodina«, in: Todorova (Hg.), *Remembering communism*, a.a.O., S. 127-164, S. 128. Siehe auch das im Text zitierte Interview mit Czesław Zarzecki aus der Gdynia-Werft.

17 Predrag Marković, »Der Sozialismus und seine sieben S-Werte der Nostalgie«, in: Ulf Brunnbauer/Stefan Troebst (Hg.), *Zwischen Amnesie und Nostalgie. Die Erinnerung an den Kommunismus in Südosteuropa*, Köln: Böhlau 2007, S. 151-164.

18 Stephen Crowley/David Ost, »Introduction«, in: Crowley/Ost (Hg.), *Workers after Workers' State*, a.a.O., S. 3-4.

19 Scribner, *Requiem for Communism*, a.a.O., S. 3.

20 Kideckel, *Getting by in Postsocialist Romania*, a.a.O., S. 114.

21 Dunn, »Slick salesmen and simple people«, a.a.O., S. 133f.

22 Crowley/Ost (Hg.), *Workers after Workers' State*, a.a.O., S. 3f.

23 Ost, *The Defeat of Solidarity*, a.a.O.

24 Scribner, *Requiem for Communism*, a.a.O., S. 16.

25 Ost, *The Defeat of Solidarity*, a.a.O., S. 88f.

26 Ebd., S. 83f.

27 Mariam Kokanovic, »The cost of nationalism. Croatian labor, 1990-1999«, in: Crowley/Ost (Hg.), *Workers after Workers' State*, S. 141-157, S. 145.

28 Ebd., S. 147.

29 Marko Grdesić, »Tranzicija, sindikati i političke elite u Sloveniji i Hrvatskoj«, in: *Politička misao* 43/4 (2006), S. 121-141, S. 123.

30 Kokanovic, »The cost of nationalism«, a.a.O., S. 142f.; vgl. dies., »Croatian labour realities: 1990-1999«, in: *SEER – South-East Europe Review for Labour and Social Affairs* 3 (1999), S. 185-208.

31 Krešimir Peračković, »Promjene u strukturi zanimanja u Hrvatskoj od 1971 do 2001. Od ratara do konobara«, in: *Sociologija i prostor* 45/3-4 (2007), S. 377-398.

32 Domagoj Mihaljević, »The political framework of industrial meltdown in Croatia, 1990-2013«, in: *METU Studies in Development* 41/3 (2014), S. 349-370.

33 Morris, Everyday Post-Socialism, a. a. O.

34 N. N., »Za pohvalu«, in: *Uljanik* 112-113 (1990), S. 30.

35 K.[atica] Š.[ipura], »Treba voljeti posao«, in: *Uljanik* 112-113 (1990), S. 27.

36 Uljanik, *Informativni Priručnik o osnovnim zanimanjima u brodogradniji*, Pula: Uljanik 1981.

37 Vgl. Leslie Schuster, *A Workforce Divided. Community, Labor, and the State in Saint-Nazaire's Shipbuilding Industry 1890-1910*, Santa Barbara: Greenword 2002; Varela/Murphy/van der Linden (Hg.), *Shipbuilding and Ship Repair Workers*, a. a. O.

38 Petrović, »›When we were Europe‹«, a. a. O., S. 142.

39 Muehlebach, »The body of solidarity«, a. a. O., S. 123.

40 Dunn, *Privatizing Poland*, a. a. O.

41 Karlo Radolović, »Radimo više, kako bi nam bilo bolje«, in: *Uljanik* 1 (1980), S. 2.

42 Zitiert in Vladimir Filipović, »Dobro poslovanje uljepšava obljetnicu«, in: *Uljanik* 1 (1986), S. 28.

43 Matošević: »Tehnička događajnica i radnička intima«, a. a. O., S. 196.

44 Der Film ist online verfügbar unter: {https://www.youtube.com/watch?v=GFCDLilfRUU}.

45 Als schriftliche Zeugnisse dieses kollektiven Stolzes beim öffentlichen Stapellauf neuer Schiffe siehe z. B. N. N., »›Sennar‹: novi uspjeh brodogradilišta«, in: *Uljanik* 10 (1961), S. 2-4; N. N., »Svečano porinut putnički brod za Brazil ›Anna Nery‹«, in: *Uljanik* 11-12 (1961), S. 2.

46 Stråth, *The Politics of De-Industrialisation*, a. a. O., S. 1.

47 Vera Cukon, »Kakve perspektive otvara ženama potegodišnji plan«, in: *Uljanik* 2-3 (1961), S. 18; S. Maršić, »Još uvijek premalo dječjih vrtića i jaslica«, in: *Uljanik* 6 (1981), S. 18f.

48 N. N., »Žena kao radnica u BI Uljaniku«, in: *Uljanik*, 63 (1986), S. 15-17; vgl. Bonfiglioli, *Women and Industry in the Balkans*, a. a. O.; Vodopivec, »Past for the present«, a. a. O.

49 Vgl. für Ähnlichkeiten in der Selbstwahrnehmung der Arbeiter in zwei weiteren stark globalorientierten jugoslawischen Betrieben: Ljubica Spaskovska/Anna Calori, »A nonaligned business world. The global socialist enterprise between self-management and transnational capitalism«, in: *Nationalities Papers* 49/3 (2021), S. 413-427.

50 Dies wird in der Berichterstattung des Branchenmagazins *Brodogradnja* deutlich, insbesondere wenn ausländische Berichte wie von Lloyd's wiedergegeben wurden.

51 Muehlebach, »The body of solidarity«, a.a.O., S. 98.

52 Stanić, »Jedan od najtežih dana u Uljaniku«, a.a.O.

53 Vodopivec, »Past for the Present«, a.a.O., S. 221.

54 Vor allem die Station Gdynia Stocznia erlangte traurige Berühmtheit, als hier im Dezember 1970 während der Streiks in Danzig und Gdynia auf die Arbeiter geschossen wurde (mit zehn Todesopfern), ein symbolisches Ereignis, das in der polnischen Literatur wie auch in Filmen vielfach dargestellt worden ist. Heute beherbergt die Station eine Ausstellung historischer Fotos zur Geschichte der Arbeiterproteste von 1970 und 1980.

55 Michael Burawoy, *The Politics of Production*, London: Verso 1985.

56 Siehe z.B. »Samoupravni sporazum o zajedničkim osnovama i mjerilima za uređivanje prava, obaveza i odgovornosti radnika u radnom odnosu«, in: *Dodatak Vjesniku Uljanika* (7. Dezember 1978), besonders §§ 52-72.

57 Vgl. Ulf Brunnbauer/Visar Nonai, »Finding workers to build socialism. Recruiting for steel factories in Bulgaria and Albania«, in: Marsha Siefert (Hg.), *Labor in State-Socialist Europe. 1945-1989*, Budapest: CEU Press 2020, S. 73-98.

58 Stefano Petrungaro, »Ethics of work and discipline in transition. Uljanik in the late- and post-socialism«, in: *Review of Croatian History* 15 (2019), S. 191-213.

59 N.N., »Siguran posao i plaće – to je ono što nas bogati«, in: *Mali informator* (10. Dezember 1999), S. 1.

60 Matošević, »Tehnička događajnica i radnička intima«, a.a.O., besonders S. 204-209.

61 Vgl. allgemein zur Rolle der Direktoren im jugoslawischen Sozialismus Fikfak/Prinčič/Turk, *Biti direktor v času socializma*. a.a.O.

62 Vgl. dazu z.B. die publizierten Meinungen von einem gelernten Arbeiter und einer ungelernten Arbeiterin: Albino Padien, »Dosta

nepravilnosti«, Zora Buić, »Treba samo više raditi«, beide in *Uljanik* 110-111 (1990), S. 17f. Noch radikaler äußerte sich der neue Vizedirektor der Abteilung »Brodogradilište«, Jakov Tomičić, »Slabe osnove za optimizam«, in: *Uljanik* 112-113 (1990), S. 20f.

63 Die Diskussionen über dieses Thema hatten bereits in den Achtzigern begonnen, vgl. z.B. Franko Kopal, »Organizacija i kadrovi u brodogradnji«, in: *Uljanik* 13 (1982), S. 14f.

64 Zu ihm vgl. Nikola Sučec, »Tko je Gianni Rossanda, direktor Uljanika pod čijom je rukom pokleknuo istarski div«, in: *tportal.hr* (29. August 2018), online verfügbar unter: {https://www.tportal. hr/biznis/clanak/tko-je-gianni-rossanda-direktor-uljanika-podcijom-je-rukom-pokleknuo-istarski-div-foto-20180829}.

65 Auch im Europäischen Solidarność-Zentrum (Europejskie Centrum Solidarności) und im neu geschaffenen Institut des Solidarność-Erbes (Instytut Dziedzictwa Solidarności) in Danzig steht nicht die Schiffbauarbeit im Vordergrund; das Hauptnarrativ dieser beiden politisch konkurrierenden Institutionen ist der Kampf gegen den Kommunismus.

66 Vgl. Morris, *Everyday Post-Socialism*, a.a.O.

67 Vgl. Jefferson Cowie/Joseph Heathcott (Hg.), *Beyond the Ruins. The Meanings of Deindustrialization*, Ithaca: ILR Press 2003.

68 Morris, *Everyday Post-Socialism*, a.a.O., S. 241.

69 Einen Eindruck vermitteln die Bilder des Pula Travel Guide, online verfügbar unter: {https://www.pulacroatia.net/pula-croatia/lightning-giants-pula/}.

70 Die »Diagnoza Społeczna« (Gesellschaftsdiagnose) ist eine der zuverlässigsten quantitativen Repräsentativstudien der polnischen Gesellschaft über die letzten zwei Jahrzehnte. Die wissenschaftliche Leitung dieses Forschungsprojekts liegt bei Janusz Czapiński, Sozialpsychologe und Professor der Warschauer Universität, und Tomasz Panek, Statistiker und Professor an der Wirtschaftsuniversität Warschau (Szkoła Główna Handlowa), die Koordination obliegt dem Rat für Gesellschaftsmonitoring (Rada Monitoringu Społecznego). In den Forschungsberichten dieser Umfrage erscheint Gdynia konstant als die Stadt mit dem höchsten Anteil an Einwohnern, die zufrieden mit ihrem Wohnort sind. In den Jahren 2011, 2013 und 2015 lag dieser Anteil bei über 80 Prozent. Der Bericht für 2015 ist online verfügbar unter: {http://www.diagnoza. com/pliki/raporty/Diagnoza_raport_2015.pdf}.

6. Kiel oben?
Zur Zukunft des Schiffbaus in der EU

1 Orjana Antešić, »Uskoro isplata 502 milijuna od prodaje jaružala Jan De Nulu, Vlada na ovom poslu gubi 400 milijuna«, in: *Novi List* (23. Mai 2020), online verfügbar unter: {https://pomorac.hr/2020/05/25/uskoro-isplata-502-milijuna-od-prodaje-jaruzala-jan-de-nulu-vlada-na-ovom-poslu-gubi-400-milijuna/}.

2 Vgl. Denis Bakša, »Wedding of Willem van Rubroeck and Adriatic Sea«, in: *istriago.net*, online verfügbar unter: {http://www.istriago.net/de/wedding-of-willem-van-rubroeck-and-adriatic-sea-in-pula/}.

3 Remontowa Shiprepair Yard, online verfügbar unter: {https://www.remontowa.com.pl/about/history/}.

4 Daten der Weltbank und der IAO, online verfügbar unter: {https://data.worldbank.org/indicator/SL.IND.EMPL.ZS?locations=PL-HR-DE}. Für Kroatien gilt das für die Wirtschaftspolitik nur bedingt, weil die Entscheidungsträger den Tourismus, der jetzt 25 Prozent des BIP des Landes ausmacht, viel stärker unterstützten als die Industrie.

5 OECD, »An analysis of market-distorting factors in shipbuilding«, in: *OECD Science, Technology and Industry Policy Papers* 75 (2019), online verfügbar unter: {https://doi.org/10.1787/23074957}, S. 16.

6 OECD, *Shipbuilding Market Developments Q2 2018*, a.a.O., S. 17.

7 Myrto Kalouptsidi, »Detection and impact of industrial subsidies: The Case of Chinese shipbuilding«, in: *The Review of Economic Studies* 85/2 (2018), S. 1111-1158; K.A. Hossain/N. M.G. Zakaria/M. A.R. Sarkar, »SWOT analysis of China shipbuilding industry by third eyes«, in: *Procedia Engineering* 194 (2017), S. 241-246.

8 OECD, »An analysis of market-distorting factors in shipbuilding«, a.a.O., S. 25.

9 Vgl. Raphael, *Jenseits von Kohle und Stahl*, a.a.O.

10 Janusz Steinhoff, »Nasza reforma górnictwa była szybsza i tańsza niż Margaret Thatcher«, in: *Biznes Alert* (15. Oktober 2014), online verfügbar unter: {https://biznesalert.pl/steinhoff-nasza-reforma-gornictwa-byla-szybsza-i-tansza-niz-margaret-thatcher/}.

11 Vgl. Hann, *Repatriating Polanyi*, a.a.O.

12 Warlouzet, »The collapse of the French shipyard of Dunkirk«, a. a. O.

13 In dieser Hinsicht ergänzt unser Buch die Studie von Adam Tooze, *Crashed. Wie zehn Jahre Finanzkrise die Welt verändert haben*, München: Siedler 2018.

14 Wie wichtig die Frage der staatlichen Intervention für den Ausgang von Deindustrialisierungsprozessen ist, kann man beispielhaft in der Industriezone der Großen Seen in Nordamerika nachvollziehen, wo es Kanada viel besser als den USA gelang, diesen Wandel durch politische Eingriffe sozial abzufedern bzw. das Verschwinden von Industriebetrieben zu verhindern; vgl. dazu die exzellente Studie von Steven C. High, *Industrial Sunset. The Making of North America's Rust Belt, 1969-1984*, Toronto: University of Toronto Press 2003.

15 Vgl. Ivan Krastev/Stephen Holmes, *Das Licht, das erlosch. Eine Abrechnung*, Berlin: Ullstein 2019. Darin wird behauptet, dass die osteuropäischen Gesellschaften erst den Westen zu imitieren versuchten und sich dann enttäuscht und beleidigt von ihm abwandten. Letztlich kommt das einer Infantilisierung gleich. Unser Buch betont die Folgen des globalen ökonomischen Wettbewerbs und nimmt weiter unten die EU näher in den Blick.

16 Vgl. Michael Polanyi, *Implizites Wissen*, Frankfurt am Main: Suhrkamp 1985.

17 Vgl. Muehlebach, »The body of solidarity«, a. a. O.

18 Es war vor allem Svetlana Boym, die vorschlug, Nostalgie als einflussreiche Kategorie für die Analyse des Postsozialismus zu begreifen; vgl. Svetlana Boym, *The Future of Nostalgia*, New York: Basic Books 2001; vgl. dazu auch ihre Begriffsbestimmung im »Atlas of Transformation«, online verfügbar unter: {http://monument totransformation.org/atlas-of-transformation/html/n/nostalgia/ nostalgia-svetlana-boym.html}.

19 Vgl. für Deutschland Schumann et al., *Rationalisierung, Krise, Arbeiter*, a. a. O.; Alheit/Dausien, *Arbeiterbiographien*, a. a. O.; Stefan Grüner/Sabine Mecking (Hg.), *Wirtschaftsräume und Lebenschancen. Wahrnehmung und Steuerung von sozialökonomischem Wandel in Deutschland 1945-2000*, Berlin: de Gruyter Oldenbourg 2017.

20 Morris, *Everyday Post-Socialism*, a. a. O., S. 240.

21 Vgl. Dimitra Kofti, »›Communists‹ on the Shop Floor«, in: *Focaal* 74 (2016), S. 69-82.

22 Vgl. zu diesen Temporalitäten auch Anselm Doering-Manteuffel/ Lutz Raphael/Thomas Schlemmer (Hg.), *Vorgeschichte der Gegenwart. Dimensionen des Strukturbruchs nach dem Boom*, Göttingen: Vandenhoeck & Ruprecht 2016.

23 Das erkannte vor mehr als dreißig Jahren Claus Offe, »Das Dilemma der Gleichzeitigkeit: Demokratisierung und Marktwirtschaft in Osteuropa«, in: *Merkur* 45/505 (1991), S. 279-292, S. 283.

24 Zur Dynamik von politischer Aktion – nichtintendierten Folgen – politischer Reaktion usw. siehe Gerald W. Creed, *Domesticating Revolution. From Socialist Reform to Ambivalent Transition in a Bulgarian Village*, University Park: Pennsylvania State University Press 1997.

25 John L Campbell/John A. Hall, *The Paradox of Vulnerability. States, Nationalism, and the Financial Crisis*, Princeton: Princeton University Press 2017.

26 Pula, *Globalization Under and After Socialism*, a.a.O.

27 Vladimir Unkovski-Korica, *The Economic Struggle for Power in Tito's Yugoslavia. From World War II to Non-Alignment*, London: I.B. Tauris 2016.

28 Sajatović, »Prenosimo: Karlo Radolović«, a.a.O., S. 178.

29 Appel/Orenstein, *From Triumph to Crisis*, a.a.O., S. 65, 180.

30 Vgl. Ulf Brunnbauer/Andrew Hodges, »The long hand of workers' ownership. Performing transformation in the Uljanik Shipyard in Yugoslavia/Croatia, 1970-2018«, in: *International Journal of Maritime History* 31/4 (2019), S. 860-878.

31 Vgl. Tooze, *Crashed*, a.a.O.

32 Witold M. Orłowski, »Smutna historia naszych stoczni«, in: *Gazeta Wyborcza* (18. Juli 2008), S. 29.

33 Appel/Orenstein, *From Triumph to Crisis*, a.a.O., S. 24.

34 Ebd., S. 87.

35 Ebd., S. 65, 180.

36 Sznajder Lee, *Transnational Capitalism in East Central Europe's Heavy Industry*, a.a.O.; Vera Trappmann, *Fallen Heroes in Global Capitalism. Workers and the Restructuring of the Polish Steel Industry*, Houndsmill: Palgrave MacMillan 2013.

37 Vgl. Verdery, *What was Socialism, and What Comes Next?*, a.a.O.

38 Milan Pavlović, »Vratio se dredžer«, in: *Glas Istre* (6. August 2020), online verfügbar unter: {https://www.glasistre.hr/pula/vratio-se-

dredger-koji-je-trebao-biti-vjesnik-boljih-vremena-ibn-battuta-se-
vratio-kuci-ali-uljanika-vise-nema-658 955}.

Nachwort

1 N. N., »Die maritime Branche sucht den Weg aus der Krise«, in:
  Süddeutsche Zeitung (10. Mai 2021), online verfügbar unter:
  {https://www.sueddeutsche.de/wirtschaft/schiffbau-die-maritime-
  branche-sucht-den-weg-aus-der-krise-dpa.urn-newsml-dpa-com-
  20090101-210510-99-534562}.
2 SEA Europe, »Open letter«, online verfügbar unter: {https://www.
  seaeurope.eu/images/SEA_Europe_Open_letter_29_April_2021_
  Final_copy.pdf}.
3 N. N., »Container shipping. Perfect storm«, in: *Economist* (18. September 2021), S. 62.

Ausgewählte Literatur

Adam, Jan, *Why Did the Socialist System Collapse in Central and Eastern European Countries? The Case of Poland, the Former Czechoslovakia and Hungary*, Basingstoke/Hampshire: MacMillan 1996.

Ahrens, Ralf, »The importance of being European: Airbus and West German industrial policy from the 1960s to the 1980s«, in: *Journal of Modern European History* 18/1 (2020), S. 63-78.

Alheit, Peter/Bettina Dausien, *Arbeiterbiographien. Zur thematischen Relevanz der Arbeit in proletarischen Lebensgeschichten. Eine exemplarische Untersuchung im Rahmen der »biographischen Methode«*, Bremen: Universität Bremen 1985.

Ders./Hanna Haack, *Die vergessene »Autonomie« der Arbeiter. Eine Studie zum frühen Scheitern der DDR am Beispiel der Neptunwerft*, Berlin: Karl Dietz Verlag 2004.

Amacher, Ryan Custer, *Yugoslavia's Foreign Trade. A Study of State Trade Discrimination*, New York: Praeger 1972.

Appel, Hilary/Mitchell Orenstein, *From Triumph to Crisis. Neoliberal Economic Reform in Postcommunist Countries*, Cambridge: Cambridge University Press 2018.

Archer Rory/Goran Musić, »Approaching the socialist factory and its workforce. Considerations from fieldwork in (former) Yugoslavia«, in: *Labor History* 58/1 (2017), S. 44-66.

Babic, Mate/Emil Primorac, »Some causes of the growth of the Yugoslav external debt«, in: *Soviet Studies* 38/1 (1986), S. 69-88.

Bajo, Anto/Marko Primorac, »Jesu li brodogradilišta prepreka fiskalnoj konsolidaciji u Hrvatskoj?«, in: *Newsletter – Povremeno glasilo Instituta za javne financije* 64 (2011), online verfügbar unter: {https://www.ijf.hr/upload/files/file/newsletter/64.pdf} (alle URL Stand Mai 2021).

Dies./Martin Hanich, »The financial performance, restructuring and privatisation of the shipyards in the Republic of Croatia«, CIRIEC Working Papers 1802, CIRIEC – Université de Liège (2018), online verfügbar unter: {https://ideas.repec.org/p/crc/wpaper/1802.html}.

Balcerowicz, Leszek, *800 dni: Szok kontrolowany. Zapisał: Jerzy Baczyński*, Warschau: BGW 1992.

Bałtowski, Maciej, *Gospodarka socjalistyczna w Polsce. Geneza – rozwój – upadek*, Warschau: PWN 2009.

Barrett, Elizabeth, »The role of informal networks in the privatisation process in Croatia«, in: David Lane/Jochen Tholen/György Lengyel (Hg.), *Restructuring of the Economic Elites after State Socialism. Recruitment, Institutions and Attitudes*, Stuttgart: Steiner 2007, S. 211-240.

Ben-Ner, Avner/Egon Neuberger, »The feasibility of planned market systems. The Yugoslav Visible Hand and negotiated planning«, in: *Journal of Comparative Economics* 14 (1990), S. 768-790.

Berend, Iván T., *From the Soviet Bloc to the European Union. The Economic and Social Transformation of Central and Eastern Europe since 1973*, Cambridge: Cambridge University Press 2009.

Bieliński, Jerzy/Zdzisław Sadowski, *Ekonomika i organizacja przemysłu okrętowego*, Danzig: Uniwersytet Gdański 1985.

Bitzer, Jürgen/Christian von Hirschhausen, »The shipbuilding industry in the East and West. Industry dynamics, science and technology policies and emerging patterns of cooperation«, in: DIW Discussion Papers 151 (1997), online verfügbar unter: {https://www.econstor.eu/bitstream/10419/61530/1/dp151.pdf}.

Bonfiglioli, Chiara, *Women and Industry in the Balkans. The Rise and Fall of the Yugoslav Textile Sector*, London: Bloomsbury 2019.

Bourdieu, Pierre, *Entwurf einer Theorie der Praxis auf der ethnologischen Grundlage der kabylischen Gesellschaft*, Frankfurt am Main: Suhrkamp 2009.

Boym, Svetlana, *The Future of Nostalgia*, New York: Basic Books 2001.

Brunnbauer, Ulf, »Die permanente Transformation. Vom Nutzen des Durchwurstelns und seinen Grenzen am Beispiel der Werft ›Uljanik‹ in Pula seit den 1970er Jahren«, in: Dierk Hoffmann/Ulf Brunnbauer (Hg.), *Transformation als soziale Praxis. Mitteleuropa nach dem Boom*, Berlin: Metropol 2020, S. 21-38.

Ders., »Globalisierung als Chance. Die vielen Leben der Schiffswerft Uljanik in Pula«, in: *Südost-Forschungen* 75/1 (2016), S. 95-117.

Ders./Andrew Hodges, »The long hand of workers' ownership. Performing transformation in the Uljanik Shipyard in Yugoslavia/Croatia, 1970-2018«, in: *International Journal of Maritime History* 31/4 (2019), S. 860-878.

Ders./Visar Nonai, »Finding workers to build socialism. Recruiting for steel factories in Bulgaria and Albania«, in: Marsha Siefert (Hg.), *Labor in State-Socialist Europe. 1945-1989*, Budapest: CEU Press 2020, S. 73-98.

Bunce, Valerie, *Subversive Institutions. The Design and the Destruction of Socialism and the State*, Cambridge: Cambridge University Press 1999.

Burawoy, Michael, »The roots of domination. Beyond Bourdieu and Gramsci«, in: *Sociology* 46/2 (2012), S. 187-206.

Calic, Marie-Janine, »The beginning of the end. The 1970s as a historical turning point in Yugoslavia«, in: dies./Dietmar Neutatz/Julia Obertreis (Hg.), *The Crisis of Socialist Modernity. The Soviet Union and Yugoslavia in the 1970s*, Göttingen: Vandenhoeck & Ruprecht 2011, S. 66-86.

Campbell, John L./John A. Hall, *The Paradox of Vulnerability: States, Nationalism, and the Financial Crisis*, Princeton: Princeton University Press 2017.

Campbell, John L./Leon N. Lindberg, »Property rights and the organization of economic activity by the state«, in: *American Sociological Review* 55 (1990), S. 634-647.

Collins, Gabriel/Michael C. Grubb, »A comprehensive survey of China's dynamic shipbuilding industry«, in: *CMSI Red Books* 1 (2008), S. 5 f.

Colton, Tim/LaVar Huntzinger, *A Brief History of Shipbuilding in Recent Times*, Alexandria, VA: Center for Naval Analyses 2002.

Cowie, Jefferson/Joseph Heathcott (Hg.), *Beyond the Ruins. The Meanings of Deindustrialization*, Ithaca: ILR Press 2003.

Creed, Gerald W., *Domesticating Revolution. From Socialist Reform to Ambivalent Transition in a Bulgarian Village*, University Park: Pennsylvania State University Press 1997.

Crowley, Stephen/David Ost (Hg.), *Workers after Workers' States. Labor and Politics in Postcommunist Eastern Europe*, Lanham: Rowman & Littlefield 2001.

Culkin, Victoria, »Appendix 2. Shipbuilding in 2013. An analysis of shipbuilding statistics«, in: Raquel Varela/Hugh Murphy/Marcel van der Linden (Hg.), *Shipbuilding and Ship Repair Workers around the World. Case Studies 1950-2010,* Amsterdam: Amsterdam University Press 2017, S. 675-682.

Djeković, Liljana, »Außenwirtschaftssystem und Außenwirtschaftsreformen in Jugoslawien«, in: Maria Haendcke-Hoppe (Hg.), *Außenwirtschaftssysteme und Außenwirtschaftsreformen sozialistischer Länder. Ein intrasystemarer Vergleich*, Berlin: Duncker & Humblot 1988, S. 65-86.

Dobrivojević Tomić, Ivana, »Harbingers of crisis. Labour strikes in Yugoslavia (1958-1974)«, in: *Istorija 20. veka* 27/1 (2019), S. 161-174.

Doerffer, Jerzy, *Życie i Pasje. Wspomnienia. Band 4*, Danzig: Fundacja Promocji Przemysłu Okrętowego i Gospodarki Morskiej 2008.

Doering-Manteuffel, Anselm/Lutz Raphael, *Nach dem Boom. Perspektiven auf die Zeitgeschichte seit 1970*, Göttingen: Vandenhoeck & Ruprecht 2008.

Dies./Thomas Schlemmer (Hg.), *Vorgeschichte der Gegenwart. Dimensionen des Strukturbruchs nach dem Boom*, Göttingen: Vandenhoeck & Ruprecht 2016.

Dolan, Catherine/Dinah Rajak (Hg.), *The Anthropology of Corporate Social Responsibility*, Oxford: Berghahn Books 2016.

Dudziak, Jan, »Rys historyczny polskiego przemysłu okrętowego«, in: *Zeszyty Problemowe* B-116 (2005), Danzig: Centrum Techniki Okrętowej.

Dunn, Elizabeth, *Privatizing Poland. Baby Food, Big Business, and the Remaking of Labor*, Ithaca: Cornell University Press 2004.

Dies., »Slick salesmen and simple people. Negotiated capitalism in a privatized Polish firm«, in: Christopher M. Hann (Hg.), *Uncertain Transition. Ethnographies of Change in the Postsocialist World*, Lanham: Rowman & Littlefield 1999, S. 125-150.

Ekiert, Grzegorz, »The state after state socialism. Poland in comparative perspective«, in: Paul V. Thazha/Gilford J. Ikenberry/John A. Hall (Hg.), *The Nation-State in Question*, Princeton: Princeton University Press 2003, S. 291-320.

Fidelis, Malgorzata, *Women, Communism, and Industrialization in Postwar Poland*, New York/Cambridge: Cambridge University Press 2010.

Fikfak, Jurij/Jože Prinčič/Jeffrey D. Turk (Hg.), *Biti direktor v času socializma. Med idejami in praksami*, Ljubljana: Založba ZRC SAZU 2008.

Fonović Cvijanović, Teodora/Vanessa Vitković Marčeta, »The language of the Socialist man. The case of Istrian periodicals«, in: *Südost-Forschungen*, 76 (2017), S. 43-63.

Gardawski, Juliusz (Hg.), *Polacy pracujący a kryzys fordyzmu*, Warschau: Scholar 2009.

Giddens, Anthony, *The Constitution of Society. Outline of the Theory of Structuration*, Cambridge: Polity Press 1984.

Graber Majchrzak, Sarah, *Arbeit – Produktion – Protest. Die Leninwerft in Gdańsk und die AG »Weser« in Bremen im Vergleich (1968-1983)*, Köln: Böhlau 2021.

Grala, Dariusz, *Reformy gospodarcze w PRL (1982-1989). Próba uratowania socjalizmu*, Warschau: Wydawnictwo Trio 2005.

Grdesić, Marko, »Tranzicija, sindikati i političke elite u Sloveniji i Hrvatskoj«, in: *Politička misao* 43/4 (2006), S. 121-141.

Gregurek, Miroslav, »Stupanj i učinci privatizacije u Hrvatskoj«, in: *Ekonomski Pregled* 52/1-2 (2001), S. 115-188.

Grüner, Stefan/Sabine Mecking (Hg.), *Wirtschaftsräume und Lebenschancen. Wahrnehmung und Steuerung von sozialökonomischem Wandel in Deutschland 1945-2000*, Berlin: de Gruyter Oldenbourg 2017.

Grzymala-Busse, Anna/Pauline Jones Luong, »Reconceptualizing the state. Lessons from post-communism«, in: *Politics & Society* 30/4 (2002), S. 529-554.

Hann, Christopher M., *Repatriating Polanyi. Market Society in the Visegrád States*, Budapest: CEU Press 2019.

Ders. (Hg.), *Postsocialism. Ideals, Ideologies, and Practices in Eurasia*, London: Routledge 2002.

Ders., *Property Relations. Renewing the Anthropological Tradition*, Cambridge: Cambridge University Press 1998.

Hardy, Jane, *Poland's New Capitalism*, London: Pluto Press 2009.

High, Steven C., *Industrial Sunset. The Making of North America's Rust Belt, 1969-1984*, Toronto: University of Toronto Press 2003.

Von Hirschhausen, Christian/Jürgen Bitzer (Hg.), *The Globalization of Industry and Innovation in Eastern Europe. From Post-Socialist Restructuring to International Competitiveness*, Cheltenham: Edward Elgar 2000.

Hodges, Andrew, »Between emic and etic: ›Systematic‹ and ›creative‹

destruction during the Croatian shipbuilding crisis«, in: *History in Flux* 2/2 (2020), S. 92-110.

Hölscher, Jens/Nicole Nulsch/Johannes Stephan, »Ten years after accession. State aid in Eastern Europe«, in: *European State Aid Law Quarterly* 13/2 (2014), S. 305-316.

Höpken, Wolfgang, *Sozialismus und Pluralismus in Jugoslawien. Entwicklungs- und Demokratiepotential des Selbstverwaltungssystems*, München: Oldenbourg 1984.

Horvat, Branko, *The Yugoslav Economic System. The First Labor-Managed Economy in the Making*, White Plains: International Arts and Sciences Press 1976.

Hrobat Virloget, Katja/Catherine Gousseff/Gustavo Corni/Katja Kosi/Petra Berlot Kuzner (Hg.), *At Home but Foreigners: Population Transfers in 20th Century Istria*, Koper: University of Primorska 2015.

Iskra, Josip, *Uljanik. Brodograđevna industrija Uljanik*, Pula/Zagreb: Turistkomerc 1986.

Jarausch, Konrad (Hg.), *Das Ende der Zuversicht? Die siebziger Jahre als Geschichte*, Göttingen: Vandenhoeck & Ruprecht 2008.

Jessop, Bob, »Spatial fixes, temporal fixes, and spatio-temporal fixes«, in: Noel Castree/Derek Gregory (Hg.), David Harvey. A Critical Reader, Oxford: Blackwell 2006, S. 142-166.

Kalb, Don/Gábor Halmai (Hg.), *Headlines of Nation, Subtexts of Class*, New York: Berghahn 2011.

Keat, Preston, »Fallen heroes. Explaining the failure of the Gdansk shipyard, and the successful early reform strategies in Szczecin and Gdynia«, in: *Communist and Post-Communist Studies* 36 (2003), S. 209-230.

Kersan-Škabić, Ines, »Brodogradnja u Europskoj Uniji i Hrvatskoj – realnost i izazovi«, in: *Ekonomska misao i praksa* 2 (2009), S. 373-396.

Kideckel, David, *Getting by in Postsocialist Romania. Labor, the Body, and Working-Class Culture*, Bloomington: University of Indiana Press 2008.

Kofti, Dimitra, »›Communists‹ on the Shop Floor«, in: *Focaal* 74 (2016), S. 69-82.

Dies., »Moral economy of flexible production. Fabricating precarity between the conveyor belt and the household«, in: *Anthropological Theory* 16/4 (2016), S. 433-453.

Kojanic, Ognjen, »Nostalgia as a practice of the self in post-socialist Serbia«, in: *Canadian Slavonic Papers* 57/3-4 (2015), S. 195-212.

Kokanovic, Marina, »The cost of nationalism. Croatian labor, 1990-1999«, in: Crowley/Ost (Hg.), in: *Workers after Workers' State*, a.a.O., S. 141-157.

Dies., »Croatian labour realities: 1990-1999«, in: *SEER – South-East Europe Review for Labour and Social Affairs* 3 (1999), S. 185-208.

Kornai, János, *Das sozialistische System. Die politische Ökonomie des Kommunismus*, Baden-Baden: Nomos 1995.

Ders., »The soft budget constraint«, in: *Kyklos* 39/1 (1986), S. 3-30.

Ders., »Resource-constrained versus demand-constrained systems«, in: *Econometrica* 47/4 (1979), S. 801-819.

Kotkin, Stephen, *Uncivil Society. 1989 and the Implosion of the Communist Establishment*, New York: Modern Library 2009.

Kozarzewski, Piotr, *Polityka właścicielska państwa w okresie transformacji systemowej. Próba syntezy*, Lublin: Wydawnictwo Uniwersytetu Marii Curie-Skłodowskiej 2019.

Laky, Teréz, »Enterprises in bargaining position«, in: Acta Oeconomica 22/3-4 (1979), S. 227-246.

Lampe, John, *Yugoslavia as History. Twice there was a Country*, Cambridge: Cambridge University Press 1996.

Lane, David, *The Socialist Industrial State. Towards a Political Sociology of State Socialism*, London: Allen & Unwin 1976.

Lars, Bruno/Stig Tenold, »The basis for South Korea's ascent in the shipbuilding industry, 1970-1990«, in: *The Mariner's Mirror* 97/3 (2011), S. 201-217.

Leyk, Aleksandra/Joanna Wawrzyniak, *Cięcia. Mówiona historia transformacji*, Warschau: Krytyka Polityczna 2020.

Lipton, David/Jeffrey D. Sachs, »Poland's economic reform«, in: *Foreign Affairs* 69/3 (1990), S. 47-66.

Marković, Predrag, »Der Sozialismus und seine sieben S-Werte der Nostalgie«, in: Ulf Brunnbauer/Stefan Troebst (Hg.), *Zwischen Amnesie und Nostalgie. Die Erinnerung an den Kommunismus in Südosteuropa*, Köln: Böhlau 2007, S. 151-164.

Markulinčić, Hrvoje/Armando Debeljuh (Hg.), *Uljanik 1856-2006*, Pula: Arsenal design/Uljanik 2006.

Marody, Mirosława, *Jednostka po nowoczesności. Perspektywa socjologiczna*, Warschau: Scholar 2014.

Matošević, Andrea, »Tehnička događajnica i radnička intima. Brodogradilište Uljanik u dokumentarnim filmovima Kolos s Jadrana, Berge Istra i Godine hrđe«, in: *Etnološka Tribuna* 41/48 (2018), S. 194-212.

Mazurek, Małgorzata, *Społeczeństwo kolejki. O doświadczeniach niedoboru 1945-1989*, Warschau: Trio 2010.

Mihaljević, Domagoj, »The political framework of industrial meltdown in Croatia, 1990-2013«, in: *METU Studies in Development* 41/3 (2014), S. 349-370.

Mitchell, Katharyne, »Work authority in industry. The happy demise of the ideal type«, in: *Comparative Studies in Society and History* 34 (1992), S. 679-694.

Morris, Jeremy, *Everyday Post-Socialism. Working-Class Communities in the Russian Margins*, London: Palgrave 2016.

Muehlebach, Andrea, »The body of solidarity: Heritage, memory, and materiality in post-industrial Italy« in: *Comparative Studies in Society and History* 59/1 (2017), S 96-126.

Murphy, Hugh, »Labour in the British shipbuilding and ship repair industries in the twentieth century«, in: Varela/Murphy/van der Linden (Hg.), *Shipbuilding and Ship Repair Workers*, a.a.O., S. 47-116.

Ders., »China, Philippines, Singapore, Taiwan, and Vietnam«, in: Varela/Murphy/van der Linden (Hg.), *Shipbuilding and Ship Repair Workers*, a.a.O., S. 637-656.

Ders./Stig Tenold, »Appendix 1: The effects of the oil price shocks on shipbuilding in the 1970s«, in: Varela/Murphy/van der Linden (Hg.), *Shipbuilding and Ship Repair Workers*, a.a.O., S. 665-681.

Musić, Goran, *Making and Breaking the Yugoslav Working Class. The Story of Two Self-Managed Factories*, Budapest/New York: CEU Press 2021.

Nam, Hwasook, *Building Ships, Building a Nation. Korea's Democratic Unionism under Park Chung Hee*, Seattle: University of Washington Press 2009.

Negt, Oskar/Alexander Kluge, *Geschichte und Eigensinn*, Frankfurt am Main: Zweitausendeins 1981.

Niethammer, Lutz/Alexander von Plato/Dorothee Wierling, *Die volkseigene Erfahrung. Eine Archäologie des Lebens in der Industrieprovinz der DDR. 30 biographische Eröffnungen*, Reinbek: Rowohlt 1991.

Nowak, Stefan, »System wartości społeczeństwa polskiego«, in: *Studia Socjologiczne* 4 (1979), S. 155-173.

Offe, Claus, *The Varieties of Transition. The East European and East German Experience*, London: Polity 1996.

Ders., »Das Dilemma der Gleichzeitigkeit. Demokratisierung und Marktwirtschaft in Osteuropa«, in: *Merkur* 45/505 (1991), S. 279-292.

Orenstein, Mitchell, *Out of the Red. Building Capitalism and Democracy in Postcommunist Europe*, Ann Arbor: University of Michigan Press 2001.

Ost, David, *The Defeat of Solidarity. Anger and Politics in Postcommunist Europe*, Ithaca: Cornell University Press 2005.

Palairet, Michael, »Croatian shipbuilding in crisis. 1979-1995«, in: Srećko Goić (Hg.): *Enterprise in Transition. Proceedings. Fourth International Conference on Enterprise in Transition, Split-Hvar, May 24-26, 2001*, Split: Faculty of Economics 2001, S. 758-818.

Patel, Kiran Klaus/Hans Christian Röhl, *Transformation durch Recht. Geschichte und Jurisprudenz europäischer Integration 1985-1992*, Tübingen: Mohr Siebeck 2020.

Pawlak, Mikołaj, »From sociological vacuum to horror vacui. How Stefan Nowak's thesis is used in analyses of Polish society«, in: *Polish Sociological Review* 189/1 (2015), S. 5-27.

Perić Hadžić, Ana/Tea Karačić, »Restrukturiranje hrvatske brodogradnje u kontekstu pristupanja Europskoj Uniji«, in: *Pomorski zbornik* 47/48 (2013), S. 121-132.

Petrungaro, Stefano, »Ethics of work and discipline in transition. Uljanik in the late- and post-socialism«, in: *Review of Croatian History* 15 (2019), S. 191-213.

Pittaway, Mark, *Eastern Europe 1939-2000. Brief Histories*, London: Bloomsbury Academic 2010.

Petrović, Tanja, »›When we were Europe‹. Socialist workers in Serbia and their nostalgic narratives. The case of the cable factory workers in Jagodina«, in: Todorova (Hg.): *Remembering communism*, a. a. O., S. 127-164.

Peračković, Krešimir, »Promjene u strukturi zanimanja u Hrvatskoj od 1971 do 2001. Od ratara do konobara«, in: *Sociologija i prostor* 45/3-4 (2007), S. 377-398.

Plato, Alexander von, »Oral History als Erfahrungswissenschaft. Zum Stand der ›mündlichen Geschichte‹ in Deutschland«, in: *BIOS – Zeitschrift für Biographieforschung* 1/1991, S. 97-119.

Polanyi, Karl, *The Great Transformation. Politische und ökonomische Ursprünge von Gesellschaften und Wirtschaftssystemen*, Frankfurt am Main: Suhrkamp 1973.

Prinčič, Jože, »Direktorska funkcija v jugoslovanskem socialističnem gospodarskem sistemu«, in: Fikfak/Prinčič/Turk (Hg.), *Biti direktor v času socializma*, a.a.O., S. 57-102.

Przeworski, Adam, *Democracy and the Market. Political and Economic Reforms in Eastern Europe and Latin America*, New York: Cambridge University Press 1991.

Pula, Besnik, *Globalization Under and After Socialism. The Evolution of Transnational Capital in Central and Eastern Europe. Emerging Frontiers in the Global Economy,* Stanford: Stanford University Press 2018.

Puljar D'Alessio, Sanja, *Mi gradimo brod, a brod gradi nas. Etnografija organizacije brodogradilišta 3. Maj*, Zagreb: Institut za etnologiju i folkloristiku 2018.

Raphael, Lutz, *Jenseits von Kohle und Stahl. Eine Gesellschaftsgeschichte Westeuropas nach dem Boom*, Berlin: Suhrkamp 2019.

Reljanović, Mario, »The normative position of trade unions and the ideals of self-management«, in: Vida Knežević/Marko Miletić (Hg.), *We Have Built Cities for You. On the Contradictions of Yugoslav Socialism*, Belgrade: Center CZKD 2018, S. 61-80.

Sabel, Charles F./David Stark, »Planning, politics, and shop-floor power. Hidden forms of bargaining in Soviet-imposed state-socialist societies«, in: *Politics & Society* 11/4 (1982), S. 439-475.

Santos, João Pedro, »From iron to the industrial cloud. Memory and deindustrialization at the Lisnave and Setenave shipyards«, in: *Narodna umjetnost* 57/1 (2020), S. 93-107.

Schierup, Carl-Ulrik, *Migration, Socialism and the International Division of Labour. The Yugoslavian Experience*, Aldershot: Averbury 1990.

Schönfelder, Bruno, »Schmerzlose Stabilisierung? Erfolge und Risiken der kroatischen Stabilisierungspolitik«, in: *Südosteuropa* 45/2 (1996), S. 120-137.

Schult, Ulrike, *Zwischen Stechuhr und Selbstverwaltung. Eine Mikrogeschichte sozialer Konflikte in der jugoslawischen Fahrzeugindustrie 1965-1985*, Münster: LIT 2017.

Schulz, Ulrike/Thomas Welskopp, »Wieviel kapitalistisches Unternehmen steckte in den Betrieben des real existierenden Sozialismus: Konzeptionelle Überlegungen und ein Fallbeispiel«, in: *Jahrbuch für Wirtschaftsgeschichte* 58/2 (2017), S. 331-366.

Schumann, Michael/Edgar Einemann/Christa Siebel-Rebell/Klaus Peter Witteman, *Rationalisierung, Krise, Arbeiter. Eine empirische Untersuchung der Industrialisierung auf der Werft*, Frankfurt am Main: Europäische Verlagsanstalt 1982.

Schumpeter, Joseph A., *Kapitalismus, Sozialismus und Demokratie*, Stuttgart/Tübingen: Narr Francke Attempto Verlag/UTB 2020.

Schuster, Leslie, *A Workforce Divided. Community, Labor, and the State in Saint-Nazaire's Shipbuilding Industry 1890-1910*, Santa Barbara: Greenword 2002.

Schütze, Fritz, »Biographieforschung und narratives Interview«, in: *Neue Praxis* 13/3 (1983), S. 283-293.

Scribner, Charity, *Requiem for Communism*, Cambridge: MIT Press 2005.

Šesnić, Željko, »Posljednjih 60 godina Brodogradilišta Uljanik«, in: Bruno Dobrić (Hg.), *Stotinu i pedeset godina brodogradnje u Puli. Zbornik radova s međunarodnog skupa prigodom 150. obljetnice osnutka C.kr. pomorskog arsenala (Pula, 8. prosinca 2006.)*, Pula: Društvo za proučavanje prošlosti C.i. kr. Mornarice Viribus unitis 2010, S. 239-266.

Shin, Wonchul, »The evolution of labour relations in the South Korean shipbuilding industry. A case study of Hanjin Heavy Industries, 1950-2014«, in: Varela/Murphy/van der Linden (Hg.), *Shipbuilding and Ship Repair Workers*, a.a.O., S. 615-635.

Siefert, Marsha (Hg.), *Labor in State-Socialist Europe. 1945-1989*, Budapest: CEU Press 2020.

Siegrist, Hannes, »Perspektiven der vergleichenden Geschichtswissenschaft. Gesellschaft, Kultur, Raum«, in: Hartmut Kaelble/Jürgen Schriewer (Hg.), *Vergleich und Transfer. Komparatistik in den*

Sozial-, Geschichts- und Kulturwissenschaften, Frankfurt am Main: Campus 2003, S. 307-328.

Slaven, Anthony, *British Shipbuilding 1500-2010. A history,* Lancaster: Crucible 2013.

Slobodian, Quinn, *Globalisten. Das Ende der Imperien und die Geburt des Neoliberalismus*, Berlin: Suhrkamp 2019.

Spaskovska, Ljubica/Anna Calori, »A nonaligned business world. The global socialist enterprise between self-management and transnational capitalism«, in: *Nationalities Papers* 49/3 (2021), S. 413-427.

Stanić, Igor, »Jedan od najtežih dana u Uljaniku! Štrajk u brodogradilištu Uljanik 1967. godine«, in: *Problemi sjevernog Jadrana* 15 (2016), S. 73-94.

Ders., »Što pokazuje praksa? Presjek samoupravljanja u brodogradilištu Uljanik 1961-1968. godine«, in: *Časopis za suvremenu povijest* 46/3 (2014), S. 453-474.

Staniszkis, Jadwiga, *Poland's Self-Limiting Revolution*, Princeton: Princeton University Press 1984.

Stark, David, »Recombinant property in East European capitalism«, in: *American Journal of Sociology* 101/4 (1996), S. 993-1027.

Stojanović, Radmila (Hg.), *The Functioning of the Yugoslav Economy*, Armonk/New York: M. E. Sharpe 1982.

Stojčić, Nebojša, »The two decades of Croatian transition. A retrospective analysis«, in: *Southeast European Journal of Economics and Business* 7/2 (2012), S. 63-76.

Stopford, Martin, *Maritime Economics*, London: Routledge 2009.

Stott, Paul, »Surviving EU accession. The seven habits of highly effective shipbuilders«, in: XVIII Symposium SORTA (2008), online verfügbar unter: {https://pdfs.semanticscholar.org/7296/13ec581e7ae5dbf6b1849a9ab200ebbe8685.pdf}.

Stråth, Bo, *The Politics of De-Industrialisation. The Contraction of the West European Shipbuilding Industry*, London: Croom Helm 1987.

Surdykowski, Jerzy, *Wejście do wielkiej ligi*, Warschau: Nasza Księgarnia 1973.

Sznajder Lee, Aleksandra, *Transnational Capitalism in East Central Europe's Heavy Industry. From Flagship Enterprises to Subsidiaries*, Ann Arbor: University of Michigan Press 2016.

Tarkowska, Elżbieta/Jacek Tarkowski, »Amoralny familizm, czyli o dezintegracji społecznej w Polsce lat osiemdziesiątych«, in: *Kultura i Społeczeństwo* 60/4 (2016), S. 7-28.

Ther, Philipp, »1989 und die globale Hegemonie des Neoliberalismus«, in: Christoph Lorke/Rüdiger Schmidt (Hg.), *Der Zusammenbruch der alten Ordnung? Die Krise der Sozialen Marktwirtschaft und der neue Kapitalismus in Deutschland und Europa,* Stuttgart: Steiner 2019, S. 53-86.

Ders., *Die neue Ordnung auf dem alten Kontinent. Eine Geschichte des neoliberalen Europa*, Berlin: Suhrkamp 2016.

Thompson, Paul/Joanna Bornat, *The Voice of the Past. Oral History*, Oxford: Oxford University Press 2017.

Todorova, Maria (Hg.), *Remembering communism. Genres of Representation*, New York: Social Science Research Council 2010.

Tooze, Adam, *Crashed. Wie zehn Jahre Finanzkrise die Welt verändert haben*, München: Siedler 2018.

Trappmann, Vera, *Fallen Heroes in Global Capitalism. Workers and the Restructuring of the Polish Steel Industry*, Houndsmill: Palgrave MacMillan 2013.

Tymiński, Maciej, »Managers in the command economy. Case studies from Poland, 1956-1970«, in: *Business History* 69/3 (2019), S. 1-27.

Tyson, Laura D'A., »Liquidity crises in the Yugoslav economy. An alternative to bankruptcy?«, in: *Soviet Studies* 29/2 (1977), S. 284-295.

Unkovski-Korica, Vladimir, *The Economic Struggle for Power in Tito's Yugoslavia: From World War II to Non-Alignment*, London: I. B. Tauris 2016.

Van der Linden, Marcel/Hugh Murphy/Raquel Varela, »Introduction«, in: dies. (Hg.), *Shipbuilding and Ship Repair Workers*, a. a. O., S. 15-45.

Vanhuysse, Pieter, *Divide and Pacify. Strategic Social Policies and Political Protests in Post-Communist Democracies*, Budapest/New York: Central European University Press 2006.

Verdery, Katherine, *What Was Socialism, and What Comes Next?*, Princeton: Princeton University Press 1996.

Vodopivec, Nina, »Past for the present. The social memory of textile workers in Slovenia«, in: Todorova (Hg.), *Remembering communism*, a. a. O., S. 213-36.

Warlouzet, Laurent, »The collapse of the French shipyard of Dunkirk and EEC state-aid control (1977-86)«, in: *Business History* 62/5 (2017), online verfügbar unter: {https://doi.org/10 1080/ 00076791.2017.1 307 341}, S. 858-878.

Wegenschimmel, Peter, *Zombiewerften oder Hungerkünstler? Staatlicher Schiffbau in Ostmitteleuropa nach 1970*, Berlin: De Gruyter Oldenbourg 2021.

Wolf, Johanna, »Bremer Vulkan. A case study of the West German shipbuilding industry and its narratives on the second half of the twentieth century«, in: Varela/Murphy/van der Linden (Hg.), *Shipbuilding and Ship Repair Workers*, a. a. O., S. 117-142.

Żukowski, Tomasz, »Fabryki-urzędy. Rozważania o ładzie społeczno-gospodarczym w polskich zakładach przemysłowych w latach realnego socjalizmu«, in: Witold Morawski (Hg.), *Zmierzch socjalizmu państwowego. Szkice z socjologii ekonomicznej*, Warschau: Wydawnictwo Naukowe PWN 1994, S. 160-174.

Quellen

Genutzte Archive

Archiv des ehemaligen Kroatischen Fonds für Privatisierung, Zagreb (HFP) [nicht inventarisiert]

Betriebsarchiv Uljanik, Pula
  Radnički savjeti (Arbeiterräte)
  Zapisnici Poslovnog savjeta (Protokolle des Verwaltungsrates)
  Tvornički odbor sindikata (Betriebsgewerkschaft)

Kroatisches Staatsarchiv, Zagreb (HDA)
  280: Izvršno vijeće sabora (Exekutivrat des Sabors, de facto die Regierung)
  1286: Savez Sindikata Jugoslavije. Vijeće Saveza sindikata Hrvatske (Verband der Gewerkschaften Jugoslawiens. Rat des Gewerkschaftsverbundes Kroatiens)
  1321: Sindikat metalskih radnika Jugoslavije. Republički odbor za Hrvatsku (Gewerkschaft der Metallarbeiter Jugoslawiens. Republikkomitee für Kroatien)
  1398: Sindikat Metalaca Hrvatske (Metallarbeitergewerkschaft Kroatiens)
  1596: Republički sekretarijat za privredu Socijalističke Republike Hrvatske (Republiksekretariat [d.h. Ministerium] für Wirtschaft der Sozialistischen Republik Kroatiens)
  1691: Samoupravna interesna zajednica Hrvatske za ekonomske odnose s inozemstvom (Selbstverwaltete Interessengemeinschaft Kroatiens für wirtschaftliche Beziehungen mit dem Ausland)

Staatsarchiv Pazin, Pazin (DPA)
  390: Gradski komitet Saveza komunista Hrvatske Pula (Städtisches Komitee des Bundes der Kommunisten Kroatiens Pula)
  394: Općinska konferencija Saveza komunista Hrvatske Pula (Gemeindekonferenz des Bundes der Kommunisten Kroatiens Pula)

Staatsarchiv Danzig (APG)
   130: Stocznia Gdynia (Werft Gdynia)
   1091: Zjednoczenie Przemysłu Okrętowego (Vereinigung der Schiffbauindustrie)
   2371: Zrzeszenie Przedsiębiorstw Przemysłu Okrętowego (Verband
   der Unternehmen der Schiffbauindustrie)

Archiv Neuer Akten (AAN)
   1757: Ministerstwo Hutnictwa i Przemysłu Maszynowego (Ministerium für Stahl- und Maschinenbauindustrie)
   1786: Ministerstwo Przemysłu (Ministerium für Industrie)

Archiv der Obersten Kontrollkammer (ANIK)

Tages- und Wochenzeitungen

Dziennik Bałtycki (Danzig)
Gazeta Wyborcza (Warschau)
Glas Istre (Pula)
Globus (Zagreb)
Głos Wybrzeża (Danzig)
Jutarnji list (Zagreb)
Novi list (Rijeka)
Novosti (Zagreb)
Politika (Belgrad)
Polityka (Warschau)
Poslovni dnevnik (Zagreb)
Privredni vjesnik (Zagreb)
Rzeczpospolita (Warschau)
Slobodna Dalmacija (Split)
Večernji list (Zagreb)
Vjesnik (Zagreb)
Wprost (Warschau)

Brodograditelj
Brodogradnja
Cała naprzód
Głos Stoczniowca
Mali informator
Uljanik

Verzeichnis der zitierten Interviews mit (ehemaligen)
Beschäftigten der beiden Werften

J. D., 73 Jahre alt, Lagerverwalterin, von 1969 bis 2009 in der Werft Gdynia, interviewt von Piotr Filipkowski in Gdynia im Juni 2016.

L. D., 75 Jahre alt, zuerst Arbeiter, dann Leiter der Jugendorganisation, später Hauptorganisator des kulturellen Lebens und Leiter der Versorgung, von 1967 bis 2009 in der Werft Gdynia, interviewt von Piotr Filipkowski in Gdynia im Juli 2016.

J. G., 70 Jahre alt, Techniker (Schlosser), Leiter einer Gewerkschaftsorganisation im Betrieb, von 1967 bis 2009 in der Werft Gdynia, interviewt von Peter Wegenschimmel und Piotr Filipkowski in Gdynia im September 2017.

K. J., 65 Jahre alt, Techniker, von 1973 bis 2009 in der Werft Gdynia, interviewt von Piotr Filipkowski in Gdynia im April 2016.

A. K., 72 Jahre alt, Ingenieur, Generalkonstrukteur, von 1969 bis 2004 in der Werft Gdynia, einer der Anführer der Streiks von 1980 und Leiter der Solidarność im Betrieb, interviewt von Piotr Filipkowski in Gdynia im August 2016.

G. K., 45 Jahre alt, Techniker (Mechaniker), von 1989 bis 2009 in der Werft Gdynia, dann in einem anderen polnischen Schiffbauunternehmen, interviewt von Piotr Filipkowski in Gdynia im Mai 2016.

A. M., 58 Jahre alt, Ingenieur, Schiffbauer, von 1990 bis 2009 in der Werft Gdynia, dann in einem anderen polnischen Schiffbauunternehmen, interviewt von Piotr Filipkowski in Gdynia im Mai 2016.

D. P., 59 Jahre alt, Techniker, von 1980 bis 2009 in der Werft Gdynia, dann in diversen westeuropäischen Werften, interviewt von Piotr Filipkowski in Gdynia im Juli 2016.

E.P., 80 Jahre alt, Ingenieur, von 1956 (als Berufsschüler) bis 2005 in der Werft Gdynia, interviewt von Piotr Filipkowski in Gdynia im Mai und Juni 2016.

E.S., 65 Jahre alt, Arbeiter, von 1971 bis 2009 in der Werft Gdynia, interviewt von Piotr Filipkowski in Gdynia im Juni 2016.

B.W., 54 Jahre alt, seit 1989 Angestellte der Wohnbaugenossenschaft, interviewt von Peter Wegenschimmel (telefonisch) im Januar 2018.

C.Z., 78 Jahre alt, Techniker, Werkmeister, von 1960 bis 1981 in der Werft Gdynia, entlassen wegen oppositioneller Aktivitäten, interviewt von Piotr Filipkowski in Gdynia im August 2016.

B. Ba., 61 Jahre alt, Ingenieur, seit 1980 bei Uljanik, interviewt von Stefano Petrungaro in Pula im September 2016.

B. Bu., 65 Jahre alt, Elektromechaniker, von 1967 bei Uljanik, interviewt von Stefano Petrungaro in Pula im September 2016.

S.B., 62 Jahre alt, Leiter der Marketingabteilung, seit 1977 bei Uljanik, interviewt von Stefano Petrungaro in Pula im September 2016.

A.Č., ohne Altersangaben, Fernmeldetechniker, seit 1975 bei Uljanik, interviewt von Stefano Petrungaro in Pula im Juli 2016.

Č.Č., o.A., Ingenieur, von 1965 bis 2009 bei Uljanik, interviewt von Stefano Petrungaro in Pula im Juli 2016.

R.C., 82 Jahre alt, Direktor der Personalabteilung, von 1960 bis 1991 bei Uljanik, interviewt von Stefano Petrungaro in Pula im September 2016.

E.D., 74 Jahre alt, Mitarbeiter in der Verwaltung, von 1965 bis 1997 bei Uljanik, interviewt von Stefano Petrungaro in Pula im September 2016.

M.D., 71 Jahre alt, Stenografin und Schreibkraft, von 1962 bis 1990 bei Uljanik, interviewt von Stefano Petrungaro in Pula im September 2016.

A.F., 83 Jahre alt, Schweißer, von 1968 bis 1991 bei Uljanik, interviewt von Stefano Petrungaro in Pula im Juli 2016.

A.K., 80 Jahre alt, Leiter einer Arbeitsorganisation, von 1963 bis 1991 bei Uljanik, interviewt von Stefano Petrungaro in Pula im September 2016.

J.L., 77 Jahre alt, Konstruktorin, von 1958 bis 1973 bei Uljanik, interviewt von Stefano Petrungaro in Pula im September 2016.

Z.M., 45 Jahre alt, Elektriker, von 1990 bis 1997 bei Uljanik, interviewt von Stefano Petrungaro in Juršići im September 2016.

J.P., 64 Jahre alt, Elektromechaniker, von 1969 bis 2013 bei Uljanik, interviewt von Stefano Petrungaro in Pula im September 2016.

D.S., o.A., Archivar, seit 1982 bei Uljanik, interviewt von Stefano Petrungaro in Pula im Juli 2016.

V.S., 72 Jahre alt, Elektriker, von 1963 bis 2002 bei Uljanik, interviewt von Stefano Petrungaro in Pula im September 2016.

N.T., 60 Jahre alt, Elektrotechnikerin, von 1967 bis 2004 bei Uljanik, interviewt von Stefano Petrungaro in Pula im September 2016.

L.Ž., 69 Jahre alt, Ingenieur, von 1966 bis 1990 bei Uljanik, interviewt von Stefano Petrungaro in Medulin im September 2016.

Die ethnografische Feldforschung in Pula, die auch Interviews umfasste, fand zwischen März und Juli 2018 statt und wurde durch Andrew Hodges durchgeführt. In der Tradition der Sozialanthropologie, und um die Anonymität der Gesprächspartner zu wahren, werden für diese Gespräche keine Initialen verwendet.

Bildnachweise

Abb. 1:	Kroatisches Staatsarchiv
Abb. 2:	© Ulf Brunnbauer
Abb. 3:	European Solidarity Centre, © Wojciech Milewski
Abb. 4:	Betriebsarchiv Uljanik
Abb. 5:	European Solidarity Centre, © Janusz Uklejewski
Abb. 6:	Historisches Museum Istriens
Abb. 7:	Historisches Museum Istriens
Abb. 8:	Historisches Museum Istriens
Abb. 9:	© Tadeusz Lademan
Abb. 10:	Betriebsarchiv Uljanik
Abb. 11:	European Solidarity Centre, © Janusz Uklejewski
Abb. 12:	© Ulf Brunnbauer
Abb. 13:	Betriebsarchiv Uljanik
Abb. 14:	Fotonachlass Vjekoslav Benčić (privat)
Abb. 15:	European Solidarity Centre, © Janusz Uklejewski
Abb. 16:	Historisches Museum Istriens
Abb. 17a u. 17b:	Fotonachlass Vjekoslav Benčić (privat)
Abb. 18:	KARTA Zentrum, © Romuald Broniarek
Abb. 19:	© Piotr Filipkowski
Abb. 20:	© Ulf Brunnbauer

Dank

Ein eminentes Bedürfnis, das die von uns im Rahmen der Forschung in Gdynia und Pula Befragten quer durch die Generationen und Berufe zum Ausdruck brachten, war jenes nach Gemeinschaftlichkeit. Gemeinschaft ist auch das Stichwort, das die Entstehung dieses Buches kennzeichnet: Es ist das Ergebnis einer kollektiven Anstrengung von sechs Autoren, die gemeinsam aus jeweils unterschiedlichen Perspektiven das Schicksal der beiden Werften seit den siebziger Jahren bis heute erforscht haben. Im Sinne einer tatsächlich gelebten Multidisziplinarität kamen dabei unterschiedliche Methoden zum Einsatz, von der klassischen historischen archivbasierten Dokumentenanalyse über Oral History bis hin zu ethnografischer Feldforschung. Geschrieben wurde das Buch im Kollektiv, alle sind für alles verantwortlich, egal, wer in welchem Kapitel die ersten Zeilen eintippte. Insofern versteht sich dieses Buch nicht nur als Beitrag zur Erforschung der für das östliche Europa so zentralen Transformationsperiode, sondern auch als Plädoyer für multiple Autorenschaft – als eine Möglichkeit, die oftmals geforderte Multiperspektivität und Interdisziplinarität zu verwirklichen. Die internationale Zusammensetzung des Autorenkollektivs war der Diversität der Ansätze ebenfalls förderlich.

Ein Buch wird von seinen Autoren verantwortet, die aber ihr Werk selten ohne Unterstützung durch andere schreiben könnten. An erster Stelle wollen wir hier den ehemaligen Beschäftigten der beiden Werften, Fachleuten und Entscheidungsträgerinnen und Entscheidungsträgern danken, die ihr Wissen und ihre Erinnerungen freigiebig mit uns teilten. Besonderer

Dank gebührt Radivoj Jelenić und seinen hilfsbereiten Mitarbeiterinnen und Mitarbeitern von der Uljanik-Werft; der Leiter der Dokumentationsabteilung gewährte uns Zugang zum Unternehmensarchiv und stellte uns einen Arbeitsplatz in seinem Büro zur Verfügung, wo wir die Dokumente lesen konnten. Danken möchten wir auch jenen Helferinnen und Helfern, die uns im Forschungsprozess und später bei der Manuskripterstellung assistiert haben: Iwona Kochanowska im Pressearchiv der Zeitung *Polityka*, Mateo Dragičević, Ana Rebić, Sara Žerić, Davor Zufić bei Zeitungsanalysen in Pula, Theodora-Tiha Loos und Fatima Ajanović bei der Transkription von Interviews, Johannes Nüßer und Anita Biricz bei der Vervollständigung und Korrektur der Fußnoten. Wir danken besonders Iris Engemann und ihrer Firma Berlin-Text für zwei längere Übersetzungen aus dem Englischen, inhaltliche Recherchen und ihre Hilfe beim Redigieren und die Erstellung des Index. Irena Remestwenski, die Managerin von RECET, hat uns organisatorisch unterstützt – auch ihr sei herzlich gedankt.

Wissenschaftliche Kooperationspartner in den Untersuchungsorten gaben nicht nur hilfreiche Hinweise auf Quellen, sondern vermittelten auch kundige Kontaktpersonen – Dank daher besonders an Igor Duda, Andrea Matošević und Igor Stanić von der Universität Pula und Tajana Ujčić vom Historischen Museum in Rovinj sowie an Jacek Friedrich und Łukasz Jasiński vom Museum der Stadt Gdynia. Dem Historischen und Maritimen Museum Istriens in Pula und hier insbesondere der Kuratorin Katarina Marić, der Leiterin der Fotosammlung Lana Skuljan Bilić sowie dem Direktor Gracijano Kešac gebührt Dank für die Organisation der Digitalisierung der Betriebsmagazine der Uljanik-Werft – rechtzeitig, bevor die Werft pleiteging, mit ungewisser Zukunft für ihr Betriebsarchiv – sowie die Bereitstellung von Originalaufnahmen Uljaniks aus dem Fotoarchiv des Museums. Darija Hofgräff Marić vom

Kroatischen Staatsarchiv in Zagreb organisierte unbürokratisch die Bereitstellung von Digitalisaten von Bildern der Werft aus dem Bestand des Archivs. Sara Žerić verdanken wir Privatfotos ihres Großvaters, der sein Berufsleben bei Uljanik verbracht hat. Ewa Konkel und Jacek Kołtan vom European Solidarity Centre in Danzig verdanken wir den Zugang zu umfassenden Bildbeständen zur Werft Gdynia sowie die Erlaubnis, einige der Fotografien für diese Publikation zu verwenden. Sehr profitiert haben wir von dem Kontakt mit dem unermüdlichen Kalman Žiha, langjähriger Herausgeber des kroatischen Schiffbaufachmagazins *Brodogradnja*: Er ermöglichte uns einfachen Zugang zu alten Ausgaben der Zeitschrift, außerdem organisierte er eine für uns sehr instruktive Projektvorstellung vor den Ingenieuren und Expertinnen der Schiffbaufakultät in Zagreb. Die Pulaner Journalistin Patricija Softi eröffnete uns Einblicke in die Vorgänge rund um den Unternehmenskonkurs. Ratko Radošević, langjähriger Mitarbeiter bei *Glas Istre*, und Vladimir Sinčić, Geschäftsführer des Pulaner Seniorenvereins Klub umirovljenika Uljanika, haben uns fundamentale Hilfe geleistet, indem sie Kontakte mit Interviewpartnerinnen und -partnern hergestellt haben.

Von der Vorbereitung des Projektantrags bis zur Fertigstellung des Manuskripts erfuhren wir kritisches Feedback von zahlreichen Kolleginnen und Kollegen; ohne Vollständigkeit anzustreben, möchten wir besonders danken: John Connelly, Elizabeth Dunn, Valentina Fava, Alison Frank, Sarah Graber Majchrzak, Dimitra Kofti, Pavel Kolář, Claudia Kraft, Hugh Murphy, Rainer Liedtke, Jeff Pennington, Tanja Petrović, Sanja Puljar D'Alessio, Sabine Rutar, Susanne Schattenberg, Reana Senjković, Mark Spoerer, Annemarie Steidl, Jochen Tholen, Pieter Troch, Marcel van der Linden.

Wie wir gesehen haben, brauchten unsere Werften die Unterstützung der öffentlichen Hand; nicht anders ist es bei größeren historischen Forschungsprojekten wie diesem. Wir danken daher, last but not least, den beiden institutionellen Förderern unseres Projekts namens »Transformations from Below. Shipyards and Labor Relations in the Uljanik (Croatia) and Gdynia (Poland) Shipyards since the 1980s«: der Deutschen Forschungsgemeinschaft (DFG) und dem Österreichischen Wissenschaftsfonds (FWF, Projektnummer I2210-G10). Der DAAD unterstützte unsere Forschung in Kroatien mit zusätzlichen Reisemitteln. Das bilaterale Projekt wurde von 2016 bis 2020 am Leibniz-Institut für Ost- und Südosteuropaforschung in Regensburg sowie am Institut für Osteuropäische Geschichte und dem Research Center for the History of Transformations (RECET) an der Universität Wien durchgeführt. Wer glaubt, an diesen Standorten wäre ein Projekt über Schiffswerften fehl am Platz, irrt: Sowohl Regensburg als auch Wien (genau gesagt der Vorort Korneuburg) waren wichtige Werftstandorte, Letzterer baute sogar Hochseeschiffe. Die Werft in Regensburg wurde Mitte der Siebziger ein Opfer der Pleitewelle in der deutschen Schiffbauindustrie, jene bei Wien überlebte die Krise der österreichischen verstaatlichten Industrie nicht. Ein Grund mehr also, die Zeitgeschichte der europäischen Industrie jenseits der Ost-West-Dichotomie zu schreiben.

Register

3. Mai (Werft in Rijeka) 12, 78, 126, 146ff., 194

Abfindung 26, 133, 144, 313
Abnehmerländer 18f., 41ff., 91ff., 98ff., 106, 113f., 117, 120f., 137, 148
Agency 64, 206, 251, 274ff., 320
Ägypten 99
Aktien, Anteilsscheine 36f., 125f., 137, 147, 179ff., 253
Al Mokattam (Schiff) 99f.
Altersvorsorge, Pensionen, Rente 133, 220, 298
Altmaier, Peter 337f.
Anerkennung, Verlust von 241, 268, 278ff., 294, 304, 315ff.
Angestellte 51f., 57, 248, 276, 281
Arbeiterdynastie 50ff., 59, 213, 259, 313
Arbeiterklasse – Bedeutung, Deklassierung 55ff., 158, 246, 262, 264, 271
Arbeitsdisziplin 123, 234, 236, 244f., 277, 284ff.
Arbeitskräftefluktuation 162, 220
Arbeitslosigkeit 8, 30, 33, 54, 123, 272, 313
Arbeitsmigration 51, 54, 150, 220, 302, 307
Arbeitsorganisation 103f., 118f., 167, 173, 190

Arbeitsschutz, -sicherheit 123, 221, 254, 314
Ausbildung, Qualifizierung 49ff., 153, 173, 213f., 230f., 243, 274
Auslandskredite, Auslandsschulden 31, 43, 115, 121, 134, 188, 272
Außenhandel, Außenhandelsmonopol 92f., 98ff., 104, 113, 186, 188, 324
Austerität 33, 167f., 338
Autonomie der Unternehmen 107ff., 118, 162ff.

Balcerowicz, Leszek 25, 31, 46
Banken
– ausländische 115, 272, 311
– Geschäftsbanken 112ff., 118, 125, 129ff., 147, 154, 329
– Zentral-, Nationalbank 85, 116f., 163, 166ff., 190
Basisorganisation der Vereinten Arbeit 103f., 118, 167, 172ff., 221
Bergbau 8, 35, 188, 260, 310
Berge Istra (Schiff) 101f., 280
Betriebskomitees 162
Betriebswohnung 81, 95, 130, 222ff., 284, 300, 312
Bewohnbarkeit (habitability) 273, 297f., 300, 319
Bilić, Karlo 77, 102, 104, 113

Binnennachfrage 88, 94, 109, 111f., 136
Blockfreie Staaten 18, 42, 98f., 121
Brajković, Anton 138
Branchenvereinigung 108, 172, 175ff.
Bremen, Bremerhaven 8, 141, 257, 267
Bretton-Woods-System 85, 106
Bruttoinlandsprodukt (BIP), Wirtschaftswachstum 8, 12, 27ff., 115, 123, 269, 272
Bulić, Bruno 224
Bund der Demokratischen Linken (SLD) 181f., 185
Bund der Kommunisten Jugoslawiens (BdKJ) 57, 116, 208, 233
Bürgerplattform (PO) 197
Burmeister & Wain 98
Buzek, Jerzy 310

China (Volksrepublik) 40, 77ff., 90, 94, 136, 305, 308ff., 337f.
China State Shipbuilding Corporation (CSSC, Cosco) 77f., 90, 136
Competitive signaling 35, 37, 160, 327
Computer, IT 41, 85f., 95, 119f., 189f.
Covid-19-Pandemie 61, 74f., 89, 330, 334f., 337f.
Crist 49f., 152f., 238, 295
Čuvalo, Milan 135, 192

Danzig 45f., 56, 154, 201, 284, 305f.
Deindustrialisierung 27, 262f., 267, 298ff., 307, 383

Demokratisierung 20f., 29f., 198, 322
Deutschland 23f., 27, 150, 152, 237, 339
– BRD 28, 88, 132, 158f., 163, 247
– DDR 29f.
Devisen, Devisenbewirtschaftung 43, 69, 90, 98, 109, 115ff., 188, 324
Dienstleistungssektor 8ff., 28, 232, 270, 272, 299, 317
Direktoren, Manager 96, 107, 118ff., 126ff., 135, 164f., 173ff., 189ff., 283f., 291ff.
Dokumentarfilm 101, 280, 289

Eigentum 61, 147, 120, 178ff., 219f., 225
Entfremdung 29, 55, 234f., 275, 289, 291, 315, 317
Entlassung 103, 133, 244f., 285
Erinnerung 266ff., 272, 300f., 316ff.
– Erinnerungsgemeinschaft 225, 253
– Erinnerungskultur 247, 314
– Erinnerungsort 56, 225, 244, 248
– kollektives Gedächtnis 60, 266, 295ff., 301
EU-Beitritt 10ff., 138ff., 145f., 178ff., 196ff., 330ff.
EU-Förderung 33, 183, 307
Europäische Kommission 24f., 139ff., 182f., 331ff., 337f.
Europäische Union 23, 39f., 49, 66, 74f., 308, 331f., 337ff.
EU-Wettbewerbspolitik 79f., 139ff., 184, 198

Exportquote 85, 100f., 109, 145, 188, 324

Facharbeiter 13, 50, 57, 153, 242, 274, 285
Fähre 43, 60, 113, 117, 127, 153, 348
Faschismus 99
Finanzialisierung, Finanzierung 41, 112f., 120, 143, 149, 159, 294
Finanzministerium 131, 135, 139, 168, 196
Finnland 47, 126, 153
Fordismus, Postfordismus 205f., 254f., 260, 316, 319, 323
Foreign Direct Investment 22, 31, 33ff., 147, 271, 307, 327ff.
Fotografie 157, 212, 244f., 251, 264, 269, 275
Frachtschiff 90ff., 99ff., 127, 134f., 186, 294
Frankreich 27, 94, 153, 339
Frauen 9, 35, 51, 57, 244ff., 280f.
Freihandel 22, 338
Fukuyama, Francis 20ff.

Geschlecht, Gender 24, 26, 53, 203, 206, 244f., 265, 274, 277
Gesetz über die Vereinte Arbeit (1976) 18, 103f., 173f.
Gesundheit 95, 124, 131f., 137, 220f., 227ff.,
Gewalt 56, 96, 116, 201, 283
Gewerkschaften 130, 133, 144ff., 184f., 201, 232ff., 270f., 312
Gierek, Edward 19, 185, 187

Globalisierung 62, 66, 74, 82ff., 159, 307ff.
Gorbatschow, Michail 32
Griechenland 49, 78, 142
Großbritannien 27, 87ff., 94, 259, 312f.
Guofeng, Hua 77, 79

Habsburgerreich 13, 70, 217
Hierarchien 209, 276, 292
Holismus 46, 54, 199, 239f., 247, 253ff., 328

Ibn Battuta (Schiff) 333ff.
Identifikation 53ff., 202, 247f., 274f., 294f., 316f.
Illiquidität 30, 69, 106, 121, 129ff., 139f., 229
industrielles Erbe 152, 297, 300ff.
Industriepolitik 89f., 126, 141, 167, 179, 198, 260, 309, 337
Inflation 30, 44, 85, 114f., 123, 130, 134
informelle Beziehungen 30, 123, 189f., 255ff., 276ff., 291f.
Ingenieure 13, 49f., 54, 57, 59, 153, 242f., 256, 275
Insolvenz, Konkurs, Liquidation 42, 49f., 73, 78f., 144, 163, 193f., 224, 243, 299f., 305f., 333, 335
Internationaler Währungsfonds (IWF) 33, 167, 174, 193, 331
Investoren 78, 140, 144, 150, 154f., 195f., 309
Istrianische Demokratische Partei (IDS) 154, 193

Istrien 10, 45, 51, 122f., 154, 193
Italien 34, 99, 150, 205, 262
Italiener (in Istrien) 246

Jadranbrod, Kroatischer Schiff-
    bau 105, 172ff., 178
Jan de Nul 305, 334f.
Japan 39, 89f., 110, 132, 136, 142,
    308
Jaruzelski, Wojciech 116
Jubiläen 69, 138, 278f.
Jugendliche 51f., 54, 59, 131, 213,
    274
Jugoslawienkrieg 33f., 123, 131,
    192f., 271
Jugoslawische Bank für interna-
    tionale wirtschaftliche Zusam-
    menarbeit (Jubmes) 112f.
Jurcan, Vinko 278

Kaczmarek, Wiesław 182
Kapitalismus 15f., 34f., 62, 160,
    207
– eingebetteter 23ff.
– Laisser-faire 22, 166, 195
– schöpferische Zerstörung 49,
    61, 151f., 320
– wilder 21, 237
Kaschubei 51, 161
Keqiang, Li 78
Kerngeschäft 68, 206, 232, 299,
    328
Kirche 31, 247, 270
Klientelismus, Paternalismus 24,
    158, 182, 243f., 264
Kommunismus 85f., 180, 207f.,
    246f., 252f., 264ff., 275, 324f.
Kommunistische Partei Chinas
    (KPCh) 77

Komplexe Organisation der
    Vereinten Arbeit 103f., 174
Končar, Danko 154, 196
Konkurs, siehe Insolvenz
Konsumgüter, Lebensmittel
    46, 51, 59, 81, 215ff., 222, 227,
    347
Kontrolle (des Staates) 107, 132,
    138, 167, 170f., 179ff.
Korporatismus 57, 178, 220
Kriegsrecht 46, 116, 162, 164,
    176, 189, 201
Kroatische Demokratische
    Gemeinschaft (HDZ) 34f.,
    179f., 182, 195, 271
Kultur, Subkultur 81, 201, 208ff.,
    213, 220f., 226, 249, 256, 301
Kuroń, Jacek 31, 344
Kutlača, Rajko 154
Kwaśniewski, Aleksander 127

Labour History, Arbeiter-
    geschichte 50ff., 262, 270
Landwirtschaft 35, 51, 215
Lebensmittelindustrie 35, 207
Lebensstandard, Wohlstand 27ff.,
    216, 221, 259f. 265ff., 299f.
Lebenswelt 205ff., 241, 247ff.,
    253ff., 260, 268f., 295, 303f.
Leichtindustrie 206, 265
Leiharbeiter 90, 289, 307
Lenin-Werft (Danzig) 44, 92f., 96,
    118, 125f., 144, 187
Liberalismus 21ff., 31, 197, 271
Lizenz 98, 119
Löhne, Lohnkosten 34, 39, 48,
    78, 130f., 149f., 206, 220f., 278,
    289, 310f.

Maciejewski, Zbigniew 189f., 292f.

Management 139ff., 146ff., 206, 235, 254f., 285, 314

Mangelwirtschaft 46, 190, 205, 215ff., 226

Männer, Maskulinität 28, 57f., 123, 150

Marković, Ante 32, 179, 193

Marktwirtschaft 20f., 134, 141, 166, 180, 185, 254, 270

Marschall Budjonny (Schiff), marszały 95

Maschinenbau 35, 210

Militär 56, 61, 123, 155, 217, 221

Milošević, Slobodan 32, 58

Ministerium für Eigentums-umwandlungen, für Staats-vermögen 36, 181ff.

Motoren 46, 77, 93, 98, 104, 119, 256

Musealisierung 46, 296f.

Nationalisierung, Verstaatlichung 37f., 88, 139, 147, 157f., 166, 179, 182

Nationalismus 34, 45, 53, 192f., 211, 271, 329

Nationalitäten, Ethnien 32, 246f., 329

Nationalkonservative 14, 25, 197

Neoliberalismus 22ff., 31ff., 65f., 141f., 158ff., 254f., 312, 322f., 327ff.

Neptun-Werft (Rostock) 8, 67, 141, 153ff.

Niedergang, Narrativ des Nieder-gangs 26f., 266f., 270ff., 294, 302f., 318ff.

Norwegen 94, 99, 101f., 153, 238

Nostalgie 202, 216, 243, 263, 266ff., 273, 317f.

OECD 142, 145, 149, 308

Ölkrise, Ölpreisschock 41f., 82ff., 107, 254, 310ff., 323f.

Öltanker 93, 101

Ostasien 79, 90, 136, 142, 308, 338

Panama 42, 99

Parlamentswahl 34, 44, 139, 182f.

Pensions-, Rentenfonds 36, 132, 137, 147

Periodisierung 14ff., 52, 82ff., 321ff. 331f.

Personalabbau 47, 50ff., 105, 133, 140, 144, 255

Pfadabhängigkeit 73, 160, 178, 182, 198

Planwirtschaft 17ff., 81, 107f., 163, 175, 185, 189

Plenković, Andrej 13ff., 78, 196

Polanyi, Karl 22ff., 32, 40, 160, 184, 197f., 226, 244

Polnische Vereinigte Arbeiter-partei (PZPR) 56, 162, 214, 241, 270, 373

Portugal 28, 49, 260

Postkommunisten 37, 181, 185, 372

Prämien 98, 149, 236

Privatisierung 30ff., 146ff., 169f., 178ff., 253, 314ff., 326ff.

Privatisierungsfonds, -agentur 70, 137, 179f.

Produktionsanlagen 48ff., 78,

119, 124, 132ff., 144, 251,
327f.
Produktionskosten 39f., 48, 106,
140, 149
Produktivität 31, 111, 125f., 129,
132f., 140, 144, 247
Profitabilität 80f., 191ff., 122,
129, 195, 232, 253, 262
Propaganda 58, 208, 236, 241,
260, 281
Protektionismus 42, 88, 168,
182, 195
Protest 13f., 56f., 130f., 150f.,
184, 201f., 271, 290

Radolović, Karlo 48, 118ff., 135,
179, 182, 188ff., 292f.
Rakowski, Mieczysław 44, 157
Rat für Gegenseitige Wirtschafts-
hilfe (RGW) 19, 92
Rationalisierung 54, 94, 97, 288ff.
Rechnungshof 117, 163
Recht und Gerechtigkeit (PiS)
14, 23, 53f., 139, 183, 197
Rechtspopulismus 23, 28, 53
Reedereien 41, 43, 77f., 88, 101,
111f., 120, 134, 147, 153
Reformkommunisten 32, 34,
116, 191
Reindustrialisierung 24, 27, 152,
311
Rentner 38, 204, 221, 227, 301
Restrukturierung 124f., 135,
146, 149f., 163, 176ff., 290
Rossanda, Gianni 149, 195,
293f.
Ruhrgebiet 8, 247
Russland 137, 297, 319

Sachs, Jeffrey 20
Sanierung 131ff., 163, 167f., 194
Schocktherapie 33ff., 193, 255,
311, 329
Schulden 117, 121, 125, 131f.,
139f., 143, 146, 149, 168f.
Schulen 51f., 59, 95, 201, 221,
230f.
Schumpeter, Joseph 49, 151
Schutzbedürfnis 23ff., 181, 183ff.,
197, 243f.
Schweden 88, 99, 117, 163
Schweißer 39, 59, 213, 231, 236,
264f., 274, 280
Schwerindustrie 32, 85f., 92,
123ff., 206, 260ff., 264ff., 310ff.
Selbstverwaltung 57, 74, 103ff.,
162, 165ff., 173f., 220ff., 234,
247
Serbien 32, 271f., 275
Shipyards' & Maritime Equip-
ment Association of Europe
(SEA Europe) 337
Sinnwelt 23, 46, 60, 65f., 261ff.,
273ff.
Škegro, Borislav 135
Slowenien 32f., 49, 111, 233, 249
Solidarität 166ff., 206ff., 241,
244ff., 267f., 282, 291
Solidarność 7ff., 23, 29f., 162,
175ff., 184f., 201, 247f., 270f.
Sowjetunion 32, 36, 43, 92ff.,
107, 113f., 262
Soziabilität 209, 241, 267f., 288
Sozialdemokratie 20, 25, 138f.,
260
soziale Sicherheit 28f., 59, 122,
192, 210
sozialer Aufstieg 51, 213f., 267

sozialer Status 58f., 228, 268f., 278, 281, 304, 317f.

Sozialpolitik 80f., 180, 193, 198

Split 146, 150

Sport, Sportanlagen 95, 161, 201, 213, 217ff., 225, 227

Staatliche Agentur zur Bankensanierung 168

Staatseigentum 65f., 107, 132, 136, 159, 179ff.

Staatshilfen, Subventionen 24, 87f., 100, 134, 141ff., 163ff., 196ff., 306

Stahlindustrie 35f., 85, 111, 180, 236, 264, 299, 309f., 332

Stapellauf, Schiffstaufe 8, 240, 251f., 280

Steinhoff, Janusz 310

Stena Germanica (Schiff) 43, 117

Stettin 56, 96, 201, 342

Sting 259, 262, 303f.

Strafzahlungen, Pönalen 87, 117, 119, 140, 148f., 163

Streik 56f., 96, 108, 130, 149f., 201, 232, 271, 283f.

Strukturwandel 109, 133, 170, 299, 310ff., 319, 322ff.

Subunternehmer 110, 228, 239, 289f., 295, 307

Sudan 99, 121

Südkorea 87ff., 136f., 141f., 260, 308

Szlanta, Janusz 37, 47, 126ff., 138f., 346

Taiwan 260

Technologieimporte, -export 97f., 108, 188ff.

technologischer Rückstand 39, 78, 110f., 123, 235, 312

Textilindustrie 26, 35, 141, 249, 266, 280, 284

Thatcher, Margaret 38

Tito, Josip Broz 50, 77, 97f., 102f., 116, 280

Tourismus 61, 154f., 219, 225, 296ff., 302, 382

Transformationsverlierer 27f., 54, 57, 193

Transition 14f., 20f., 269, 326

Trockendock 39, 43f., 49, 91ff., 126, 185f., 251

Tschechoslowakei; Tschechische Republik 30, 32ff.

Tudman, Franjo 34, 45, 179, 191f., 211, 271

Turkmenistan 137

Uljanik plovidba 41, 120, 147

Umweltprobleme 61

Ungarn 32f., 236

Urlaub, Ferienheime 46f., 119, 124, 226ff., 233

USA 27, 31, 94, 106, 114, 262, 267, 312f.

Verfassung (Jugoslawien) 97, 102ff., 167, 172, 190

Veruda, Sale 201, 209f.

Vrandečić, Ivo 105, 113

Viktor Lenac (Rijeka) 137

Wahlaktion Solidarność (AWS) 44

Währung
– Konvertibilität 43, 100, 110, 113, 115

– Wechselkurs 8, 39, 106, 114,
  138f., 272
Warschau 37, 184, 214, 331
Warski-Werft (Stettin) 37, 44,
  92f., 138, 144, 183, 187
Washington Consensus 31f., 65
weiche Budgetbeschränkungen
  105ff., 114ff., 143, 164, 309,
  332
Weltwirtschaft 28, 42, 61, 85f.,
  326, 338
Werften in Großbritannien –
  Glasgow, Liverpool, Wallsend 257, 259, 262, 267
Westeuropa 31ff., 39, 42, 85, 254,
  259f., 309
Wettbewerbsfähigkeit 110f.,
  138, 142f., 152, 196, 281,
  324ff.
Wilczek, Mieczysław 31

Willem van Rubroeck (Schiff)
  148, 305, 334
Wirtschaftskrise, Rezession 33,
  41ff., 75, 85ff., 113ff., 136, 272
Wirtschaftspolitik 32ff., 117, 131,
  198, 307, 330ff.
Wirtschaftsreform 30ff., 96ff.,
  102, 160ff., 175ff., 310, 324ff.
Wohlfahrtsleistung 214ff., 217ff.,
  249f., 256, 260, 264

Zagreb 34, 49, 78, 150, 174
Zeitung 67f.
– Lokalzeitung 77, 105, 120,
  188f., 280
– Betriebszeitung 209, 236, 249,
  273f., 287f.
Zulieferer, Lieferketten 106,
  108ff., 125, 152ff., 186f., 239f.,
  337f.